도서출판 대장간은
쇠를 달구어 연장을 만들듯이
생각을 다듬어 기독교 가치관을
바르게 세우는 곳입니다.

대장간이란 이름에는
사라져가는 복음의 능력을 되살리고,
낡은 것을 새롭게 풀무질하며, 잘못된 것을
바로 세우겠다는 의지가 담겨져 있습니다.

www.daejanggan.org

Copyright ⓒ Jacques Ellul

Original published in France under the title ; *PROPAGANDES*
Copyright ⓒ Éditions Economica, 49 rue Héricart, 75015 Paris, 1990

Korean Copyright ⓒ 2012 Daejanggan Publisher. in Daejeon, South Korea.

선 전

지은이	자끄 엘륄
옮긴이	하태환
초판 1쇄	2012년 9월 14일
펴낸이	배용하
책임편집	박민서
등록	제364-2008-000013호
펴낸곳	**도서출판 대장간**
	www.daejanggan.org
	대전광역시 동구 삼성동 285-16
	전화 (042) 673-7424 전송 (042) 623-1424

ISBN   978-89-7071-268-0

이 책의 한국어판 저작권은 ECONOMICA와 독점 계약한 대장간에 있습니다.
기록된 형태의 허락 없이는 무단 전재와 복제를 금합니다.

 값 22,000원

선　전

자끄 엘륄 지음
하 태 환 옮김

PROPAGANDES

Jacques Ellul

| 차례 |

서문 • 11

1장 선전의 성격 • 23
    1. 외적 성격 • 27
        개인과 대중 • 27
        총체적 선전 • 31
        선전의 연속성과 지속 기간 • 40
        선전의 조직 • 43
        관례에 대한 추종 • 49

    2. 내적 성격 • 60
        심리적 영역의 지식 • 60
        사회의 근본 흐름 • 66
        시사성 • 72
        선전과 우유부단한 자들 • 79
        선전과 진실 • 84

    3. 선전의 종류 • 96
        정치적 선전과 사회적 선전 • 96
        선동 선전과 통합 선전 • 108
        수직적 선전과 수평적 선전 • 118
        합리적 선전과 비합리적 선전 • 124

2장　선전의 존재 조건 • 129

1. 사회적 조건 • 132
　개인주의 사회와 대중 사회 • 132
　여론 • 144
　대중매체 • 147

2. 인간과 관계있는 선전의 객관적 조건 • 151
　평균적 생활수준의 필요 • 151
　평균적인 문화 • 155
　정보 • 160
　이데올로기 • 165

3장　선전의 필요성 • 167

1. 권력에게 필요한 선전 • 172
　현대 국가의 딜레마 • 172
　국가와 그 기능 • 186

2. 개인에게 필요한 선전 • 194
　객관적 상황 • 195
　주관적 조건 • 205

4장　선전의 심리적 효과 • 225
　심리적 고착 작용 • 226
　선전에 의한 소외 • 235
　선전에 의한 심리 분열 효과 • 248
　선전 욕구의 창조 • 253
　심리적 효과의 모호성 • 259

5장　사회 정치적 효과 • 267
　　1. 선전과 이데올로기 • 267
　　　　전통적 관계 • 267
　　　　선전과 이데올로기의 새로운 관계 • 271

　　2 여론의 구조에 대한 영향 • 280
　　　　여론 구성 요소의 변화 • 280
　　　　의견에서 행동으로 • 286

　　3. 선전과 집단 • 293
　　　　집단의 편 가르기 • 293
　　　　정당에 대한 영향 • 298
　　　　노동 세계에 대한 영향 • 305
　　　　교회에 대한 영향 • 314

　　4. 선전과 민주주의 • 319
　　　　민주주의를 위한 선전의 필요 • 319
　　　　민주적 선전 • 323
　　　　국제적 선전의 영향 • 333
　　　　국내 선전의 영향 • 344

참고문헌 • 355

〈부록1〉 선전의 효율성 • 357
　　1. 효율성 측정의 어려움 • 357
　　　　대상의 어려움 • 358
　　　　방법들의 부적합성 • 364

2. 선전의 비효율성 • 379

  3. 선전의 효율성 • 392

  4. 선전의 한계 • 402

〈부록2〉 마오쩌둥의 선전 • 414

  1. 전쟁 중: 1926–1949년 • 415

    교육 • 415

    조직 • 416

  2. 1949년 이후 • 418

    교육 • 420

    조직속에 가두기 • 423

  3. 세뇌 • 423

〈첨부1〉 소외시키는 정보 • 427

  1. 사회에서의 정보 • 429

  2. 정보세계로의 편입에 의한 소외 • 431

  3. 사회체계로의 통합에 의한 소외 • 439

〈첨부2〉 정보와 기술 체계 • 443

  1. 커뮤니케이션 연구: 모델과 한계 • 444

  2. 두 종류의 정보: 실존적 정보와 구조적 정보 • 447

  3. 정보 수용의 틀 • 449

  4. 정보 유형의 간섭 • 452

  5. 정보 왜곡 현상 • 453

  6. 존재하지 않거나 거부된 말 • 455

엘륄의 저서 −연대기순 • 459

서 문

우리가 무어라 부르건 선전은 현대 사회에서 아주 일반적 현상이 되었다. 선전이 행해지는 나라가 어떤 정치 체제에 있는가는 전혀 중요하지 않고, 사회적 수준 차이가 더 중요하다. 특히 선전은 국가 차원에서 보는 것이 중요하다. 세계에는 그 시스템의 크기와 일관성, 깊이의 관점에서, 중요한 3개의 대형 선전 블록이 존재한다: 소련URSS::소비에트 사회주의 연방, 중국, 그리고 미국. 이 셋은 전혀 다른 3가지 선전 양식과 방법을 대변한다.

이어서 다양한 발전 단계와 효율성을 지닌, 그렇지만 앞의 세 블록보다는 덜 발달한 선전 시스템이 있다. 이 나라들은 우선 유럽과 아시아의 사회주의 국가들이다 : 폴란드, 체코, 헝가리, 유고슬라비아, 동독, 북베트남. 이들은 소련의 선전을 모방하지만, 아직은 결점과 이해 부족, 그리고 수단 부족을 드러낸다. 다른 한편에는 서독과 프랑스, 스페인, 이집트, 남베트남, 남한이 있는데, 이 나라들도 그다지 정제되지는 못한, 상당히 다양한 선전 형태를 제시한다. 이탈리아와 아르헨티나처럼, 강력한 선전 시스템을 경험했던 몇 나라들은, 지금은 더는 이 무기를 사용하지 않는다.

나라들과 방법들이 아무리 다양하더라도, 그들은 공통으로 효율성에 대해 큰 관심을 보인다.[1] 선전은 우선 행동 의지에 따라 만들어지고, 정치를 효

---

[1] 괴벨스(Goebbels)는 말했다. "우리는 뭔가를 말하려고 말하는 것이 아니라, 어떤 효과를 얻으려고 말한다". 그리고 바틀레트(Bartelett)는 선전의 목적은 사건들의 정치적 이해를 촉진하기 위한 것이 아니라, 행위적 결과들을 얻으려는 것이라고 언급한다.

율적으로 무장하기 위해, 그리고 정치적 결정에 강력한 힘을 실어주기 위해 만들어진다2). 도구를 다루는 자는 누구든, 효율성을 생각하지 않을 수 없다. 그래서 선전을 분석하고자 한다면 이러한 지고의 법칙을 망각해서는 안 된다. 비효율적 선전은 선전이 아니다. 선전이란 도구는 기술의 세계에 속하고, 기술 세계의 특징을 제시하며, 기술 세계와는 불가분의 관계에 있다.

선전은 그 자체로서 하나의 기술일 뿐만 아니라, 앞으로 보게 되겠지만, 기술 문명의 형성과 진보의 필수 조건이다. 그리고 모든 기술처럼, 선전은 **효율성의 법칙**에 종속된다. 그러나 기술의 연구는 일반적으로 편하고, 그 범위가 제한되어 있지만, 선전의 연구는 아주 특별한 장애들에 부딪힌다.

선전이라는 현상은 처음부터 불확실성으로 둘려 있다. 그 불확실성은 우선 도덕적이거나 정치적인 **선입견**에서 온다.

선전은 일반적으로 하나의 악으로 간주된다. 이것이 바로 그 연구를 어렵게 만든다. 뭔가를 정확하게 연구하려면, 윤리적 판단을 유보해 두어야 한다. 우리가 뭔가에 대한 객관적 연구를 할 수 있다면, 그것은 오직 원인을 잘 알고 난 이후의 일이다.

이 불확실의 두 번째 양상은 과거의 경험에서 온 것인데, 선전은 **원칙적으로 '거짓'으로 이뤄진다**는 확신이다. 그러면서 우리는 과거와는 전혀 다른 현재의 현상을 전혀 이해하지 못하는 우를 범한다.

그러나 이러한 장애들을 피했다 하더라도, **선전이 무엇으로 이뤄지고, 그 성격이 무엇인가를 정하기는 몹시 어렵다**. 그 이유는 선전이 비밀스런 행동이기 때문이다. 그래서 두 가지 방식으로 생각하고 싶은 유혹을 받는다. 먼

---

2) 라스웰(Lasswell)은 선전의 목적을 정확히 정의한다. "권력의 물질적 비용을 절약하면서도, 집단들과 개인들을 복종시키면서 권력을 국내적으로 극대화하기." 마찬가지로, 전시에는, 선전은 최소의 물리적 비용으로 승리를 얻고자 하는 시도이다. 전쟁 전에는, 선전은 물리적 폭력의 대체물이고, 전쟁 중에는 그 보충물이다.

저 드리앙쿠르Driancourt처럼, '모든 것이 선전이다', 왜냐하면 정치나 경제 세계 속에서는, 모든 것이 바로 이 힘으로 관통되고 조작되는 것처럼 보이기 때문이다. 그렇지 않으면, 몇몇 미국 사회학자들처럼 선전이라는 용어를 포기하고자 한다. 왜냐하면, 그 용어에 정확한 내용을 부여하기가 불가능하기 때문이다. 어떤 경우이건, 받아들일 수 없는 지적 포기이다. 이런 태도들은 실재하고, 정의되어야 할 대상을 포기하는 것이다.

아무튼, 우리는 극히 어려운 정의의 문제에 봉착해 있다.

오글Ogle의 것처럼 아주 단순한 정의는 즉각 버릴 수 있다. 즉 "선전은 여론이나 태도를 바꾸기 위한 모든 노력이다." "선전자는 청중에게 영향을 주려고 자기의 생각을 전달하는 사람이다." 이런 정의라면 교수, 목사, 또는 아무 주제나 가지고 다른 사람과 대화하는 모든 사람을 포함할 수 있다. 그런 포괄적 정의는 선전의 특수한 성격에 대해 아무것도 말해주지 않는다.

미국에서는, 그 정의에 아주 특징적 진보가 있었다. 즉 1920~1933년 사이에, 심리적 성격이 주장되었는데, 선전은 **청중이 의식하지 못한 목표를 가진 상징들의 심리적 조작**이라는 것이다.3)

라스웰Lasswell의 연구 이후로, 다른 수단을 통한, 그리고 공개적 목표를 가진 선전도 있다는 것이 알려졌다. 그래서 사람들은 **선전자의 의도**에 대해 주목하기 시작했다. 그리고 최근의 저작들에서는, 선전을 특징짓는 것은 바로 – 특히 정치적, 경제적, 사회적 문제들에서 –, **교화하고자 하는 의지**이다. 이러한 생각 속에서는, 선전의 정의를 선전자를 보고서 결정할 수 있을 것이다. 즉 어떤 개인이 선전자이다, 따라서 그의 말과 행동은 선전이다.

---

3) 최근에 알비그(Albig)는 선전 정의의 요소들로 다음을 언급한다 : 선전의 기원과 목표들의 비밀스런 성격, 여론을 변형하고자 하는 의지적 성격, 타당성이 의심스러운 결론들의 유포, 어떤 생각을 이해시키기보다는 주입시키기. 이 모든 것은 부분적으로는 정확하지만, 이미 지나가버린 것이다.

그러나 미국 학자들은 라스웰의 영향을 받은 선전 연구 기관이 내린 정의를 수락한 것 같다. 선전이란 "정해진 목표를 위해 심리적 조작 수단을 통해, 다른 개인들이나 집단들의 의견이나 행동에 영향을 주려는 어떤 개인들이나 집단들에 의해 고의적으로 행사된 의견 표출이나 행동이다."4)

아직도 수많은 정의를 더 열거할 수 있을 것이다! 예를 들어 이탈리아 저자인 미오토Miotto에게는, 선전이란 "사회적 압박의 기술로서, 관계된 개인들의 정적이고 정신적인 상태의 등질성을 통해, 동일 구조의 심리적, 사회적 집단의 형성을 지향한다". 미국의 전문가인 두브Doob는, "특수한 사회와 시기 속에서, 비과학적이거나 가치가 의심스러운 목적을 위해, 개성을 바꾸고, 개인의 행위를 통제하려는 시도"라고 말한다.

그리고 독일이나 러시아 저자들에게서는 이것들과 더 먼 정의들을 발견할 수 있을 것이다.

나는 여기서 정의를 내리지는 않을 것이다. 나는 단지 그 문제에 관해 전문가들 사이에 존재하는 불확실을 보여주려고 하였다. 내가 보기에는 존재하는 사회적 현상으로서 선전의 특징을 분석하는 것이 더 유용해 보인다. 아마 존재라는 용어를 강조하는 것이 좋겠다. 나는 **존재하는 그대로, 또는 존재했던 그대로의** 선전을 고려하려고 할 것이다. 왜냐하면, 히틀러의 독일, 스탈린의 러시아, 파시스트의 이탈리아에서 아주 발달한 움직임들을 나의 연구에서 제외할 수 없기 때문이다. 이것은 명백해 보인다. 그러나 수많은 저자에게서 실상은 전혀 다르다. 그들은 어떤 이미지와 정의를 고정해 놓고서는, 자기들의 정의에 맞춰서 연구하곤 한다. 또는 더 심하게는 과학적 연

---

4) 라스웰 이후로, 여기에다 선전이란 "한 집단 속에서 논란의 대상이 되는 문제들"이다는 생각을 덧붙인다. 러너(Lerner)의 생각은 한층 더 깊은데, 그가 말한 바로는, 선전은 상징들의 조작을 통해 태도들을 바꿈으로써, 한 집단 속에서 힘의 관계를 변경하는 수단이다. 그러나 우리는 이러한 철저히 심리적 정의에 대해 전적으로 동의하지는 않는다.

구를 한다는 핑계로, 소규모로 축소된 집단에 대해, 그리고 소량으로 어떤 선전 방식을 실험해보려고 한다. 그러나 그 순간부터 그건 더는 선전의 문제가 아니게 된다.

선전을 연구하려면, 심리학자가 아니라 선전자에게 알아보아야 하고, 어떤 실험 대상 집단이 아니라, 실제적이고 효율적인 선전 아래 있는 국가를 검사해야 한다. 물론 그것은 소위 과학적이며 통계적인 모든 연구를 불가능하게 만든다. 그러나 우리는 어떤 엄격한 관찰 방법을 설정해놓은 현재의 수많은 전문가와는 반대로, 최소한 연구 대상을 존경은 할 것이다. 그런 전문가들은 그 관찰 방법을 적용하기 위해 연구 대상을 기화시켜 버리는 잘못을 저지른다. 그러나 선전이 적용된 모든 곳에서, 선전이 효율성에 의해 지배되는 모든 곳에서, **사실로서 선전을** 고려해야 한다.

마지막으로, 나는 **선전**이라는 용어를 그 가장 넓은 의미로 이해하고, 그것이 품는 다음의 다양한 개념들을 연구할 것이다.

심리적 행위 : 선전자는 순수하게 심리적 수단을 통해 여론을 바꾸려고 한다. 가장 흔하게 그는 상당부분 교육적 목적을 추구하고, 우군인 자국민에게 호소한다.

심리전 : 여기서는, 반대로, 외국이나 적에 관한 문제로, 선전자는 심리적 수단을 통해 적의 '사기'를 떨어뜨리고, 적이 믿고자 하는 것을 회의하게 하고자 한다.[5]

회유와 세뇌 : 적을 우군으로 바꾸기 위한 복잡한 방법들로서, 포로들에 대해서만 사용할 수 있다.

---

[5] 메그레(Mégret)는 이런 심리전을 3요소로 분석한다 : 선전 기관(군사 작전 지원), 정치적-군사적 행위(비 폭력적 통제 기술들을 통해 주민을 장악하기 위한 목적으로), 일관성 있는 사유 시스템.

홍보와 인간관계 : 이 두 커다란 행위를 선전 속에 절대적으로 포함해야 한다. 이 주장은 독자에게 충격일 수 있을 것이다. 그러나 실제로, 보게 되겠지만, 이런 행위들이 바로 선전이다, 그 이유는 그것들은 개인을 한 사회에, 소비에, 어떤 행위에 적응시키려 하기 때문이다. 그것들은 개인을 사회에 순응하게 하는데, 그것이 바로 모든 선전의 목표이다.

넓은 의미로 선전은 이런 다양한 행위들을 품고 있다. **좁은 의미**로 선전은 제도적 성격으로 특징된다. 그래서 겉으로 드러난 선전이란, 행위를 고취하려고 사람들을 조직하고 감싸는 기술들의 결합이다.

따라서 결국엔 이런 것이 광범위한 연구 영역일 것이다.

나는 다음과 같은 습관적 연구 대상은 일부러 무시하였다.

- 선전의 역사, 특히 최근의 역사 : 1914년, 또는 1940년 등의 선전.
- 선전과 여론 사이의 관계. 여론과 그 형성을 주요 문제로 생각하고, 선전을 단순한 부차적 도구로 생각하기 때문이다.
- 선전의 심리적 토대. 선전자는 어떤 편견, 충동, 경향, 감정, 콤플렉스 위에서 움직이는가? 원하는 결과를 위해 그는 어떤 심리적 동력을 이용하는가?
- 선전의 기술. 선전자는 어떻게 심리적 힘을 움직이는가? 그는 어떻게 인간을 만나는가? 그는 어떻게 인간을 행동하게 하는가?
- 선전의 수단들 : 소통을 위한 매스미디어.

이것은 우리가 흔히 볼 수 있는 5가지 주제이다. 그리고 조금은 드물지만, 우리는 또 선전 유형 사이의 차이 연구도 발견할 수 있다 : 히틀러적 선전,

스탈린적 선전, 미국적 선전 등. 이런 흥미로운 연구들은 여기서는 옆으로 치워졌는데, 그 이유는 바로 너무 자주 연구되었기 때문이다. 독자는 참고 문헌 속에서 여기에 대해 유용한 것을 발견할 수 있을 것이다. 따라서 나는 조금은 드물었던 양상을 다루며, 고전과는 다른 관점을 채택하려고 하였다. 또한, 나는, 심리적 효과들처럼 내가 수집했던 것들을 제시하고, 가끔은 다른 사람들의 연구 성과에 의지하지만, 추상적이거나 통계적인 방식은 사용하지 않고자 하였다. 따라서 선전에 대한 백과사전적 지식 나열은 하지 않고, 선전의 심리적 기초, 기술, 그리고 수단들은 이미 잘 알려졌다고 가정하며, 필연적으로 선전에 종속된 현대인이, 자신을 조건 지우고 규제하는 선전을 조금이라도 더 잘 의식하게 하려고 하였다.

다른 한편, 나는 선전을 하나의 전체로서 간주했다. 목적의 관점에서 어떤 일에 대한 윤리적 판단을 내리는 것이 상당히 흔한 짓이다. 그래서 선전을 수단으로 간주하고, 선전에 대해 그런 식의 윤리적 판단을 한다. 민주주의는 좋고, 독재는 나쁘므로, 민주주의를 위한 선전은, 독재를 위한 선전과 기술로서 같다 해도, 좋은 것이다. 마찬가지로 사회주의는 좋고, 히틀러주의는 나쁘기에, 선전이 히틀러주의자의 손아귀에 들어 있을 때는, 그 선전은 총체적으로 나쁜 것이다…6) 우리는 이런 태도를 거부했다. 현상으로서 선전은 본질적으로 중국이나 소련, 미국, 알제리에서 똑같다. 기술들이란 서로서로 동조하는 경향이 있다. 다만, 그 전파 수단이 다소간 완벽하거나 덜 하고, 그 조직이 다소간 효율적이거나 아니거나 할 따름이다. 그러나 그런 것은 문제를 근본적으로 바꾸지는 않는다. 왜냐하면, 선전의 원칙을 수락하고, 그것을 사용하기로 한 사람은 나름대로 가장 효율적인 조직과 방법을 사용할 것이기 때문이다.7) 그리고 우리는, 누가 사용하건, 선전은 공산주의나 히

---

6) 이것이 바로 차코틴(Tchakhotin)이 주장하는 것이다.

틀러주의, 또는 서구 민주주의에서 같은 결과를 부른다고 가정하였다. 그리고 개인이나 집단은 그 결과를 피해갈 수 없으며, 또 이 선전이 지지하는 교리 및 체제와는 별개라고 생각하였다. 달리 말하면, 히틀러주의는 하나의 체제로서, 어떤 결과를 포함하고 있었다, 그리고 이 히틀러주의자들에 의해 운용되는 선전은 분명히 부정할 수 없는 **특수한** 성격을 가지고 있었다. 그러나 일반적으로 사람들이 바로 이 특수성에 집중하는데 반해서, 우리는 더 일반적 성격을 포착하기 위해, 모든 선전의 공통적 결과를 포착하기 위해, 이 특이한 것을 제거하려고 노력하였다. 달리 말하면 우리는 선전을 연구하기 위해, 기술과 같은 관점과 방법을 채택하였다. 우리는 선전 역시 하나의 기술이라고 이미 수없이 언급했었다.

　우리는 선전이 현대 세계에서 하나의 필연임을 설명하는 데 상당한 공간을 할애한다. 그런데 여기서 나는 상당히 깊은 오해를 보았다. 현대인은 사실의 종교에 의해, 다시 말해 사실 수락으로 잠식당해 있어서, 그에 대항해서는 아무것도 할 수 없다. 현대인은 존재하는 것은 좋은 것이라고 확신하며, 사실이란 그 자체로서 증거이고 증명이라고 확신한다. 그는 기꺼이 사실들에 가치를 부여하고, 자신이 필연적이라고 믿는 것에 복종하는데, 이 필연성은 게다가 진보와 똑같이 여겨진다. 그런데 이러한 굳은 이데올로기적 태도는 반드시 가능성의 판단과 가치의 판단을 혼동하게 한다. 사실이 판단 기준이기 때문에, 사실은 선이어야 한다. 그 결과, (가치 판단을 하지 않고서도) 어떤 사실을 말하는 사람은, 이 사실에 긍정적인 사람이라는 논리가 나온다. (단순히 가능성의 판단으로서) 공산당이 선거에서 승리할 것이라고 말하는 사람은 즉각적으로 공산당을 긍정하는 사람이라고 판단된다. 기술이 인간의

---

7) 메그레가 말하듯이, 북베트남의 선전과 접촉한 인도차이나 장교들은 선전의 "기술적 수단들의 부분적 사용"을 대체하는 "포괄적인 정치적 시각"을 가졌다. 이것은 과거의 생각에서 새로운 현상으로 발전해나가는 것이다.

행위를 더욱더 지배할 것이라고 말하는 사람은, 기술관료로 여겨진다.

내가 여기서 선전의 발달, 그 피할 수 없는 특성, 사회와 관계를 분석할 때, 독자는 거기서 선전에 대한 긍정을 보고 싶을 것이다. 선전이 하나의 필연으로 제시되는 걸 보니, 이런 저작은 **따라서** 선전을 좋게 보고, 발전시키며, 강화할 것이다. 그러나 그것은 전혀 내 생각이 아니며, 그런 가정은 사실의 종교와 힘의 정신에 젖어 있는 사람에게나 가능함을 강조하고자 한다. 내가 보기에는, 필연성은 결코 합법성의 보장이 아니고, 오히려 필연성의 세계는 인간의 나약함, 또는 인간을 부정하는 세계이다. 한 현상이 필연적이라고 하는 것은, 나로서는, 그것이 인간을 부정한다는 것을 의미한다. 그리고 필연성은 현상의 뛰어남이 아니라, 그 힘을 증명한다. 그러나 인간이 필연성을 의식한다는 것은, 그 극복을 위한 첫걸음이다. 누가 한 현상의 필연적 성격을 부인한다는 것은, 그것과 부딪치기를 피하는 것이고, 우회로로 빠져나가면서, 자신을 소외시키는 것이다. 다시 말해 그가 "그럼에도 불구하고 나는 자유롭다"고 주장하는 한, 그리고 자신이 자유롭다고 주장하기 **때문에**, 그는 실제로는 필연성에 붙잡혀 있다. 그가 필연적 사실 속에서 자신이 소외되어 있음을 인정했을 때만이, 그의 자유는 바로 솔직한 인정 속에서 태동하기 시작하는 것이다. 그리고 그 인정이란 것은 자신을 필연적으로 결정짓는 그 현상에 대해 거리를 유지하여, 그것을 객관화하고, 순수한 사실 상태로 축소하려는 노력으로부터만 얻어질 것이다.

그런데 선전의 힘은 인간을 직접적으로 공격한다. 그렇다면, 결정적 질문은, 어느 정도나 인간이 위험에 처해있는가이다. 대부분의 대답은 무의식적인 선입관 위에 세워져 있다. 공산주의자들은, 인간의 천성이란 없고, 오로지 인간의 조건만 있다고 믿기에, 선전이란 아주 강력하며, (공산주의자가 하면) 합법적이고, 내일의 새로운 인간을 창조하는데 공헌한다고 생각한다.

미국의 심리-사회학자들은 과학적 핑계를 대며, 선전의 효율성을 거의 부정하는 경향이 있다. 왜냐하면, 그들은 민주주의의 기본인 개인이, 그렇게 연약할 수 있음을 받아들일 수 없고, 또 인간에 대한 마지막 신뢰를 붙잡고 있기 때문이다. 개인적으로는 나도 특출한 인간 가치에 대한 믿음과, 불굴의 인간성에 대한 신념을 갖고 있다. 그러나 사실을 보면, 인간은 반대로 무서울 정도로 연약하고, 자신에 대해 확신하지 못하며, 정처 없이 흔들린다. 그리고 이 책에서 인간을 깊이 변화시킬 정도로 강한 선전의 힘을 보여줄 때, 그것은 내가 "반민주주의자"이기 때문이어서가 아니다.

　선전의 강한 힘이 분명히 민주주의의 위험스러운 결함 중의 하나라는 것은 확실하다. 그러나 나는 그렇다고 민주주의를 비난하려는 것이 아니다. 나는 민주주의를 위하기 때문에, 선전이 진정한 민주주의를 거의 불가능하게 만든다고 개탄하지만, 선전과 진정한 민주주의가 공존할 수 있다는 환상을 품는 것은 몹시 나쁜 일이라고 생각한다. 이런 문제에서 화려한 꿈속에 젖는 것보다 더 나쁜 것은 없다. 한 체제를 위협하는 것에 대해 경고를 보내는 것은 이 위협을 체제에 해롭게 이용하는 것이 아니라, 그에게 가장 좋은 덕을 베푸는 것이다. 인간에 대해서도 마찬가지다. 인간의 나약함에 대해 경고를 하는 것은, 그를 파괴하기 위해서가 아니라, 그가 더 강해지게 하기 위해서다. 나는 결코 저 높은 곳에서 오만하게 판결하는 귀족적 지식인의 태도를 보이지 않는다. 그런 자는 자신은 선전의 영향을 받지 않는다고 생각하며, 일반 대중이 내밀하게 선전에 의해 조작된다고 경멸적으로 바라본다. 내가 이렇게 경고하는 것은 인간을 위한 것이지 그에 반대해서가 아니며, 나는 결코 대중에게서 떨어져 고고한 자리에 있는 것이 아니다. 나 역시 선전의 강력한 영향을 겪었고, 느꼈으며, 분석했기 때문에, 그리고 계속해서 선전의 대상이었고 지금도 그러하기 때문에, 이 위협에 대해 말하고자 하는 것이며,

이것이 전체 인류에 대한 위협임을 경고하는 것이다.

　선전을 정확히 파악하려면, 그것이 들어 있는 전체 문명의 맥락 안에서 보아야 한다. 이것은 아마 무수한 선전 연구들의 가장 큰 약점의 하나인데, 그것들은, 선전을 그 자체로서 독립적으로 연구한다. 우리는 여기서 사회-정치적 현상들을 쪼개, 다양한 부분들 사이의 상관관계를 단절하는, 아주 유행하는 한심한 작태를 본다. 이런 태도는 물론 단일 시스템의 유효성은 보장해 준다. 예를 들어, 민주주의 연구에서 시민은 국가로부터 독립된 하나의 실체이고, 여론은 "그 자체"인 양 제기된다. 그러면서 여론과 선전의 과학적 연구는 다른 전문가에게 맡겨버린다. 반면 여론의 전문가는 합법적 민주주의 형태를 위해 법률 전문가에게 의존한다. 기술 사회의 문제는 정신적이고 감정적인 생활에 대한 영향 밖에서 연구된다. 노동 운동은 심리적 수단으로 말미암은 변화를 생각하지 않고 연구된다.

　나는 선전을 기술 사회 전체 속에서 보아야 한다고 다시 강조한다. 선전은 기술에 의해 야기된 문제들을 해결하도록, 그 삐걱거림들 위에서 작용하도록 소환되었고, 개인을 이 기술 사회 속에 적응시키도록 소환되었다. 선전은 한 체제의 정치적 무기 이상으로서(실제로 그렇기도 하다!), 인간 전체를 감싸고, 완벽한 통합적 사회가 되려고 하는 기술 사회의 결과이다. 현재로서 선전은 이런 경향의 가장 내밀하고, 가장 교묘한 양상이다. 선전은 국가 권력, 정부와 통치 기술의 팽창 관점에서 보아야 한다. 사람들은 항상 '매사는 어떤 나라가 선전을 사용하는가에 달렸다'라고 말한다. 그러나 기술적 국가가 무엇인지 제대로 안다면, 그런 말은 더는 아무 의미도 없을 것이다. 증가하는 기계화와 조직적 기술화 가운데서, 선전은 이런 것들이 너무 강압적으로 느껴지지 않도록 하는 수단이며, 인간이 자발적으로 복종하게 하는 수단에 불과하다. 인간이 이런 사회에 완전히 적응하게 되면, 그가 해야 할 것에 대해 설복되어 기꺼이 복종하게 되면, 조직의 억압감은 더는 느끼지 않을 것이다. 그것은 실제로 더는 억압이 되지 않을 것이고, 경찰은 더는 할 일이 없을 것이다. 선전에 의해 창조된, 시민적이고 기술적 선의, 그리고 이상 사회의 신화에 대한 열광은 결국 인간의 문제를 해결하고야 말 것이다.

자끄 엘륄

1장 선전의 성격

현대의 진짜 선전은 과학적 시스템 속에 위치한다. 많은 사람이 선전을 '잔재주'나, 하찮은 실천으로 여기는 것도 사실이다.[1] 많은 심리학자와 사회학자들은 선전의 과학적 특성을 부인한다. 우리는 선전이 과학이 아니라 하나의 기술이라는데 전적으로 동의한다.[2] 하지만, 이 기술은 현대 기술의 특성을 지닌 기술, 다시말해 하나의 과학이나 혹은 여러 과학에 기초한 기술이다. 선전은 과학의 한 표현이고, 과학과 함께 발전하며, 과학의 성공에 참여하고, 과학의 결함을 확인해준다. 선전이 선전자 개인의 영감이나 기발함, 또는 다소 거친 잔재주였던 시대는 지나갔다. 과학이 선전 속으로 들어왔는데, 우리는 이것을 네 개의 관점으로 나눠볼 수 있다.

우선 현대 선전은 심리학과 사회학의 과학적 분석 위에 기초한다. 인

---

[1] 그래서 대부분의 프랑스 심리학자들과 사회심리학자들은 선전을 별로 심각하지 않고, 큰 영향도 없는 실천으로 여긴다.
[2] 알비그(Albig)는 선전이 과학이 될 수 없다고 강조한다. 왜냐하면, 선전이 적용되는 영역에서는, 일반화도 할 수 없고, 일관적 요소들도 없기 때문이다.

간과 인간의 경향들, 욕구들, 필요들, 심리적 메커니즘들, 결정 조건들, 그리고 또 사회 심리학과 심층 심리학에 대한 지식으로부터, 선전자는 조금씩 자신의 기술을 조직한다. 집단, 집단의 형성과 해체의 법칙, 대중적 영향, 환경적 영향에 대한 지식에서 시작하여 선전자는 자신의 행동 수단을 빚어낸다. 심리학과 현대 사회학의 과학적 연구가 없다면, 선전은 존재하지 않거나, 기껏 페리클레스Périclès나 아우구스투스Auguste 시대의, 원시적 선전 단계에 머물러 있을 것이다. 물론 선전자들이 이런 과학들에서 별로 깊이 알지 못할 수 있고, 심리학자들의 신중한 결론을 잘 못 이해하거나 과도하게 여길 수도 있으며, 실제로는 적용할 수 없는 어떤 심리적 발견을 적용한다고 주장할 수도 있다. 그러나 이 모든 것은 초창기의 시행착오에 불과하다. 심리학과 사회학을 적용하려고 한 지 채 50년도 되지 않았다. 중요한 것은 선전이 과학에 종속되고, 과학을 적용하려고 한 결심이다. 물론 심리학자들은 화를 내면서, 자기들의 학문을 악용한다고 할 수 있다. 그러나 그런 주장은 아무 무게도 없다. 물리학자들이 원자탄에 대해 분개하는 것과 마찬가지다. 일어난 일은, 선전자들은 사회학과 심리학을 더욱더 잘 이해하고, 더욱 정확하게 적용하며, 그럼으로써 더욱 효율적으로 된 것이다.

선전은 또 모든 선전자가 반드시 따라야 하는 엄밀하고, 검증된 규칙들을 만드는 경향이 있다는 점에서 과학적이다. 선전자는 점점 더 멋대로 자신의 충동을 따를 수 없게 된다. 그는 점점 더 적합한 훈련을 받은 누구나 다룰 수 있는, 엄밀한 공식들을 적용해야 한다. 이것은 바로 과학적 기초 위에 세워진 기술의 특성이다.

세 번째로, 선전이 겨냥하는 개인과 환경에 대한 정확한 분석이 필요하다. 천재적 사람이 선전의 방식, 접근, 주제를 멋대로 정하는 것이 아니라, 이 모든 것은 계산되어야 한다. 어떤 유형의 선전은 이런 환경에 적합하고, 당연히 다른 환경에서는 소용없을 것이다. 그리고 어떤 실질적 선전 활동을 하려면, 우선 사회학이나 심리학적 분석을 하고, 또 점점 더 이런 과학들을 이용해야 한다. 그러나 이런 과학들을 아주 효율적으로 잘 사용하려면 엄격한 훈련이 필요하다.

마지막으로, 이 마지막 특징이 선전의 과학적 성격을 증명한다. 즉 선전자는 더욱더 선전을 통제하려고 하며, 그 결과를 측정하고, 효과를 확인하려고 한다. 그것은 몹시 어렵다. 그러나 선전자는 오늘날 더는 어떤 결과를 얻은 것으로, 또는 얻었다고 믿고 만족하지 않고, 그 결과를 정확히 측정하고자 한다. 정치적 효과 하나 만으로는 그를 완전히 만족하게 하지 못한다. 그는 어떻게를 알고 싶어하고, 그 정확한 결과를 측정하려고 한다. 따라서 어떤 실험 정신이 있고, 결과를 알아보고 싶어한다. 그런데 바로 이 순간부터, 과학적 방법론이 시작된다고 말할 수 있다. 물론 이것은 아직은 널리 퍼진 것은 아니다. 그리고 결과들을 분석하는 사람들은 현역 선전자들이 아니라, 철학자들이다. 좋다, 그것은 작업의 분할을 의미할 뿐이다. 그 이상은 없다. 그러나 선전은 더는 그 자체에 맡긴 행동이 아니고, 사람들이 우습게 보는 하찮은 일이 아님을 의미한다. 선전은 숙고의 대상이고, 과학적 방식으로 움직인다.

다른 반박도 있다. 어떤 심리학자들은 선전자가 제시하는 소위 과학적 근거들을 비웃으며, 과학을 이용했다는 주장을 거부한다. "선전자가 사용한 심리학은 과학적 심리학이 아니고, 그가 사용한 사회학은 과학적 사회학이 아니다." 그러나 이런 반론을 정확히 들여다보면, 다음과 같은 결론에 이른다. 스탈린의 선전은 파블로프의 조건 반사 이론에 크게 의존하였다. 히틀러의 선전은 억압과 리비도에 관한 프로이트의 이론에 크게 의존하였다. 미국의 선전은 훈육에 관한 듀이Dewey의 이론에 크게 의존한다. 이제, 어떤 심리학자가 조건 반사 이론을 받아들이지 않고, 그 이론을 인간에 적용할 가능성에 대해 의심한다고 해보자. 그러면 그는 심리 현상들에 대한 파블로프식 해석을 거부하는 것이며, 그 이론에 기반을 둔 모든 선전은 사이비 과학적이고 결국엔 현대의 과학적 심리학이란 게 하찮은 것이라고 결론 내리는 것이다. 프로이트나 듀이의 발견에 대해 의심을 품는 것도 마찬가지다.

그렇다면, 이것이 의미하는 것은 무엇인가? 선전은 과학적 기반 위에 세워져 있지 않다는 말인가? 분명히 그렇지 않다. 차라리 과학자들은 심리학과 사회학의 영역들, 방법들, 결론들에서 자기들 사이에 일치하지 않는다고 해야 한다. 다른 심리학자의 이론에 동의하지 않는 심리학자는 그 과학적 이론을 반박하는 것이다. 그리고 기술자가 그 이론에서 도출할 수 있는 결과들만 거부하는 것이 아니다. 우리는 한 선전자가, 어느 시기에 한 나라에서 과학적이라고 인정된 사회학자나 심리학자에게 의존했다고 해서 비난할 수는 없다. 그리고 선전자가 적용한 이 이론이 어떤 결과와 효과가 있었다면, 그 이론은 그것으로도 어떤 부차적 확인을 받아낸 것이기에, 단순한 교조적 비판만으로 그것이 부정확하다고 할 수는 없다.

1. 외적 성격

개인과 대중

현대 선전은 우선 개인과 대중에게 동시에 작용해야 한다. 선전은 그 둘을 분리할 수 없다. 선전이 군중에서 분리된, 개별적인 고독한 개인에게 얘기한다는 것은 말이 되지 않는다. 개인은 선전자에게는 하등의 관심거리가 되지 못하고, 개별적 단위로서 개인은 외적 행위에 대해서 크게 저항한다. 선전은 효율적 이려면, 작은 것에 집착해서는 안 된다. 한 사람 한 사람씩 설득한다는 것은 너무 많은 시간이 걸리고, 고립된 개인에게서 신념이 탄생하게 하는 것은 훨씬 더 어렵기 때문이다. 개인과의 단순한 대화만 있을 때는 선전은 없다. 그래서 특히 미국에서 고립된 개인들에게 행해진 선전 수단이나 주장의 효율성을 측정하고자 하는 실험들은 믿을 수가 없다. 그것들은 실제적 선전 상황을 생산하지 못하기 때문이다. 역으로, 선전은 단순히 대중만을 겨냥하지도 않는다. 개인들이 단순히 모여 있는 곳에서 작용하는 선전은 불완전하고 불충분할 것이다. 마찬가지로, 한 무리의 대중을 개인과는 다른 영혼과 반응, 감정을 가진 특수한 신체 처럼, 그런 집단만을 겨냥한 선전도 전혀 효율성이 없는 추상적 선전에 불과하다. 현대 선전은 대중 속에 포함된, 그리고 대중 속에 참여자로서 개인을 겨냥하고, 또 서로 개인들로 구성된 그러한 군중을 겨냥한다.

이것은 무엇을 의미하는가? 우선 개인은 결코 그 개인으로서가 아니라, 그가 다른 사람들과 공유하는 것 속에서, 즉 그의 경향들, 감정들, 또는 그의 집단 신화들 속에서 고려된다. 그는 평균 속에 들어 있다. 그리고 약간의 편차를 제하면, 평균에 기반을 둔 행위는 효율적일 것이다. 그러나 그 이상으로, 개인은 대중 속에서 고려되고, 대중 속에 포함되어야 한다. 그리고 가능한 최대로 대중 속에 체계적으로 통합되어야 한다. 그래야, 그의 심리적 방어력이 약해지고, 반응을 자극하기가 쉽다. 선전자는 대중을 통한 감정 확산을 이용하고, 동시에 개인이 집단 속에 있을 때 감정이 증폭되는 것을 이용한다. 예민한 감정, 충동, 과격함 등, 대중 속에 잠긴 개인의 특징들은 이미 잘 알려졌고, 선전에는 아주 유용하다. 따라서 개인은 결코 고립되어 고려되어서는 안 된다. 라디오 청취자는, 물질적으로 혼자라 해도, 커다란 전체의 부분이고, 자신도 그것을 알고 있다.3) 청취자들은 명백히 대중적 정신 상태를 드러낸다. 모든 사람은 전체로 묶여 있고, 개인들은 공모자이면서, 그걸 모르면서 상호 영향을 미치는 일종의 사회를 구성한다. 선전이 개별 방문직접 접촉들, 탄원서 서명들으로 이뤄질 때도 마찬가지다. 겉으로는 개별적인 개인을 만나더라도, 실제로는 방문 되었던, 지금 방문한, 그리고 앞으로 방문 할 모든 사람으로 구성된 보이지 않는 군중 속에 포함된 단위와 관계하는 것이다. 왜냐하면, 그들은 모두 같은 생각을 하고, 같은 신화를 경험하며, 특히 같은 조직의 목표물이기 때문이다. 한 당이나 기관의 표적이 됨으로써 개인은 선전이 목표하는 대중 집단 속에 충분히 포함된다. 그 단순한 사실이 개인을 대중의 일부가 되게 한다. 그는 더는 Mr. X가 아니라, 특수한 방향으로 흐르는 흐름의 일부이다. 그 흐름은 이 방문자이 방문자는 자신의 이름과 논리로 말하는 자

---

3) 베이예(Veillé)가 라디오 청취자에 대해 분석한 것이 이것이고, 또 브루너(Bruner)에게서 선전의 "사적인-비사적인 차원" 개념이기도 하다.

가 아니라, 기관, 조직, 집단 운동의 한 부분이다를 통해 흐르고 있다. 서명을 얻으려고 한 방문자가 들어온다는 것은, 어떤 대중이, 나아가서 조직되고 표준화된 대중이 들어오는 것이다. 여기에는 전혀 인간 대 인간의 관계는 없다. 그보다는, 다른 사람들과 동일하게 목표 되었기에 이미 대중 일부가 된 개인에게 인력을 행사하는 조직이 있다.

역으로, 선전이 군중을 향할 때는, 선전은 이 군중 전체 속에서 각 개인과 관계되어야 한다. 선전은 효율적 이려면 개인적이라는 인상을 주어야 한다. 대중은 개인들로 구성되고, 동시에 집합된 개인들에 불과함을 잊지 말아야 한다. 그런데 실제로, 개인들은 집단 속에 들어 있기 때문에, 나약해지고, 예민해져 있으며, 퇴행적 심리 단계에 들어 있다. 그렇기에 그들은 반대로, 그리고 그런 만큼 더욱 자기는 '강한 사람'이라고 주장한다. 대중적 인간은 하위-인간이지만, 스스로는 상위-인간이라고 주장한다. 그는 더 영향을 받기 쉽지만, 더 강하다고 주장하고, 그는 더 불안정하지만, 더 굳건하다고 생각한다. 누가 대중을 터놓고 대중으로 취급하면, 대중을 구성하는 개인들은 위축되었다고 느낄 것이며, 참여를 거부할 것이다. 누가 이 개인들을 어린애실제로 그들은 대중 속에 들어 있기에 어린애들이다처럼 다룬다면, 그들은 그 지도자 속에서 자신의 모습을 비춰보려고 하지 않고, 그와 동화하려고 하지 않을 것이다. 그들은 움츠러들 것이고, 그들로부터 아무것도 얻어내지 못할 것이다. 반대로 각 개인은 개인화되어 있다고 느끼고, 누가 보는 자는 바로 자신이고, 말을 거는 자는 바로 자신이라는 인상을 가져야 한다. 그럴 때에만 그는 대답할 것이고, 익명이 되기를 멈출 것이다. 실제로 여전히 익명이기는 하지만

이렇게 현대의 모든 선전은 대중적 구조를 이용하지만, 개인의 자기-긍정의 감정을 이용한다. 그리고 이 두 행동은 결합하여 동시에 행해져야

한다. 물론 이러한 작업은 현대의 대중매체에 의해 아주 쉽게 되었다. 현대의 대중매체는 바로 이 대중을 전체로 한꺼번에, 그리고 그 속에서 각 개인을 만나는 놀라운 효과를 가지고 있다. 신문 독자들, 라디오 청취자들, 영화나 TV 시청자들은 한 점에 모여 있지 않고 흩어져 있지만, 조직적으로 존재하는 하나의 대중을 이룬다. 이 개인들은 같은 동기에 의해 움직이고, 같은 충동과 인상을 받으며, 같은 관심 위로 쏠리고, 같은 감정을 갖는다. 그들은 아주 일반적으로 같은 종류의 반응과 생각을 하며, 같은 신화 속에 참여하고, 그리고 같은 순간에 하게 된다. 우리가 여기서 보는 것은 꼭 생물학적이 아닌, 심리적 대중이다. 그리고 개인들은 비록 그걸 모른다 하여도, 이런 존재에 의해 변형되어 있다. 그렇지만, 각자는 혼자이다. 신문의 독자, 라디오 시청자는 혼자이고, 그래서 참여적 상황 속에 개인적으로 관여되어 있다고 느낀다. 그리고 영화 관람객도 혼자이다. 비록 옆 사람과 팔을 스치기는 하더라도, 어둠과 스크린의 최면적인 매력에 의해, 완벽하게 혼자이다. 바로 이러한 '외로운 군중', 또는 대중 속 고독한 자의 상황은, 이미 현재 우리 사회의 자연적 생산물이고, 또 그것은 매스컴에 의해 이용되고 동시에 강화된다. 인간을 포획하고 영향을 미치기에 가장 좋은 순간은 그가 대중 속에서 외로운 순간이다. 바로 그 순간에 가장 효율적 선전이 만들어질 수 있다.

오늘날 사회의 구조는 선전에 가장 유리한 상황 속에 개인을 위치시킨다. 이 사회의 기술적 진보의 한 축인 대중매체는 이런 상황을 강화하고, 동시에 대중 속에 통합된 개인을 만날 수 있게 해준다. 그리고 대중매체가 한 것을, 선전도 자신의 목표를 위해 반드시 해야 한다. **대중매체를 사용하지 않고서는 선전도 없다.** 혹시 선전의 공격 목표가 조직된 집단이라면, 그 선전은 이 조직이 파괴되기 전에는 개인들에 대해 실천적으로 아무엇도 할 수 없다.4) 집단의 붕괴는 물질적 행동을 통해 올 수도 있지만, 또 심리적으로도 가능하다. 순수하게 심리적 수단을 이용한 집단의 변형은 가장 중요한 선전 기술 중의 하나이다. 미세 집단들이 제거되어야만, 개인이 자신의 집단 속에서 방어, 균형, 저항을 더는 발견하지 못해야만, 총체적 선전은 가능해질 것이다.5)

총체적 선전

선전은 총체적이어야 한다. 선전자는 자신이 가동할 수 있는 모든 기술적 수단들을 써야 한다. 이 수단들은 본질적으로 신문, 라디오, TV, 영화, 벽보, 미팅, 방문이다. 현대 선전은 이 모든 수단을 써야 한다. 가끔은 잡지 기사, 가끔은 벽보, 또 가끔은 라디오 방송… 식으로 약간은 무턱대고, 간헐적으로 하는 선전은 없다. 몇 번의 집회와 연설, 몇 번의 벽보 부착, 이런 것은 선전이 아니다. 실제로 사용 가능한 각각의 수단은 그 특수한 유용성이 있지만, 동시에 부분적이고, 제한되어 있다. 하나로만 개인을 공격하고, 저항을 분쇄하며, 결정하게 하는데 충분하지 않다. 영화는 신문과 같은 동력 위에서 움직이지 않고, 같은 감정을 일깨우지 않으며, 같은 반응을 일으키지 않는다. 각 수단이 제한된 유효성을 가지고 있다는 사실은 분명히 이 수단들을 서로 보충해서 이용하게 한다. 라디오로 중계된 말은 사적 대화 속에서 한 말이나, 대중 앞에서 공개적으로 한 연설과는 다르고, 같은 결과와 충격을 주지 않는다. 개인을 선전의 망 속에서 포획하려면, 각각의 수단이 그 특수한 효율성의 방향 속에서 사용되고, 그

---

4) 실스와 자노비츠는 선전 앞에서 집단의 중요성을 증명하였다. 그들은, 독일이 이차대전 때 더 일찍 항복하지 않았던 것은, 군사 구조의 여러 집단이 잘 버텼기 때문이라고 주장한다. 선전은 사회적 집단이 붕괴하지 않으면 큰일을 할 수 없다. 여론의 유희는 상대적으로 중요성이 없다.(<부록1> 참고)
5) <부록 2>. 참고

것이 자체 속에 품은 효과를 향해야 하며, 결과적으로 다른 모든 수단과 결합해야 한다. 각 수단은 개인을 특수한 방식으로 접촉하고, 같은 주제에 대해 새롭게 반응하게 하며, 같은 방향에서, 그렇지만 다르게 반응하게 한다.

따라서 지적, 감정적, 정서적 생활의 어떤 부분도 가만히 둬서는 안 된다. 인간을 모든 분야에서 둘러싸야 한다. 한 개인으로서 그렇고 여러 사람으로서 그렇다. 이 여러 수단은 같은 대중만 같은 방식으로 접촉하는 것이 아니다. 일주일에 3번을 영화관에 가는 사람들은 신문을 꼼꼼히 읽는 사람들이 아니다. 따라서 선전의 도구들은 대중에 따라 방향 지어지고, 가능한 최대의 개인들과 접촉하려면 적합한 방식으로 사용되어야 한다. 예를 들면, 벽보는 자동차가 없는 사람들과 접촉하기 위한 서민적 수단이다. 라디오 방송은 더 나은 환경에서 들려진다. 마지막으로, 각각의 수단은 제3의 전문적 양상을 포함하고 있다. 우리는 나중에 아주 다양한 선전 형태들이 있음을 분석할 것이다. 그런데 각각의 수단은 하나의 형태에 특별히 더 적합하다. 영화와 직접 접촉은 사교적 분위기의, 느린 침투의, 점진적 향상의, 포괄적 통합의 가장 좋은 수단이다. 공공의 모임, 포스터는 즉각적 행위로 인도하는, 강력하고 짧은 시간의 충격적 선전 도구이다. 잡지나 신문은 전반적 전망을 형성하는 경향을 보인다. 라디오는 국제적 행위, 심리적 전쟁의 도구가 되지만, 프레스는 국내용이 될 것이다. 아무튼, 이러한 다양한 전문화 때문에 이 도구 중의 하나라도 버려서는 안 된다. 그것들 모두가 사용되고 결합하여야 한다. 선전자는 너른 건반을 두들기며, 하나의 심포니를 구성한다.

인간 전체와 전체 인간들을 감싸는 문제이다. 선전은 감정뿐만 아니라 생각에서, 개인의 의지나 욕구에 작용하여, 의식과 무의식을 통해, 개인적 생활과 공적 생활 속에서 공격하면서, 가능한 모든 길을 통해 개인을 포위하려고 한다. 선전은 개인에게 전반적 세상 해석 시스템과 행위의 직접적 동기를 제공한다. 우리는 여기서 인간 전체를 포박하고자 하는 조직된 신화 앞에 있다. 자신이 만들어 낸 신화를 통해서, 선전은 모든 다양성을 배제하는, 유일하고 일방적 해석만이 가능한 직관적 지식의 총체적 이미지를 강요한다. 그리고 이 신화는 너무나 강력하여, 의식의 모든 장을 침범하고, 어떤 기능이나 동기도 그냥 놔두지 않는다. 그것은 개인에게서 배타적 감정, 편파적 태도를 유발한다. 그것은 강력한 동기적 힘을 가지고 있어서, 일단 수락되고 나면, 이 신화는 개인 전체를 통제하고, 개인은 다른 이차적 영향을 받지 않는다. 바로 이것이, 선전적 신화가 성공적으로 창조된 모든 경우에서, 개인에 대한 선전의 전체주의적 작용과 상응하는, 개인이 취하는 전체주의적 태도를 설명한다.

선전은 인간 전체 속에 파고들고, 총체적인 맹목적 태도를 보이게 하며, 가능한 모든 심리적 길을 통해 포획하려고 할 뿐만 아니라, 또 전체 인간들에게 향한다. 선전은 부분적 성공으로 만족할 수 없다. 그래서 선전은 토론을 용인하지 못한다. 그 본질상, 선전은 모순, 토론을 배제한다. 어떤 감지할 수 있고, 표현된 긴장, 행위적 갈등이 존속하는 한, 선전은 실현되고, 완수되었다고 말해질 수 없다. 선전은 거의 만장일치를 만들어 내고, 반대파는 무시할 정도이며, 반대 목소리가 들리지 않을 정도가 되어야 한다. 극단적 선전이란 적마저도 손아귀에 넣어야 하고, 최소한 그를 자신의 가치 체계 속에 통합시켜 이용해야 한다. 그래서 영국인들을 나치 라디오에서, 파울루스Paulus·롬멜 장군이 소비에트 라디오에서 말하게 하는 것이 아주 중요하다. 알제리 빨치산 선전을 위해 프랑스 유명 잡지들을 이용하는 것이 아주 중요하고, 프랑스의 선전을 위해서는 전향한 빨치산의 선언들을 얻어내는 것이 중요하다. 분명히 그런 극단적 단계는 반체제 인사들의 자아비판과 함께 소비에트 선전에 의해 최고에 달했다. 체제의 적또는 반대파 입장에서 이 정부가 옳았고, 그에 대한 반대는 범죄였으며, 벌을 받아 마땅하다고, **여전히 적이면서** 선언하는 것, 그것은 바로 전체주의적 선전의 극단적 결과이다. 적마저도 체제의 지지자로 전환된다. 그는 아직도 적으로 남아 있고, 또 그가 적이기 때문이다 이것은 단순히 아주 유용하고 효율적 선전인 것만은 아니다. 흐루시초프 체제에서도, 자아 비판적 선전이 예전과 마찬가지로 사용되었음을 지적하자. 불가닌(Boulganine) 원수의 자아비판이 가장 특징적이다 이것은 일단 작용하면 모든 것을 집어삼키는, 선전의 전체주의적 메커니즘이다. 그것은 어떤 여론도 자기의 바깥에 둘 수 없고, 어떤 종류의 독립도 용인하지 않는다. 모든 것은 행동의 유일 도식을 따라야 하고, 이 도식은 그 자체가 목적이며, 거의 모든 사람이 결국 거기에 참여해야 한다.

총체적 성격의 다른 양상이 있다. 선전자는 선전의 요소들을 진정한 오케스트라처럼 결합해야 한다. 또한, 그는 한순간에 사용할 수 있는 다양한 자극들을 고려하고, 조직해야 한다. 이것은 선전 '캠페인'을 만들어 내게 한다.6) 다른 한편 그는 다양한 도구들을 서로 관계 속에서 사용해야

---

6) 가능한 여러 주제, "기술들"의 분석은 아주 자주 수행되었다. 가장 간단한 수준에서는 1942년에 선전 분석 연구소에 의해 하여진 것을 들 수 있다 (cf. 하틀리(Harteley),『사회 심리학의 기본들』, 1952. 조금 더 깊은 것으로는 레닌적 선전 분석이다. 첫 단계는, 각 조직에 이론으로 무장된 핵적 인간들의 창조이다. 두 번째 단계는, 정치적 업무 속에 연루시킬 수 있는 연합자들과 협력이다. 세 번째 단계 : 가능한 최대가 달성되면, 적들의 사기를 꺾을 선전 (공산주의 선전의 필연성, 적의 주장의 부당함, 그의 수단들의 단점 등). 히틀러에 의해 조직된 캠페인의 도식-유형 분석도 아주 잘 되었다 (리에스(Riess),『조셉 괴벨스』: 전기, 1948) : 캠페인 시작과 정지의 시간, 침묵과 언어적 폭력, 소문과 중립적 정보, 해설, 대중 집회의 조합, 이 모든 것을 사용하고, 하나의 특수한 점(하나의 주제, 하나의 적, 하나의 사상)으로 모든 "화력을 집중"함으로써, 캠페인은 모든 수단의 집중화를 이용한다. 그렇지만, 점진적으로 하는데, 그 이유는 대중이 이런 점진적 공격에 더 잘 적응하도록 하기 위해

한다. 그리고 대중매체 수단들 외에도 검열, 법률 제정, 접촉, 국제 콘퍼런스 등, 선전과 전혀 관계없는 현상들도 더해질 것이다. 대중매체만 생각해서는 안 된다. 개인적 접촉, 소집단 활동도 더욱더 유효하게 인정되고 있다. 교육적 방법들이 정치 교육을 위해 막대한 역할을 한다. 레닌, 마오 레닌의 국가 이론에 관한 컨퍼런스도 선전이다. 앞으로 보겠지만, 정보도 선전에 아주 도움을 준다. "현상에 대한 정확한 설명은 선동자의 중요한 업무이다." 마오는 1928년에 선전의 효율적 형태는 이론 교육을 받은 포로 석방이었음을 강조한다. 다친 적들을 치료해주는 것도 마찬가지다. 이 모든 것은 공산주의자들이 좋은 사람임을 과시하려는 것이다. 따라서 모든 것은 선전의 수단이 될 수 있고, 그래서 모든 것을 이용해야 한다.

외교는 선전의 불가분한 활동이다. 우리는 이것을 IV 장에서 연구할 것이다. 교육과 훈련도, 나폴레옹 황제가 처음으로 보여주었듯이, 필수적이다. 교육과 선전 사이의 대립, 고등 교육에 의해 형성된 비판 정신은 가만히 보고만 있어서는 안 된다. 젊은이들을 미리 교육해서 차후 선전을 쉽게 만들어야 한다. 학교와 모든 교육 방법은 그런 방향으로 변해야 하고, 어린이는 순응적 집단 속에 통합시켜야 한다. 종교와 교회도, 생존을 원한다면, 전체 속에서 자리를 찾아야 할 것이다. 여기서도, 나폴레옹은 교회를 통한 선전의 원칙을 공식화하였다.[7] 법적 기구 역시 이용된다.[8]

서이다 (히틀러의 캠페인에 대한 훌륭한 분석은, 브루너(Bruner), 『여론과 선전』, in Katz, 그리고 일반적 선전 캠페인들에 대해서는, 두브(Doob), 『선전 : 그 심리와 기술』, 1935).
[7] 이것은 전쟁 중의 소련에서 정통적 교회의 경우였다.
[8] 프랑스에서는, 장송(Jeanson) 네트워크 재판이 (1960년 9월) F.L.N.에 대한 불복종과 원조 선전으로 이용되었다. 괴벨스(Goebbels)와 소비에트 법관들에게서도 이러한 국민에 대한 '교육적' 재판이라는 생각을 확인하는 것은 참 흥미롭다 (cf. 다비드 아자르, 『소련의 법』). 소련에서는 법 자체가 소비에트 질서를 사랑하게 하는 선전 도구이다. 법정은 공공에게 설교하는 수단이다. 마오는 어떻게 군대가 군인들뿐만 아니라, 점령지의 주민들에게 효율적 선전 수단이 될 수 있는가를 보여주었다. 알제리에 주둔하던 프랑스군에게서도 똑

물론 재판은 피의자에게는 훌륭한 선전의 발판이 될 수 있다. 그는 자신의 변론을 이용하여 자신의 사상을 전파할 수 있고, 자신의 고통을 견디는 방식을 통해 증인이 될 수 있을 것이다. 이것은 민주주의 국가에서는 사실이다. 그러나 독재 국가에서는 상황이 거꾸로 된다. 법관은 공공에게 가르침을 내려야 한다. 그래서 판결은 교육적이다. 그리고 '대형' 재판, 세상의 이목을 끄는 재판이면, 고백은 아주 중요하다…. 라이차그(Reichstag) 방화 재판, 1936년 모스크바 재판, 뉘렘버그(Nuremberg) 재판, 1945년 이후 인민 민주주의 체제 속에서 수없이 많은 재판

마지막으로, 선전은 현재와 과거의 문학을 병합할 것이고, 역사는 선전의 필요에 따라 다시 쓰일 것이다…. 그런 것은 독재 국가나 전체주의 국가의 일이라고 반박하지 말자. 사실 이것은 선전 그 자체의 결과이다. 선전은 그 내적 필요에 의해, 필요한 모든 것을 흡수하고자 한다. 19세기에 아테네 민주주의, 로마 공화국, 중세 공동체 운동, 르네상스와 종교개혁을 주저하지 않고 흡수해버렸던, 민주적, 자유주의적, 공화주의적 선전을 상기해보자. 아마 의식하지도 않았고, 또 선의로 했을 것이지만, 그렇다고 면죄되지는 않는다! 볼셰비키에 의한 러시아 역사도 마찬가지로 왜곡되었다. 우리는 또 선전이 과거 문학을 현대 속에 삽입하는 설명을 하면서 어떻게 병합하는지 알고 있다. 수천의 예 중에서 우리는 다음을 선택할 것이다.

1957년 5월의 「프라우다」Pravda의 한 기사에서, 중국 작가 마오 둔Mao Dun은 옛 중국 시인들은 더 나은 삶을 위한 인민의 노력을 표현하기 위해

같은 의지를 볼 수 있는데, 큰 성공은 거두지 못했다! 정보는 전체가 하나의 선전 수단이 된다는 것은 명확하다. 또는 차라리 선전이 나타나는 어디서나, 선전과 정보 사이에는 혼동이 일어난다. 기분 전환, 오락, 게임도 선전의 도구가 될 수 있고, 소련에서 어린이용 영화나 미국의 *Social group work*에서 이용되는 게임도 그러하다.

다음과 같은 시를 썼다고 한다. "꽃은 향기롭고, 달은 빛나며, 인간은 장수한다." 그러면서 그는 덧붙인다. "나는 이 시에 대해 새로운 해석을 할 것이다. '꽃은 향기롭다'는 구절은 사회주의 예술의 꽃은 비교할 수 없이 아름답다는 뜻이다. '달은 빛난다'는 "스파우트니크"spoutnik:소련의 우주 계획는 우주의 정복에 새로운 시대를 열었다는 뜻이고, '인간은 장수한다'는 위대한 소비에트 연방은 천세 만세 영속할 것이라는 뜻이다."

누가 이것을 한 번만 읽는다면, 그는 그저 웃고 만다. 그러나 그것을 수천 번 읽는다면, 그리고 그것만 읽는다면, 그는 필연적으로 어떤 변화를 겪게 된다. 이런 종류의 텍스트가 배포되고수만 부가 발행된다, 당국자들뿐만 아니라 지식인들에 의해서도 심각하게 고려될 정도면, 이미 한 사회 전체가 얼마나 심한 관점의 변화를 겪었는지 생각해야 한다. 선전의 일차적인 전체주의적 요소는 바로 이러한 **총체적 관점의 변화**이다.

마지막으로 선전은 도구 전체를 사용할 뿐만 아니라, 가능한 여러 다양한 형태들을 사용해야 한다. 다양한 유형의 선전이 존재한다. 그러나 현재는 사람들은 그 특수성들을 존중하지 않고, 그것들을 서로 결합하지 않는 경향이 있다. 직접적 선전은 여론과 태도를 직접 바꾸려고 하는 것인데, 분위기, 환경, 호의적 태도를 조성하는 사회학적 성격의, 느린, 일반적 선전이 선행되어야 한다. 어떠한 직접적 선전도 사전 선전 없이는 효과를 발휘하지 못한다. 이 사전 선전은 직접적이고 눈에 띄는 공격 대신에 피선전자에게서 의심과 애매한 감정을 불러 일으키는 것인데, 편견이나 고정관념을 줄이며, 겉으로는 아무 의도가 없어 보이는 이미지들을 배포한다. 예를 들어 영화 관객은 석유, 철도, 제트 여객기에 대한 수많은 필름을 보면서, 프랑스의 위대함을 저절로 믿게 된다. 직접적 충동을 일으키기 전에 사전적인 사회학적 정지 작업을 해야 한다. 사회학적 선전은 밭갈이에, 직접적 선전은 파종에 비유될 수 있다. 한 가지만 하는 것이 아니라, 둘 다 사용해야 한다. 왜냐하면, 사회학적 선전만으로는 결코 개인의 행동 변화를 이끌 수 없기 때문이다. 개인을 평상시와 다름없는 일상생활을 하게 하면서 그에게 특별한 결심을 하게 만들 수는 없기 때문이다. 언어적 선전과 행위적 선전도 보충되어야 한다. 시각적이고 적극적인 요소는 말로 설명되어야 한다. 여론이나 감정 위에 작용하는 언어적이거나 글로 된 선전은 새로운 태도를 생산하는 행위적 선전으로 강화되어, 개인을 결정적으로 어떤 운동에 묶어 놓아야 한다. 여기서도, 둘을 병행해야 한다.

또 가려진 선전과 드러난 선전을 구분해야 한다. 첫 번째는 선전의 목적, 정체, 의미, 출처를 감춘다. 이때 인간은 누가 자기에게 영향을 주고, 어떤 방향으로 밀고 있다는 것을 느끼지 못한다. 흔히 그것은 "흑색선전"이라고 한다. 이 선전은 또 신비와 침묵을 사용한다. 다른 형태인 백색선전은 공개되고 선언되어 있다. 선전 담당관이 존재하고, 선전을 하고 있음이 부정되지 않으며, 그 출처는 알려졌고, 목적과 의도도 드러나 있다. 공공은 누가 자기들에게 영향을 주려 함을 안다.

그러나 실제로 선전자는 이 두 형태를 모두 사용하고, 둘을 결합해야 한다. 왜냐하면, 그 둘 각자의 목표는 다르기 때문이다. 공개된 선전은 적을 공격하고, 아군을 진정시키는 데 필요하다. 그것은 승리의 보증 수표인 힘과 조직의 과시이다. 그러나 감춰진 선전은 아군을 은밀히 어떤 방향으로 인도하는데 더 효율적이다. 마찬가지로, 같은 집단에 대해, 때로는 이것을, 때로는 저것을 사용해야 한다. 나치는 긴 침묵, 신비, 드러난 비밀, 긴장 속의 기다림, 폭발적 결정, 몰아치기를 놀라울 정도로 잘 혼합하였다. 마지막으로, 가려진 선전과 벗겨진 선전의 결합은, 주로 백색선전이 흑색선전의 덮개, 가리개 방식으로 제시된다. 다시 말해 선전이 공개되고, 그 조직과 수단, 목표가 알려진다. 그러나 이것은 관심과 방어 본능을 그곳으로 집중시키려는 것이다. 그리고 그 뒤 어둠 속에 숨어서 전혀 다른 방향으로 여론을 작업하고, 전혀 다른 반응을 일으키며, 때로는 공개된 선전에 대한 저항마저 이용한다.9) 마지막으로 라스웰Lasswell은 "직접적 선동"과 "간접적 선동"에 따라 크게 둘로 나눈다. 직접적 선동은 선전자가 직접 행동하고, 자신의 믿음과 신념을 드러내는 것이다. 선전자는 유사한 행위, 모방적 대답을 얻어내기 위해, 자신이 제안하고 지지하는 행위 속으로 투신한다. 이것은 민주주의적 선전으로, 여기서는 정치인이 시민에게 손을 내민다. 간접적 선동은 행동하는 지도자와, 수동적으로 따르기만 하는 대중으로 이뤄진다. 한쪽은 강제하고, 다른 쪽은 복종한다. 이것은 독재적 선전이다.

위의 구분이 필요 없지는 않다. 그러나 여기서도 우리는 현대의 모든 선전자는 두 가지를 결합해야 함을 확인할 수 있다. 각각의 선동은 서로 다른 행위 섹터와 상응하기 때문이다. 이 두 유형은 각각 다른 정치 체제의 특징이라기보다는, 같은 선전의 다양한 필요, 선전이 조직된 다양한 수준을 특징짓는다. 행위적 선전은 직접적 선동을 가정하고, 대중매체를 통한 선전은 일반적으로 간접적 선동이 될 것이다. 마찬가지로, 군중과

---

9) 비밀스런 요소들은 이론적으로 독립된 '부분', 소문의 시스템 등이 될 수 있다. 절대 똑같은 결과가 공언되지 않은 실제적 행동 방법들과 전혀 다른(선전적) 공개된 선언들 사이의 대립에 의해서도 얻어질 수 있다. 이것은 소비에트에서 가장 흔한 시스템이다. 이러한 방향 속에서는 괴벨스가 말하듯이, 공개되고 밝혀진 선전이 있는 것이 필수적이다. "우리는 우리가 인민에게 영향을 미치길 원한다고 공개적으로 인정한다. 그것은 거기에 이르기 위한 좋은 수단이다". 그로부터 공식적 선전 장관이 만들어진다. 아무튼, 유포해야 할 소식이 믿을 수 없을 때는, 그것들은 비밀스런, 흑색선전에 의해 유포되어야 할 것이다. 이것 역시 괴벨스가 말한 것이다. 검열에 대해 말하자면, 그것은 최대한 감춰지고, 비밀이 되어야 한다. 게다가 모든 대단한 선전자들은 검열을 가장 최소로 사용해야 함을 알고 있다.

직접적으로 접촉하는 행위자에게서는, 직접적 선동이 있어야 한다. 아나운서는 보도 내용을 자신도 믿는 것이 좋다…. 반면 선전 전략의 조직자는 대중과 분리되어야 한다. 우리는 이것을 나중에 다시 볼 것이다. 그러나 우선 이 다양한 예들은 선전이 총체적이어야 함을 보여주려는 것이다.

선전의 연속성과 지속 기간

선전은 연속적이고 지속되어야 한다. 연속된다는 것은 선전이 균열, '공백' 없이 수행되어야 한다는 말로서, 선전은 시민의 모든 일상의 나날을 채우고 있어야 한다. 지속적이라는 것은 선전이 아주 긴 기간 만들어져야 한다는 것이다.[10] 선전은 개인을 특수한 세계 속에 살게 하는 경향이 있다. 즉 그가 선전 바깥 세계에서 준거점을 갖게 해서는 안 된다. 그가 성찰과 숙고의 순간에 선전에 대해 거리를 둔 위치를 잡을 수 있게 해서는 안 된다. 이런 일은 선전이 불연속적일 때에 일어난다. 이 순간에 개인은 선전의 포획을 벗어나게 된다. 반대로 잘 만들어진 선전에서는, 개인 생활의 모든 순간이 이 선전에 의해 점령된다. 산책할 때면 포스터와 확성기, 집에 있을 때는, TV, 라디오, 신문, 저녁에는 모임과 영화. 개인이 자신을 추스르고, 뒤돌아보아서도 안 되고, 다소간 긴 시간을 선전의 바깥에 있어서는 안 된다. 선전은 마술 지팡이가 아니고, 대신 느리고 지속적 담금질을 가정하기 때문이다. 선전은 지속과 반복에 의해, 효율적 은

---

[10] 이러한 관점 속에서만, 그 자체로서는 아무것도 의미하지 않는, 유명한 반복의 원리가 작용한다. 히틀러는 대중은 이해하고 기억하는 데 오래 걸리기에 반복해야 한다고 말할 때 옳았다. 그런데 강조해야 할 것은 바로 '오래'이다. 대중을 어떤 주장에 습관이 들게 해야 한다. 그리고 반복은 대중이 습관이 들면 정지되어야 한다. 왜냐하면, 이 순간에는, 반복은 피선전자에게 신경질을 일으킬 것이고, 자기가 믿었던 것에 대해 의심을 유발할 것이기 때문이다.

근한 영향을 통해 신념과 추종을 일으킨다. 개인이 결코 빠져나올 수 없는 진짜 환경을 만들어야 한다. 그리고 개인이 외적 기준점들을 발견해서는 안 되는 것처럼, 외부에서 올 수 있는 모든 것에 대한 검열도 강화되어야 한다.

다른 한편 조건반사나 신화, 심리적 환경, 그리고 편견 등이 느릿하게 형성된다는 것은 아주 긴 기간의 선전이 있어야 한다는 말이다. 선전은 금방 사라지는 자극으로 이뤄진 것이 아니라, 다양한 도구들을 이용하여 다양한 감정과 생각에 호소하는 연속적 충동과 충격으로 만들어진다. 따라서 릴레이 시스템이 만들어진다. 선전은 지속적인, 균열 없는, 단절 없는 행위이다. 한 충동의 효과가 약해지기 시작하면, 곧 새로운 충동으로 갱신해야 한다. 어느 순간에도 효과가 완전히 사라지면 안 된다. 한 효과가 사라지면, 다시 새로운 충격으로 뒤를 잇는다. 반응을 새롭게 하고, 신화를 다시 색칠하는 작업을 한다.

지속적 선전은 개인의 주의나 적응 능력을 추월하고, 그의 저항 능력을 추월한다. 선전이 느닷없이 방향을 전환하는 이유를 설명해주는 것은 바로 이 지속성이다.[11] 어떤 사람들은 선전 내용이 불안정한 것에 대해, 오늘은 어제 비난하던 것을 주장하는 데 대해 깜짝 놀라곤 한다. 선전의 이런 느닷없는 변화를 미오토Miotto는 그 성격을 말해주는 지표라고 생각한다. 실제로 그것은 선전이 행사하는 포획의 지표이고, 그 현실적 효과의 지표이다. 느닷없는 방향 전환이 있을 때에 피선전자가 그 노선을 따르지 않을 것으로 생각해서는 안 된다. 그는 계속해서 따른다, 왜냐하면

---

[11] 선전자는 자기의 주장에 있어서 꼭 일관성과 통일성을 고집할 필요는 없다. 그는 자신의 주장을 바꿀 수 있고, 환경에 따라서는 모순적으로 만들 수도 있다. 괴벨스는 농촌에서는 곡물가 인상을, 도시에서는 빵 값 인하를 약속한다. 그리고 시간에 따라서도 다르다(히틀러는 1936년에는 민주주의에 반대한 선전을, 그리고 1943년에는 찬성하는 선전을 한다).

그는 이 시스템 속에 잡혀 있기 때문이다. 물론 그는 변화를 보고서, 놀라고, 저항하고 싶을 수도 있다. 독소 조약이 체결되었을 때 공산주의자들이 그러했다. 그러나 그가 선전에 저항하기 위해 지속적 노력을 할 수 있을까? 그가 자신의 과거 행위를 부정하고, 이 선전이 작용한 환경과 단절할까? 그가 보던 신문을 그만둘까? 이런 단절은 너무 고통스럽다. 그러한 단절이 막상 닥치면, 개인은, 선전의 노선 변경이란 자기의 실제 자아에 대한 공격은 아니라고 자위하면서, 자신의 기존 습관을 간직하는 쪽을 택한다. 이제부터 그는 이 새로운 진실을 질리도록 다시 들을 것이고, 그것이 설명되고 증명되었다고 생각할 것이다. 그리고 그는 어제의 진실에 따라 이 새로운 진실에 대항해 매일 싸울 힘이 없다. 그는 그런 투쟁에 근본적으로 들어가지 않는다. 선전은 한숨 돌릴 사이도 없이 집요하게 공격하고, 반면에 그의 저항은 단편적이고, 일회적이다. 그는 자신의 생업에, 자신의 사적 생활에 잡혀 있다. 그리고 그가 그곳에서 고개를 돌릴 때마다, 그는 새로 선언된 진실을 보고 듣는다. 선전의 지속성은 인간의 단편적 주의보다 우세하고, 선전이 주는 양식을 먹기 시작한 때부터는 모든 느닷없는 전환들을 받아들이게 한다.

그렇기에 보름 정도 하는 선거 캠페인을, 진정한 의미에서 선전이라고 말할 수 없는 이유이다. 선거 선전 때에는, 그것이 비효율적이라고, 그런 조잡한 수단이나 벽에 낙서가 아무도 설득시키지 못할 것이라고, 서로 대립하는 주장들이 서로 상쇄할 것이라고 떠드는 지식인이 꼭 있다. 그리고 실제로 유권자는 흔히 이런 선전에 무관심한 것이 사실이다. 그러나 그런 선전이 아무 효과가 없다는 것은 놀라울 것이 없다. 아무리 큰 선전 기술도 보름 만에 효과를 낼 수는 없다.

어떤 선전이 어떤 대상들에게 효율적인가를 알기 위한 실험들은 실제 선전과는 전혀 관계가 없다. 이러한 실험은 그것이 거의 지속적이지 않다는 사실에 의해 근본적으로 잘못되어 있다. 다른 한편, 어떤 선전이 보통 사람에게 낯선 환경 속에서 일어나게 되면, 개인은 선전적 의도가 있음을 금방 간파할 수 있다. 뜬금없는 선전, 캠페인이 보통의 환경 속에서 툭 튀어나오게 되면, 그 대비가 너무 뚜렷해서 개인은 그것이 선전임을 알게 되고, 불신하게 된다. 바로 이것이 선거 캠페인에서 일어나는 것이다. 일상적 생활 속에 놓여 있을 때, 개인은 자신을 방어할 수 있다. 그래서 드문드문 요란한 대형 캠페인을 통해, 몰아치기로 하는 선전의 효율성이 저조한 것이다. 개인은 이럴 때 정상적인 때의 다른 신문과 비교해보고서 선전을 분간하게 될 것이다. 그는 전에는 아주 조용했는데, 갑자기 선전 캠페인이 집중되면 경각심을 갖게 될 것이다. 따라서 평소에 심리적 흥분을 일으킬 일이 없어도, 인위적이라 할지라도 지속적 선동이 있어야 한다. 항구적 선전을 통해 어떤 분위기를 만들어내고, 이어서 일상과 비교하면 특별한 선전이 있음을 눈치 채지 못하게 해야 한다.

선전의 조직

선전은 조직되어야 한다. 우선 앞에서 말한 특성들연속성, 지속성, 다양한 수단들의 결합은, 대중매체 수단들을 요구하고, 그것들을 정확히 사용하고, 어떤 구호의 효과를 계산하며, 한 캠페인을 다른 캠페인으로 이어가게 할 수 있는 하나의 조직이 있음을 가정한다. 이것은 행정적 조직이 있어야 한다는 말이다. 모든 현대 국가는, 그 명칭이 무엇이건, 선전 담당관을 보유하고 있다고 가정된다. 영화와 라디오의 기술자들이 필요한 것처럼, 선전을 하는 기술자들이 필요하다 – 사회학자들, 심리학자들. 그러나 우리가 여기서 말하고자 하는 것은 이러한 필수적 행정 조직에 대한 것이 아니다. 그 대신, 선전이란 항상 어떤 제도적 요소를 가정한다는 사실이다. 선전은 현실과 맺어져 있다. 선전은 독일어로 선전 "Apparat"기구, 즉 하나의 기계 속에서 표출된다. 선전은 선전 조직을 강요하는데, 그것은 당이나, 즉석 지휘부가 될 수 있다. 선전이 오로지 심리적 문제이고, 상징들만 조작하며, 여론에 대한 추상적 영향이라고만 생각하기 때문에 많은 분석의 심각한 실수가 나오게 된다. 미국에서 나온 수많은 연구가 바로 그래서 유효성을 상실해버린다. 이 연구들은 심리적 영향 수단들만 연구하고, 그것들만 선전으로 간주하는데, 현대의 대형 선전을 했던 모든 사람은 심리적 행위와 물질적 행위를 불가분하게 함께 결합했다. 심리적 영향이 실제 사실 위에 기반해야,12) 그리고 역으로 개인의 어떤 운동 추종이 심리적 조작과 함께 이뤄져야 진정한 선전이 가능하다.

개인에 대한 조직적 물리적 영향이 없으면, 선전도 없다. 이것은 마오쩌둥의 발명도 아니고, 선전의 부차적 성격도 아니며, 특수한 선전 유형도 아니다. 이 두 요소를 분리하는 것은 선전을 정확히 볼 줄 모르는 억지스러운 단순화이다. 물론 조직은 다양한 유형이 될 수 있다. 그것은 당과 같은 조직히틀러적인, 파시스트적인, 공산당적인이 될 수 있는데, 조직은 포획된 개인들을 흡수하고, 그들을 행동하게 하는 경향을 보인다. 조직은 제약이나 공포를 통해 외부 사회에 대해 힘을 행사하기도 한다. 그런 물리적 조직은 중국에서처럼 지역 담당, 즉 세포들을 통해 전 주민을 통합할 수 있다. 이 경우는 사회 내부로부터 전체 사회를 통합하는 작업이다. 물론 이것은 전 국민을 조직 속에 가두기 위한 모든 심리적 작업을 동반한다. 또한, 선전적 조직화는 경제, 정치, 사회적 영역 속에서 효율적 변화를 일으

---

12) 적의 진영에서 선전은 그것이 패전과 관계있을 때에 성공한다. 점령기 때에 프랑스에서 독일의 선전은 프랑스 안에 독일군들이 주둔해 있기에 실패하였다. (따라서 "승리가 더 많아지면, 더욱더 선전이 필요해진다"고 괴벨스는 말했다).

킬 수도 있다. 또 선전자는 정부에 대해 일종의 심리적 자문자이다. 그는 심리적 조작을 쉽게 하려면 취할 조치들, 또는 하지 말아야 할 사항들을 지적한다. 흔히 선전이란 쓴 약을 달콤하게 삼키게 하는 것으로, 국민이 자발적으로는 받아들이지 않을 정책을 받아들이게 하는 것으로만 생각되어 왔다. 그러나 대부분은 선전자는 그 자체로도 여론에 의해 수락될 수 있는 해결책, 바람만한 개혁을 선전하려고 노력한다. 따라서 선전은 국민에게 주어진 실제적 만족, 개혁을 둘러싼 심리적 준비, 착취, 조절의 혼합이 된다.

선전은 맨땅 위에서 움직일 수는 없다. 선전은 자체 일부이기도 한 구체적 기초들을 가정한다. 어떤 긍정적이고 바람직한 조치는 하나의 선전 수단에 불과할 수 있다. 역으로, 어떤 선전은 물리적 강제를 동반해야 한다. 예를 들어 1958년 민족해방전선F.L.N. 선전의 실패는 국민 투표 때 투표장으로 가는 도로에 지뢰를 매설하고, 투표자들을 학살하며, 그들의 시신을 전시할 것이라고, 그리고 누가 투표하는지 각 지역에서 점검할 것이라고 공공연히 협박한 사실이었다. 그런데 이런 협박들 하나도 실행되지 못했다. 실패한 행위는 그 자체가 하나의 역선전이다.

그러나 선전 기획은 조직과 물리적 행동에 의해서 제한되기 때문에, 효율적 선전이란 하나의 집단 안에서만, 특히 하나의 국가 안에서만 존재할 수 있다. 집단의 외부를 향한, 특히 외국을 향한, 또 적을 향한 선전은 필연적으로 약해진다.[13] 거기에는 여러 이유가 있지만, 특히 주요한 것은 물리적 조직과 개인적 관리 부재 때문이다. 다른 나라는 기호들, 글이나 라디오를 통해서만, 그리고 또 불연속적으로만 접촉할 수 있다. 그러나 그래서는 잘해야 어떤 의심 정도나 일으키고, 어떤 애매함이나 자극하며,

---

[13] <부록 1>. 참조

어떤 질문이나 암시를 줄 정도밖에 되지 않는다. 전쟁은, 전투기로 폭격하고, 파괴해야만 이런 추상적 선전으로 적의 사기를 떨어뜨릴 것이다. 달리 말하면 심리적 행위는 단독으로는 목적을 달성하지 못한다. 물리적 조직과 행동으로 지지가 되거나, 어떤 교육으로 준비되지 않고예비선전, 단순히 말만 가지고는 큰 결과를 기대할 수 없다. 여기에 공산국가들과 서방 국가들 사이의 주요한 차이가 있다. 서방국들은 자국 안에 있는 방송국에서, 심리적 방법으로만 공산국들에 선전 한다.14) 반대로 소련은 단독 선전은 거의 하지 않는다. 소련은 라디오를 통해 서방 국민과 접촉하지 않고, 선전할 나라 안에 있는 조직, 그 나라 안의 공산당에게 맡긴다.

그런 공산당들은 소련의 외부 선전 조직이 되는데, 이 선전은 개인을 지속적으로 관리할 수 있는 구체적 조직과 결합되어 있기 때문에 효율적이다. 또 여기서 무서운 역선전 효과를 볼 수 있는데, 미국은 '미국의 소리'를 통해 헝가리 민주화 운동 지원 약속을 수없이 한 다음에, 실제로는 지키지 못했다. 물론 미국으로서는 1956년에 헝가리를 돕기가 거의 불가능했었다. 그러나 말로 된 선전은 희망을 좌절시킴으로써 선전자에게 불리하게 되돌아온다. 선전에는 내적 조직이 꼭 있어야 한다는 사실은, 똑같은 주장을 민주적 정부와 독재적 정부가 하더라도 왜 같은 신뢰를 얻지 못하는가를 설명해준다. 프랑스와 영국이 아랍연방공화국R.A.U. 창설을 위한, 시리아와 이집트의 국민투표가 사기이며, 독재 정부의 농간이라고 떠들어도, 아무런 반향을 일으키지 못했다. 그것은 충분히 반복되지 못한 외부로부터의 단순한 주장에 불과했고, 그래서 그 국민이 들을 수 없었다. 반대로 1년 후에, 같은 주제를 가지고 이라크에서, 투표 결과는 제국

---

14) 그럼에도 소련은 이런 순수하게 심리적 선전의 효율성에 대해 걱정하고, 그 효율성을 주장하기도 한다.

주의자들이 조작했고, 이라크 국회는 꼭두각시였다고 주장하자, 이것은 거대한 반응을 일으켰다. 이집트 국민이 먼저 반응했고,15) 이어서 이라크 국민이 뒤따랐으며, 국제 여론이 들끓었다. 이렇게 선전기구는 국민을 행동하게 한다. 그리고 주장의 무게는 민중적 운동에 의해 외부로부터 더욱 탄력을 받는다. 따라서 단순히 말만 있을 수는 없다. 그것이 거대한 민중 데모를 자극하면 하나의 사실이 된다. 그리고 이 사실은 국경선 너머에서도 말에 힘을 주게 된다.

그러나 조직이 결정적으로 중요하다고 해서, 심리적 행위가 소용없다고 결론 내려서는 안될 것이다. 심리적 조작도 선전의 메커니즘에서 필수불가결한―그렇지만, 유일하지는 않은― 요소이다. 상징의 조작은 세 가지 관점에서 필수적이다.

우선, 그런 조작은 개인을 조직적 틀에 들어가게 한다. 이어서 개인에게 행위의 이유, 정당성, 동기를 준다. 마지막으로 그것은 개인의 완전한 추종을 얻어낸다. 심리적 추종은 행위의 효율성을 위해 본질적이다. 노동자, 군인, 당원은 자신이 뭘 하는지 알아야 하고, 거기에 온 마음과 의지를 바쳐야 한다. 그들은 또 거기서 자신들의 균형, 만족감을 발견해야 한다. 이 모든 것은 심리적 영향의 결과가 될 것이고, 심리적 영향이란 단독으로는 큰 것을 달성하지 못하지만, 조직과 결합하면 대단한 것을 달성할 수 있다.

마지막으로, 조직의 존재는 다음 현상을 확인하게 해 준다. 즉 선전자는 언제나 피선전자로부터 떨어져 있고, 이방인으로 남아 있어야 한다.16)

---

15) 이집트의 캠페인은 1958년 5월에 시작되었고, 이것은 UN 청문회를 불렀으며, 8월 22일에는 결의안을 채택하게 하였다. 그러나 1957년에 시리아 병합에 관한 영국-프랑스의 항의는 아무런 결과도 없었다.

16) 1961년 8월 2일 「르 몽드」에 실린 기사는 알제리에서의 심리적 행위를 비평하면서, 그것의 비효율성이 부분적으로는 선전자들의 "자기중독"에 있었음을 보여준다. 이 선전자들

직접 접촉, 미팅, 가정 방문과 같은 접촉에서도 선전자는 다른 성격에 속한다. 그는 오로지 조직의 대변자, 그 한 조각에 불과하기 때문이다. 선전자는 조작자로 남아 있고, '정부기관' Apparat의 그림자 뒤에 숨어 있다. 그는 왜 자기가 이런 말을 하는지, 그리고 왜 그 말이 그런 효과를 얻어야 하는지 알고 있다. 그의 말은 더는 인간의 말이 아니라, 기술적으로 계산된 말이다. 그것은 더는 하나의 감정, 자발적 생각이 아니라, 그것이 반영하는 하나의 조직을 표현한다. 그것은 어떤 자발성이 명백할 때에도 마찬가지다. 선전자는 결코 자신이 말하는 것 속에 개입해서는 안 된다. 왜냐하면, 필요하다면 그는 같은 확신을 가지고서 정확히 그 반대를 주장해야 할 수도 있기 때문이다. 그는 물론 자기가 추진하는 운동에 대해 확신을 하고 있어야 하지만, 자기만의 특별한 논증을 가져서는 안 된다. 반면 피선전자는 지금 현재 자신에게 말해지는 것을 믿도록 요구되면서, 자신에게 제시된 논증들을 듣는다. 그는 정말 그것들을 인간적 말로서, 자발적인 것으로, 확신으로 들어야 한다. 혹시 선전자가 혼자만 있다면, 단순히 심리적 행위에 관한 문제라면, 그는 스스로 조작에 빠지고 말 것이며, 그걸 믿고야 말 것이고, 자기 논리의 포로가 되고, 그러면서 선전의 모든 효율성을 상실해버릴 것이다. 그에게 그런 일을 방어해주는 것은, 바로 그가 속한, 견고한 노선을 유지해주는 조직이다. 따라서 선전자는 더욱 완전한 방식으로 피선전자에게 개입하는 기술자가 된다. 그는 안전한 냉정과, 독립심을 지키며, 순수하게 기술적 동기들을 위해 자신의 말과 행동을 결정한다. 피선전자는 필요에 따라 구하거나 희생해야 할 하나의 사물이다. 그러면 사람들은, 직접 접촉이나, 방문이 왜 중요한가를 물을 것이

은 자기들의 시스템을 너무나 믿어서, 더는 현실을 고려할 수 없게 되었다. 그들은 자신들의 덫에 걸리고 말았다.

다. 오로지 기술적 필요성이 그런 것들을 강요한다. 우리는 개인에게 인간관계가 얼마나 중요한지, 또 어떤 결정을 내리는데 인간적 접촉이 얼마나 중요한지 알고 있다. 멀리 떨어진 라디오의 단어가 인간적 접촉의 따뜻함으로 보충되어야 한다. 직접 접촉의 선전 기술은 바로 이것을 가동시키는 것이다. 그러나 그런 인간적 접촉이란 실제로는 위장된 것이고, 인간관계도 오로지 가식적이며, 인간의 현재함도 그 참모습으로서 개인의 현재함이 아니라, 그 개인 뒤에 숨어 있는 조직의 현재함이다. 선전자가 인간 대 인간으로서 만나고 말한다고 하는 바로 그 순간에 그는, 자기는 의식하지 못할지라도, 거짓과 허위의 절정에 있는 것이다.

관례에 대한 추종

우리는 이제 절대적으로 결정적인 성격에 도달한다. 흔히들 선전은 생각이나 여론을 바꾸기 위한 조작, 개인에게 어떤 생각이나 사실을 믿게 하고 결국에는 어떤 주의를 추종하게 하는 조작이라고 묘사된다. 그러니까 여기서 선전은 아직 지적 문제이다. 달리 말하면 선전은 신념이나 생각의 문제일 것이다. 만약 그 개인이 마르크스주의자라면, 선전은 그의 신념을 깨뜨리고, 그를 반–마르크스주의자로 전향시키려고 한다. 그러면서 선전은 모든 심리적 메커니즘에 호소하고, 또 이성에게도 호소한다. 이 선전은 설득시키고, 어떤 결정을 내리며, 어떤 진실을 철저히 믿게 하려고 한다. 이어서, 물론 그 신념이 아주 강하다면, 개인은, 어떤 숙고를 거친 다음에, 행동으로 돌입할 수도 있을 것이다. 그런데 이런 식의 과정은 극단적으로 거짓이다. 선전을 이런 식으로 생각한다는 것은, 1850년대 식으로 선전을 생각하는 것이고, 인간과 그에게 영향을 주는 수단에 대한 낡은 개념에 매달리는 것이며, 스스로 현대 선전에 대해 몰이해를 만드는 것이다. 현대 선전의 목적은 더는 생각을 바꾸는 것이 아니라, 어떤 행위를 유발하는 것이다. 그것은 더는 어떤 주의에 추종을 바꾸게 하는 것이 아니라, 어떤 행위 과정에 비이성적으로 투신하게 하는 것이다. 이것은 더는 어떤 선택으로 이끄는 것이 아니라, 반사적 행위들을 촉발시키는 것이다. 이것은 더는 어떤 의견을 바꾸는 것이 아니라, 적극적이고 신비로운 믿음을 얻어내는 것이다. 지나는 길에, 선전에 대한 여론 조사가 얼마나 부적합한지 지적해두자. 우리는 이 문제에 대해 선전의 효과 분석에서 다시 볼 것이다. 한 개인에게 이런저런 것을 믿느냐, 이런저런 생각을 하고 있느냐 하는 질문은, 그의 행동에 대해 아무것도 알려주지 않는다. 현대 선전에 중요한 것은 오직 이 행동이다. 선전의 목적은 개인의 행동을 얻어내는 것이다.[17] 개인의 행동을 극대의 효율성과 극소의 비용으로 얻어내야 한다. 따라서 정상적으로는 선전자는 개인의 지성에 호소하지 않는다. 왜냐하면, 지적 설득 과정은 길고 불확실하기 때문이다. 또한, 지적 설득에서 행동으로 이르는 과정도 느리고 불확실하다. 개인이 순수한 생각의 기반 위에서 행동하는 일은 극히 드물다. 게다가 선전을 지적 수준에 위치시킨다는 것은, 선전자가 각 개인과 토론에 들어가기를 요구한다

---

[17] 우리가 현대의 대형 선전의 시스템을 분석할 때면, 우리는 언제나 얻어내야 할 행동, 개인의 동원이 가장 중요함을 알게 된다. 때로 그것은 터놓고 표현된다. 그래서 괴벨스는 행동(Haltung)과 사기 정신(Stimmung)을 구분하였다. 그러나 중요한 것은 첫 번째이다. 심한 공습 이후에, 괴벨스는 다음을 확인하였다. "사기는 낮다, 그러나 그건 전혀 중요하지 않다. 행동은 좋다." 사기는 쉽게 변한다, 그러나 무엇보다도 행동을 살리고, 얻어내야 한다. 선전을 분석하면서, 전문가들은 의견의 변화가 아니라, 즉각적 행동을 얻어내고자 하는 의지를 확실히 확인하였다. 우리는 같은 생각을 마오쩌둥에게서도 발견한다. 즉 선전은 대중을 동원하는 것을 목적으로 하고, 의견들을 바꾸게 하는 것은 불필요하며, 모든 개인을 노동으로 들어가게 하는 것이 필요하다. 정치적으로 중요한 교육도 마오에게서는 본질적으로 동원을 목표로 한다. 그리고 소련에서도 때로 정치 교육은 행동을 얻어내기 위한 지적이고 내적인 모습을 띠며, 그 목적을 상실했다고 비난받았다. 즉 선동은 교육적 목적이 없고, 인민 동원이 목적이다. 언제나 당에 의해 정해진 업무 속에 투입하는 문제, 예를 들면 노동 생산성 향상을 얻어내는 문제이다.

– 생각할 수 없는 방법이다. 최소한 모두로부터 약간의 참여라도 얻어내는 것이 필요하다.18) 참여는 능동적이거나 수동적일 수 있다. 그러나 아무튼, 단순한 공공 여론의 문제는 아니다. 선전을 여론과의 관계로 축소한다는 것은, 결국 피선전자의 엄청난 지적 독립을 함축한다. 그렇다면, 결국 피선전자는 어떤 정치적 행위에서 제삼자에 불과하고, 그로부터는 의견만 요구된다. 분명히 이런 관점은 자유주의적 민주주의의 개념과 일치한다. 여기서는 시민에 대해 얻을 수 있는 최대한이란 그의 의견을 바꾸는 것이고, 그래서 선거에서 표를 얻는 것이다. 여론과 선전 사이의 밀접한 관계에 대한 개념은 독립된 민중의 의지가 있다는 가정 위에 세워져 있다. 선전의 역할은 이런 조건에서는 이 민중의 의지를 바꾸는 것이고, 이 민중의 의지는 선거에서 표현될 것이다. 그러나 이 개념에 따라 민중의 행동에 선전이 개입하면 자유주의적 민주주의를 말살한다. 그렇게 되면 더는 투표나 국민 주권의 문제가 아니다. 이제부터 선전은 오직 참여만을 목표로 한다. 이제부터 우리는 여론의 이편과 저편에 동시에 있게 된다. 여론의 이편인 이유는, 선전의 주요 목표가 더는 이 여론을 바꾸는 것이 아녀서, 선전자는 여론을 무시할 수 있다. 여론의 저편인 이유는, 행동으로 넘어가는 문제이기 때문이다. 그런데 참여는 적극적이거나 수동적일 수 있다. 선전이 개인을 행동하도록 동원할 수 있다면 적극적이고, 개인이 직접적으로 행동하지 않고, 심리적으로만 행위를 지지한다면 수동적이다.

그렇지만, 누군가, 선전이 우리를 다시 여론으로 데리고 가지 않는가 하고 질문할 수 있다. 분명히 그렇지 않다. 왜냐하면, 여론은 개인을 순수

---

18) 괴벨스가 다음과 같이 말할 때는 이러한 수동적 참여에 대해서이다. "나는 각 청취자가 국가의 일에 참여하게 할 라디오 프로그램을 상상한다". 그러나 동시에 청취자는 독재자에 의해 수동성에 들어가야 한다.

한 구경꾼으로 남겨놓기 때문이다. 개인은 행동으로 넘어갈 수도 있지만, 꼭 그런 것은 아니다. 따라서 참여라는 생각이 훨씬 더 좋다. 한 축구팀의 서포터는, 물리적으로 경기하지는 않지만, 선수를 지지하고 응원하면서 물리적으로 자신의 존재를 느껴지게 한다. 마찬가지로 미사에 참석한 신자는 물리적으로 개입하는 것은 아니지만, 그의 소통적 참여는 적극적이고, 현상의 성격을 바꾼다. 이 두 예는 선전에 의해 얻어진 수동적 참여를 보여주려는 것이다.

여론보다 훨씬 더 강력한 현상을 만들어 내야 한다. 왜냐하면, 선전자는 여론이라는 것이 얼마나 유동적인지 잘 알고 있기 때문이다. 선전이 여론의 수준에 위치한다면, 반드시 흔들림이 있을 것이고, 언제고 작업을 다시 시작해야 하는 위험을 안게 된다. 그것과는 반대로, 선전이 추구하는 것은, 원하는 방향으로 정확한 행동을 얻어내는 것이고, 고찰이니, 선택이니, 결정이니 하는 요소가 개입하지 못하게 하는 것이다. 행동은 반사적 성격을 지녀야 한다. 그러나 우리는 그 말을 가지고 순수하게 기계적 행동이라거나, 조건 반사를 보편적 차원으로 확장한다는 것을 의미하지는 않는다. 행동은 어떤 반사적 행동처럼 신속하고, 엄격하며, 그만큼 촉발시키기가 쉽고, 잘 적응되어야 한다. 그런데 이런 종류의 행동은 선택과 고찰의 과정을 통해서는 얻어질 수 없을 것이다. 선전이 효율적이려면, 선전은 계속해서 생각과 결정을 차단해야 한다.[19] 따라서 선전은 무의식의 수준에서 개입해야 한다. 개인은 외부의 힘으로 자기가 결정되고 있음을 눈치 채서는 안 된다. 이것은 선전의 성공 조건 중의 하나이다. 그 대신, 적합하고 기대된 결과를 가져다줄 무의식적 메커니즘을 촉발시키고, 그의 무의식적 행동을 일으킬 중추 신경을 건드려야 한다.

---

19) "동기 연구"의 광고에의 적용 역시 이곳으로 이른다.

우리는 선전자가 기대하는 목적에 정확히 부합하는 행동을 얻는 것이 문제라고 말했다. 이것은 다음을 확인하게 한다. 즉 선전에 대한 고전적인, 옛날 관점은 선전을 인간에게 어떤 주의를 추종하게 하는 것으로 보지만, 현대의 진짜 선전은 반대로 행동을 얻어내려고 한다. 이 행동은 개인적 가치 판단에 따른 행동이 아니다. 이 개인은 자신이 의식적이고 의지적으로 정한 목표가 아니라, 선전자가 생각한 목표에 따라 행동한다. 어떤 목표를 정해야 하고, 어떤 행위가 수행되어야 하는지를 아는 자는 선전자이고, 개인에게서 이 정확한 행위를 얻어낼 도구를 조작하는 자는 바로 선전자이다.

이것은, 우리 사회에 만연한, 생각과 행동의 분리라는 더 일반적 문제의 특수한 예이다. 우리는 비의지적이면서도 체계적으로, 행동과 사고가 분리된 시대를 살고 있다. 먼저 생각하는 사람은 더는 우리 사회 속에서 스스로 행동할 수 없고, 다른 사람의 중개를 통해 행동해야 한다. 그리고 많은 경우에는 그는 전혀 행동을 할 수 없다. 반면 행동하는 사람은 시간이 부족하거나 다양한 일에 시달리기 때문에, 또는 사회 시스템이 다른 사람의 생각을 자신의 행동으로 번역하기를 요구하기 때문에, 자기의 행동을 미리 생각할 수 없다. 그리고 한 개인 속에서도, 우리는 같은 생각과 행동의 분리를 본다. 분명히 그는 직장 생활 밖에서는 자신의 생각을 행사하고, 자신을 발견할 수 있다. 레저 속에서 그는 자신을 개발하고, 자신에게 가장 적합한 것을 찾으며, 개성을 발견할 수 있다. 그러나 자신의 직업 차원에서, 그는 전반적 필연성에, 공통의 방식에 복종해야 하고, 자신의 일을 전반적 계획에 위치시켜야 한다. 한편에서는 자기만의 꿈으로 도피하라 하고, 다른 편에서는 완전히 기계적 동작에 복종해야 한다.

선전도 똑같은 분리를 한다. 물론 선전은 개성을 폐기하지는 않는다.

선전은 인간에게 완전한 생각의 자유를 준다. 그러나 정치적이거나 사회적인 행동에서는, 그는 자신의 사적 믿음과는 꼭 들어맞지 않는 행위들 속에 빠져든다. 그는 정치적 신념도 가질 수 있다. 그럼에도, 그는 명백히 모순적 방식으로 행동할 수 있다. 그래서 잘 만들어진 선전의 느닷없는 방향전환이 극복할 수 없는 어려움을 제시하지 않는 것이다. 선전자는 개인이 앞선 신념들과 일치하지 않는 행동을 하게 만들 수 있다. 현대 심리학자들은 신념과 행동 사이에 꼭 일관성이 있는 것이 아님을 잘 알고 있으며,20) 또 의견이나 행동에 내재적 합리성이 없을 수 있다는 것도 잘 알고 있다. 이러한 불연속 속에, 선전은 지렛대를 끼워 넣는다. 선전은 현명하거나 이성적 사람이 아니라, 신자와 투사를 창조하려고 한다.

이것은 우리를 조직의 문제로 다시 데리고 온다. 선전에 의해 즉각, 행동 속으로 던져진 신자는, 혼자 두어서는 안 되고, 자신에게 맡겨서는 안 된다. 선전에 의해 얻어진 행위가 적합하려면, 그것은 개인적이 아니라, 집단적이어야 한다. 선전은 수없이 많은 개인적 반사적 행위들의 공존과 수렴을 얻었을 때 의미가 있다. 그런데 이 행위들의 결합은 어떤 조직의 중개를 통해서만 얻어질 수 있다. 게다가 선전을 통한 반사적 행동은 하나의 시작, 출발점에 불과하다. 이 행동은, 신자가 그 안에서, 그리고 그것

---

20) 의견과 행위, 사기와 행위 사이에는 어떤 거리가 있다. 어떤 사람이 유대인에 대해 공개적으로 호의적 의견을 갖고서, 적대적 행위를 할 수 있다. 한 부대의 사기는 아주 낮지만, 그 전투 행위는 여전히 아주 적극적일 수 있다. 마찬가지로, 사람은 아주 드물기는 하지만 자기가 원하는 것을 안다. 그러나 자기가 하기를 원하는 것은 훨씬 모른다. 그리고 한 사람이 행동을 했을 때, 그는 실제로 그렇게 했던 것과는 다르게 행동했다고 선언할 수 있다. 인간은 자기의 명백한 의견들이나, 자기의 의지라고 믿는 것에 복종하지 않는다. 의견을 통제하려면, 그는 인간이 말하는 것과 하는 것 사이에는 깊은 골이 있음을 의식해야 한다. 실행된 행동들은 흔히 명백히 결정된 동기와도 상응하지 않고, 어떤 받았던 인상으로서 기대할 수 있는 것도 상응하지 않는다. 이러한 거리는 개인의 의견을 바꿔서 행동을 얻어내려고 할 때, 그 성공이 아주 불확실하다는 사실을 이해하게 해준다. 그래서 선전자는 다른 길을 통해 행동을 얻어내려고 한다.

덕분에 투사가 되는 조직을 통해서만 조화롭게 발전할 수 있다.21) 그것이 없이 순수한 심리적 자극만으로는 그 행동이 발전해나가는 동안에 일어날 이탈과 과잉을 통제할 수 없다. 조직을 통해서 신자는 온 생을 다 바쳐 그를 행동하게 하는 지배적 충동을 받는 것이다. 그는 실질적으로 그 심리·사회학적 용어로 종교인으로 바뀌게 된다. 즉 그가 자기 조직 때문에 수행하는 행위 속에 정의가 삽입된다. 그렇게 해서 그의 행위는 전체 적합한 행위들 속에 통합된다. 그런데 이러한 통합은 오늘날 모든 선전의 주요 목표일 뿐만 아니라, 선전의 효과가 오래갈 수 있게 해주는 것이다.

분명히 행위는 선전의 효과를 돌이킬 수 없게 만든다.22) 선전에 빠져 행동한 사람은 뒤로 되돌아올 수 없다. 그는 이제 자신의 과거 행동 때문에 이 선전을 믿어야만 한다. 그는 선전에서 자신의 정당화와 권위를 받아야 한다. 그러한 것이 없다면 그의 행동은 그에게는 터무니없거나 부당하게 보일 것이다. 이것은 견딜 수 없다. 그는 행동이 행동을 부르기 때문에, 선전에 의해 지적된 방향으로 계속 전진해나가야 한다. 그는 소위 말하는 엮인 자이다. 바로 이런 자가 공산당이 기대하는 자이고, 히틀러 당

---

21) 조직이 내재적으로 선전의 한 부분임을 다시 주장해야 한다. 선전과 조직을 분리하려고 하는 것은 절대적으로 착각이다. 실질적으로 선전하는 모든 사람은 이러한 통합을 강조한다. 소련에서는 1928년부터, 선동자는 대중 조직자가 되어야 한다. 그리고 그전에 레닌은 신문은 선전자이고, 집단적 선동자, 집단적 조직자라고 말했다. 마찬가지로 마오는 공산군과 자본주의 군대의 차이는 첫 번째로 선전과 조직을 통해 대중을 동원할 책임에 있다고 주장하였다. 그는 언제나 선전과 조직을 결합한다. 대중 속에 선전은 대중 조직과 짝을 이룬다. 그리고 메그레(Mégret)는 5월 13일의 알제리 데모에서 둘 사이의 관계를 환기한다. 조직화하는 기술은 심리적 작업 없이는 아무것도 아니다, 그러나 그것은 그에게 필수적이다. 이 모든 것은 선전과 조직을 분리하려고 하는 모든 저자의 실수를 보여준다.
22) 이러한 행위로의 호소는 심리적 수준에서 선전의 약점을 보충할 수 있게 해준다. 그래서 개인이 이 방향 속의 작은 집단 속에 포함되어 있기 때문이건, 또는 선전자의 역할이, 인간관계의 수준에서, 행위의 모범을 보이고, 다른 사람들을 이 행위 속으로 이끄는 것이든, 개인이 행위에 들어가게 한다. 그래서 소비에트 선전자의 첫 번째 의무는 "노력과 절제, 희생의 빛나는 모범"을 보여야 한다.

이 완수했던 것이다. 선전에 따라 행동했던 사람이 사회 속에서 자기 자리를 잡는다. 그로부터 그는 적들을 만들게 된다. 그는 흔히는 자신의 환경, 자신의 가족과 단절한다. 그는 연루된다. 그는 선전이 그에게 만들어준 새로운 환경, 새로운 친구들을 받아들여야 한다. 그는 흔히 전통적 도덕에서 비난받는 행동을 하고, 어떤 질서를 어지럽혔다. 때문에 그는 그 정당성을 확보할 필요가 있고, 그러면서 그는 그 행위가 정당했음을 주장하기 위해 이 행위를 다시 하면서 더욱 깊이 빠지게 된다. 그는 자신의 의식을 완전히 점유하면서 발전해가는 이 운동 속에 사로 잡힌다. 선전은 그를 완전히 지배한다. 그런데 이런 정도 참여에 이르지 못한 선전은 유치한 것임을 알아야 한다.

그러나 우리는 당연히 어떻게 선전이 그런 결과를, 지적 작업을 차단하는 반사적 행동을 확보할 수 있는지 자문할 수 있다. 선전이 그런 결과를 낼 수 있다는 주장은 보통은 회의를 부를 수 있고, 심리학자로부터 강한 부정을 부를 수 있으며, 말이 되지 않는 환상에 불과하다는 비난을 받을 수 있다. 우리는 나중에 여기에 대해 심리학자들이 한 실험의 유효성과 적합성을 검사해볼 것이다. 현재로서는 우리는 나치건 공산당이건 실제적 선전에 빠진 사람들을 관찰하면, 우리가 방금 그렸던 도식이 정확하다고 주장하는 것으로 만족할 것이다.

나의 단언을 명확히 하자. 나는 아무 방식을 사용하여, 아무 선동에, 아무나 복종하게 할 수 있다고 말하는 것은 아니다. 나는 각 개인에게는 기본적 메커니즘이 미리 존재하여, 그 기반 위에서는 조작이 쉽고, 어떤 결과를 틀림없이 가지고 온다고 말하는 것이 아니다. 나는 인간에 대한 기계론적 관점을 가지고 있지 않다. 그 대신 선전에서 두 단계를 분리해야 한다. 예비-선전또는 하부-선전이 있고, 적극적 선전이 있다. 전자는 앞서 말한 선전의 지속적, 항구적 성격과 관계된 것이다. 물론 지속적이어야 하는 것은 위기적인 적극적, 집중적 선전이 아니라, 하부-선전이다. 하부-선전은 개인을 동원하는 것을 목표로 한다. 또는 그 원래적 의미로, 때가 되면 개인을 행동 속으로 던지려고, 그를 유동적으로 만들고, 유동화할 수 있는 것으로 만든다. 목표로 한 사람을 아무 준비도 없이, 그를 심리적으로 유동적으로 만들지 않고서, 또한 그를 물리적으로 임시처분 상태로 만들어놓지 않고서, 행동에 들어가게 할 수 없음은 자명하다. 예비-선전의 목표는 본질적으로 한 인간을 어떤 행동으로 준비시키고, 어떤 영향에 민감하게 만들며, 어떤 순간이 오면 즉각 어떤 운동에 참여할 수 있게 조건화시키는 것이다. 이런 관점에서 보면, 예비-선전은 엄밀한 이데올로기적 목표가 없고, 의견, 생각, 주의와는 아무 관계가 없다. 그것은 심리적 조작, 성격적 변형, 감정의 창조, 또는 때가 되면 사용할 수 있는 고정관념의 창조를 통해 움직인다. 그것은 지속적이고, 느긋하며, 은밀해야 한다. 어떤 경향을 점진적으로 변형하려면 인간을 은밀히 파고들어야 한다. 나아가서 그를 어떤 심리적 환경 속에 살게 하여야 한다.

  이 하부-선전이 취하는 두 큰길은 조건 반사와 신화이다. 선전은 우선 개인에게서 조건 반사를 만들려고 한다. 그를 위해 어떤 단어, 기호, 상징, 그리고 어떤 사람이나 사실이 반드시 반응을 일으키도록 훈련한다. 많은 심리학자가 이의를 제기하지만, 개인적이고 집단적으로 그러한 조건 반사를 분명히 만들 수 있다. 물론 거기에 이르려면 어느 정도의 기간과 훈련, 반복이 있어야 한다. 어떤 공식을 단 몇 주 반복했다 해서 자동적 반응을 얻어낼 것이라고 기대할 수는 없다. 진정한 심리적 재형성 작업이 수행되어야 하고, 몇 달 동안 인내를 가지고 기다리면 군중은 바라는 방향으로 자동으로 반응할 것이다. 그렇지만, 이러한 준비적 작업은 아직은 선전이 아니다. 왜냐하면, 그것은 아직 구체적 사실에 직접 적용할 수 없기 때문이다. 선전에서 보이는 것, 호화찬란하고, 때로는 이해할 수 없으며, 믿을 수 없어 보이는 것은 이렇게 겉으로 드러나지 않은, 느린 준비 덕분에 가능한 것이고, 그것이 없으면 아무것도 가능하지 않을 것이다.

다른 한편 선전자는 인간의 신성한 감각에 호응하는 신화들을 창조하려고 한다. 여기서 신화라는 용어는 총체적이고 동력적 이미지를 의미하는데, 일종의 목표적인 희망들이 물질적이고 실천적 성격을 상실한 대신, 심정적으로 진하게 채색되고, 지배적이며 총체적인 이미지가 된 것이다. 이 이미지는 모든 바람직한 것을 포함하고 있으며, 자신과 관계없는 모든 것을 의식의 밖으로 몰아내 버린다. 그리고 이 신화라는 이미지는 인간을 행동하게 몰아붙이는데, 그 이유는 그 안에 이 인간에게는 선이고 정의, 진실인 것이 포함되어 있기 때문이다. 우리는 여기서 신화에 대한 형이상학적 분석을 하지 않고, 다만 다양한 선전들로 만들어졌던 거대한 신화들만을 언급할 것이다 : 종족 신화, 프롤레타리아 신화, 각하Führer 신화, 공산사회 신화, 생산성 신화 등. 신화는 인간의 마음속에 극히 생생하게 살아 있기 때문에, 그는 온몸을 신화에 바친다, 그렇지만, 그런 효과 역시 선전의 즉각적 작업에 의해서가 아니라, 모든 선전 수단을 동원한 느긋한 인내의 작업에 의해서만 만들어질 수 있다. 실제로 인간 속에 조건 반사들이 만들어지고, 인간이 집단적 신화 속에 살게 될 때에만, 인간은 쉽게 동원 가능해질 것이다.

신화와 조건 반사라는 두 방법은 함께 사용할 수 있지만, 각자의 장점은 구분되어 있다. 미국은 신화를 선호하고, 소련은 오랫동안 반사적 행동을 더 많이 사용하였다. 개인은, 때가 오면, 뿌리를 내린 심리적 지렛대와, 신화의 환기를 통한 적극적 선전에 의해 행동으로 던져진다는 점에서

58 선전-PROPAGANDES

는 같다. 그런데 그의 행위와 반사적 행동 또는 신화적 내용 사이에 꼭 직접적 관계가 있을 필요는 없다. 행위는 꼭 어떤 신화 내용에 의해 심리적이고 논리적으로 조건 지워지는 것은 아니다. 실제로, 가장 놀라운 것은 이러한 준비적 작업만이 인간을 준비된 상태로 이끈다는 사실이다. 이 인간은 일단 준비가 되면, 아주 다양한 방향으로 동원될 수 있다. 그러나 물론 신화와 반사는 끊임없이 새로워지고, 되살려져야 한다. 그렇지 않으면 그것들은 닳아져 약해져 버린다. 그래서 예비-선전은 지속적이어야 하고, 반면에 적극적 선전은 해야 할 특별한 행위나 참여가 필요할 때 간헐적으로 행해질 수 있는 것이다.23)

23) 레닌과 마오의 분류를 따르면 정치교육은 우리가 말한 예비-선전, 또는 괴벨스 말한 기초적 선전과 정확히 상응한다. 분명히 이런 교육은 결코 객관적이거나 사심 없는 것이 아니다. 그것은 개인에게서 새로운 세계관(Weltanschauung)의 창조를 목표로 한다. 그 속에서 선전의 각 제안은 명백해지고, 거기에 속한 것은 당연한 것이 된다. 새로운 예비 가정들과 새로운 고정관념들을 형성해야 하는데, 이것들은 선전이 개인에게 제공하는 이유와 목표의 선결적 정당화가 된다. 그러나 우리 사회 속에서 편견들과 고정관념들이 약간은 일관성 없이, 개인적으로, 무턱대고 만들어지는 반면에, 여기서는 당연해질 예비 가정들이 체계적이고 의지적으로 만들어진다. 소비에트 혁명의 초기에는 이런 교육이 정확하고 실천적 목표를 가지지 못하고, 이론적 무장화가 그 자체로서 목적이었다. 그러나 1930년부터 이런 개념이 바뀌기 시작하고, 정치 교육은 선전의 기초가 된다. 마오는 이 길에서 선구자였다. 이데올로기적 교육은 소련에서 목적을 달성하기 위한 수단이 된다. 그것은 그 위에서 선전이 개인을 지금 즉시 설득할 수 있는 기초가 된다.

이것을 구분하기 위해 선전과 선동이라는 고전적 용어들을 새로운 의미로 사용하기도 한다. 이때 선전은 마르크스-레닌의 교리 해석이 될 것이고 (그러면 이것은 예비 선전과 상응하게 된다), 선동은, 개인을 그 정치 교육에 따라, 그리고 이 교육을 위해(행위적 경험은 차후의 교육을 쉽게 한다), 지금 즉시 행동하게 하는 것을 목표한다 (이것은 우리의 선전과 상응한다). 그리고 다양한 요소들이 절묘하게 뒤섞인다. 라디오의 목표는 "정치적 지식"과 "정치적 의식"을 고양하고 (예비 선전), 인민을 당과 정부의 정책을 지지하도록 규합한다(선전). 영화는, 재미있는 장면이라 할지라도 "요구된 프롤레타리아 방향 속에서 사상과 감정을 조작해야 한다"는 명령을 받는다. 사전 선전으로서 정치 교육의 효과는 마오에 의해 자주 언급된다. 즉 그것은 계급의식을 창조하고, 개인을 집단적 사상 속에 동화시키면서 개인주의적이고 소시민적인 정신을 파괴하며, 새로운 틀 속에서 이데올로기적 순응을 창조한다. 그것은 토지의 공유, 국가에 복종, 권위와 위계 창조의 필연성을 이해하게 한다. 그것은 적합한 대의원들을 지적하게 하고, 투쟁이나 생산의 피로, 어려움을 견디게 한다. 이상은 정치 교육에 부여된 선전적 하부구조적인 역할을 완벽하게 묘사한다.

2. 내적 성격

심리적 영역의 지식

선전은 인간 속에서 아무것도 변경하거나 창조할 수 없다고 주장되면서, 선전의 행위 유발 가능성에 대한 의문이 자주 제기되었다. 예를 들어 굳건한 개인적 의견이 있으면, 여러 심리적 조작은 이 의견을 크게 바꾸지 못한다. 굳은 믿음을 가진 공산주의자나 기독교인은 적대적 선전에 의해 아주 미약하게 영향을 받거나, 전혀 영향을 받지 않는다. 마찬가지로 어떤 편견, 고정관념은 선전으로 거의 바뀌지 않는다. 예를 들어 인종적 편견을 선전으로 제거하기는 거의 불가능하다. 흑인, 유태인, 부르주아, 식민주의에 대한 관점은 선전적 시도가 있다 해도 거의 바뀌지 않을 것이다. 마찬가지로 어떤 조건 반사나 신화는 無무로부터 창조할 수 없다. 개인은 그 위에 아무것이나 세울 수 있는 중립적 공터가 아니다. 더군다나, 조건 반사가 만들어졌다 해도, 그것을 마음대로 사용하여 개인을 움직일 수는 없다. 개인을 하나의 물건이나 로봇처럼 믿어서는 안 된다. 만들어진 조건 반사의 자동적 성격은 개인을 로봇으로 바꾸지 않는다. 따라서 총체적 경험을 통해 보자면, 선전자는 개인 속에 본래 있는 것과 반대로 갈 수 없다는 결론을 내릴 수 있다. 선전자는 아무 심리적 메커니즘이나 창조하거나, 아무 결정이나 행동을 얻어낼 수 있는 것이 아니다. 이상의 확인들을 한 심리학자들은 그로부터 너무 성급한 결론을 도출해 낸다. 즉 그들은 말하길, 선전은 거의 영향력이 없고, 아주 제한된 행위 영역만 가지고 있으며, 거의 유용하지 않다. 우리는 나중에 왜 이런 결론이 잘못되었는가를 밝힐 것이다. 그러나 이러한 관찰들은 역으로 효율적 선전이 무엇인가에 대한 아주 확실한 지적을 해준다.

선전자는 우선 자기가 작업하는 영역을 가능한 한 정확히 알아야 한다. 그는 자신이 겨냥하는 대중의 감정과 의견, 경향, 고정관념을 알아야 한다.1) 집단의 성격과 살아 있는 신화, 의견, 사회적 구조의 분석은 분명히 출발 조건이다. 아무 곳에서, 아무에게나, 아무런 선전을 할 수는 없다.2) 목표 인간 유형에 따라 방법과 논증이 엄격하게 재단되어야 한다. 따라서 선전은 어디에나 적합한, 기성의 기술들과 논증들의 저장고가 아니다. 최근 선전의 역사 속에 이런 방향의 실수들이 있었다.3) 선전의 기술은

---

1) 선전자는 자기가 공격하려고 하는 문화의 일반적 신화들과, 그를 통해 각각의 태도가 표현되는 상징들을 알아야 한다. 이러한 상징들에 대한 무지는 완전한 비효율로 이르게 된다. 공산주의자들은 항상 선전을 위해 여론의 내용에 대해 깊은 관심을 기울인다.
  분명히 개인은 그 혼자서 특수한 전체가 아니라, 미국인들이 문화라고 부르는 어떤 전체에 속한다. 각자의 심리학은 이러한 문화에 소속으로 형성된다. 개인은 이 문화가 그에게 제공한 상징들로 채워져 있다. 그는 이러한 문화의 "전달자"의 역할을 하고, 이 문화의 상징들이 변경될 때마다 그의 존재에서 타격을 받는다. 따라서 이 상징들에 작용함으로써 결정적으로 그에게 영향을 주고 변경할 수 있다. 따라서 이러한 기초 위에서 선전자는 행동할 것인데, 그는 선전에서 가장 중요한 사람은 보통 주변적 인간이라고 불리는 사람임을 고려할 것이다. 다시 말해 이 사람은 선전자가 말하는 것을 믿지 않는다. 그러나 반대자가 말하는 것도 믿지 않기에 상관이 있는 사람이다". 그는 전투에 들어가 있으면서, 전투를 하지 않을 확실한 이유가 있는 사람이다.
2) 그래서 선전은 상황에 따라 변해야 한다. 선전자는 상황의 변화에 따라, 그리고 적의 변화에 따라 선전을 바꿔야 한다. 왜냐하면, 선전의 내용은 특히 적에게 의거하기에, 적과 함께 변해야 한다.
3) 여기서 우리는 유명한 부메랑 효과를 볼 수 있다. 선전자가 환경 분석에서 실수하면, 그는 자기가 기대했던 것과는 상반된 효과를 얻고, 선전은 자기에게 해롭게 돌아올 수 있다. 그 예는 무수히 많다. 예를 들어 한국전에서, 미국은 포로 대접이 좋다는 것을 보여주기 위해 포로들이 스포츠 경기를 하는 사진을 중국과 한국에서 공개하였다. 그러나 이 포로들이 전후에 공상주의자들이 알아보고 추격당할까 싶어서, 눈에 검은 붕대를 씌웠다. 그러자 이 사진들은 중국에 의해 다음과 같이 해석되었다. "미국인들이 포로의 눈을 파버렸다".

분명히 움직일 개인에 맞춰 행동을 계산해야 한다.

두 번째 결론은 기존의 합리적이고 지속적인 의견이나 고정관념, 고정된 도식을 직접 공격하지 말라는 규칙이다. 그런 일에 매달리면 소득 없이 힘만 낭비한다. 확실한 기성의 고정관념 위에서 대중 여론을 바꾸려고 하는 선전자는 어리석은 선전자이다. 그러나 이 말은 '상황을 그냥 두고, 손 놓고 있어' 라는 말은 아니다. 다만, 이 문제에서 두 가지 어려운 양상을 이해하는 것이 필요하다. 우선 여론 또는 고정관념과 행동 사이에는 반드시 어떤 지속성이 있는 것이 아님을 다시 강조하자. 일관성이나 논리에 벗어나게, 어떤 사람은 자신의 재산, 사업, 공장에 집착하면서도 공산당에 투표할 수 있다. 또는 거꾸로 공산주의자들이 대변하는 사회 정의나 평화에 열광하면서도 극단적 사회주의자에게 투표할 수 있다. 어떤 패턴, 의견을 정면으로 공격하는 것은 기껏해야 피선전자로 하여금 비일관성을 의식하게 하고, 원치 않은 결과를 부를 것이다.4) 진정한 선전자는 일관성을 강요하지 않고, 편견에 대항해 싸우지 않으면서, 바로 이 비일관성 위에서 설계함으로써 행위적 결과를 얻어내려고 할 것이다. 두 번째 뉘앙스는, 선전자는 여론을 옆으로 빗나가게 하고, 보충을 하여 변경시켜, 모호한 정황 속에 놓으면서 그것들을 바꿀 수가 있다.5) 그래서 겉으로는 흔들리지 않는 고정된 경향들로부터 개인을 자신이 원하지 않았던 방향으로, 그리고 의식하지 않았던 방향으로, 의식하지도 못한 길로 이끌 수 있다.

이런 일은 사전적인 믿음에서 왔다. 즉 포로들을 잘 처우해주는 것은 불가능하다, 그래서 포로의 눈을 파는 것은 정상이다.
4) 가장 흔한 태도는 도피이다. 어떤 편견에 반대한 직접적인 선전의 경우, 선전자는 도피하고, 선전자가 자기에게 말하는 것을 (흔히 무의식적으로) 거부한다. 그는 공격받은 것과 자신을 동일시하지 않으면서 자신을 정당화하고, 그 공격을 다른 사람 위로 다시 던진다. 그렇지만, 그는 변하지 않는다.
5) 의견을 바꾸는 다른 방법은, 행동 형태를 제공하거나, 집단적인 갈등을 조장하거나, 어떤 특정 대상으로 공격심을 돌려세우는 것이다.

그래서 선전자는 프랑스 우파의 반독일 감정을 평화주의자들로 조직된, 결국에는 소련에 이로운, 독일 재무장 반대 선전에 사용할 수 있다.

결국, 어떤 의견에 대해 반대하는 것이 아니라, 그것을 이용해야 한다. 그런데 모든 개인 속에는 수많은 고정관념, 패턴, 경향들이 있는데, 이 창고 속에서 동원하기 가장 쉬운 것, 선전자가 원하는 행위를 가장 강력하게 일으킬 것을 골라야 한다. 인간이 단순한 존재이고, 하나의 명확히 규정된 단 하나의 의견만 가진다면, 기성의 의견에 대치되는 선전의 비효율성을 주장하는 사람들이 옳을 것이다. 물론 이것은 오랫동안 어떤 선전에 노출되어 있던 개인에게는 흔한 일이지만, 그렇지 않았던 보통의 개인들에게는 드문 일이다. 우리 민주 체제의 보통 사람들은 수많은 감정과 생각들로 구성되어 있다.6) 따라서 어떤 의견을 정면으로 부딪치지 말아야 할 것인가를 분별하는 것이 중요하고, 그것을 모호한 방식을 사용하여 점차 약화시키고 축소하는 것으로 만족하여야 한다.

그리고 주로 미국의 경험들로부터 끌어낸, 본질적 세 번째 결과는, 선전은 무로부터 출발할 수 없고, 무로부터 뭔가를 창조할 수 없다는 것이다. 선전은 어떤 감정, 생각에 고리를 걸어야 한다. 선전은 개인 속에 미리 존재하는 기초 위에 세워야 한다. 조건 반사는 태생적 반사나 미리 존재하는 조건 반사로부터만 설립될 수 있다. 신화는 다짜고짜 만들어질 수 없고, 자발적 믿음을 가진 집단에 호응해야 한다. 행위는 이미 고정된, 그리고 교육, 환경, 체제, 교회 등에서 온 경향이나 태도에 호응할 때만 얻어질 수 있다. 따라서 선전은 기존 재료를 사용하는 것으로 제한된다. 선전은 그것을 창조하지 않는다.

---

6) 이것은 개인들과 집단들에서 모두 사실이다. 예를 들어, 여론이 만장일치적이라면, 선전이 행사될 아무 수단도 없을 것이다. 하나의 여론 속에는 사적 의견들의 집단이 있고, 선전은 그것들을 여론을 뒤집는 계기로 삼을 수 있다.

이 재료는 4종류로 나뉠 수 있다. 한편으로 심리적 메커니즘이 있는데, 이것은 어떤 자극에 개인이 어떻게 반응할까를 다소간 정확히 알게 해 준다. 여기서 심리학자들은 여러 갈래로 갈린다. 행동주의, 깊이의 심리학, 본능의 심리학이 서로 다른 심리적 메커니즘들을 기술하고, 다양한 결합과 동기들을 보여준다. 선전자는 이런 해석들을 따른다. 둘째, 어떤 환경, 어떤 개인 속에 구체적으로 의견, 패턴, 고정관념이 존재한다. 세 번째로는, 다소간 의식적으로 공유되고 유포된 이데올로기들이 있다. 그리고 이것은 선전자가 고려해야 할 유일한 지적인, 또는 유사하게 지적 요소이다. 그래서 진짜 교리적이거나 경제적인, 또는 정치적 이론에 대해 토론하거나, 어떤 주의나 이론을 전파할 수는 없다. 이데올로기는 선전에서 가장 높은 지적 수준에 있다. 마지막 네 번째로, 선전자는 우선으로 대상자의 욕구에 대해 신경을 써야 한다. 모든 선전은 어떤 욕구에 대답해야 한다.7) 그것은 실제적 욕구빵, 평화, 안전, 직업 등이거나, 선전의 심리적 필요일 수 있다.8) 우리는 이 마지막 사항에 대해 나중에 길게 논할 것이다. 선전은 거저일 수 없다. 선전자는 간단하게 이런저런 집단에 대해 이런저런 선전을 결정할 수 없다. 이 집단은 어떤 것이 필요하고, 선전은 그 필요에 호응해야 한다. 이것은 미국 선전의 한 약점이다. 흔히 미국의 선전은 피선전자의 욕구를 고려하지 않았다 흔한 실수는 피선전자의 욕구나 욕구 부재를 고려하지 않고 선전자가 원하는 것만 몰아붙이는 것이다.

물론 우리가 선전자는 존재하는 요소들을 이용해야 한다고 말할 때,

---

7) 가장 기초적인 차원에서, 선전은 물리적 생존의 욕구 위에서 작용할 것이다(전시에). 이것은 저항을 약화시키기 위해, 반대로 저항을 강화하기 위해 사용될 수 있다 (예를 들어, 괴벨스는 1945년에 저항을 계속하기 위해 이 주제를 사용하였다: "투쟁함으로써 당신들은 생존의 기회가 있을 것이다").
8) 선전은 피선전자의 욕구가 만족 될 수 있는 방식이라고 생각한 이미지를 고려해야 한다 (기대 구조). 선전은 또 국민이 기대하는 이 이미지를 바꾸려고 작용할 것이다.

그가 그것들을 직접적이고 일방적으로 이용해야 한다고 말하는 것이 아니다. 우리는 이미 선전자가 그것들을 간접적이고 모호한 방식으로 이용해야 할 필요에 대해 지적하였다. 이것은, 선전자는 이미 존재하는 것에서 새로운 것을 창조할 수 있음을 의미한다. 기왕에 존재하는 것 때문에, 선전자는 그 이상 갈 수 없다고 믿는 것은 잘못이다. 어떤 여론에 묶여 있기에, 선전자는 단순히 이 여론만 무한히 반복해야 할 것인가? 어떤 고정관념을 확인하고서, 그는 단순히 이 틀만 반복해야 할까? 명백히 그렇지 않다. 이미 존재하는 것은 그로부터 선전자가, 저절로 창조되지 않을 새로운 것을 만들어 낼 수 있는 재료일 따름이다. 예로서, 실업의 위협을 받으며, 착취당하는, 그리고 그 상황을 개선할 희망이 없는 노동자들이 있다고 하자. 칼 마르크스는 그로부터 자발적 저항과 간헐적 노동 운동이 일어날 수 있음을, 그렇지만 그것은 아무런 결과를 맺지 못할 것임을 아주 잘 증명했다. 그러나 선전은 이러한 객관적 상황과 기존의 감정으로 어떤 계급의식과 조직적이고 지속적인 혁명을 창조할 수 있을 것이다.

마찬가지로, 같은 민족도 아니고, 같은 언어를 쓰지도 않으며, 같은 역사를 가지고 있지도 않지만, 같은 영토 안에 있고, 똑같은 정복자에 의해 억압받으며, 점령자에 대한 똑같은 증오나 원망을 하고 있으며, 이런 감정들은 일반적으로 순수하게 개인적 차원에 위치한다 그리고 똑같은 행정에 의해 관리되는 국민이 있다고 하자. 자발적으로 그로부터는 개인적 반항들만 일어날 것이고, 가장 흔하게는 아무일도 일어나지 않을 것이다. 그러나 선전은 그로부터 어떤 국가주의를 만들어낼 수 있다. 따라서 국가주의 기초들은 자연적이지만, 특히 선전자가 자존심 등에 호소한다면 국가주의는 그 자체로서는 전적으로 만들어진 것이다. 알제리나 유고슬라비아의 국가주의, 또는 아프리카의 국가주의들도 마찬가지다.

따라서 선전은 창조적일 수 있다. 그리고 선전은 자기가 창조한 것을 완벽하게 통제한다. 선전이 어떤 사람 속에 주입한 감정이나 편견들은 그 사람에 대한 지배력을 강화시켜주고, 그가 절대 하지 않았을 행위를 하게 해준다. 따라서 선전이 처음에 미리 존재하는 것에 의해 제한되었다 해서, 결코 무력한 것이 아니다. 선전은 뒤에서 공격할 수 있고, 예전에 획득하였던 것들을 지우는 새로운 관점들을 천천히 제공할 수 있다. 선전은 어떤 편견을 돌려세우거나, 자기도 모르는 새에 자기 의견과 다른 행동을 얻어낼 수도 있다.

마지막으로, 선전은 인간 속에 있는 가장 최선의 것, 예를 들어 인류의 가장 높은 목표들, 가장 고상하고 귀한 감정들과 관계되어서는 안 된다. 선전은 인간을 숭고하게 하는 것이 아니라, 행동하게 하는 것이 목표다. 따라서 선전은 가장 흔한 감정, 가장 널리 퍼진 생각, 가장 조잡한 도식을 사용해야 하고, 목표는 가장 낮은 수준에 있어야 한다.[9] 증오, 기아, 그리고 자존심은 사랑, 초연함보다 훨씬 좋은 선전의 지렛대가 될 것이다.

사회의 근본 흐름

선전은 개인 속에 미리 존재하는 것에 매달릴 뿐만 아니라, 영향을 미치고자 하는 사회의 기본적 흐름을 번역해야 한다. 선전은 사회의 집단적 선입관, 자발적 신화, 전반적 이데올로기에 친숙해야 한다. 이것들은 금방 변하게 될 일시적 정치적 흐름이나 여론이 아니라, 그 위에 전체 사회가 세워져 있는 근본적인 지리적 여건, 그리고 개인이나 특정한 집단이

---

[9] 선전은 인간의 수준에 머물러야 한다. 선전은 인간이 도달할 수 없는 너무 높은 목표를 제시하지 말아야 한다. 그렇게 하면 부메랑 효과를 일으킬 수 있다. 선전은 단순하고 기초적인 메시지에 매달려야 하고(지도자를, 당을 믿으시오…. 적을 증오하라 등), 웃기게 될 것을 두려워하지 말아야 한다. 선전은 가장 단순하고 일상적인, 친숙하고, 개인화된 언어를, 목표 집단의 언어, 그리고 인간의 내밀한 언어를 사용해야 한다.

아니라, 전반적 사회의 모든 개인이 공유한 선입관과 신화를 의미한다. 정치적 경향이나 소속 계급의 대립을 뛰어넘는. 이러한 실제적이고 심리적인, 근본적 구조에 반한 선전은 결코 성공할 수 없다. 모든 효율적 선전은 이런 근본적 흐름 위에 세워지고, 그것을 표현한다.10) 선전은 집단적 믿음 위에 기반을 둬야 받아들여질 수 있다. 선전은 물질적 요소, 믿음, 생각, 제도로 만들어진 문화 복합체의 한 부분으로, 그와는 분리될 수 없다. 이러한 사회의 구조적 요소들에 역행하는 선전은 성공할 수 없다. 그러나 특히 선전의 주요 임무는 이러한 구조들을 심리적으로 반영하는 것이다.

이러한 반영은 우리가 보기에는 두 개의 본질적 형태로 제시된다 : 사회적인 집단적 선입견들과 사회적 신화들. 선입견들이란, 일군의 감정들, 신념들, 이미지들을 의미하는데, 그것들에 따라서 사람들은 사건들과 사물들을 문제를 제기하지도 않고서 무의식적으로 판단해버린다. 이 전체는 집단적이다. 다시 말해 똑같은 사회, 똑같은 집단에 속한 모두에 의해 공유된다. 그것은 모든 사람의 암묵적 동의 위에 세워져 있다는 사실로부터 힘을 얻는다. 아무리 다양한 의견들이 있다 하더라도, 사람들은 이러한 다양성 너머에서 똑같은 신념들을 발견할 수 있다 – 미국인들에게서, 러시아인들에게서, 공산주의자들에게서, 기독교인들에게서. 선입견은 주변 환경에 의해 우리에게 제공되고, 사회적 흐름 속에서 우리에게 주입되었다는 점에서 사회학적이다. 그것은 우리가 우리 환경과 조화를 이루는 길이다.

현대 사회에는 네 개의 커다란 사회학적인 집단적 선입견이 존재하는 것 같다. 이러한 현대사회는 미국을 중심으로 한 서구 세계뿐만 아니라, 사회의 기술화와 국가로의 구조화에 참여하는, 따라서 공산주의 세계를

---

10) 선전은 전반적으로 사회의 지배적인 문화적 가치들과 연결되어야 한다.

포함한 모든 세계를 의미한다. 그러나 아프리카나 아시아 국가들은 아직 포함되지 못한다. 오늘날 부르주아와 프롤레타리아 등에게 공통적 선입견은 "인생의 목적은 행복이다, 인간은 선천적으로 선하다, 역사는 부단한 진보에 따라 발전한다, 모든 것은 물질이다"라는 것이다.

이 선입견들은 실제와는 다르게 꼭 철학적 인상을 준다. 이것들은 쾌락주의나 물질주의와 같은 철학 학파들과 관계되는 것이 아니라, 모든 사람에 의해 공유된, 우리 시대를 나타내고, 또 구체적 형태들로 표현되는, 극히 본능적이고 일반적인 믿음과 관계된다.

사회적 현실의 다른 커다란 심리적 반영은 신화들이다. 신화는 한 사회의 깊은 경향을 표현한다. 그것은 대중이 어떤 문명에, 그리고 그 문명의 발전이나 위기의 전개에 가담하는 조건이다. 신화는 강하게 추진되고, 진하게 채색되며, 비합리적이고, 개인의 굳은 신뢰를 받는다. 신화는 종교적 요소를 포함한다. 우리 사회에서 다른 신화들의 기초가 되는 두 대형 신화는 바로 과학과 역사이다. 그리고 그 위에서 인간의 방향을 결정하는 집단적 신화들이 세워진다 : 노동의 신화, 행복의 신화, 선입견과는 다른 것이다 국가의 신화, 젊음의 신화, 영웅의 신화.11)

선전은 엄격하게 이 선입견들 위에 세워지고, 이 신화들을 표현해야 한다. 그렇지 않으면 누구도 거기에 관심을 두지 않을 것이다. 그렇게 하면서 선전은 언제나 사회와 같은 방향으로 가야 한다. 선전은 오직 사회를 강화할 수 있을 따름이다. 행복을 부정하고 덕을 강조하는 선전이나, 절도와 명상 속에서 인류의 미래를 제시하는 그런 선전은 아무도 듣지 않을 것이다. 진보나 노동을 의심하는 선전은 분개를 일으킬 것이고, 누구

---

11) 자세한 연구로는 나의 논문 「디오게네스」, 1958을 보고, A. 쏘비(Sauvy)가 연구한 전통적인 신화들인 풍요의 신화, 자유의 신화를 더할 수 있을 것이다.

에게도 감동을 주지 못할 것이다. 그러한 선전은 즉시 지식인들의 이데올로기로 분류될 것이고, 대부분 사람은 중요한 일이란 물질적 일들, 다시 말해 노동과 관계되는 것으로 생각할 것이다.

다양한 선입견들과 신화들은 서로 보충해주고, 지원해주며, 방어해준다. 선전자가 이런 네트워크의 한 곳을 공격하면, 다른 모든 신화가 이 공격에 반응한다. 선전이 개인을 만나고 그의 호응을 얻어내려면, 믿음과 상징들 위에 세워져야 한다. 다른 한편 선전은 사회 진화의 일반적 방향으로 진행되어야 한다. 이 일반적 방향 속에는 진보에 대한 믿음도 포함된다. 사람이 전혀 의식하고 있지는 않아도 정상적이고 자발적인, 어느정도 기대하는 진행 방향이 있다. 선전은 성공하려면 이 정상적 진행 방향으로 들어가야 한다. 기계적 기술의 발전이 실제로 지속한다는 것은 명백하다. 선전은 인간의 신념 중의 하나인, 이러한 현실을 표현해야 한다. 모든 선전은, 국가는 산업화하여야 하고, 더 많은 생산이 이뤄질 것이며, 더 큰 진보가 이뤄질 것이다 등의 사실 위에 세워져야 한다. 지난 생산 양식들, 지난 사회적이거나 행정적 형태들을 옹호하기 위한 선전은 성공할 수 없다. 가끔은 광고에서 좋았던 과거를 들먹이며 괜찮은 효과를 낼 수도 있지만, 어떤 정치적 선전도 이런 논증을 사용할 수는 없다. 반대로 선전은 행위를 요구하기 때문에, 미래와 아름다운 내일을 환기해야 한다.[12] 선전은 이런 일반적 흐름에 실려야지, 거슬러서는 안 된다. 선전은 일반적 흐름을 확인해주고, 거기에 힘을 실어줘야 한다. 따라서 선전은 자연발생한 국가주의적 감정을 광적 애국심으로 전환할 것이다. 선전은 신화와 선입견을 반영할 뿐만 아니라, 충격과 행동을 통해 명확히 만들고, 강화하며 날카롭게 만든다.

---

[12] 그렇지만 이러한 미래로의 긴장 속에서, 선전자는 항상 너무 자세한 약속, 보장, 참여를 경

이러한 일반적 흐름을 뒤집을 수는 없다. 중앙집권적 행정이 존재하지 않는 나라에서도 중앙집권을 위한 선전을 할 수는 있다. 왜냐하면, 현대인은 중앙집권적 국가에 대한 굳건한 믿음이 있기 때문이다. 그러나 이런 중앙집권화가 존재하는 나라에서, 그에 반하는 어떠한 선도도 할 수 없다. 연방주의적소비에트 연방이나 유럽 연방처럼 거대 국가주의가 아니라, 국가의 틀을 파괴하는 진짜 연방주의인 선전은, 국가의 신화와 진보의 신화에 대한 공격이기 때문에 절대적으로 성공할 수 없다. 마찬가지로 더 작은 하나의 노동 단위나 행정 단위로 축소는 일종의 퇴행, 반동으로 보일 것이다.

물론, 이렇게 선전이 선입견과 신화에 종속되어야 한다고 하지만, 선전이 항상 그것들을 명확하게 표현해야 한다는 것은 아니다. 선전이 진보와 행복에 대해 지속적으로 말하는 것이 꼭 필요한 것은 아니고, 그런 주제들이 언제나 짤짤한 재미를 보게 해준다 하더라도 미리 존재하는 선입견과 신화를 그 일반적 노선과 하부 구조 속에서 따르고 있어야 한다는 말이다. 일종의 암묵적 동의 같은 것이 존재한다. 즉 누가 '인간은 선하다' 라는 사실을 믿고 있다고 뚜렷이 말할 필요는 없는 것과 같다. 그런 믿음은 행실, 언어, 태도 속에서 그냥 드러난다. 각자는 다른 사람이 똑같은 선입견과 신화를 공유하고 있음을 무의식적으로 안다. 선전에서도 마찬가지다. 사람은 어떤 선전이 자신의 무의식적 깊은 신념을 명확히 표현은 안 해도, 반영하기 때문에 그 선전을 듣는 것이다. 마찬가지로 진보의 신화 때문에, 사람이 면도칼보다는 전기면도기를 사기가 훨씬 쉬운 것이다.

선입견과 신화 속에 반영된 근본적 흐름 외에도 두 개의 다른 요소를

계해야 한다. 괴벨스는 총통 직속 사령부로부터 승리가 나온다는 단언들에 대해 줄기차게 반박하였다. 미래로의 긴장은 정확한 사건들이 아니라 사회의 일반적 흐름에 따라야 한다. 그럼에도, 흐루시초프가 1980년에 공산주의가 달성될 것이라고 1961년에 한 약속은 많은 여지를 남긴다. 왜냐하면, 1961년에 기대된 선전의 효과는 이뤄지더라도, 1980년에 그 약속은 달성하지 못하더라도 잊힐 것이기 때문이다.

생각해야 한다. 사회 구조와 그 진화의 물질적 성격, 근본적이고 사회학적인 흐름은 그 사회의 구조 자체와 연결되어 있다. 선전은 물론 이런 물질적 흐름의 노선 속에 있어야 하고, 물질적 진보의 수준에 있어야 한다. 선전은 경제적, 행정적, 정치적 발전과 연결되어야 하고, 그렇지 못하면 선전은 아무것도 아니다. 선전은 지역적이고 국가적인 특이성을 반영해야 한다. 예를 들어, 프랑스에는, 반박하거나 의심할 수 없는, 전반적 사회주의화 경향이 있다. 좌파가 존경을 받는다. 우파는 좌파 이데올로기 앞에서 자신을 정당화해야만 한다. 우파의 사람들도 좌파 이데올로기에 공감한다 그리고 모든 선전은 성공하려면 좌파 이데올로기의 주요 요소들을 그 안에 포함해야 하고, 그것들을 환기해야 한다. 그렇지 않으면 받아들여지지 않을 것이다.

지역 환경과 포괄적 환경 사이에 갈등이 있을 수 있다…. 작은 집단의 경향과 더 넓은 사회의 경향이 어긋날 수 있다. 이럴 때 일반 법칙은 없다. 때로는 집단의 경향들이 우세하게 되는데, 지역 집단, 좁은 환경의 단결력이 아주 강하기 때문이다. 혹은 반대로 전반적 사회의 충동이 더 우세하게 되는데, 그 이유는 포괄적 사회가 대중을, 따라서 만장일치를 대변하기 때문이다. 아무튼, 선전은 그 시대에 모든 사람에게 공통적인 거대한 신화들과 일치해야 하기 때문에, 항상 정상적으로 승리하는 경향을 따라야 한다. 예를 들어 미국 남부에서는 흑인 문제가 이런 갈등의 전형이다. 지역적 환경은 흑인에게 적대적이고, 인종차별을 바란다. 반면 전반으로 미국 사회는 인종차별에 적대적이다. 따라서 뿌리 깊은 편견과 지역적 단결심에도 불구하고 그런 인종차별은 승리하지 못할 것이다. 남부인들은 방어적으로 축소된다. 그들은 그 문제를 가지고 외부, 예를 들어 유럽 쪽으로 어떤 선전도 하지 못한다. 인종에 관한 선전은 세계 여론의 방향에 맞아야만, 예를 들어 아시아, 아프리카, 전체 유럽 여론의 방향에서만 진행될 수 있다. 특히 그 선전이 반인종차별에 관한 것이라면, 진보의 신화에 의해 지지받는다.

반면, 이러한 지역적 차이들이 있기 때문에, 선전은 어디서나 똑같을 수는 없고, 현재로서는 아프리카, 아시아, 그리고 다른 지역에서 본질적으로 달라진다. '현재로서는' 이라고 한 이유는, 이 나라들도 점차 서구적 신화들에 의해, 그리고 동시에 서구적이고 기술적인 형태에 의해 정복당하기 때문이다. 그러나 현재로서는, 이러한 신화들은 여기서는 아직 일상적 현실, 피와 살, 정신적 빵, 신성한 유산이 아니기 때문이다. 결론으로, 선전은 사회의 근본적 흐름을 표현해야 한다.13)

시사성

선전은 자체의 명백한 형태에서 시사성과 관련될 수밖에 없다. 이는 두 조건에서 그렇다. 한편으로, 인간이 자신의 깊은 사회적 신념과 선전의 시도에서 잠재된 신념 사이에 이뤄지는 교감에 의해서만 파악되고 결집될 수 있다는 조건이 그것이다. 다른 한편으로, 선전이 인간을 위해 시사적 사실만을 거론할 때만 인간이 관심을 갖고 감동하며 행동한다는 조건에서 이다. 이 두 요소는 일반적 생각과는 반대로 전혀 모순적이지 않다. 그 둘은 서로 보충적인데, 그 이유는 흥미롭고 매력적인 뉴스는 사회의 깊은 현실을 순간적, 극적으로 제시한 것이기 때문이다. 인간이 새로운 자동차에 열광한다면, 그것이 진보와 기술에 대한 깊은 믿음의 즉각적 증명이기 때문이다. 선전이 사용하는 시사성과 사회의 근본적 흐름 사이

---

13) 이 점에서, 한 고위 장성에 의해 알제리에[서 행해진 심리적 행위에 대한 비판은 아주 정확하다. 그는 라슈로이(Lacheroy)시스템의 약점은 알제리인의 본능과 신화, 그 국가주의와 서구이데올로기들에 대한 접근을 고려하지 않은 점이라고 강조한다.

의 관계는 파도와 바다 사이의 관계와 같다. 파도는 그것을 지탱해주는 바다가 있기 때문에 존재하고, 그것이 없다면 아무것도 없을 것이다. 그렇지만, 파도는 인간이 보는 바이고, 그를 끌어당기며, 매혹하는 것이다. 파도를 통해서 그는 바다의 위대함과 장대함을 파악한다. 따라서 선전은 근본적 흐름과의 관계에 의해서만 힘을 가질 수 있지만, 또 가장 덧없는 시사성에 따라야 매혹과 감동을 일으킬 수 있다.[14] 그리고 눈에 띄고, 구미가 당기며, 유포될 만한 시사성은 한 순간 주어진 신화와 선입견을 표현하는 사건이다.

한편, 대중은 동시대적 사건에만 민감하다. 그것만이 대중과 관계되고, 문제이기 때문이다. 인간이 스스로 문제시되고 도전받았다고 느꼈을 때에만 선전은 성공할 수 있다. 개인이 안정되고, 안전한 환경 속에서 느긋하게 자리하고 있을 때는 영향을 미칠 수 없다. 그런데 과거의 사건이나 형이상학적 문제들은 우리 시대의 보통 사람을 문제로 삼고, 도발하지 못한다. 그는 존재의 비극에 대해 예민하지도 않고, 신이 그에게 제시했을 질문에 대해서도 고뇌하지 않는다. 그는 오직 현행적인, 정치적이고 경제적인 사건에 의해서만 도전받았다고 느낀다. 따라서 선전은 이런 시사성에서 출발해야 한다. 예를 들어, 역사적 사실 위에 세워진 선전이 있다면, 아무에게도 영향을 못줄 것이다. 나폴레옹과 잔 다르크를 환기한, 영국에 반대한 비시Vichy 정부의 선전 실패가 그 예이다. 프랑스인의 의식 속에 아주 깊이 박힌 큰 사실들마저 선전의 좋은 발판이 되지 못한다. 그것들은 역사 속으로 들어가고, 결과적으로 중립적이며 무관심해진다. 1959년 5월의 한 여론 조사는 14-15세의 프랑스 청소년 중에서 70%가

---

14) 선전은 두 면을 가져야 한다. "정치의 얼굴은 매일 바뀐다, 하고 괴벨스는 말한다, 그러나 선전의 선들은 보이지 않게 변할 따름이다". 이 두 요소는 브루너(Bruner)가 선전에서 즉각적 차원과 후퇴차원이라고 부르는 것과 상응한다.

히틀러와 무솔리니가 누구인지 전혀 모르고, 80%는 러시아가 1945년에 승전국 중의 하나였음을 몰랐으며, 한 사람도 단찌그Dantzig나 뮌헨Munich이라는 단어가 최근의 사건들과 밀접하다는 사실을 보지 못했다.

게다가 개인은 사건들에 아주 쉽게 흔들린다. 한편으로, 어떤 사건이 발생하자 마자 그 전의 것은 구식이 되고, 흥미없는 것이 된다. 그 사건이 상당히 중요하더라도 마찬가지다 그리고 그 사건에서 벗어났다고 느끼고, 더는 상관하지 않는다. 게다가 인간은 극히 제한된 관심과 집중력 밖에 가지고 있지 못하다. 그래서 한 사건이 앞 사건을 망각 속으로 밀어 넣게 한다. 복수의 시사성을 갖기는 불가능하며, 하나가 다른 것을 밀어내버린다. 그리고 인간의 기억 역시 아주 축소되어 있기 때문에, 밀린 사건은 잊히고, 더는 존재하지 않으며, 누구도 더는 거기에 관심을 두지 않는다.15) 1957년 보르도Bordeaux에서, 한 협회가 유명한 전문가의 원자폭탄 강연을 준비하였다. 이 강연은 확실히 흥미를 끌 수 있었다. 선전적인 것이 아니라 다량의 팜플렛이 학생들에게 뿌려졌다. 그러나 한 학생도 오지 않았다. 왜일까? 그 이유는 이 강연이 스파우트니크Spoutnik:소련의 우주개발계획가 성공한 순간에 있었고, 이 뉴스만 대중의 관심을 끌었기 때문이다. 대중은 오직 이 사건에만 흥미를 느낄 수 있었고, 항구적 문제는 망각해버렸다.

대중은 실제로 즉각적 뉴스에 아주 민감하다. 그는 자신의 신화를 표현하는 스펙터클한 사건에 즉각 집중한다. 동시에 그는 다른 모든 것을

---

15) 인간은 어떤 특별한 뉴스를 기억하지 않는다. 그는 사회의 집단적 흐름 속에 놓인 일반적인 인상만 (선전이 그에게 제공해 주었을 인상) 간직한다. 이것은 분명히 선전자의 일을 쉽게 해주고, 놀라운 모순들을 허용해준다. 청취자가 기억하는 것이, 길게 보면 그의 충성심을 결정한다. 호블랜드(Hovland)와 웨이스(Weiss)의 연구는, 정보제공자를 의심하기 때문에 정보를 의심하는 개인은 정보 근원의 의심스러운 성격은 잊어버리고, 정보의 인상만 기억한다는 것을 보여주었다. 길게 보아서, 믿을 수 있는 정보 원천에 대한 신뢰는 줄어들고, 의심스러운 정보에 대한 신뢰는 증가한다.

배제하면서, 오직 하나의 사건에 자신의 관심과 감정을 집중한다. 게다가 대중은 이미 이 다른 나머지어제 또는 그제의 뉴스에 대해서는 익숙해져버렸고, 젖어버렸다. 이것은 단지 망각의 문제뿐만 아니라, 관심 상실과 함께, 이미 무슨 문제인지 안다 익숙해지는 현상의 문제이다. 좋은 예로서 1958년 11월에 흐루시초프가 베를린 문제에 대해 최후의 통첩이라는 말을 하자 갑자기 전쟁에 대해 불안해하는 여론이 조성되었다. 1959년 초에 흐루시초프는 3개월 안에 문제를 해결해야 한다는 최후의 통첩을 발표하였다. 한두 주가 지나도 전쟁은 일어나지 않았다. 문제는 여전히 그대로였지만 여론은 익숙해졌다. 여론은 더는 거기에 관심을 두지 않았다. 그래서 흐루시초프가 제시한 최후의 통첩이 만료되던 날59년 5월 27일, 누구도 더는 아무것도 기억하지 못했고, 사람들은 누군가 그런 사실을 말하자 깜짝 놀랐다. 흐루시초프 자신도 5월 27일에 아무 말도 하지 않았다. 아무것도 얻지 못했기 때문에, 그는 단지 모두가 자신 최후의 통첩을 잊어버렸다는 사실로 위안을 삼았다. 이것은 그가 얼마나 대단한 선전자인가를 보여준다. 어떤 선전을 더는 대중이 불안해하지 않는 사건 위에 세울 수는 없다. 그 사건은 잊혔거나, 대중이 익숙해졌기 때문이다. 1957년 11월 30일에, 공산국가들이 모여서 정치와 평화 문제에 관한 협약을 체결하였다. 이 협약은 아주 주목할만하였고, 아주 훌륭한 것이었다. 아주 의미가 깊은 것이었는데도 누구도 거기에 대해 말하지 않았다. 진보주의자들도 그것이 관심 받지 못하는 것에 대해 걱정하지 않았다. 그 조약은 객관적으로는 아주 훌륭한데도, 평화주의자들 역시 거기에 대해 아무 말도 하지 않았다. 문제는 그 조약의 내용이 대중에게는 이미 낡은 것이었다는 점이다. 임박한 전쟁 위협으로 불안을 주지 않기 때문에, 대중은 이미 지나버린 주제에 대해 관심을 둘 수 없었다.

위의 사실로부터, 평화를 위한 선전은 전쟁의 공포가 있어야 결실을 거둘 수 있다는 점을 지적하자. 이런 분야에서 공산주의자들이 기발한 점은, 전쟁의 위협을 만들어 가면서 평화의 선전을 하는 것이었다. 스탈린의 지속적 전쟁 위협이 평화주의자들의 선전에 모든 힘을 주었고, 비 공산주의자들을 이런 선전을 통해 공산당의 품으로 안았다. 그렇지만, 이것은 시사적 상황으로부터만 달성될 수 있었다. 1957년에 흐루시초프가 스탈린을 계승하자, 전쟁의 위협은 대중에게는 훨씬 덜 긴박하고, 덜 현행적이었다. 더는 피부로 느껴지는 사건이나 선전의 주제가 되지 못해서, 전쟁과 평화의 선전은 대중에게 먹혀들지 않았다. 게다가 서구인들이 공산주의자들에 대해 크게 실망하였던 참에, 헝가리의 소식이 전반적 평화 문제보다 훨씬 더 중요하게 보였다. 이러한 여러 요소가, 위의 조약이 다른 때 같으면 여론의 대단한 주목을 받았을 것인데도, 추락하고만 이유를 설명해준다. 아무튼, 이것은 선전은 지속적이어야 하고, 늦추지 말아야 하며, 시사적 흐름에 따라 그 주제를 바꿔야 한다는 것을 말해준다.

 선전이 사용하는 용어, 단어, 주제는 그것만으로도 개인의 무관심을 흔들 힘을 가지고 있어야 한다. 그것들은 총알처럼 관통해야 한다. 그것들은 어떤 이미지 전체를 자동으로 환기시키고, 자체의 위대성을 가지고 있어야 한다. 지나가버린 날을 다시 유통하거나 새로운 날을 강제로 유통하려고 해서는 효력이 별로 없다. 시사성이 "활성화된 단어들"을 주고, 시사성이 단어 대부분에 그 감정적 폭발력을 준다. 그리고 대중매체를 이용한다 해도, 약효가 지나버린 단어들을 사용하면 그 힘은 사라지고 말 것이다. 서구 유럽에서 1925년에 볼셰비키, 1936년에 파시스트, 1944년에 꼴라보라뙤르Collaborateur:대독 협력자, 1958년에 통합Integration이라는 단어들은 아주 힘이 있었다. 그러나 시사성이 지나가자 그 용어들은 그 충격적 힘을 상실하였다.

다른 한편, 선전이 시사성을 따르는 한에서는, 선전은 생각하거나 성찰할 시간을 주지 않는다. 시사성에 잡힌 인간은 사건의 표면에만 머물러 있다. 그는 흐름에 실려 가고, 어떤 순간을 판단의 기준으로 설정할 수 없으며, 성찰을 위해 정지할 수 없다. 시사성 속에서 사는 사람에게는 자신과 자신의 조건, 사회에 대한 의식이 전혀 없다. 이 사람은 한 점에 매달려 깊이 성찰할 수 없고, 정보를 수집하여 종합해볼 수도 없다. 그런 사람은 여러 사실, 사건들을 수집하여, 그것들을 종합하고, 서로 대질시켜볼 수가 없다. 하나의 생각이 다른 생각을 밀어낸다. 과거의 사실들은 새로운 사실들에 의해 밀려난다. 이런 조건에서는 전혀 생각을 할 수 없다. 그래서 현대인은 시사적 문제들에 대해 생각을 하지 않고, 그것들을 느끼고 반응하지만, 이해하지는 못하고, 책임을 갖지도 않는다. 또한, 그는 연속적 사실들 사이에서 어떤 모순을 찾아내지도 못한다. 인간의 망각 능력은 무한하다. 이것은 선전자에게는 중요하고 유용한 확인인데, 그는 선전의 주제, 주장, 사건이 몇 주 후에는 잊힌다는 사실을 알고 있다. 게다가 거기에는 정보의 과잉에 대해 방어하는 개인의 자발적 방어 본능도 있다. 무의식적으로 자아의 통일성을 유지하고자 하는 한, 개인은 본질적으로 모순을 거부한다. 그리고 모순을 거부하는 가장 좋은 방법은 앞선 사건을 잊는 것이다. 그렇게 하면서, 인간은 자기 고유의 지속성을 거부한다. 인간이 사건의 표면에서 사는 한, 이 시사성이 그의 삶인 한, 그는 어제의 뉴스를 지우면서, 자신의 삶의 모순을 이해하기를 거부하는 것이다. 그러나 그는 스스로 계속해서 불연속적이고 조각난 순간적 삶을 살도록 단죄하는 것이다.[16]

이러한 "시사적 인간" 상황은 선전에 아주 유리하다. 실제로 이 인간은 매일의 흐름에 아주 민감하고, 어떤 기준이 없어서 모든 흐름을 뒤쫓는 다. 그는 오늘 일어난 것을 뒤쫓기 때문에 항상 불안정하다. 그는 사건에 따르기 때문에, 어떤 충동이 사건에서 오면 거기에 저항할 수 없다. 시사성 속에 잠겨 있기 때문에, 그는 선전자가 마음대로 움직일 수 있는 심리적 취약점을 가지고 있다. 사건과 진실 사이에 결코 대질이 없다. 사건과 인간 사이에 결코 어떤 관계가 없다. 시사적 정보는 결코 그런 신중한 사람과 관계되지 않는다. 원자 폭탄을 제외하고 나면, 원자의 핵분열보다 더 놀랍고, 고뇌를 주며, 결정적인 것이 무엇이 있겠는가? 그렇지만, 이런 큰일은 어떤 재난, 스포츠의 선정적이고 스펙터클한 성격 뒤에서 지워진 다. 왜냐하면, 보통 사람이 원하는 것은 그런 피상적 뉴스이기 때문이다. 선전은 이런 사람을 겨냥한다. 선전은 가장 피상적인, 스펙터클한 사실과 관계되는 시사성에만 의거할 수 있다. 왜냐하면, 그것만이 인간의 관심을 부르고, 어떤 결정과 태도를 보일 수 있게 하기 때문이다.

그러나 여기서 확실히 해야 할 것이 있다. 시사적 사건은 실제적이고 객관적으로 존재하는 사실일 수 있지만, 또 그것은 하나의 정보만 되어도 상관없다. 다시 말해 존재하거나 존재하지 않는 어떤 기초로부터 출발하여, 어떤 가정된 사실의 유포도 될 수 있다. 시사성을 만드는 것은, 이러한 유포이지 객관적 현실이 아니다. 베를린의 문제는 지속적 문제이다, 그리고 그 사실로부터 그것은 대중의 관심이 아니고, 뉴스가 되지 못한다. 그러나 흐루시초프가 이 문제는 극적이고, 전쟁을 부를 위험이 있으며, 즉각 해결되어야 한다고 선언하고, 서방이 양보해야 한다고 선언하자, (비록 베를린 문제에서 새로운 것은 아무것도 없지만), 이 문제는 시사성이

---

16) 이 모든 것은 "정보를 잘 받고 있다"고 주장하는 사람들에게도 사실이다. 왜냐하면, 그들은 정치적 시사물들로 가득 찬 주간지들을 읽고 있기 때문이다.

되고, 흐루시초프가 그런 협박을 그만두자마자 사라져버린다. 이 문제가 1961년에 일어났을 때, 그것은 벌써 4번째였음을 상기하자.

1957년 11월 터키 공격 의도를 둘러싼 소련의 선동에 대해서도 똑같은 사실을 볼 수 있다. 여기에 대해 「르 몽드」는 다음과 같이 지적하였다. "최근 사건들에서, 소련인들이 일으킨 걱정에 대해 너무 큰 중요성을 부여해서는 안 된다는 교훈을 얻었다. 그중에서도, 세균전은 그들이 선동 캠페인을 아주 잘 만들어 내고, 상대방을 악독한 범죄나 악행으로 비난한 다음 어느 한순간에 그런 위험은 지나갔다고 선언하고, 또 며칠이나 몇 개월 후에 다시 부활시키는 것을 잘 보여주었다." 우리는 나중에 선전과 '사실'의 문제를 분석해볼 것이다. 민감한 시사성이란 아무런 객관적이고 효율적인 뿌리를 갖지 않을 수도 있는데, 이것은 선전을 놀라울 정도로 쉽게 해 준다. 왜냐하면, 선전이 일련의 시사적 사실을 언급만 해주고, 사람이 이 사실을 시사적이고 사적으로 느끼는 순간부터, 그리고 이러한 관심에서 이 사실은 선전될 수 있기 때문이다.

선전과 우유부단한 자들

지금까지 말한 모든 것은 정치학자들에게 아주 잘 알려진 문제, 즉 우유부단한 자들의 문제를 분석하면 금방 명확해질 것이다. 우유부단한 자들이란 소견이 불확실하고, 시민 대다수를 차지하며, 그래서 선전자에게는 가장 흥미로운 대상이다. 우유부단한 자들은 무관심한 자들이나, '비정치적', 또는 소견이 없는 사람들이 아니다. 이런 무관심자는 보통 인구의 약 10% 정도로 간주한다. 우유부단한 자들은 집단의 밖에 있는 것이 아니라, 반대로 집단생활 속에 참여한 자들이지만, 긴급해 보이는 문제들에 대해 결정을 내릴 줄 모르는 사람들이다. 그들은 여론에 휘둘릴 수 있는 사람들이다. 선전의 역할은 그들을 통제하고, 그들의 잠재력을 실제적 효과로 바꾸는 것이다. 그러나 이것은 우유부단한 자가 자신이 사는 집단과 관련되어야 가능하다. 이것은 어떻게 드러나는가? 우유부단한 자의 진정한 상황은 무엇인가?

여기서 강력한 인자는 집단생활 속에 개인의 통합 정도이다. 선전은 사회적 흐름 속에 다소간 강하게 참여한 개인들에 대해서만 작용할 수 있다. 산사람, 오지인, 고립된 자들은, 시골 장을 통해서나 가끔 사회와 접촉하기 때문에, 선전에는 거의 민감하지 않다. 그들에게는 선전은 존재하지 않기도 한다. 예를 들면, 그들은 어떤 법에 따라 생활이 바뀌거나, 경제적 혼란 때문에 생산물을 못 팔 때에나 선전에 민감해질 것이다. 선전으로의 길을 여는 것은 이러한 사회와의 충격이다. 그러나 선전은 산이나 숲의 침묵 속에서는 금방 그 빛을 잃는다.

반대로 선전은 자기 시대의 투쟁에 밀접하게 연관된 사람, 속한 사회의 "관심의 중심"을 공유하는 사람에게 작용한다. 예를 들어 내가 신문에서 자동차에 대해 아주 잘 만들어진 광고를 읽는다. 그러나 나는 그 광고에 전혀 흥미가 없다. 왜냐하면, 나는 기계에 대해 흥미가 없고, 자동차에 무관심하기 때문이다. 이 광고는 내가 동시대인들과 자동차에 대한 집착을 공유해야 작용할 수 있다. 하나의 선전이 작용하려면 이러한 선결적 준비가 있어야 한다. 선전은 개인적 편견이 아니라, 대중에 의해 공유된 집단적 관심의 중심에 따라 효력이 있다.

이것이 종교적 선전이 거의 성공하지 못하는 이유이다. 즉 전체 사회는 더는 종교적 문제들에 대해 관심을 두지 않는다. 과거 비잔틴에서는 대중이 신학적 질문들을 하며 거리 투쟁을 했는데, 그때는 종교적 선전은 의미가 있었다. 현재는 고립된 개인들만 거기에 관심을 둔다. 그것은 개인들의 사적 의견에 속한다. 이 점에서 진정한 공적 여론이란 없다.

반대로 기술과 관련한 선전은 확실히 반향을 일으킬 수 있다. 왜냐하면, 모든 사람이 기술이나 정치에 열정적이기 때문이다. 따라서 선전은 집단적 주관사에 의해 정해진 한계들 내에서 효율적이다.

편견이나 고정관념에 관한 문제가 아님을 확실히 하자. 왜냐하면, 이것들은 이미 판단의 방향을 내포하기 때문이다. 반대로 주관심사에 관한 때에는, 꼭 이미 만들어진 판단이 있는 것이 아니다. 예를 들어 현재 정치는 주관심사이다. 12세기에는 그렇지 않았다. 좌파나 우파의 편견은 그다음에 온다. 그것은 이미 사적인 것이다. 주관심사는 실제로 집단적이다. 선전의 효율성을 정하는 것은 편견이 아니라, 집단적 주관심사가 어떤 선전의 작용 범위를 정한다. 편견이나 고정관념이 교육, 직업, 환경 등에서 온 개인화된 근원을 가질 수 있지만, 주관심사는 진정으로 사회 전체에 의해 생산된다. 왜 현대인은 기술에 열광하는가? 여기에 대한 대답은 현재의 모든 사회를 분석해야 가능하다. 동시대 인간 속에서 간파할 수 있는 모든 주관심사들도 마찬가지다. 이 주관심사들은 전 세계 어디서나 점점 더 비슷해져 간다. 따라서 아시아인, 회교도, 아프리카인에게서 정치적 주관심사가 발전해간다. 이러한 확산은 동시에 선전의 확산을 보장해준다. 선전은 모든 나라에서 똑같지 않지만, 똑같은 주관심사, 똑같은 패턴에 따라 존재할 수 있을 것이다.

우리는 이제 선전에 근본적인 사회적 심리의 선결적인 다른 특징을 언급하겠다. 즉 선전은 개인이 참여한 집단의 생기가 강력할수록 더욱 활발하고 효율적이다. 소속감도 미약하고, 명확한 목표도 없으며, 조직도 불안하고, 또 내부에서는 갈등도 거의 없는 집단, 또한 어떤 집단적 주관심사도 없는 그런 집단은 자기 구성원들이나 외부에 대해 유효한 선전을 할 기회가 전혀 없다. 반대로 어떤 집단의 활기가 내가 말한 식으로 긍정적으로 표현되면, 그러면 그 집단은 살아 있는 선전을 할 뿐만 아니라, 구성원들을 일반적 선전에도 민감하게 만들 수 있다. 집단이 활발하고 살아 있을수록, 그 구성원들은 선전을 더 잘 듣고, 믿는다.17) 그러나 이것은 집단의 그 구성원들에 대한 선전에만 유효하다. 조금 더 멀리 나아가면, 우리는 집단생활의 강도 문제라는 더 일반적 문제를 만나게 된다. 강력한 집단들이 강도 낮은 집단생활을 가질 수는 있다. 반대로 약한 집단들이 강도 높은 집단생활을 표현할 수 있다. 역사적으로는 한 사회가 와해할 때에 강도 높은 집단생활이 발전한다는 것을 확인할 수도 있다. 예를 들면 4세기경 로마 제국, 바이마르 공화국의 독일, 또는 현재의 프랑스. 이런 집단생활이 건강한지 아닌지는 별로 중요하지 않다. 선전에서 중요한 것은, 그 원천이 무엇이건 집중도이다. 사회적 와해의 과정 속에 들어 있으면, 이런 집중도가, 개인들에게 미리 선전의 의미를 정하지 않고, 그냥 선전을 받아들이도록 영향을 준다. 개인들은 이런저런 방향을 받아들이도록 준비되는 대신에, 훨씬 쉽게 심리적 압력에 굴복해버린다.

게다가 이런 집단생활의 집중도가 자발적이냐 인위적이냐는 중요하지 않다. 이 집중도는 어떤 추구나 불안에서 또한 1848년 프랑스나 중세 도시들에서처럼 사회적이거나 정치적인 조건들로부터 직접 파생된 어떤 확신에서 생겨날 수 있다. 이 집중도는 히틀러의 독일이나 이탈리아의 파시스트처럼 집단의 조작에서 나올 수 있다. 이 모든 경우에 결과는 마찬가지다. 즉 이러한 집중도에 참여한 개인은 선전의 영향을 받게 되어 있다.

---

17) 개인이 집단에 통합될수록, 그는 더욱 선전에 민감해지고, 이 집단의 정치적 생에 참여할 수 있게 된다. 반드시 집단이 강력하게 구조화되어 있을 필요도 없다. 그래서 어떤 친구들의 집단 속에서, 거의 모든 사람이 어떤 한 방향으로 투표를 하면, 거기서 이단자가 나올 경우는 거의 없다. 친밀한 집단이 무의식적으로 압력을 행사한다.

그리고 이런 집단생활의 집중도로부터 떨어져서 위치하게 되는 사람은 일반적으로, 바로 그 사실에 의해, 선전에서 떨어지게 된다.

물론 이러한 집중도는 주관심사들과 관계가 있다. 다시 말해 그것은 형태도 없고 결정되지 않은, 방향도 없는 흐름이 아니다. 집단생활의 강도는 우발적 폭발이 아니다. 차라리 그것은 하나의 역학 장의 형태로 나타나고, 그를 위해 주관심사는 방향타의 역할을 한다.

흔히 집단 속의 사회적 관계들은 주관심사 때문에 아주 활발해진다. 예들 들어, 정치적 주관심사는 19세기에 전 유럽에서 사회적 관계들을 아주 활성화했다. 아무튼, 집중도는 주관심사 근처에서 가장 클 것이다. 예를 들면 현재의 중요한 주관심사는 틀림없이 자신의 직업이다. 그래서 어떤 사람은 누가 가족이나 책과 같은 것에 말할 때는 자기 집단의 사회 생활에 대해 아주 미약하게만 느낌이 들 것인데, 자기 직업에 대한 문제가 되면 아주 격렬하게 반응한다. 그리고 그의 반응은 개인적인 것이 아니고, 집단에 참여한 결과다. 따라서 우리는 다음의 세 원칙을 세울 수 있다.

1) 선전자는 주관심사들 안에 선전을 위치시켜야 한다.
2) 선전자는 집단생활이 강력할수록 선전이 성공할 확률이 높다는 것을 알아야 한다.
3) 선전자는 집단생활이 주관심사에 뿌리를 내리고 있으면 더욱 강력하다는 것을 기억해야 한다.

이러한 조건에서 선전자는 우유부단한 자들을 접촉하고, 93%의 다수* 에게 영향을 줄 수 있다. 그리고 이런 우유부단한 자 대중에 대해서만 진정으로 모호성, 다수적 효과, 긴장, 좌절 등에 대해 말할 수 있다.

선전과 진실

이제 우리는 잘 알려졌지만, 너무 무시되었던 문제, 즉 선전과 진실보다 정확하게 말해 사실과 현실에 관련된 정확성 사이의 관계에 대해 생각해 보자. 우리는 여기서는 적합하지 않은 진실이라는 용어 대신에, 정확성이나 현실을 사용할 것이다. 그러나 보통 진실이란 단어가 습관적으로 지적하는 문제를 다룰 것이다. 선전을 대하는 가장 흔한 태도는, 선전이 거짓말로 만들어졌고, 거짓말은 필수적이라는 것이다. 히틀러도 거짓말이 매우 셀수록, 통할 확률이 높다고 말한 적이 있는데, 그때는 이러한 관점을 인정했던 것 같다. 이러한 개념은 대중에게서 두 태도로 이른다. 첫째, "나는 진실과 거짓을 구분할 줄 알기 때문에, 선전에 당하지 않을 것이다." 이런 확신이 있는 사람은 극도로 선전에 취약한 사람이다. 왜냐하면, 선전이 "진실"을 말하면, 그 사람은 그것은 선전이 아니라고 확신하기 때문이다. 더 나아가서 그렇게 굳건한 자신에 대한 신뢰 때문에, 그는 자신이 느끼지 못한 공격들에 더욱 취약해지기 때문이다.

두 번째 태도는, "나는 적이 말하는 모든 것이 아주 부정확하기 때문에, 적이 말하는 것을 전혀 믿지 않는다". 그러나 적이 진실을 말했음을 증명할 수 있게 되면, 적에 호의적인 느닷없는 전환이 일어난다. 1945-1948년 사이의 공산주의 선전 성공의 대부분은, 공산주의가 발칸 반도와 서구에서 적으로 간주하였기 때문에, 소련에 의해 발표된 모든 것, 즉 그의 경제 성장과 군사력 등이 거짓말이라고 선언된 사실에 기인했음은 확실하다. 그런데 1943년부터 실제로 소련의 경제와 군사력을 보게 되자,

---

* 이 93%에 대해서, 대부분의 사람들은 인정한다. 그리고 여론 조사들도 그것을 확인해주는데. 7~10%의 개인들은 의식적이고 의지적인 어떤 경향이나 집단화에 가입하고, 약90%의 개인들은 상황에 따라 유동적이다. 이런 식의 최초의 평가는 나폴레옹에 의해 이루어진 것 같다, 그리고 그것은 다시 히틀러에 의해 반복되었다.

극단적 방향전환이 일어났다. "1937년에 소련이 말했던 것이 사실이었다. 따라서 소련은 언제나 옳다."

대중이 보기에 선전을 별로 두렵지 않게 만들고, 약간은 가소롭게 만드는 선전의 기만적 특성을 전문가들은 여전히 주장한다. 예를 들어 F.C. 아이리온Irion은 거짓이라는 성격을 자신의 선전 정의에 기본으로 삼는다.[18] 그러나 이것은 분명히 틀렸다. 오래전부터, 선전자들은 오히려 거짓말은 꼭 피해야 한다고 했다.[19] "선전에서 진실은 제값을 한다." 이것이 점점 더 잘 받아들여지는 공식이다. 이것은 레닌이 이미 선언했던 것이다. 그리고 거짓말에 대한 히틀러의 주장에, 사실이 유포되려면 정확해야 한다는 괴벨스의 주장을 덧붙여야 한다.[20] 이러한 모순을 어떻게 설명할까? 선전에서는 사실과 의도나 해석 사이에, 요컨대 물질적 요소와 정신적 요소 사이에 극단적 구분을 해야 할 것 같다. 대가를 치르는 정확성은 사실의 수준에 위치한다. 마찬가지로 대가를 치르는 필수적인 거짓은 의도와 해석 수준에 위치한다. 이것이 선전 분석을 위한 근본적 규칙이다.

사실의 문제. 광고에서 진실성과 정확성이 중요한 요소라는 것은 오래 전부터 잘 알려졌다. 고객은 광고를 신뢰할 수 있어야 한다. 고객이 몇 번

---

[18] 오랫동안 선전이 거짓말로 이뤄졌던 것은 사실이다. 전시의 사기 속에서, 폰손비(Ponsonby)는 "거짓은 전시에 가장 유용한 무기이다"라고 말했다. 그러면서 그는 1914-1918년 전쟁 동안의 수없이 많은 거짓말의 예를 들었다. 현재도 선전자는 거짓말을 할 수 있고, 자기 적들에 대한 허위 사실을 꾸미고, 통계를 조작하며, 정보를 만들어낼 수 있다. 그러나 대중은 선전에서는 언제나 그렇고, 결코 사실이 아니라고 굳건히 확신한다.

[19] 어떤 저자들은 거짓말의 위험을 강하게 강조하였다. 소비(Sauvy)는 "창조적 거짓말"은 성공에 의해서만 정당화됨을 보여 주면서, "우리가 더 강하기 때문에 승리한다"는 유명한 말을 환기한다. 대중은 거짓임을 알게 되면, 적 쪽으로 완전히 돌아선다. 1940년의 영국 선전을 무력화하기 위해 괴벨스가 썼던 수단은,. 거짓으로 인정되었던 영국의 1916년의 선전을 다시 환기하는 것이었다. 이것은 영국의 다른 모든 선전에 대한 불신을 불러왔다.

[20] 이러한 생각은 미국에서 아주 일반적으로 받아들여진다. 그것은, 믿을 수 없고 해로운 진실들을 빼고는, 선전 매뉴얼의 1호 규칙이다. 즉 진실이 침묵보다는 더 낫다. 그리고 연합

속게 되면, 그 결과는 반-광고라는 것은 자명하다. 그래서 모든 광고업자는 정확성을 규칙으로 삼고, 허위 광고를 발각하기 위해 검증소를 운영하는 것이다. 그러나 우리는 방금 본질적 요인은 경험에 도움을 청했다. 그런데 정치적 문제에서는, 경험은 극히 드물고, 어려우며, 확실하지 않다. 따라서, 예를 들면 지역적인, 경험할 수 있는 사실들과, 다른 사실들을 구분해야 한다. 분명히 선전은 지역적 사실들을 중시해야 하고, 그렇지 않으면, 파탄을 맞는다. 국민이 선전자의 손아귀에 완전히 장악되어 선전자 좋을 대로 주장하더라도, 국민이 그것을 믿지 않는 한, 선전은 지역적인 사건의 명백함에 맞서 오래갈 수 없다. 하지만, 이런 심각한 심리적 반향은 극히 드물다.

직접 경험의 대상이 될 수 없는 더 광범위하고 일반적 사실들에 대해서는, 보통은 정확성이 존중되고 있다. 예를 들어, 미국이나 소련에 의해 주

국 파견 군최고사령부(S.H.A.E.F.)도 다음을 자신의 매뉴얼로 삼았다. "어떤 사실을 삭제할 본질적인 이유가 없으면, 그것을 말해줘라. 군사적 안전의 고려 밖이라면, 어떤 소식을 제거할 유일한 이유는 그것의 터무니없는 성격이다. 청취자가 당신의 거짓말을 알게 되면, 당신의 힘은 줄어든다. 따라서 들킬 수 있는 거짓말은 절대 하지 마라." 이미 1940년 전쟁 중에 미국의 심리전 작전에서는 진실을 말하는 것을 원칙으로 했고, 그 적용으로서, 미군과 독일군에게 똑같은 신문을 배포하였다. 공산 진영에서도 우리는 똑같은 태도를 발견한다. 마오는 나쁜 소식까지도 포함하여, 언제나 사실을 정확히 알리려고 하였다. 레닌에게서 정보에 관한 그의 일반 이론에 근거하여, 거짓 소식의 유포가 문제를 일으키지 않는다고 하는 것은 부정확하다. 프랑스의 심리전도 정확성의 효율성을 발견하였고, 어떤 소식을 감추거나, 그 소식이 적에 의해 유포되는 것보다는 스스로 밝히는 것이 더 좋다는 것을 발견하였다. 거짓말쟁이(Big Liar)라는 칭호를 받은 괴벨스의 문제가 남는다 (이 칭호는 영국계 선전이 부여한 것이었다). 그런데 그는 선전이 최대한 정확해야 한다고 끈질기게 투쟁하였다. 그는 거짓말을 듣기보다는 뻔뻔하고 거친 태도가 낫다고 보았다. "모든 사람은 일어난 것을 알아야 한다." 그는 언제나 아무것도 감추지 않고 파국적 사건들, 어려운 상황들을 맨 먼저 알릴 것이다. 그는 자기의 정보부가 최대의 사실들을 알기를 요구하였다. 그 결과 1939에서 1942년 사이에, 명확하고 간결하며, 별로 꾸미지 않은 독일의 발표가 연합국의 발표보다 더 믿을만하고, 독일은 모든 소식을 연합국보다 2-3일 먼저 발표한다는 일반적인 확신이 생겼다. 이 모든 것은 정확하다. 괴벨스에게 빅 라이어라는 칭호를 붙인 것은 진짜 선전의 성공이다.

어진 통계들은 예외를 제외하면, 정확하다고 할 수 있다. 통계를 사기 칠 큰 이유는 없다. 마찬가지로 믿을 수 없거나 거짓인 사실을 가지고 선전을 할 큰 이유도 없다. 그런 가장 큰 예는 한국전 당시 세균전에 대해 공산권이 벌인 캠페인이다. 물론 그 선전은 여러 점에서 유용했고, 당시 그걸 믿었던 사람들은 아직도 믿고 있다. 그러나 우유부단한 자들 사이에서는, 그 선전은 너무 터무니없고, 모순이 많아서 부정적 효과만 냈고, 많은 사람은 서툰 짓이라고 판단하였다. 그러나 서구에서는 그랬어도, 예를 들어 북아프리카와 인도에서는 큰 반향을 일으켰다. 결국, 사실에 관한 거짓말도 무용한 것만은 아니고, 완전히 배제된 것만도 아니다. 다만, 점점 더 드물어갈 뿐이다.[21]

이러한 주장에 대해 세 개의 보완이 필요하다. 우선 선전은 정확할 수는 있지만, 논의하기 어려운 사실과 관련된, 거짓이라는 비난 위에서 세워질 수 있다. 흐루시초프는 이런 작업에서 아주 뛰어난 재주를 보였다. 그는 자신의 주장에 신빙성을 부여하기 위해 전임자들의 주장을 거짓이라고 비난한다. 1958년 12월 공산당 중앙 위원회에서 그는 말렌코프 Malenkov를 "만성적 거짓말쟁이"라고 하고, 말렌코프가 제시한 통계들은 허위라고 선언한다. 그러나 말렌코프보다는 흐루시초프를 더 믿을 아무런 이유도 없다. 그러나 나는 이 작업의 의미를 안다. 즉 우선 흐루시초프가 거짓말을 비난하니까, 그는 당연히 진실을 말할 것이다. 이어서 말렌코프가 제시한 숫자들을 깎아내림으로써, 흐루시초프는 1952년부터 훨씬 높은 성장률을 보여줄 수 있었다. 1958년에 92억 파운드의 곡물을 생산

---

[21] 우리가 강조했듯이, 전혀 확인할 수 없는 사실들을 제외하고는 그러한 거짓말을 해서는 안 된다. 그래서 괴벨스는 독일 잠수함의 성공에 대해 거짓말들을 할 수 있었다. 오로지 잠수함 함장만 화물선을 침몰시켰는지 확인해줄 수 있었다. 이 주제에 대해 세부적인 뉴스들을 반박당할 염려 없이 유포하는 것은 아주 간단한 일이었다.

한 것이 맞고, 1952년에 말렌코프가 제시한 80억 파운드가 맞는다면, 6년 동안에 15%의 증가가 있었다. 반대로 흐루시초프가 말렌코프를 거짓말쟁이라고 하면서 제시한 1952년의 숫자가 56억이라면, 75%의 증가가 되는데, 그것은 대단한 승리이다. 그러나 흐루시초프보다는 말렌코프가 제시한 사실들이 더 정확한 것 같다.[22]

두 번째 수정은 사실의 제시와 관련있다. 사실이 선전 속에 삽입될 때는, 정확하려면 가공되지 않은 증거를 제시해야 한다. 그런데 흔히는 독자나 청취자가 혼자서 이해하거나, 어떤 결과를 끌어낼 수 없도록 사실이 제시된다. 예를 들어 어떤 숫자나 퍼센트, 또는 비율이 아무 원본이나 기준도 없이 제시된다. 기준연도가 어느 해인지도 없이 30%의 생산량 증가가 있다고 하고, 어떻게 계산되었는지 밝히지도 않고 15%의 생활수준 향상이 있다고 하며, 지난해의 숫자는 밝히지 않고 어떤 운동이 얼마나 성장했다고 한다. 이러한 자료들의 애매함과 비일관성은 의도적인 것이다.[23] 물론 이런 자료로부터 의미 있는 전체를 구성하기가 불가능하지는 않다. 많은 인내, 작업, 연구와 함께 사실들을 정리하고, 서로 연관을 지을 수는 있다. 그러나 그것은 전문가의 일이고, 그 결과는 선전이 영향을 미친 훨씬 후에나 나올 수 있을 것이다. 게다가 이 결과는 기술적 연구의 형태로나 발표될 것이고, 소수의 독자에게나 알려질 것이다. 따라서 생생한 상태로 진실한 사실의 발표는, 위험한 것이 아니다. 그것이 위험하다면, 현대 선전자는 거짓말보다는 감추거나 침묵을 택한다. 그래서 1939년과 1944년 사이 괴벨스에 의해 내려진 언론 통제의 1/5은 이런저런 주제에

---

22) 우리가 1961년에 소련 농업의 파탄을 알게 되었듯이, 1959년에 내렸던 이 평가가 정확했었다.
23) 그래서 쏘비(Sauvy)는 선전은 "정보를 오도할 통계를 만들려고 세부를 제시하고, 진실은 거짓의 주요 형태가 된다"라고 말한다.

대한 침묵이었다. 소련의 선전도 마찬가지다. 이미 잘 알려진 사실도 기화되어버린다. 때로는 아주 늦게야 밝혀진다. 20차 전당대회에서 흐루시초프의 보고서가 그러했다. 프랑스, 이탈리아 등의 친 공산 언론은 몇 주 동안 거기에 대해 아무 말도 하지 않았다.24) 마찬가지로 이집트 국민은 1960년 5월에야 헝가리에서 일어난 사건들을 알았다. 그때까지는 이집트 언론은 10월에 헝가리에서 일어난 사건에 대해 한마디도 하지 않았다. 흐루시초프는 1958년 12월 공산당 중앙 위원회 보고에서 중국의 인민공사에 대해 아무 말도 하지 않았다.

게다가 침묵은 정황을 바꿈으로써 밝혀진 사실조차 달라지게 만든다. 망데스 프랑스에 적대적 선전에서 좋은 예를 발견할 수 있다. '망데스 프랑스는 인도차이나를 포기했다'. '망데스 프랑스는 튀니지를 포기했다'. '망데스 프랑스는 인도의 해외 상관을 청산했다' 등. 이것들은 밝혀질 수 있는 순수한 있는 그대로의 정확한 사실들이었다. 그러나 그렇게 되도록 한 인도차이나에서 그전의 정책, 튀니지 독립을 이끈 모로코의 독립, 지난 정부에서 협약된 인도에서의 조약에 대해서는 완전히 침묵하였다.25)

마지막으로, 선전에서 진정한 사실의 공표가 이용되는 것을 지적해야 한다. 이러한 것을 전제로 하여 암시의 메커니즘은 최대한 작용할 수 있다. 미국인들은 이것을 "빗대기barbouillqge" 기술이라고 부른다. 청취자가 어떤 사실을 듣고 어떤 저항할 수 없는 사회적 흐름으로 들어가도록 사실이 다뤄진다. 아주 절묘하게 제시된 진실로부터, 대중은 명료한 결과를

---

24) 1961년까지, 이 보고서는 소련에서 발표되지 않았고, 소련의 원자탄 실험에 대해서도 아무런 정보가 없었다. 1961년에야 흐루시초프는 1957년 최고회의 간부회에서 자기는 소수파였다고 밝힐 것이다.
25) 미국의 저자들이 선택이라고 부르는 이러한 사실은, 실제의 효율적인 왜곡을 부른다. 선전자는 자동적으로 자기에게 유리한 사실들을 선택하고, 그 사실들의 정황이 알려지지 않는 한, 그것들은 그 자체로 왜곡된다.

끌어내도록 이끌려지고,26) 거대한 대다수가 똑같은 결론을 끌어내게 된다. 그러려면 몇몇 단어로 표현할 수 있고, 집단적 사고 속에서 어느 정도 지속성이 있는 진실 위에 기초해야 한다. 이런 조건들에서는, 상대방이 절대 그 흐름을 뒤집을 수 없다. 그러나 그 기초가 거짓이거나, 진실에 대한 증명이 필요하면, 흐름을 뒤집을 수 있을 것이다. 반면 상대방이 증명해야 한다면, 피선전자가 이미 암시에서 끌어낸 결론을 바꿀 수 없다.

의도와 해석. 거짓은 바로 이 영역에 위치한다. 그렇지만, 또 바로 여기서 거짓은 간파될 수 없다. 어떤 사실에 대해 거짓말을 하면, 확실한 반대 증거가 나올 수 있다. 알제리에서 고문이 있었다는 것을 부정하기는 갈수록 어려워진다. 반대로 어떤 사실에 대한 동기나 의도, 해석에 관해서는 어떠한 증거나 증명을 할 수 없다. 하나의 사실은 그것이 부르주아 경제학자나 소비에트 경제학자, 또는 자유주의 역사가나 기독교 역사가, 마르크스주의 역사가에 의해 분석될 때 같은 의미가 있지 않은 것이 사실이다. 그런데 선전이 개입하게 되면 이런 차이는 더 벌어지게 된다. 평화적 의도가 있다고 주장하는 사람을 실제로는 그 반대라고 의심하면 당연히 대중의 분노를 일으킨다. 그리고 실제로 이 사람이 전쟁을 일으키면, 그는 다른 사람이 자기를 그렇게 하도록 몰아부쳤고, 자기는 어쩔 수 없이 끌려갔다고 강변한다. 예를 들어 히틀러는 1936년과 1939년 사이에, 평화 정착, 평화적 해결 의지를 반복해서 떠들었다는 사실을 사람들은 너무

---

26) 사실의 발표에서 아주 조심해서 고려해야 할 유일한 요소는 그 사실의 가능성 또는 믿음직함이다. 많은 정보가 전시에는 제거되는데, 그 이유는 그것들이 대중에 의해 믿어지지 않을 것 같고, 대중들이 그것을 단지 선전으로 여길 것 같기 때문이다. 좋은 예로서, 1942년 북아프리카에서 몽고메리의 결정적 승리 때에, 롬멜은 분명히 현장에 없었다. 독일군은 이 순간에 공격이 있을 것을 예상하지 못했고, 롬멜은 독일로 소환되어 있었다. 그러나 괴벨스는 그에 대해 말하지 말도록 명령했다. 왜냐하면, 누구나 그것은 패배를 설명하고, 롬멜이 실제로는 패배했던 것이 아님을 증명하기 위한 거짓말이라고 믿었을 것이기 때문이다. 현실은 발표되기에는 너무 그럴법하지 않았다.

망각한다. 히틀러는 결코 드러내놓고 전쟁 의지를 선언하지 않았다. 분명히, 그의 재무장은, "발칸인들에 의한 포위" 때문이었다. 그리고 그는 결국에는 프랑스와 영국에 의한 선전포고를 얻어냈다. 따라서 전쟁을 일으킨 자는 자신이 아니었다.[27]

선전은, 전적으로 그리고 본래, 사건의 의미를 변질시키고, 거짓 의도를 주입하려는 시도이다. 이런 사실의 가장 특출한 두 양상은 다음과 같다. 우선 선전자는 자신의 순수한 의도를 증명하고, 동시에 적을 공격해야 한다. 그러나 적에 대한 공격은 무턱대고 아무렇게나 하여지지 않는다.[28] 그 비난은 어떤 잘못에 대한 비난이 아니다. 즉 선전자는 실제로 자기 자신이 가진 의도를 적이 가지고 있다고 비난하고, 자기가 저지르려고 한 범죄를 적이 저질렀다고 비난한다. 전쟁을 일으킬 의도가 있는 자는 자신의 평화주의적 의도를 선언할 뿐만 아니라, 상대가 전쟁 의도가 있다고 비난한다. 수용소를 만들고 싶은 자는 자기 이웃이 그걸 만든다고 비난한다. 독재를 할 의도를 가진 자는 언제나 자기 적들에 대해 독재를 비난한다. 상대의 의도에 대한 비난은 확실히 비난하는 자의 의도를 말해준다. 그러나 대중은 이러한 밝힘이 정확한 사실과 엮여 있기에 진실을 간파할 수 없다. 여기서 사용된 커다란 메커니즘은, 사실적 판단을 위한 사실로부터, 도덕적이고 윤리적인 영역으로 미끄러지기이다. 수에즈 운하

---

[27] 사실의 판단과 가치의 판단 사이의 혼동은 이러한 사실과 해석의 정의 차원에서 일어난다. 따라서 적이 한 모든 공습은 야만스런 행위로서, 민간 시설물들만 공격한다. 아군 폭격기에 의한 공습은 우리의 우월성의 증거로서, 오직 군사 시설만 파괴한다. 적 정부가 선의를 보일 때는, 약하기 때문이다. 그 정부가 자신의 권위를 드러낼 때는, 전쟁이나 독재를 원하는 것이다.
[28] 정치적 문제들이 어렵고, 흔히 혼란스럽기 때문에, 그 의미와 영향이 확실하지 않기 때문에, 선전자는 노력하지 않고서도 그 문제들을 도덕적 언어로 제시할 수 있다. 그러면 사실의 영역에서 나와 감정의 영역으로 들어갈 수가 있다. 다시말해, 사실들을 말하기 위한 언어는 분개의 언어가 될 것이다. 이러한 음색은 언제나 선전의 표시이다.

사건 때, 이집트와 진보주의적 선전 속에서 이 두 차원의 혼동은 아주 성공적이었다. 나세르의 의도는 완전히 드러난 프랑스-영국 정부의 의도 뒤에서 감춰졌다. 이런 예는, 선전이 잘 만들어지면 지식인들도 드러난 의도에만 집착한다는 것을 보여준다. 뮌헨 사태 때에도 수에즈 운하 때처럼 사실 해석의 전도가 있었다. 프랑스에서 민족해방전선FLN의 선전과, 피델 카스트로의 선전에서도 똑같은 과정을 발견할 수 있다.

거짓의 두 번째 요소는 선전자는 당연히 정부나 당수, 장군, 지도자의 진정한 의도를 밝힐 수 없다는 것이다. 선전은 진정한 계획을 결코 밝힐 수 없다. 그렇게 하면, 한편에서는 이런 계획을 대중적 토론에, 여론의 유희에 맡기는 것이 될 것인데, 그것은 그 성공을 방해하는 것이다. 다른 한편으로는, 그리고 더 심각하게는, 그렇게 하면 계획을 적게 알려서 적이 대처할 수 있게 해줄 것이다. 때문에 선전은 진짜 의도와 계획에 가면을 씌워야 한다.29) 선전은 언제나 전장을 가려주는 연막이 되어야 한다. 실제 작전은 모두의 관심이 집중된 외적인 말 뒤에서 수행된다. 따라서 선전은 필연적으로, 하지도 않을 것이면서도 한다는 선언이고. 진정으로 할 의도가 있으면서도 그 의도가 없다는 선언이다. 선전은 절대 실현되지 않을 순진함, 평화, 진실, 사회적 정의의 선언이 될 것이다. 물론 여기에 대한 자세한 세부를 밝혀서는 안 되고, 금방 일어날 개혁 정책에 대해서도 말하면 안 된다. 왜냐하면, 약속된 것과 실제 행해진 것 사이에 비교를 감행하는 일은 너무 무모할 수도 있기 때문이다. 선전이 다가올 사실적 영역에서 작용한다면, 그러한 비교가 가능할 것이다. 따라서 선전은 비난

---

29) 많은 저자가 선전의 연막 역할에 대해 강조하였다. 스피어(Speir)는 선전자의 역할은 그에 대해 말하면서 정치적 현실을 가리는 것이라고 한다. 쏘비(Sauvy)는 외과 의사가 대중의 간섭 없이 수술을 할 수 있도록 선전자가 마취하는 것이라고 한다. 그래서 많은 경우에 절대적 비밀 엄수는 선전자에게는 좋지 않은 약점이 된다. 그는 말할 수 있어야 한다. 그래야, 그는 일을 혼란스럽게 만들 수 있고, 터무니없어 보이는 요소들을 밝힐 수 있다. 선전

이 가해질 수 없는 의도, 도덕적 영역, 가치의 영역에 머물러야 한다. 그리고 혹시 속없이 분개한 사람이 모순을 지적한다 해도, 결국 그의 논증은 대중에게 아무런 영향이 없을 것이다.

따라서 선전이 진실, 선, 정의, 행복과 같은 가치들에 대해 말하거나, 사실을 해석하고 색칠하며 사실에 의미를 부여할 때면 반드시 거짓이 된다. 반대로 선전은 있는 그대로의 사실을 제시할 때는 정확하다. 그렇지만, 선전은 연막을 칠 때만, 더 전반적인 해석을 위해서만 있는 그대로의 사실을 인용한다. 1957년 5월-6월에 흐루시초프가 소련은 소비재 생산에서 미국을 따라잡을 것임을 증명하고자 한다. 그는 10년 전부터 농업 생산량의 증가가 그것을 확인해 준다는 것을 보이려고 몇 개의 숫자를 제시한다. 이 숫자에 근거하여 그는 1958년에는 미국과 같은 양의 버터를 생산할 것이고1959년에도 전혀 미치지 못했다, 1960년에는 같은 양의 고기를 생산할 것이라고 한다.1959년에도 아직 훨씬 멀었다 그러면서 그는 청중들로 하여금 1975년이 되어야 그 정도 될 수 있을 거라고 평가한 경제 전문가들을 비웃게 하였다. 그는 이 순간에 현실을 해석해 현실에 연막을 친다.

해석과 의도에 대해 거짓말하는 현상은 여러 다양한 선전들을 하나로 묶게 해 준다. 사실 히틀러의 선전은 거짓말로 어떤 가치들을 전환하고, 현재의 개념들을 바꾸며, 개인에게서 심리적 왜곡을 유발하도록 하는 엄밀하고 체계적인 도구였다. 따라서 거짓은 그의 선전의 본질적 도구였다고 말할 수 있는데, 그렇지만 어떤 숫자나 사실을 틀리게 하는 유치한 거짓말은 아니었다. 라우쉬닝Rauschning이 보여주듯이, 그것은 심오한 거짓이었다.30) 스탈린 선전자도 같은 종류이다.

자는 대중에게 다 보고 있다는 인상을 주면서,동시에 현실을 이해하지 못하게 해야 한다. 선전자는 대중이 그로부터 어떤 결론을 낼까 파악된, 잘못된 소식과 의도들을 제공해야 한다.

반대로 미국의 선전이나 레닌의 선전은 진실을 추구했다. 그렇지만, 이 선전들도 앞과 같은 종류이다. 왜냐하면, 그것들도 일반적인 거짓 표상 체계를 만들어내기 때문이다. 미국이 자신을 모든 면에서, 어디에서나, 그리고 언제나 자유의 수호자로 자처할 때에, 미국은 거짓 표상 체계를 이용한다. 소련이 진정한 민주주의의 수호자로 자처할 때에, 소련은 거짓 표상 체계를 이용한다. 다만, 여기서는 거짓말이 의도적으로 만들어진 것이 아니라, 솔직한 신념을 표현한다는 것이다. 이 신념이, 사람이 직시하고 싶지 않은 어떤 현실 위에 의도적으로 드리운 장막이거나, 환상이 무너진 것을 보고 싶지 않은 자기 합리화이기 때문에, 의도와 해석에서 거짓을 만들어낸다. 따라서 미국이 자유에 대해 선전을 할 때, 미국은 진짜로 자신이 자유를 옹호한다고 믿는 것이 가능하다. 소련이 민주주의의 선두주자라고 자신을 옹호할 때, 실제로 자신이 민주주의를 옹호한다고 상상하는 것이 가능하다. 그러나 이러한 신념들은, 부분적으로는 선전 그 자체로부터 기인한 표상들이다. 자본주의에 반대한 공산주의 선전 성공의 일정 부분이 자본주의의 거짓 표상들에 대한 효과적인 비난 덕분임은 확실하다. 즉 공산주의 선전의 "진실"은 부르주아 사회가 내세운 가치들_{노동과 가족의 덕, 자유, 정치적 민주주의과,} 이 사회의 실제 사실들_{가난, 실업 같은 프롤레타리아적 조건} 사이의 모순을 폭로하는 데서 나온다. 이 가치들은 자기를 정당화하는 표상들에 불과하기 때문에 거짓이다.[31] 그러나 공산주의 시스템도 같은 종류의 거짓 표상 세계를 만들어낸다.

선전은 거짓 표상 체계를 제공하고, 발전시키며 확산시킨다. 선전은

---

[30] 라우취닝(Rauschning) 허무주의의 혁명. 그 외에도 괴벨스는 적의 신뢰를 떨어뜨리려고 거짓을 절묘하게 사용한다. 그는 적의 정보기관에 독일에 관한 거짓 정보를 비밀리에 흘렸다. 이어서 그는 그런 정보가 잘못되었음을 공개적으로 증명하였다. 따라서 적은 거짓 말하는 것이 되었다.

정신, 판단, 가치, 행위를 바꾸기 위한 거짓들이고, 날조된 사회가 개인에게 제공한 기준 척도이다. 그래서 어떤 선전의 해석이나 의도가 거짓인지 알려고 매번 머리 쓰고 생각할 필요가 없다. 그 허위성은 이미 채택한 시스템에서 전반적으로 비롯되기 때문이다. 안경의 도수가 틀리면, 이 안경을 쓰고 본 모든 사물은 같은 비율로 뒤틀리게 된다. 오늘날이 옛날과 다른 점은, 선전에 의해 유포되는 부정확한 이미지가 의도적이라는 점이다. 우리가 미국과 소련은 자기들의 신조를 진짜로 믿는다고 감탄할 때마다, 다음을 확인할 수 있다. 즉 이러한 거짓 표상들을 중심으로 하나의 선전 체계가 만들어지자마자, 솔직함은 사라지고 선전 작업은 의식적이 되며 날조된 가치들이 그대로 알려진다. 거짓은 거짓말하는 자의 눈에 버젓이 드러난다. 사람은 자신을 속이면서까지 선전할 수는 없다. 선전은 우리를 속이는 신비로운 미망을 밝혀준다. 비록 선전이, 그로부터 우리가 더는 벗어날 수 없는 이 미망 시스템에 우리를 가두고 고착시킬지라도 말이다.

이런 성격들이 분석되었기에, 우리는 이제 선전의 정의를 내릴 수 있을 것이다. 물론 이것이 다른 모든 정의를 허용하지 않는 유일하고, 완전한 정의라고 주장하지는 않는다. 이것은 단지 어느 정도는 결정된 개념에 대해 생각을 고정할 수 있게는 해 준다. 선전이란, 어떤 조직체 안에 들어 있고 심리적 조작에 의해 심리적으로 뭉쳐 있는 한 무리의 개인들을, 어떤 조직된 집단이, 적극적이건 수동적이건 자신의 행위 속에 참여시키기 위해 사용하는 수단들의 전체이다.

---

31) 롤랑 바르트는 신화학에서 서구 사회의 이런 사실을 정확히 간파하였다. 그러나 그의 좌파적 신념이 공산주의 사회에서도 똑같은 현상을 보는 것을 금해버렸다.

3. 선전의 종류

일반적 믿음과는 달리 선전은 단순한 현상이 아니고, 여러 선전의 형태들을 하나로 묶을 수도 없다. 그러나 선전을 사용하는 정치 체제에 따라 선전의 유형을 구분할 수는 있을 것이다. 소련의 선전과 미국의 선전은 그 방법과 심리적 기술에서 서로 닮지 않는다. 히틀러의 선전은 모든 점에서 중국 선전과 다르고, 스탈린의 선전과는 아주 닮았다. 알제리에서 민족해방전선의 선전은 프랑스의 선전과 비교될 수 없다. 그러나 똑같은 체제 안에서도 완전히 다른 개념들이 있을 수 있다. 소련은 이 점에서 가장 확실한 예이다. 레닌, 스탈린, 흐루시초프의 선전은 기술, 주제, 상징에서 서로 다른 세 개의 형태와 유형을 제시한다. 그래서 한 선전만의 협소하고 자세한 성격들을 붙잡으면, 다른 부분이 빠져나가 버린다. 소련의 선전을 스탈린적인 특징 아래서만 보는 사람은 흐루시초프는 선전을 하지 않았다고 생각하게 된다. 그러나 흐루시초프의 선전은 스탈린의 선전만큼 중요하거나 더 중요하기도 하다. 그는 어떤 선전 기술들을 절정의 수준으로 끌어올린다. 그러나 선전의 이러한 정치적이고 시대적인 범주 곁에, 선전의 내적 성격에 기초한 다른 구분이 있다.

정치적 선전과 사회적 선전

정치적 선전과 사회적 선전을 구분해야 한다. 우리는 첫 번째에 대해서는 오래 다루지 않을 것이다. 왜냐하면, 모든 사람은 선전하면 주로 그 선전을 떠올리기 때문이다. 이것은 대중의 행동을 바꾸려고 정부, 당, 압력 단체 등이 사용하는 영향력 있는 기술들과 관계된다. 선전 수단들은 의도적으로 선택되고 계산된다. 원하는 결과들은 명확히 구분되고 규정되며, 일반적으로 제한적이다. 가장 흔히는, 그 주제는 정치적이고, 그 목표 역시도 정치적이다. 위에서 인용된 히틀러나 스탈린, 민족해방전선 등의 대부분 선전은 이 정치적 선전에 들어간다. 바로 이 선전과 비교하여 광고를 확실히 구분할 수 있다. 광고는 경제적 목적이 있고, 정치적 선전은 정치적 목적이 있다. 또 바로 여기서 전략적 선전과 전술적 선전을 구분할 수도 있다. 첫째는 전반적인 노선, 논쟁의 범위, 캠페인들의 배치를 정한다. 둘째는 그러한 틀 안에서 즉각적 결과들을 얻고자 한다.예를 들어, 전쟁 중이라면, 적의 항복을 유도하는 전단이나 확성기

그러나 이것은 선전 전체를 다 아우르지 못한다. 선전 속에는 훨씬 더 광범위하고 불확실한 현상이 포함된다. 다시 말해 한 사회가 그 표현들을 통해 자기 안에 최대한 많은 개인을 통합하고, 사회구성원들의 행위를 어떤 모델에 따라 통일시키며, 자기의 생활 스타일을 외부로 전파하고, 다른 집단들에 자신을 강제하려고 하는 일군의 표현들을 포함한다. 우리는 이런 선전을 사회적 선전이라고 부른다. 사회 전체는 의식적이든 아니든 이 방식으로 자신을 표현하고, 또한, 이 선전은 어떤 의견이나 특별한 행동이 아니라 전체 생활 스타일에 영향을 미치고자 한다. 이 개념은 두브Doob가 말한 비의도적 선전보다는 약간 더 광범위하다. 두브는 이 용어를 통해 선전자가 얻어낸 무의식적 결과들을 겨냥한다. 그의 생각은 상당히 중요한데, 그 이유는 선전에 관한 미국의 학자 중에서 이러한 비의도적 성격을 강조했던 사람은 그가 처음이기 때문이다. 물론 예외적으로 크레

취Krech와 크러치필드Crutchfield는 수학 책에서까지 비의도적 선전을 증명하기도 했지만 말이다!

물론 사회적 선전 안에서 하나 또는 다수의 정치적 선전이 표현될 수 있다. 중세기의 기독교 선전은 사회적 선전의 예이다. B. 콩스탕이 1793년 프랑스에 대해 말할 때도 이런 선전이다. "국가 전체가 광대한 선전이었다." 오늘날 이 선전의 가장 완결된 모델은 미국과 중국의 선전이다. 우리는 여기서 정부가 사용하는 다소간 효율적인 캠페인과 방법들이 아니라, 전반적 표현을 겨냥하기는 하지만, 사회적 선전은 그 안에 아주 다양한 형태들을 담고 있다. 어떤 생활양식의 전파로서 광고도 이 선전의 일부라고 말할 수 있다. 또 미국에서의 **홍보**Public Relation, **인간 관계**Human Relation, **인간 공학**Human Engineering, 영화 등에 대해서도 마찬가지로 말해질 수 있다. 그리고 한 국가가 사회적 선전 속에서 표현될 때 특징적인 점은, 이 영향 방식들 전체가 하나의 점을 향해 수렴한다는 것이다. 그런데 1960년의 프랑스 사회에서는 이 영향 방식들이 그 목표와 의도에서 흩어지고 있다. 이런 사회적 선전은 훨씬 포착하기가 어렵고, 고려하기도 쉽지 않다.

사회적 선전의 특징은 다음과 같다. **근본적으로 사회적 정황을 통해서 어떤 이데올로기를 침투시키는 것이다.** 우리는 여기서 지금까지 연구했던 현상과는 반대의 현상 앞에 있다. 전통적으로 알려진 선전은 대중이 어떤 정치나 경제 구조를 받아들이도록, 또는 어떤 행위를 하도록 대중매체를 통해 어떤 이데올로기를 전파하고자 한다. 이것은 우리가 연구했던 모든 선전의 공통 요소이다. 먼저 어떤 이데올로기를 전파하여, 다음에 일어날 어떤 정치적 행위들이 국민에게 받아들여질 수 있도록 한다.

그러나 우리는 반대의 움직임에 직면한다. 먼저 경제적, 정치적, 사회적 인자들이 존재하고, 그것들이 점진적으로 개인이나 대중 속으로 어떤 이데올로기가 침투하게 한다. 경제적이고 정치적인 구조들을 통해 어떤 이데올로기가 구성된다. 이 이데올로기는 대중의 적극적 참여와 개인의 적응으로 이끈다. 중요한 것은 개인을 적극적으로 참여하게 하고, 이러한 사회적 정황에 최대로 적응하게 하는 것이다.

이러한 선전은 본질적으로 집약적이 아닌 확산적이다. 이것은 구호나 의도를 통해서는 잘 표현되지 않는다. 이것은 차라리 무의식적으로 작용하는 일반적 분위기로 구성된다. 그것은 선전의 외양을 하지 않고, 인간의 관습 속에서, 가장 무의식적인 습관 속에서 포착한다. 이 선전은 인간에게 새로운 습관을 만든다. 따라서 이것은 일종의 내적 설득이 된다. 인간은 새로운 판단과 선택의 기준들을 채택하고, 그것들을 마치 자기 자신이 선택하기라도 한 것처럼 자발적으로 채택한다. 그러나 이 기준들은 이런 특징을 갖는다. 즉 그것들은 환경과 일치하고, 본질적으로 집단적 성격이다. 따라서 부지중에 개인의 형상을 만들고 개인을 사회에 순응하게 하는 사회적 선전은 사물의 질서에 대한 점진적으로 적응으로 인간관계의 개념을 만들어낸다.

이러한 선전은 자발적으로 생겨난다. 이것은 선전의 고의적인 행동으로 산출된 결과가 아니다. 어떠한 선전자도 고의적으로 이 방법을 사용하지는 않는다. 수많은 선전자가 실질적으로 사용하고, 이 방향으로 나아가지만, 그것을 의식하지 못하고 그렇게 하고 있다. 예를 들어 어떤 미국 감독이 영화를 만든다. 그는 어떤 뚜렷한 의도들을 가지고 영화를 만든다. 그러나 이 뚜렷한 의도들은 선전의 요소가 아니다. 선전의 요소는 이 미국인이 자기의 영화 속에서, 자기도 모르게, 미국의 생활양식을 표현한다는 사실 속에 있다. 그리고 선전적 요소인 것은 바로 영화 속에 표현된 이

미국적 생활 방식이다.

우리는 여기서 개인의 통합이라는 의미에서 전체주의적인, 활동적 사회의 확산력을 보고 있다. 이 모든 것은 의도하지 않은 행위를 끌어낸다.

이러한 사회적 선전은 여러 다른 길을 통해서 표현된다 – 광고, 영화상업적이고 비정치적인, 일반적 기술, 학교 교육, 사회적 서비스, 지도자스 다이제스트 등. 그러나 강조해야 할 것은, 이 결합체 전체의 일치하는 성격이다. 이 모든 영향은 자발적으로 똑같은 방향으로 향한다. 그렇지만, 여전히 사람들은 이 모든 것을 선전이라고 부르기를 주저한다.

행위를 만드는 이러한 영향들은 히틀러적인 장엄한 선전 무대와는 멀리 떨어져 보인다. 최소한 초기 단계에서는 비의도적이고, 일반적으로는 비정치적인, 자발적인 리듬과 유형에 따라 조직된 이 활동, 더 정확히 말해 임의적이거나 혹은 인위적이라 판단될 수도 있는 개념에 따라 우리가 서로 연결했던 이 활동들을 사회학자들과 평균적 대중의은 선전으로 여기지 않는다.

그러나 조금 더 깊고 객관적인 분석을 해 보면 무엇을 보게 되는가?

이 영향은 선전과 똑같은 수단들을 통해 표현된다. 그것은 실제로 선전을 하는 사람들에 의해 지도된다. 이 사실은 본질적인 것 같다. 예를 들면 한 정부는 자신의 홍보가 있을 것이고, 어떤 선전을 할 것이다. 우리는 이러한 동일성을 이 장에서 열거된 다른 대부분의 활동에 대해서도 알 수 있을 것이다. 게다가 이 영향은 선전과 똑같은 고정관념과 선입관들에 복종하고, 똑같은 감정을 움직이며, 개인에 대해 똑같은 방식으로 움직인다.

이것들은 이미 무시할 수 없는 닮음들로서, 앞에서 언급한 아마 더 명백한 차이들이 두 양상을 분리하는 것보다는 더 근접시킨다.

그러나 그 이상이 있다. 이러한 광고, 홍보, 사회사업 전체가 사회의 전반적 개념, 어떤 삶의 방식을 자극하는 한, 그것은 선전이다. 우리가 위의 활동들을 함께 모은 것은 무턱대고 그렇게 한 것이 아니다. 이 활동들은 똑같은 근본적 개념을 표현하며, 인간이 이런 삶의 방식에 들어가게 하려고 인간에 대해 일치하는 방식으로 작용한다. 이제부터 이런 사회적 선전에 물든 사람에게는 그런 방식으로 사는 사람이 선이고, 달리 사는 사람은 악이다. 또, 그러한 사회 개념을 가진 사람은 진실 속에 있고, 다른 사람은 실수하는 것이다. 결국, 보통의 선전에 의한 것처럼, 선과 악의 신화와 행동을 유포하는 문제이다. 더 나아가, 이러한 선전은 보는 사람이 이러한 삶의 방식, 예를 들어 미국적 생활 방식이 나타내는 선과 진실의 가치를 의식하고 인정할수록 더욱더 효과적이다. 그래서 자신의 삶의 방식을 유포함으로써 실제로 이 선전 속에서 표현되고 있는 것은 바로 사회 전체이다.

이렇게 함으로써, 이 사회는 가장 깊은 차원의 선전을 하는 것이다. 사회학자들은 실제로 한 선전의 필수적 작업은 사람의 환경을 변화시키는 것임을 인정한다. 크레치Krech와 크러치필드Crutchfield는 이 점을 강조하면서, 사람이 직접적으로 이런저런 태도와 의견에서 공격을 받지 않고, 심리적 정황에서 단순한 변화만으로도 태도의 변화를 부를 수 있다고 증명한다. 맥다우갈MacDougall도 마찬가지다. "어떤 경향을 정면으로 공격하는 것을 피해야 한다. 결과가 그로부터 자연스럽게 도출되도록 심리적 조건들을 만드는 것이 더 낫다." 심리적 분위기의 변화는 직접적으로 얻을 수 없을 부차적 결과들을 일으킨다. 오글Ogle은 이것을 "암시 효과"라고 불렀다. 암시 효과의 정도는 인간의 환경과 심리적 분위기에 달렸다. 그런데 앞서 말한 여러 행위가 바꾸는 것은 바로 이것이다. 그런 점에서

이 행위들은 선전이다. 왜냐하면, 그 목적은 주요 선전 자체를 쉽게 해 줄 어떤 태도를 대중에게 주입하는 것이기 때문이다.

이 사회적 선전은 부드럽게 작용해야 한다. 그것은 조건을 만든다. 그것은 간헐적이고 가벼운 형태로, 그렇지만 결국에는 인간의 대대적인 구조를 만들고야 말 형태로 어떤 진실이나 윤리를 도입한다. 이 선전은 천천히, 살살 침투하면서 작용한다. 그래서 상대적으로 안정되고 활력있는 사회 속에서, 또는 팽창 중의 사회와 와해하는 다른 사회 사이의 긴장 속에서 (또는 와해하는 환경 속에서 팽창하는 집단 속에서) 가장 효과를 발휘한다. 이러한 조건에서는, 이 선전은 그 자체로서 충분하다. 즉 이것은 단순한 하부 선전만은 아니다. 그러나 이 사회적 선전은 위기의 순간에는 충분하지 않다. 그것은 또 예외적 순간에 대중을 행동으로 이끌기에는 충분하지 못하다.

따라서 사회적 선전은 때로는 행동으로 이끄는 고전적 선전으로 강화되어야 한다. 이때에는, 사회적 선전은 직접적 선전에 필요한 터를 닦는 수단으로 나타날 수 있을 것이고, 하부 선전과 동일시된다. 그리고 사회적 선전으로 준비된 환경 위에 직접적 선전을 접목하기는 쉽다. 게다가 사회적 선전은 그 자체가 직접적 선전으로 전환될 수 있다. 이 순간에는, 그리고 일련의 중간 단계들을 거쳐서, 하나가 다른 것에 의해 겹쳐질 뿐만 아니라, 어떤 생활 방식의 자발적 주장에서 어떤 진실의 의도적 주장으로 단절 없이 넘어가게 된다. 이러한 방식은 이미 버네이스Bernays의 논문 속에서 잘 기술되어 있다. 이러한 '공학 접근engineering approach'은 일군의 전문적 연구 방법들로서, 사람이 그 상황을 아는 순간 어떤 생각이나 프로그램을 채택하고 적극적으로 지지하게 하는 방법들이다. 그런데 이것은 정치 문제에서도 적용되어서, 바로 이 방법을 통해서 **전국 제조자**

협회N.A.M.는 1936년부터 좌익 성향의 성장에 맞서려고 하였다. 1938년 N.A.M.은 자본주의 형태를 지지하려고 50만 달러를 사용하였다. 이 액수는 1945년에는 3백만 달러, 1946년에는 5백만 달러로 증가했다. 이 선전은 태프트 하틀리Taft Hartley 법안을 만들어내는 기반이 되었다. 이것은 미국의 경제 시스템을 '판매하는' 문제였다. 여기서 우리는 진정으로 선전의 영역 속에 들어 있다. 이렇게 여론에 영향을 미치는 다양한 수단들이 있고, 그런 사회적 선전과 직접적 선전 사이에 깊은 유대도 있다.

게다가, 비의도적인 사회적 선전은 점점 더 의도적으로 되고, 영향을 미치고자 하는 의지를 점점 더 드러낸다. 예를 들어, **미국 영화 협회**는 하나의 규정집을 발표하는데, 그에 따르면 영화는 "사회생활의 최고 유형, 사회에 대한 건전한 생각", "생의 건전한 기준"을 권장하기 위해 만들어져야 하고, "(자연적이거나 인간적인) 법에 대한 어떠한 조롱이나 그런 법을 위반하는 자들에 대한 동감"을 포함해서는 안 될 것이다.

또는, 아더 랭크Arthur Rank는 자기 영화의 의미를 이렇게 표현한다. "어떤 수출 품목이 언제 수출 이상이 되는가? 그것이 영국의 영화일 때이다. 일링스튜디오Ealing Studios가 제작한 영화가 세계에서 절찬 상영된다는 것은 고급품 수출 이상의 무엇을 대변한다…". 그것은 영국의 생활 방식의 유포이다.

사회적 선전의 맥락에서 최초의 자각 요소는 극히 단순한데, 바로 그것에서 모든 것이 파생되어 나온다. 애초에는 단순한 사실적 상황에 불과한 것이, 점차 어떤 이데올로기를 구성하기에 이른다. 왜냐하면, 인간이 그 속에서 편하다고 생각하는 이 생활 방식은 그에게는 가치의 기준이 되기 때문이다. 이것은 그가 객관적으로 잘 산다는 것을 의미하지는 않는다. 그러나 우리가 말한 심리적 작업에 따라, 그는 자신의 현재 조건과 상관없이, 자신이 편하다고 생각한다. 그는 '물속의 물고기' 처럼 자신의 환경에 완벽하게 적응해 있다. 그 순간부터, 그에게는 이 생활 방식을 표현하는 모든 것은 좋은 것이고, 그것을 강화하고, 개선하는 모든 것은 좋은 것이며, 거꾸로 그것을 혼란하게 만들고, 비판하며, 파괴하려고 하는 모든 것은 악이다.

따라서 이것은 인간으로 하여금 이런 자기의 생활 방식을 가장 잘 나타내는 문명이 가장 좋은 것으로 판단하게 한다. 이러한 믿음은 타국인에게 미국인과 똑같은 길로 들어서게 한다. 미국인이 이 방향으로 가장 앞서 있기 때문이다. 분명히 사람은 이 방향으로 가장 앞선 사람을 모방하고 함께 가려고 노력한다. 일등이 모델이 된다. 그리고 이러한 모방은 우리로 하여금 똑같은 판단 기준, 사회적 구조, 똑같은 자발적 이데올로기, 그리고 결국에는 똑같은 인간 유형을 채택하게 한다. 따라서 사회적 선전은 분명한 선전의 형태이다. 그리고 그것은 모든 사회적 흐름을 사용하기 때문에 상대적으로 간단하다. 그렇지만, 그것은 긴 침투와 점진적 적응을 겨냥하기 때문에 다른 선전들보다는 느리다.

그러나 인간이 이 생활 방식을 선과 악의 기준으로 삼는 순간부터, 그는 판단하게 된다. 예를 들어 비미국적인 것은 악이다. 이제부터 진짜 선전은 이 경향을 이용해서, 인간으로 하여금 가담하는 행동을 하거나 기존 질서를 옹호하게 한다.

미국에서 사회적 선전 형태는 미국적 삶의 근본적 요소들의 자연적 결과이다. 처음에 미국은 다양한 전통과 경향을 보인, 유럽 모든 나라에서 온 다양한 국민을 결합시켜야 했다. 즉 신속한 동화의 길을 찾아야 했다. 동화는 19세기 말 미국에서 가장 큰 정치적 문제였다. 미국은 이 문제를 심리적 표준화를 통해서, 다시 말해 생활 방식을 이 통일의 기준으로, 선전의 도구로 이용하면서 해결하였다. 다른 한편, 이 통일은 미국의 생활 속에서 또 다른 결정적 역할을 한다. 즉 경제적 역할이다. 그것은 미국의 시장을 확장시켜준다. 대량 생산은 필연적으로 대량 소비를 요구한다. 그러나 무엇이 생활필수품인가에 대한 심리적 일치가 널리 퍼져 있어야만 대량 소비가 있다. 시장이 주어진 제안이나 암시에 신속하고 대량으로 반응할 것이라고 확신을 해야 한다. 따라서 광고가, 여론을 조작할 때에, 확실하게 작용할 심리적 통일성이 필요하다. 여론은 반응하려면, '미국제'인 것은 모두 훌륭하다고 세뇌되어 있어야 한다. 따라서 생활의 순응과 사유의 순응은 밀접하게 맺어져 있다. 우리는 이 두 특징_{심리적 표준화의 경제적 필요성, 신속한 동화의 정치적 필요성}을 통해서 이 사회적 선전은 미국의 구조와 연결되어 있음을 알 수 있다.

그러나 이런 순응 현상은, 그것이 의도적으로 되면, 예기치 않았던 극단을 부를 수 있다. 미국적 자유주의와 미국인들이 자기들의 경제적 힘과 정치 시스템에 대한 신뢰를 고려해봤을 때, 1948년 이후에 발생해서 매카시즘_{McCarthyism: 1950-54년 미국의 극단적 빈공 운동}에서 절정에 올랐던, 미국적 신화에 따른 '집단 히스테리의 물결'을 이해하기가 어렵다. 이 히스테리는 분명히 이데올로기적인 약점에 대한 어렴풋한 느낌과 미국 사회의 근본을 정의할 수 없다는 것에서 나온다. 그런 이유로 해서 미국인들은 미국의 생활 방식을 정의하고, 의식적이고, 뚜렷하며, 이론적이고 가치 있는 것으로 만들려고 한다. 따라서 강한 의식화와, 그럴 때 일어나는 부대 현상으로서, 이데올로기적 약점을 가리기 위한 과도한 긍정과 경직화가 일어난다. 이 모든 것은 분명히 조직적 선전에 이상적 틀을 구성한다.

이러한 조직된 선전을 우리는 여러 수준에서 만날 수 있다. 한 편으로 정부의 차원, 다른 한 편에서는 다양한 압력 단체들이다 : 정치적 행동 위원회, 미국 의사 연합, 미국 바 연합, 미국 소상공인 연합 – 이들은 모두 Big 3Big Business, Big Labor, Big Agriculture의 사적 이익의 옹호를 목표로 한다. 사회적, 정치적 개혁을 목표로 하는 단체들Amercan Legion, League of Women Voters 등도 있다. 이 단체들은 국가에는 로비하고, 대중에게는 영화, 집회, 라디오 등을 통한 고전적 선전을 사용한다. 그들은 자신들의 이데올로기적인 목적을 대중에게 알리고자 한다.

최근의 다른 흥미로운 현상은 정치인들과 정치적 선전자들을 중심으로 '선동가'의 출현이다. 순수한 선동가은 '초연한' 방식으로 여론을 움직이는데, 국가주의적 성격을 띤다. 그는 어떤 주의나 원칙에 호소하지 않고, 뚜렷한 개혁을 제안하지도 않는다. 그는 진정으로 미국 생활 방식의 전도사이다. 그는 일반적으로 뉴딜New Deal에 반대하고, 자유방임주의에 찬성한다. 그는 금권정치가, 국제주의자, 사회주의자에 반대하는데, 그 이유는 은행가, 공산주의자들은 "그들에 반대해 막연한 나의 자아가 존재하는 혐오스러운 타자"이기 때문이다. 선동가는 특히 미국의 가장 비조직적 환경들 속에서 활발한데, 그는 하위 중산층, 신프롤레타리아, 이민자, 전역 군인, 즉 미국 사회에 아직 통합되지 못했거나, 아직 기성의 습관이나 이념을 찾지 못한 사람들의 불안한 심리를 이용한다. 선동가는 반유태인, 반공산주의자, 반흑인, 반외국인적 흐름을 이용한다. 그는 자기가 활동하는 집단을 이러한 흑백논리적이고, 비논리적인, 그렇지만 또 일관성이 있는 세계 속으로 끌고 간다. 그 선전의 효과에 대해서는 다시 언급할 것이다. 이러한 현상에서 가장 주목할 만한 것은 이 선동가들이 어떤 당을 위해 활동하지 않는다는 점이다. 그들이 어떤 이해관계를 위해 움직이는지가 확실하지가 않다. 그들은 자본주의자, 공산주의자도 아니다. 그렇지만, 그들은 이미 미국 여론에 깊은 영향을 주고, 또 그들의 영향은 전혀 예기치 않은 형태를 갑자기 가질 수도 있다.

이런 사회적 선전이 더 의식적으로 될수록, 그것은 외부로, 예를 들면 유럽으로 자신을 표출하는 경향을 보인다. 이것은 흔히 그 사회적 모습을 잃지 않고 있기 때문에, 순수한 선전처럼 보이지 않는다. 예를 들어 마샬 플랜Marshall Plan은, 우선 그리고 진정으로 후진국에 대한 원조인데, 선전의 요소를 품고 있음은 의심할 여지가 없다 : 미국 생산품과 영화의 유포, 그리고 미국이 후진국을 도우려고 한 원조들의 광고. 이 두 양상은 간접적이고, 전적으로 사회적인 선전이다. 그렇지만, 이것은 또 직접적 선전도 동반한다. 예를 들면 1948년에 1,500만 달러는 유럽에서 선전할 미국 광고에 지원된다. 뉴욕 헤럴드 트리뷴 프랑스어 판은 선전 목적으로 마샬 금융에서 상당액을 받았다고 선언한다. 유럽에 있는 미국인들로부터 지원을 받는 영화관이나 도서관들, 미국을 광고하기 위한 전문 잡지 「프랑스-아메리카」 외에도, 3백만 권 이상의 판매로 이제는 지원이 필요 없는 「리더스 다이제스트」 같은 잡지도 언급할 수 있다.

그러나 이러한 미국 선전의 성공은 아주 고르지 못하다. 기술적인 출판물들은 확실한 고객이 있다. 그러나 브로슈어나 팸플릿은 효과가 별로 없다. 그 이유는 미국인들의 "우등 콤플렉스"가 이런 텍스트들 속에서 표현되어, 외국인들을 불쾌하게 만들기 때문이다. 미국 생활 방식을 유일한 구원의 길로 소개하기에 프랑스 여론을 불쾌하게 만들고, 그래서 이 선전을 효과 없게 만든다. 그렇지만, 프랑스 여론은 미국 기술의 명백한 우수성에 대해서는 인정한다.

이 모든 형태는 확산된 선전과 분명히 관련있다. 또한 이 모든 형태는 어떤 주의를 전파하는 것이나 행동이나 혹은 확실한 가담을 선동하는 것보다, 견해와 선입견의 흐름이나 생활방식의 흐름을 전파하는 것과 더 깊게 관련된다. 이는 행동을 일으킬 정확한 한 지점을 치기를 기대하면서 깊이 침투하는 것이다. 예를 들어 미국인들과 미국 선전 사무실이 있는 모든 프랑스 지역구들에서 공산당 지지표가 1951년에서 1953년 사이에 감소하였음을 지적해야 한다.

선동 선전과 통합 선전

포괄적 선전 내부에서 할 수 있는 두 번째 구분은 선동 선전과 통합 선전의 구분이다. 그런데 우리는 여기서 다음과 같은 질문을 만날 수 있다. 방법, 주제, 성격, 대중, 목표가 그렇게 다르다면, 똑같은 현상의 두 양상이 아니라, 서로 다른 두 실체와 관계되는 것이 아닌가?

이 구분은 부분적으로는 레닌이 "선동"과 "선전"으로 구분한 것과 상응한다 – 여기서 이 두 용어의 의미는 우리의 것과는 완전히 뒤집혀 있다. 이것은 또 약간은 (적에 대해) 전복적 선전과 (또 똑같은 적에 대해) 협력적 선전 사이의 구분과 비슷하다.

선동 선전은 가장 눈에 띄고, 가장 대량적이기 때문에, 일반적으로 유일하게 관심을 끈다. 선동 선전은 흔히는 전복적이고, 반대적이다. 그것은 정부나 기성 질서를 전복시키기 위해 만들어지고, 저항이나 전쟁을 지향한다. 물론, 그것은 역사 내내 있었다. 모든 혁명적 운동, 모든 내란은 이런 선동 선전에 의해 자양분을 받았다. 스파르타쿠스, 중국의 인민공사, 십자군 운동은 이런 선전에 따랐다. 그것은 레닌과 함께 절정에 달했다. 이것은 앞에서 반대적인 성격이라고 말했던 것을 약간 수정하게 한다. 왜냐하면, 이 선전 선동은 정부에 의해서도 만들어질 수 있기 때문이다. 예를 들어 정부가 국민을 전쟁에 동원하려면, 선동 선전을 사용할 것이다. 이때 전복은 적의 전복과 관계된다. 심리적 수단을 써서, 그리고 힘

찬 사기로 적의 힘을 파괴하는 문제이다. 마찬가지로 정부는 권력을 잡은 다음에 어떤 혁명적 과업을 추진하고자 할 때에도 이 선동 선전을 사용한다. 레닌은 소련을 설립하고 나서, 선동 선전을 조직하여, 저항 세력들을 누르고, 쿨락Koulak:부농층을 분쇄하기 위해 러시아 안에서 오랜 선동 캠페인을 진행한다. 따라서 전복은 반대파, 계급에 대해서이고, 격퇴할 내부의 적을 지적한다. 마찬가지로 히틀러 선전의 대부분은 선동 선전이었다. 히틀러는 지속적 선동, 과잉 자극, 긴장된 에너지를 이용해서 거대한 사회적, 경제적 변화를 일으킬 수 있었다. 히틀러주의가 전파되고, 혁명적 목표가 수행된 것은 연속적인 흥분의 파도를 타면서였다. 중국에서도 대형 캠페인들은 정확히 선동 선전이다. 이 수단을 이용하여 '대약진 운동'이 수행될 수 있었다. 인민공사 시스템은 선동 선전 덕분에 상대적으로 수용될 수 있었다. 이 선전은 인민의 물질적 운동과 동시에 행동적 변화를 선동하였다. 따라서 전복은 대약진 운동에 장애가 되는 습관, 관습, 신념을 겨냥한다. 그것은 내부적이다. 그리고 마오가 적은 각자의 내부에 있다고 말할 때 아주 잘 말한 것이었다. 선동 선전은 우리 각자의 내적 요소들을 겨냥한다. 그렇지만, 그것은 언제나 긴장되고 과열된 행위 속에서 물질적 참여로 표현된다. 개인을 이런 행위에 참여시키면서, 선전자는 내적 장애, 습관과 신념, 판단의 심리적 장벽을 폭파한다.

 소련의 '5개년 계획' Piatiletka도 선동 선전으로 보아야 한다. 중국과 마찬가지로 여기서도 선동 선전은 최대한의 노동 생산성을 얻어내는 것이 목적이다. 따라서 선동 선전은 얼마 동안은 생산성에 이바지할 수 있다. 정부가 선양한 주요한 예들은 그러한 것들이다. 그러나 가장 흔히는, 그 평범한 의미로 '혁명적' 선전과 관계된다. 따라서 서방에서 파업이나 봉기를 자극하는 공산주의 선전은 여기에 해당한다. 피델 카스트로, 권력을 잡기 전 호치민, 민족해방전선의 선전은 가장 전형적인 예이다.

따라서 이 선전은 모든 경우에 최대의 에너지를 일으키고, 최대의 희생을 얻어내며, 개인에게 시련을 견디게 하는 것이 목적이다. 이 선전은 개인을 그의 일상생활에서 끌어내고, 흥분과 모험 속으로 던져 넣는다. 개인에게 지금까지는 생각지 못했던 가능성을 열어 보이고, 특별한, 그렇지만 곧 달성될 것 같은 목표를 제시한다. 선동 선전은 폭발적 운동을 촉발시키고, 위기를 자극하거나, 위기 속에서 작용한다. 반면 이 선전은 상대적으로 짧은 기간에 짧은 효과밖에 얻을 수 없다. 제시된 목표가 신속하게 달성되지 않는다면, 흥분은 실망과 절망으로 돌변할 것이다. 그래서 이 선전의 전문가들은 도달할 목표를 잘게 쪼개고, 단계를 정하며, 연속적 도약으로 진행한다. 어떤 결과를 얻으려면 어느 정도의 긴장, 어느 정도의 이완과 휴식. 히틀러, 레닌, 마오는 모두 이런 식으로 작업하였다. 한 국민과 당을 오랫동안 최고 수준의 희생과 신념과 헌신의 상태로 유지할 수는 없다. 개인을 평생 흥분과 불안 속에 살게 할 수는 없다. 어떤 전투의 시간이 끝나면 휴식, 친숙한 세계, 습관들이 필요하다.

이러한 선동 선전, 전복적 선전은 분명히 가장 눈에 띈다.그 폭발적이고 혁명적인 성격에 의해 주의를 끈다 그것은 또 실현하기에 가장 쉽다. 성공하려면 가장 초보적 수단을 통해, 가장 단순하고 격렬한 감정을 겨냥해야 한다. 증오는 일반적으로 가장 좋은 재료이다. 지적된 적에 대한 증오로부터 혁명적 운동을 촉발시키기는 아주 쉽다. 증오는 가장 자발적이고, 가장 공통적 감정으로서, 자신의 불행과 죄악을 증오하는 타인에게 전가하는 것이다. 그렇게 해야 불행과 죄악이 사라질 것이기 때문이다. 증오의 대상이 부르주아, 공산주의자, 유태인, 식민지 정복자, 파괴자 누가 되든 마찬가지다. 선전 선동은 불행의 원흉을 지적하고, 상대가 턱없이 강하지 않으면 언제고 성공한다.

　물론 이런 식으로 촉발된 운동에 따라, 거기서 어떤 근본적 결론을 끌어낼 수는 없다. 예를 들면 알제리나 흑인들의 백인들에 대한 반감이 그들의 근본적 감정을 표현하는 심각한 것이라고 여기는 지식인들을 보면 놀랍기도 하다. 백인은 침략자이고 약탈자이다. 사실이다. 백인을 모든 악의 원흉으로 지적하고, 그에 대해 반감을 자극하기는 극히 쉬운 작업이다. 그러나 쉽다고 해서 백인이 모든 악의 원흉이고, 흑인은 자동으로 그를 증오한다는 것이 증명되지는 않는다. 그러나 일단 자극된 증오는 자가 증식을 멈추지 않는다.

　모든 선전 선동 속에 들어 있는 이러한 보편적 감정 곁에, 다소간 상황에 적응된 이차적 동기들이 있다. 그래서 억압되고, 정복된 식민지 국민에게 자유에 대한 호소는 확실한 원천이다. 거기서도, 쿠바 국민, 알제리 국민을 자유로 손짓하는 자는 동감과 지지를 보장받는다. 배고픈 계급에게 빵의 약속, 헐벗은 자들에게 토지의 약속, 그리고 종교적 환경 속에서 진실에 대한 호소도 마찬가지다.

　전체로서 이러한 단순하고 초보적인 감정들은 어떤 섬세한 작업을 요구하지도 않는다. 그러나 그것들을 이용해서 가장 거대한 거짓과 가장 무서운 환상들을 받아들이게 할 수 있다. 그것들은 즉각 작용하고, 격렬한 반응을 일으키며, 모든 희생을 감수할 정도의 큰 용기를 일으킨다. 이 감정들은 원초적 욕망, 모든 인간에게 공통적인 즉각적 욕망과 상응한다 : 먹고 싶은 욕망, 지배받지 않고자 하는 욕망, 증오하고자 하는 욕망. 그러한 감정을 촉발시키기가 쉬워서, 쓴 수단들도 물질적이고 심리적인 관점에서 아주 간단하다 : 팸플릿, 연설, 포스터, 소문. 이런 선동 선전을 할 때에는, 대중 매체를 소유할 필요도 없다. 왜냐하면, 이런 선전은 스스로 자양분을 섭취하고, 이 선전에 빠진 각 개인이 스스로 선전자가 되어 주기 때문이다. 그래서 이것은 전복적 선전으로 아주 유용하다. 복잡한 기술적 장치가 필요 없다. 마찬가지로 심리적 차원에서 그럴법하거나 정확할 필요도 없다. 아무 주장이라도, 정말 바보 같을지라도, 아무런 허풍이라도 증오의 불꽃에 들어가기만 하면 받아들여질 수 있다. 대표적 예가 1960년 7월에 일어난 사건인데, 패트리스 루뭄바(Patrice Lumumba)는 벨기에가 티스빌(Thysville) 캠프에서 콩고 군인들의 폭동을 부추겼다고 주장한다

이런 선동 선전은 겨냥된 국민이 교양이 없고, 정보에 어두울수록 간단하다. 그래서 이것은 소위 하층 계급프롤레타리아 계급과 아프리카 국민에게 전형적인 선전이다. 따라서 이 선전은 그 대상이 그 내용을 잘 이해 못하거나, 거기에 어떤 실제 내용도 부여하지 않고 그냥 믿기만 하는, 그런 마술적인 중요 단어들에 의존할 수 있다. 식민지 국민에게 이런 단어 중의 하나는 독립이다. 이 단어는 그 전복적 효과로서는 아주 만점이다. 그리고 국가의 독립이 개인의 자유와는 전혀 별개라거나, 흑인들이 서구식으로 정치적으로 독립해서 살 수 있을 정도로 발전해 있지 못하다거나, 국가 경제가 주인을 바꿀 수 있게 해줄 거라고 설득하는 것은 아무 소용 없다. 어떤 이유도 마술적 단어보다 우세할 수 없다. 무식한 계급, 국민은 간단한 호소만으로 혁명 운동 속으로 쉽게 던져진다.

선동 선전에 대해 통합 선전이 있는데, 이것은 우리 문명에 특징적인 진보한 나라들의 선전이다. 이 선전은 20세기 전에는 존재하지 않았다. 이것은 순화용 선전이다. 이것은 우리가 이미 분석했던 다음의 사실과 상응한다. 즉 우리 사회에서는, 일시적인 정치적 행위투표를 하는 것으로는 더는 충분하지 않고, 사회의 진실과 행동에 전적 참여가 있어야 한다. 통일된 사회는 더 강력하고 효율적으로 되기 때문에, 각 개인은 집단의 기

능적이고 유기적인 한 부분이어야 하고, 거기에 완벽하게 적응하고 통합되어야 한다. 그는 집단의 고정관념, 믿음, 반응을 가져야 하고, 이 집단의 경제적, 사회적, 미학적, 정치적 창조에 적극적으로 참여해야 한다. 개인은 이 집단의 일원으로서 집단 활동에 참여함으로써만 자신을 스스로 완성할 것이다.[1] 이러한 통합 선전의 목적은 어떤 방식으로든 개인을 사회에 참여시키는 것이다. 이것은 긴 호흡의 선전으로서, 안정적이고 무한히 반복되는 행동을 얻어내려고 하며, 개인을 그의 일상적 삶 속에 적응시키고, 항구적인 사회 환경에 따라 생각과 행동을 재설계하려고 한다. 이 선전은 앞의 선동 선전보다 더 광범하고 복잡하다. 이것은 개인을 혼자 내버려 두어서는 안 되므로, 항구적이다.

많은 경우에 이 선전은 기왕에 존재하는 여건을 합리화하는데 그치며, 사회의 의도적이지 않은 결과들을 필요하고 명백하며 훌륭하고 타당한 기능으로 전환하는데 그친다. 펄린Pearlin과 로젠버그Rosenberg는 이것을 "잠재적 결과들의 세공"이라고 한다. 그런 때에는 대상자들이, 일반적으로는 시민이 예기치 않은 사회 정치적 발전의 수혜자임을 증명해야 한다.

통합 선전은 사회를 안정시키고, 통일시키며, 강화할 목표를 지닌다. 따라서 이것은 정부가 좋아하는 수단이다. 비록 이것이 고유하게 정치적인 선전만은 아니지만 따라서 1930년부터 소련의 선전과, 이차대전 후의 모든 인민 공화국들의 선전은 통합 선전이다.[2] 그러나 이 선전은 또 다소간 자발적으로, 다소간 국가에 의해 지원된, 국가가 아닌 조직에 의해서도 주도될 수 있다. 이런 선전의 가장 중요한 예는 미국이다. 이 선전은 다른 선전보

---

[1] 이것은 미국의 모든 미시-사회학적 작품들의 공통점이다.
[2] 그래서 1961년 12월 말 모스크바에서 개최된 이데올로기 문제에 대한 콘퍼런스에서, "공산주의 인간을 형성할" 필요가 다시 제기되었고, 선전자들은 이 목적 달성을 하는데 20년이나 늦어지고 있다고 비난 받았었다.

다 훨씬 교묘하고, 복잡하다. 이 선전은 일시적 흥분이 아니라, 깊은 곳에서 전적 형성을 추구한다. 여기서 모든 심리적 분석과 여론 분석이 이용되어야 하고, 또 대중매체를 일치하는 방식으로 사용하는 것이 필요하다. 우리는 바로 이 통합 선전에 우리 연구의 대부분을 할애할 것이다. 왜냐하면, 전복적 선전의 성공과 그 스펙터클한 성격에도 불구하고, 이 선전이 오늘날에는 가장 중요하기 때문이다.

이 통합 선전의 최종적 양상을 즉시 지적하기로 하자. 즉 이 선전은 겨냥하는 환경이 여유 있고, 교양 있으며, 정보에 밝을수록 더 잘 작용한다. 지식인이 통합 선전에 농부보다 더 예민하다. 그는 실제로, 그가 정치적으로 반대파라 할지라도, 사회적 고정관념들을 미리 공유하고 있다. 최근의 예를 보자. 알제리 전쟁에 반대하는 프랑스 지식인들은 통합 선전에 적대적인 것처럼 보인다. 그러나 그들은 프랑스 사회의 모든 고정관념과 신화들, 즉 기술과 국가, 진보의 신화들을 공유한다. 그러한 신화들로부터 시작하여 그들은 움직이는 것이다. 그들은 이미 통합 선전에 적합하게 되어 있고, 완벽하게 숙성되어 있다. 그들이 전쟁에 반대한다는 것이 전혀 중요성이 없지는 않다. 그러나 깃발의 색깔만 바꾼다면 그들을 가장 협조적인 집단으로 만들 만하다. 우리는 이 선전의 기초로서 정보와 문화의 중요성에 대해 연구할 것이다.

본질적 문제가 남아 있다. 어떤 혁명 운동이 촉발될 때, 그것은, 이미 말했듯이, 선동 선전과 함께 움직인다. 그러나 일단 혁명적 당이 권력을 잡으면, 즉각 통합 선전과 함께 움직여야 한다. 예외적 경우를 제외하고 이것은 권력을 안정시키고, 상황을 굳히는 길이다. 그러나 선동 선전에서 통합 선전으로 이동은 극도로 미묘하고 어렵다. 몇 년 동안이나 대중을 흥분시키고, 희망과 증오를 심었고, 행동하게 하였으며, 대중이 하는 것은 모두 정당하다고 한 다음에, 대중을 다시 질서 속으로, 정치와 경제의 정상적 틀 속으로 통합시키기가 어렵고, 고삐 풀려 있던 것이 쉽게 잡히지가 않는다. 특히 폭력이나, 자기 정당화 습관은 잘 사라지지 않는다. 혁명의 결과들이 보통은 실망스러워서 더욱 그러하다. 권력을 잡은 것으로 충분히 만족하리라 믿어서는 안 된다. 선동 선전으로 키워져 있는 증오는 배출구를 원한다. 약속한 목표들빵. 토지은 즉각 실현을 원한다.

　권력 장악에 도움을 주었던 집단들이 금방 반대 요소가 되고, 전복적 선전 아래서처럼 계속 행동한다. 새로 들어선 정부는 이러한 혼란을 수습하고, 전투의 지속을 막으려고 선전을 이용해야 한다. 그러나 이것은 개인들을 "새로운 질서"에 통합시키고, 그들을 반대자에서 협력자로 변화시키며, 약속 실현 연기를 받아들이게 하는 선전일 것이다. 달리 말하면 통합 선전이다. 일반적으로 단 하나의 요소, 즉 정당성이란 명목으로 존속하는 증오만이 실현할 수 있다. 그러나 이것 외 다른 모든 것은 변해야 한다. 이런 조건에서는 선전의 전환은 몹시 어렵다. 똑같은 기술과 수단을 작동시키는 것이 아니기 때문이다. 똑같은 감정을 겨냥할 수 없고, 다른 선전자들을 고용해야 한다. 선동의 전문가들을, 전혀 다른 질을 요구하는 통합 선전을 위해 사용할 수 없기 때문이다 그러나 주요 어려움은 선동 선전은 아주 신속하고 과격한 효과를 내고, 통합 선전은 천천히, 점진적으로, 감지되지 않는 방식으로 작용하는 데서 온다. 그래서 선동 선전을 겪은 대중 앞에서 끊임없이 지나쳐 버릴 우려가 있는 통합 선전에 의해 급격하고 신속한 충동들을 약화시키기란 아주 곤란하다. 어떤 경우에는 대중을 다시 장악할 수 없다. 벨기에령 콩고가 그 좋은 예이다. 1959년부터 루뭄바의 선동 선전을 당했던 흑인들은 처음에는 자기들끼리 전쟁하면서 그 흥분을 발산하였다. 이어서 흑인 정부가 들어서고 나서도, 그들은 통제할 수 없이 거칠

기만 하였다. 벨기에에 대한 루뭄바의 광적인 선전의 직접적 결과였다. 오직 어떤 독재만이 이 상황을 진정시킬 수 있어 보였다.3)

쏘비Sauvy는 다른 예를 든다. 전쟁 중에 런던과 알제리의 라디오는 식량 부족이 독일의 징발 때문이라며 프랑스 국민을 선동하였다. 그러나 사실이 아니었다 해방이 되자, 정부로서는 이 선전의 결과를 통제할 수가 없었다. 즉시 식량이 풍부해야 했다. 그러나 인플레를 잡으면서 배급을 유지할 수 없었다. 즉 앞의 선동 때문에 통합이 실패했다.

선동 선전 때문에 부분적 실패로 이르는 경우들도 많다. 어떤 때는 긴 혼란기를 거치는데, 10여 년의 통합 선전을 해야 겨우 상황 통제에 이른다. 소련이 가장 좋은 예이다. 실제로 1929년부터 겨우 선동 선전의 결과가 사라지기 시작했다. 1920년부터 레닌이 통합 선전을 시작했는데, 혁명적 정신 상태는 극히 느릿하게 사라졌다. 크론스타트Kronstadt 해군 반란은 놀라운 예이다.

다른 경우에는, 정부가 군중을 뒤따르는 것인데, 군중은 일단 선동이 되면 통제가 되지 않는다. 정부는 군중에게 선동 선전에 상응하는 만족들을 단계별로 제공해야 한다. 이것은 부분적으로 히틀러의 경우였다. 권력을 잡고 나서도, 히틀러는 여전히 선동 선전을 통해 국민을 조종하였다. 따라서 그는 계속 새로운 실현을 내 놓아야 했다. 그로부터 '전복'의 필요성에 정확히 일치하는 단계들과 더불어 전쟁을 향한 발걸음이 시작된다 : 재무장, 라인란드Rhineland 강제 점령, 스페인, 오스트리아, 체코 침공. S.A.와 S.S.를 겨냥한 선전은 선전 선동인 동시에 1937~1939년 전쟁으로 독일 국민을 몰아넣기 위한 선전이었다. 동시에 전체 국민을 향한 체제 동화 선전도 진행되었다. 따라서 히틀러는 두 개의 서로 다른 선전을

---

3) 1960년 9월에 쓴 글이다.

동시에 사용하였다. 마찬가지로 소련에서도, 제국주의자들과 파괴분자들을 향한 선동 선전, 또는 혁명 계획 실현을 위한 선동 선전이, 정치 교육, 청년 운동 등을 통한 통합 선전과 겹쳐진다. 이것은 정확히 쿠바의 카스트로의 상황인데, 그는 통합할 수 없어서 오로지 선동 선전만 계속해 나간다. 이것은 필연적으로 그를 독재로, 그리고 어쩌면 전쟁으로 이르게 할 것이다.

　다른 체제들은 반대로 선동 선전에서 통합 선전으로 아주 잘 넘어갔다. 이것은 베트남과 중국의 경우이다. 그러나 이것은 혁명 때부터 그 나라들이 선전에 대해서 하던 특이한 개념 덕분이었다. 1927년부터 마오의 선전은 전복적 선전이었다. 이것은 저항을 위한 초보적 감정들에 호소하고, 전의가 일어나게 하며, 무의식적 자동 행위를 만들고, 구호에 의존한다. 그러나 동시에 개인이 전투 부대에 소속되면, 그는 마오가 정치 교육이라고 부른 통합 선전을 받는다. 즉 왜 그가 그렇게 행동해야 하는가를 끝없이 설명하고, 일련의 정보 시스템을 만들어 주입시킨다. 이 정보들은 선전 속에 통합되어 편파적이지만, 겉으로는 객관적이다 행동이 규격화되고 훈련된다. 반항적 혁명 분자를 엄격하게 조직된 군대 속으로 통합하고 동시에 지적이고 도덕적인 훈련을 함으로써, 전쟁이 끝나자 통합 선전에 의해 저항이나 무정부주의적 발작 없이 새로운 사회로 흡수할 수 있었다. 이러한 꾸준하고 세심한 훈련, 마오가 말하듯이 '틀에 맞추기'는 분명히 그의 주요 성공이었다. 물론 마오는 개인이 이미 집단에 들어가 있던 상황에서 출발했고, 한 틀을 다른 틀로 교체만 하면 되었다. 게다가 그는 지적 훈련서구적 의미에서을 거의 받지 않았던 백지상태의 사람들을 훈련했다. 따라서 마오는 자기가 주입시킨 이미지, 고정관념, 구호, 해석을 통해 모든 사물을 보게 하였다. 이런 조건에서 통합은 쉽고도 뿌리 깊어진다.

마지막으로, 이 두 선전 사이의 구분이 1955년부터 알제리에서 프랑스 선전의 실패를 부분적으로 설명해준다. 민족해방전선의 선전은 선동적 전투 감정 유발, 전복적 활동이었다. 반대로 프랑스 군의 시도는 통합 선전이었다 : 프랑스적 틀과 행정 속으로 동화, 정치 개념, 교육, 직업 훈련, 프랑스적 이데올로기. 신속성과 용이성, 효율성에서 둘 사이에는 큰 차이가 있다. 그래서 이 경쟁에서 민족해방전선의 선전이 항상 승리하였다. 물론 알제리인들의 실제적 감정이 그러했다는 말은 아니다. 한 편에서는, "당신은 불행하다, 저항하라, 압제자를 죽여라, 그럼 내일은 자유로울 것이다.", 그리고 다른 한편에서는, "우리는 당신을 도울 것이고, 당신과 함께 일할 것이다. 그러면 결국에는 모든 문제가 해결될 것이다". 누가 지지를 받을 것인지는 말할 필요도 없다. 그러나 이 모든 것에도 불구하고, 통합 선전은, 우리가 앞서 말했듯이, 오늘날 훨씬 더 중요한 새로운 사실이다.

수직적 선전과 수평적 선전

우리가 보통 생각하는 고전적 선전은 수직적 선전이다. 즉 이 선전은 어떤 지도자, 기술자, 정치적이거나 종교적인 지도자에 의해 만들어지고, 그는 권위적인 상위 위치에서 하위의 군중에게 영향을 미치려고 한다. 선전은 높은 곳에서 온다. 그것은 정치 사무실의 비밀스런 구석에서 상상이 되고 고안되며, 필연적으로 집중화된 기술적 대중매체 수단을 이용한다. 이 선전은 개인들 전체를 겨냥하지만, 선전 실천자들은 그 외부에 있다. 라스웰Laswell의 대조적 선전과 적극적 선전 사이의 구분을 생각해보자. 비록 둘 다 수직적 선전 형태이지만 말이다.

수직적 선전의 특징은, 피선전자가 군중 일부이긴 하지만, 고독하게 혼자라는 사실이다. 그의 감격에 겨운, 증오에 찬 함성은, 그가 군중 속에 있다 해도, 다른 사람들과 소통하지 못한다. 이것은 단지 지도자에 대한 대답이다. 그의 주목, 시선은 오로지 선전을 쏟아내는 자로 향한다. 마지막으로, 이 선전은 주체의 수동적 태도로 특징된다. 그는 받아들이고, 포착되며, 조종되고, 참여하며, 느끼라는 것을 느낀다. 그렇지만, 이 모든 가운데에서, 그는 진정으로 대상이 되어 있다. 어떤 행사에서 피선전자들의 거의 최면적인 상황을 생각해보자. 선전에서는, 개인은 비인격화되고, 그의 결정은 자신의 것이 아니라, 지도자에 의해 제안된 것이고, 조건 반사에 의해 강제된 것이다. 우리가 수동적 태도라고 말할 때, 그것은 피선전자가 행동하지 않는다는 말이 아니다. 반대로 그는 엄청난 열정과 원기를 가지고 움직인다. 그러나 그의 행동은 그에게 속한 것이 아니다. 그것은 그의 밖에서 고안되고, 그의 밖에서 생각되고 원해진 것이다. 그는 행동한다고 생각한다. 그러나 수동적 도구 상태로 전락한 그를 통해서 그 행동을 하는 자는 다른 사람이다. 기계화가 있고, 지배가 있다. 따라서 수동성이 있다. 이것은 개인이 선전된 군중 속에 묻혀 있음을 생각해보면 확실하다. 그는 거기서 자신의 개성을 상실하고, 다른 요소들 사이의 하나가 되며, 군중과는 분리할 수 없고, 그 군중을 떠나서는 이해할 수 없는 존재이다. 이러한 수동성은 나중에 보게 될, 선전의 심리적 효과에 기인한다. 아무튼, 히틀러나 스탈린, 그리고 또 1950년 이후의 프랑스, 미국 정부의 선전처럼, 수직적 선전은 가장 널리 퍼져 있다. 그것은 어떤 의미에서 가장 쉽다. 그러나 그 직접적 효과는 오래가지 못한다. 그것은 계속해서 다시 해야 한다. 그것은 원칙적으로 선동 선전에서 이용될 수 있다.

수평적 선전은 훨씬 최근에 나온 것이다. 중국의 선전과 인간 관계에서 집단 역동성의 사용이 대표적 두 형태이다. 첫 번째는 정치 선전이고,

두 번째는 사회적 선전이다. 그러나 둘 다 통합 선전이다. 이 둘의 특징은 같지만, 전혀 다른 환경, 목표, 관점에서 탄생한 것은 참 놀라운 일이다.

수평적이라고 한 이유는, 이 선전이 한 집단 내부에서, 이 집단을 통해서 수행되기 때문이다. 그 속에서 모든 개인은 원칙적으로 평등하고, 지도자가 없다. 개인적 관계는 동급의 다른 개인들과 이뤄지고, 지도자와 이뤄지는 것이 아니다. 따라서 언제나 '의식적이고 지적인' 가담을 수반하는 것이 중요하다. 선전 내용은 교육적 방식으로 제시되고, 지성에 호소한다. 그러나 지도자, 선전자는 일종의 사회자, 토론의 지휘자로서만 있을 따름이다. 그리고 때로는 구성원들은 그의 존재와 신분을 모르기도 한다. 예를 들면 미국 어떤 집단의 '유령 작가'나 중국 어떤 집단의 '프락치' 물론 이 가담은 의식적이다. 왜냐하면, 개인은 자신이 가담한다는 것을 알고 인정하기 때문이다. 그렇지만, 그것은 결국은 비의지적인 것이다. 왜냐하면, 반드시 가담하게 하는 집단과 논리 속에 잡혀 있기 때문이다. 이 가담은 또 '지적'이다. 왜냐하면 개인은 자신의 신념을 명확하고 논리적인 문장으로 표현하기 때문이다. 그렇지만, 그것은 왜곡되어 있다. 왜냐하면, 그를 이끌었던 정보들, 자료들, 추론들은 이미 그곳으로 이르도록 안배되어 있었기 때문이다.

그러나 이 시스템의 가장 특징적인 것은 집단소그룹의 존재이다. 개인은 실제적이고 살아 있는 대화 속에서, 이 집단의 생활 속에 적극적으로 참여한다. 그리고 중국에서는, 집단의 각 회원이 의견을 발표하고 자신을 표현하도록 엄밀히 감시된다. 말을 하면서 개인은 차츰차츰 자신의 신념 동시에 집단의 신념!을 발견하고, 돌이킬 수 없는 방식으로 참여하게 되며, 타인들의 의견똑같은 의견!을 형성하도록 도울 것이다. 각 개인은 집단의 의견을 형성하는데 공헌하고, 집단은 개인이 정확한 노선을 발견하도록 도와

준다. 결국, 기적적으로, 발견하고 마는 것은 바로 정확한 노선, 미리 예견된 해결책, 가져야 했던 신념이다! 모든 참석자는 평등하고, 집회는 내밀하며, 토론은 자유롭고, 지도자는 의장으로서 명령하지 않는다. 과정은 느릿하고, 수많은 모임이 있다. 각 모임에서는 예전 모임에서 있었던 사건을 다시 복습한다. 그래야, 공통의 경험을 공유할 수 있기 때문이다. 기계적 가담보다는 자발적 가담을 만들고, 위로부터 내려온 것보다는 개인이 "발견한" 해결을 만들어낸다는 것은 수직적 선전의 기계적 활동보다는 훨씬 효과적이고 끈끈한, 진보적 방식이다. 한 개인을 기계처럼 만들어서, 그를 조종하는 것은 간단한 일이다. 그러나 개인을 겉으로는 자유로운 선택을 할 수 있는 위치에 놓고서, 그로부터 원하는 것을 얻어내는 것은 훨씬 교묘하면서 위험부담이 크다.

이러한 수평적 선전은 분명히 거대한 조직을 가정한다. 수직적 선전은 대형 대중매체로 특징될 수 있고, 수평적 선전은 거대한 인간적 조직으로 특징될 수 있다. 각 개인은 어떤 집단 속에 편입되어야 하고, 가능하다면 연계적으로 움직일 수 있는 여러 집단 속에 편입되어야 한다. 이 집단들은 동질적이고, 전문화되며, 소규모라 한다.개인의 적극적 참여를 위해서는 15-20명 정도가 적당하다

집단은 동질적이어야 한다. 즉 같은 성, 같은 연령, 같은 환경이어야 한다. 이런 조건에서 집단은 가장 원활히 기능 할 것이고, 가장 효율적일 것이다. 그러면 개인들 사이의 장애 대부분은 해결되고, 주의를 흩뜨리거나, 동기를 분열시키며, 취해야 할 노선 설정을 방해할 인자들을 제거해 줄 것이다.

따라서 수많은 집단들전체 중국인을 포함하려면 수백만이 있어야 한다과, 결과적으로 수많은 지도자가 필요하다. 이것이 가장 큰 어려움이다. 왜냐하

면, 마오의 표현을 따르면, "각자는 전체를 위한 선전자가 되어야 한다" 하더라도, 상부와 각 집단과의 연결 요원은 필요하기 때문이다. 이 요원은 집단 속에 통합되어 고정되어야 한다. 그래서 안정적이고 지속적인 영향을 미쳐야 한다. 이 요원은 통일적인 정치적 단체, 즉 공산당의 일원이어야 한다. 이러한 선전 형태는 두 조건을 가정한다 : 우선 다른 집단들과 단절. 선전 소조 속에 편입된 개인은, 이 영향에서 벗어날 수 있게 될, 따라서 자신을 되찾고, 그럼으로써 저항하기 위해 기댈 수 있는 그런 다른 집단에 속해서는 안 된다. 바로 이것이 중국에서 가문과 같은 전통적 집단들을 파괴하려는 이유이다. 사적이고 이질적인 집단으로서 가문연령, 성, 직업의 다양성은 이런 선전에 치명적 장애이다. 가문적 유대감이 중국에서 여전히 아주 강했기 때문에, 가문을 파괴해야 했다. 이 문제는 미국과 유럽에서는 전혀 다르다. 여기서는 사회적 구조가 아주 유연하고, 풀려 있기 때문에 장애가 되지 않는다. 집단을 역동적으로 만들려고 가문을 해체할 필요가 없다. 가문은 이미 해체되어 있고, 어떤 틀의 힘을 이미 가지고 있지 않기 때문이다. 가문은 더는 거기서 개인이 형성되고, 뿌리를 발견하는 그런 장소가 아니다. 소집단의 영향을 위해 이미 터는 잘 닦여져 있다.

다른 조건은 선전과 교육 사이의 일치이다. 소집단은 전체 도덕과 지적, 심리적 교양정보, 이론 교육의 중심이다. 그러나 소집단은 정치적이고, 거기서 하는 모든 일은 정치와 관련이 있다. 거기서 교육은 정치와 관련해서만 의미가 있다. 이것은 그 반대적 외양에도 불구하고 미국의 집단들에서도 같다. 그러나 여기서는 정치라는 용어가 가장 넓은 의미로 적용되어야 한다. 마오에 의해 주어진 정치 교육은 교리교육 수준에 있고, 교리교육은 소그룹일 때 가장 효과적이다. 개인은 공산주의 사회의 일원이 되는 법을 배운다. 그리고 여기서는 언어적 인자마르크스 공산주의의 기본 원칙들이 중요하지만, 다른 한편으로 선전자는 개인을 새로운 행동에 습관 들게 하고, 새로운 인간 유형을 받아들이게 하며, 집단 활동을 통해 공산주의적 현실을 체험하게 한다. 그런 의미에서 교육은, 지적으로 배운 것과 실제로 경험한 것 사이의 완전한 일치를 추구한다.

분명히 미국의 집단들에서는 정치적 '훈시'는 불가능하다. 모든 미국인은 이미 민주주의의 대강의 원칙과 제도를 알고 있다. 그럼에도, 이 집단들은 정치적이다. 그들의 교육은 특히 민주주의적이다. 즉각 개인은 민주주의 사회의 일원으로서 어떻게 행동할 것인가를 배운다. 이것은 차라리 모든 사람을 겨냥하기 때문에 전반적 교양 교육이다.

따라서 이 집단들은 교육의 수단이다. 그러나 이 교육은 선전의 한 요소일 따름이다. 왜냐하면, 이 선전은 사회와 그 사회의 원칙들, 이데올로기, 신화들, 그리고 당국이 원하는 행동 추종을 겨냥하기 때문이다. 소집단은 이런 적극적 교육을 위한 아주 훌륭한 수단이다. 따라서 이것은 서로 이런 소집단이 아닌 다른 유형의 훈시나 교육 수단은 있을 수 없음을 가정한다. 우리는 앞에서 이러한 소집단의 중요성이 다른 집단가문의 파괴를 가정한다는 것을 보았다. 정치적 소집단 속에서 주어진 교육은 학교 교육의 소멸 아니면 시스템 속으로 흡수를 가정한다는 것을 이해해야 한다. 『조직의 인간』에서 화이트Whyte는 어떻게 학교가 더욱더 청소년을 미국 사회 속으로 적응시키는 메커니즘이 되어가는가를 보여준다. 중국의 학교는 어린이에게 읽기를 가르치면서 이념 교육을 하는 선전 시스템에 불과하다.

따라서 수평적 선전은 실현하기가 무척 어렵다.특히 많은 교사가 필요하기 때문에 그러나 모든 사람을 세심하게 관리하고, 참석자를 실제로 참여하게 하며, 그들을 공개적으로 가담하게 함으로써 아주 효과적이다. 이것은 민주적이라고 하는, 국민의 의지 위에 세워져 있다고 하는 평등주의적 사회와 완벽하게 일치한 듯 보이는 시스템이다. 왜냐하면, 집단은 같은 사람들로 구성되고, 개인이 집단의 의지를 표명할 수 있기 때문이다. 그러나 이것은 결국에는 폭발적 선전보다는 더 완벽하고 전체주의적 선전이다. 이 시스템 덕분에 마오는 전복적 선전에서 통합 선전으로 넘어갈 수 있었다.

합리적 선전과 비합리적 선전

선전이 비합리적이라는 것은 여전히 잘 인정되고, 잘 정리된 진실이다. 정보와 선전 사이의 구분이 자주 제기된다. 정보는 이성과 경험에 호소하고, 사실을 제공한다. 선전은 감정과 정열에 호소하고, 비합리적이다. 여기에는 물론 어느 정도의 진실이 들어 있다. 그렇지만, 실상은 그렇게 단순하지 않다. 왜냐하면, 합리적 광고처럼, 합리적 선전도 있기 때문이다. 자동차나 전자 제품의 광고는 일반적으로 기술적 묘사와, 증명된 기능에서 이뤄진다. 마찬가지로 사실과 통계, 경제 개념들로만 만들어진 선전도 있다. 그래서 소련의 선전은특히 1950년 이후로 소련이 달성한, 반박할 수 없는 과학적 성과와 경제적 발전 위에 세워진다. 그렇지만, 그것은 선전이다. 왜냐하면, 그것은 체제의 우월성을 합리적으로 증명하고, 모두의 맹종을 요구하기 위해 이 사실들을 이용하기 때문이다.

전시에 성공적인 선전은 명백한 사실에 기초한다고 자주 언급되었다. 즉 적군이 큰 피해를 봤을 때, 적에게 권하는 항복은 합리적 선전이 된다. 전쟁 당사자 한쪽의 우세가 명백할 때, 적에게 항복을 설득하는 것은 이성적 일에 속한다.

마찬가지로 위대한 프랑스의 선전은 합리적이고 사실적이다. 특히 영화들은 거의 전부가 프랑스의 기술적 성공을 찬양한다.「프랑스령 알제리」같은 영화는 경제 도표와 통계로 가득 찬 경제 영화이다. 그러나 거기서도 선전이 드러난다. 이러한 합리적 선전은 여러 다양한 체제들에서 사용된다. 중국에서 마오가 하는 교육은 유사–합리적 증거들에 기초한다. 이 유사 증거들은 그것들을 보고 받아들이는 사람에게는 실제로 합리적이다. 미국의 선전은, 정직과 민주적 신념을 따르도록, 그 역시 합리적이고 사실적이기를 원한다. 미국 정부의 공식 발표는 지식과 정보에 바탕을 둔 이런 선전의 전형적인 예이다. 그리고「독일 민주공화국 리뷰」도 정확성에 기반을 둔 선전 스타일을 취했다. 우리는 더 진보할수록, 선전은 더 합리적이 되고, 신중한 논쟁을 기초로 하며, 지식과 사실적 정보, 숫자, 통계를 사용한다고 말할 수 있다. 크리스Kris와 라이테스Leites는 1914년과 1940년의 선전들 사이의 차이를 이 점에서 정확히 지적한다. 즉 후자가 훨씬 간결하고, 덜 감정적이며, 덜 정신적이고, 더 정보적이다. 즉 이 선전은 '초자아' Super-ego보다는 '자아' ego에게 더 호소한다.

순수하게 감정적이고 열정적인 선전은 사라지는 경향이다. 게다가, 이러한 감정적 선전에서조차, 여전히 사실적 요소들이 들어 있었다. 히틀러의 가장 열광적인 연설들은 항상 기본과 기준적인 사실들을 품고 있었다. 오늘날 현실을 따르지 않고 오직 주장으로만 이뤄진 광적 선전은 극히 예외적 경우이다. 오늘날에도 그러한 경우를 이집트의 선전과, 1960년 7월 벨기에령 콩고 루뭄바의 선전에서 발견할 수 있다. 그러한 감정적 선전은 이제는 가치가 떨어졌지만, 그래도 아직 설득력 있고 흥분시킨다.

현대인에게는 사실에의 의거가 있어야 한다. 즉 이렇게 행동하면서 자신이 이성적으로 행동하고 있다고 스스로 확신할 수 있게 해 주는 자기 정당화가 있어야 한다. 그 기본 위에서 정보와 선전 사이의 밀접한 관계를 연구하는 것이 좋다. 선전의 내용은 더욱더 정보와 닮아가는 경향이 있다. 격렬하고 충격적인 선전 텍스트가 같은 주제에 관한 '정보적이고' 합리적인 텍스트보다 결국엔 설득과 참여를 더 잘 이끌지 못한다는 것이 명확히 증명되었다. 많은 양의 공포의 혼합은 즉각적 행동으로 이끌고, 이성적인 작은 양의 혼합은 장기간 추종을 자극한다. 선전의 메시지가 더 합리적이고 덜 격렬할수록 피선전자의 비판적 반응은 덜 완강해진다.

선전의 내용은 합리적이고 사실적으로 되는 경향이다. 그렇다고 선전이란 합리적이라고 말할 수 있을까? 왜냐하면, 내용 말고도, 이 선전의 수용자, 즉 이 선전의 영향을 받는 개인이 있기 때문이다. 그리고 이것은 정보에 대해서도 마찬가지다 한 개인이 텔레비전이나 새로운 자동차에 대한 객관적이고 기술적인 광고를 읽었을 때, 만약 그가 전기 기술자나 기계 기술자가 아니라면, 그 광고에서 무엇을 기억할까? 그가 트랜지스터가 무엇이고, 새로운 충격흡수장치가 무엇인지 설명할 수 있을까? 분명히 아니다. 기술적 정보들, 정확한 세부들 전체는 그의 머릿속에 전반적인 흐릿한, 그렇지만 아주 채색된 이미지를 형성할 것이다. 그래서 그는 그 기계에 대해 말하라면, '굉장합니다' 하고 말 것이다.

모든 합리적이고 증명적이며 사실적인 선전도 정확히 똑같다. 미국에서 밀에 대한 기사나 소련에서 철강에 관한 기사를 읽은 다음에, 독자가 그 숫자나 통계를 기억하거나, 경제적 메커니즘을 이해하며, 논리적 글을 체득할까? 다시, 경제 전문가가 아니라면, 그는 그로부터 전반적인 인상, 일반적인 확신만 끌어낸다. "미국 또는 러시아는 참 대단하다", "그 사람들은 기술이 있어…. 진보는 아무튼 중요하군", 등. 마찬가지로, 「프랑스령 알제리」 같은 영화를 보고 나면, 관객은 숫자나 증명 같은 것은 잊어버리고, 프랑스가 알제리에서 이룬 업적에 대한 감정과 자부심만 느낀다. 이제부터, 이 선전의 영향을 받은 개인에게서 남은 것은 완전히 비합리적 이미지, 순수하게 열정적인 감정, 하나의 신화이다. 사실들, 정보들, 증명들은 모두 잊히고, 인상만 남는다. 바로 이것이 선전자가 노리는 것이다. 왜냐하면, 개인은 결코 사실적 동기 때문에 움직이거나, 순수하게 합리적인 행동을 하지 않기 때문이다. 그를 움직이게 하는 것은, 감정적 압박, 미래의 전망, 신화이기 때문이다. 문제는 이러한 비합리적 반응을 합리적이고 사실적인 요소들에 근거해서 만드는 것이다. 이러한 감정을 사실들로 키워주고, 이러한 광기들을 엄격한 증거들로 자극해야 한다. 따라서 선전은 그 자체는 정직하고 엄격하며 정확하다. 그러나 그 효과는 개인 속에서 자발적으로 일어난 변형에 의해 비합리적 상태로 남아 있다.

　이것은 선전뿐만 아니라 정보에도 해당한다. 전문가를 제외하고는, 정보는, 아주 잘 제작되었다 할지라도, 사람에게 세상에 대한 전반적 이미지밖에 주지 못한다. 그리고 오늘날 수많은 정보는연구, 통계, 앙케트, 해설, 증명, 분석 개인적 판단력을 마비시키고, 가장 선동적인 선전보다도 더 확실히, 개인적 의견을 형성할 능력을 마비시킨다. 이 주장은 충격적으로 들릴 것이다. 실제로, 과도한 정보는 독자나 청취자를 결코 명석하게 만들어주지 못하고, 오히려 그를 멍한 상태에 푹 잠기게 한다. 그는 많은 정보를 기억할 수도, 하나의 체계 속에서 이 정보들을 통괄할 수도, 설명할 수 없다. 미쳐버리고 싶지 않다면, 그는 그것들로부터 어떤 전반적인 이미지만 끌어내지 않을 수 없다. 그리고 제공된 사실들이 많을수록 이 이미지는 더 단순해질 것이다. 만약 하나의 정보만 줬다면, 개인은 그것을 기억할 것이다. 그러나 한 분야에서, 한 문제에 관해, 100개의 정보를 준다면, 개인은 그 문제에 관해 하나의 일반적인 생각만 할 것이다. 그리고 그에게 한 국가의 모든 정치나 경제 문제들에 대해 100개의 정보를 준다면, 그는 거기에 대해 요약적 판단만 내릴 것이다. 즉 "러시아는 대단하군". 정보의 과잉은 개인에게 판단하게 하고 개인적 의견을 형성하게 하는 것이 아니라, 오히려 방해하고 마비시킨다. 그는 정보의 거미줄로부터 결코 헤어나지 못하고, 제공된 사실의 수준에 매달려 있어야 한다. 개인은 다른 영역이나 다른 주제에 관해서조차 자신의 선택이나 판단을 할 수가 없다. 현대 정보의 메커니즘은 개인에게서 일종의 마비를 일으키고, 개인은 정보에 의해 펼쳐진 영역에서 벗어날 수 없다. 그의 의견은 결국에는 그에게 전달되었을 사실들로부터이지, 결코 그의 선택과 개인적 경험으로부터가 아니다. 정보 전달의 기술이 발전할수록, 개인은 정보에 의해 결정된다. 개인이 자기에게 진실이라고 주어진 것에 대해 자유로운 선택을 할 수 있다는 말은 사실이 아니다. 따라서 합리적 선전이 비합리적 상황을 만들어내기 때문에, 그 선전은, 특히, 선전으로 남아 있게 된다. 다시 말해 사회적 힘에 의한 개인의 내적 지배로 남는다. 즉 선전은 개인에게서 자신을 박탈해버린다.

제2장 선전의 존재 조건

왜, 그리고 어떻게 선전은 존재하는가?

선전은 과거에는 오늘날과 같지 않았다. 성격상의 변화가 일어났다. 또 아무 선전이나 아무 때 어디서나, 아무렇게 할 수는 없다. 어떤 환경이 받쳐주지 않으면, 선전은 존재할 수 없다. 오직 어떤 조건들 아래서만 선전이라는 현상은 출현하고 발전한다. 우리는 이 조건 중에서 우발적이거나 역사적인 명백한 사실들은 다루지 않을 것이다. 이것들은 그 인용 외에 다른 것을 하기에는 너무 단순하다. 선전이 몇몇 과학적 발견들과 연결되어 있다는 것은 확실하다. 대중매체가 없었다면 현대 선전은 없었을 것이다. 신문, 라디오, 텔레비전, 영화 등을 탄생케 한 발명들은 선전에 결정적이다. 그렇지만, 또 다양한 지역의 다양한 사람들로 이뤄진 군중을 쉽게, 자주 모을 수 있게 해 준 교통 역시 결정적이다. 오늘날 선전의 모임들은 아고라Agora나, 포럼Forum에서 아테네 시민이나 로마 시민이 모이던 것과는 아무 관계가 없다. 또한, 사회학이나 심리학 같은 분야에서 이룬 과학적 성과도 고려해야 한다. 과학자들의 반세기 전부터의 발견이 없었다면, 선전도 없을 것이다. 사회과학, 심층 심리학, 행동주의, 집단 사회학, 여론 사회학 등의 발견은 선전적 작업의 기초이다.

다른 의미에서, 정치적 상황 역시 대중 선전 발전의 직접적 원인이다. 1914-1918년 전쟁, 1917년 러시아 혁명, 1933년 히틀러 혁명, 1940년 전쟁, 1944년부터 중국, 인도차이나, 알제리에서 혁명전쟁, 냉전은 현대 선전의 발전 단계들이었다. 이 각각의 사건을 거치며 선전은 더욱 완전해지고, 깊어지며, 새로운 양상을 발견하였다. 동시에 선전은 새로운 국가, 영토로 퍼져 나갔다. 적과 대응하려면, 적과 같은 무기를 사용해야 한다. 이러한 당연한 논리가 선전의 체계적 발전의 열쇠이다. 따라서 선전은 미국이나 프랑스처럼 그것을 멸시하는 나라에서도 항구적으로 된다.

또한, 주의ism들과 인간들의 영향도 언급해야 한다. 어떤 주의는 선전을 부차적이거나 우발적인, 또는 시원찮은 도구로 여기는 것이 아니라, 정치의 중심, 정치 활동의 본질로 여긴다. 마오에 의해 발전한 레닌주의는 진정 선전적 교리인데, 선전은 마르크스주의의 표현이기도 하고 실천이기도 하다. 레닌주의가 확장됨에 따라, 선택이 아니라 필연으로서, 선전도 함께 발전한다. 어떤 인간들 역시 선전의 발달에 이바지하였다. 예를 들면 히틀러나 괴벨스처럼 선전의 귀재들이 있었다. 그러나 그들의 역할은 결정적이지는 않다. 그들은 선전을 발명한 것이 아니다. 그들이 원해서 선전이 존재한 것은 아니다. 그들은 단지 연출자, 감독, 촉매로서, 호의적 요소들이 수렴하는 덕을 보았을 따름이다. 이러한 모든 일은 매우 잘 알려지고, 명백한 일이라, 거기에 대해 더 미적거릴 필요가 없을 것이다.

그러나 어떤 상황들의 결집만으로 선전의 발전을 모두 설명하기에는 충분하지 않다. 선전이 성공하려면 한 사회의 전반적인 사회적 조건들, 호의적인 사회적 환경이 있어야 한다.1)

---

1) 똑같은 영향 인자도 다른 정황에 따라 무게와 효과가 다를 것이다. 선전자들이 사용하는 수단들은 어떤 사회 구조 속에서만 작용할 것이기 때문이다. 선전과 사회 구조 사이의 상호 영향은 분석해야 할 중요한 문제 중의 하나이다.
크리스(Kris)와 라이트스(Leites)는 선전의 충격에 대한 여론의 반응은 최근 몇십 년 동안 엄청나게 변했다고 지적한다. 그것은 20세기 생활의 심리적-사회적 조건들의 경향의 결과이다.

I. 사회적 조건

개인주의 사회와 대중 사회

선전이 성공하려면, 우선 사회가 상호 보완적인 두 성격을 가져야 한다. 즉 사회는 개인주의적이고, 대중적이어야 한다. 이 두 성격은 자주 대립한다. 개인주의적 사회는 개인이 집단보다 상위적 가치를 가지며, 개인의 행동을 제한하는 집단을 타파하려는 사회로 여겨진다. 대중 사회는 개인을 부정하고, 개인을 "하나의 숫자로 간주한다". 그러나 이러한 대비는 이론적이고, 초보적이다. 실제적으로는, 개인주의적 사회는 대중 사회이어야만 한다. 왜냐하면, 개인 해방의 첫 번째 운동은 전체 사회의 유기적 제도인 소집단들을 파괴하는 것이기 때문이다. 이 단절 속에서 개인은 가문, 마을, 회사, 교구, 혈연적 유대에서 해방되고, 전체 사회와 직접적으로 대면하는 것이다. 결국, 개인들이 지역적 구조들에 의해 함께 묶여 있지 않을 때, 개인들이 함께 살아갈 유일한 형태는 유기적으로 조직되지 않은 대중 사회일 수밖에 없다. 역으로 대중 사회는 그 정체성이 다른 개인들과의 관계에 의해 결정되는 고독한 개인들 위에 기초할 수밖에 없다. 개인이 다른 개인에 대해 동등하다고 주장하기 때문에, 개인이 추상적이 되고, 전체 속에서 고려되어 그가 하나의 숫자로 간주된다.

유기적인 소규모 조직들이 다시 형성되는 즉시, 사회는 개인주의적 사회가 되기를 중단하고, 그 사실로부터 대중적 성격을 상실한다. 이때 일어나는 것은, 사회 속에서 엘리트를 위한 유기적 조직의 형성이다. 사회는 여전히 대중적이긴 하다, 그렇지만 이 집단들, 즉 강력히 구조화되고 중앙화된 정당들, 조합들에 의해 틀지어진 사회이다. 또한 유기적 특징이 있는 이 단체들에 통합됨으로써 더는 개인주의적이지 않은 적극적 소수에게만 영향을 미치는 사회이다. 따라서 이런 관점에서는 개인주의 사회와 대중사회는 똑같은 실재에서 필연적으로 파생되는 두 모습이다. 이것은 우리가 대중매체에 대해 말한 것과 상응한다. 즉 선전적 기능을 수행하려면, 대중매체는 개인과 동시에 대중을 포착해야 한다.

선전은 개인주의 사회 속에서만 작용할 수 있다. 여기서 개인주의란 19세기 이론적 개인주의가 아니라, 우리 사회의 실제적 개인주의이다. 물론 둘 사이에는 단적인 대립이 있는 것이 아니다. 개인에게 가장 큰 가치를 준다면, 결국 개인들로만 구성된 사회, 그래서 결과적으로 분해된 사회에 이르게 된다. 그럼에도, 큰 차이가 있다. 개인주의적 이론 속에서는, 개인은 특출한 가치를 지니고, 인간은 그 자체로 자기 생의 주인이다. 반면 실질적인 개인주의 속에서는, 개인은 수없이 많은 힘과 영향을 받으며, 개인은 전혀 자기 생의 주인이 아니다. 단단하게 조직된 집단들이 존재하고, 개인이 거기에 통합되어 있다면, 그는 집단에 종속되어 있다. 그러나 그 개인은 외부적 영향과 선전에서 보호받는다. 선전은 소규모 집단에서 벗어나 있는 개인에게만 작용할 수 있다. 소규모 집단들은 선전이 침투하기에는 몹시 어려운 환경이다. 왜냐하면, 유기적으로 조직되어 있고, 아주 조직적인 물질적, 정신적, 감정적 생을 가지고 있기 때문이다. 예를 들어 어떤 사람이 단순한 시민일 경우보다는, 군대라는 집단 속에 통합된 군인이거나, 일사불란한 당의 당원일 경우에는 외부 선전이 그에게 영향을 미치기는 훨씬 어렵다. 마찬가지로, 유기적 집단은, 대중적 선전에 아주 중요한 심리적 오염에 민감하지가 않다. 우리는 19세기에는, 이러한 소집단들이 파열됨으로써 개인주의 사회가 대강 실현되었다고 말할 수 있다. 즉 가문, 교회 등이 그 중요성을 상실하면서, 개인을 혼자 내버려두었다. 개인은 물질적으로 혼자 남았고, 새로운 환경 속에, 주로 도시적 환경 속에 잠기게 되었다. 그는 전통적으로는 '뿌리 뽑힌 자'로 규정된다. 정체성 상실자 그는 더는 생활할 전통적인 장소가 없고, 어떤 가문에 역사적으로 매달려 있지 않으며, 지리적으로도 어떤 고정된 장소에 부착되어 있지 않다. 그리고 이 뿌리 뽑힌 자는 정확히 대중의 일부이다. 개인은 진정으로 고독하고, 개인주의적 생각 그 자체로부터 그가 지금까지는 절대 갖지 않았던 어떤 부담이 가해진다. 즉 개인은 모든 것의 척도가 된다. 따라서 그는 혼자서 모든 것을 판단하는 것을 배우게 된다. 그렇지만, 또, 그는 그렇게 해야만 한다. 그는 그 일을 위해 자기 자신의 힘에 내맡겨져 있다. 그는 자기 자신 안에서만 기준과 방편을 찾을 수 있다. 그는 사회 속에서처럼 자신의 삶 속에서도 결정의 모든 책임자이다. 그는 시작이면서 종점이다. 그의 전에는 아무것도 없었고, 그의 이후에는 아무것도 없을 것이다. 자신의 생이 정의와 부정, 선과 악의 기준이다.

이것은 이론적으로 감탄할만하다. 그러나 실제로 이 개인은 맥 빠지게 하고 과소평가하는 구체적 상황 속에 놓이고, 동시에 전적인 무거운 책임을 진다. 이런 조건들 속에서 개인주의 사회는 선전의 선택 장소가 된다. 항구적인 문제 삼기, 사회구조의 유동성, 인간에 대한 사회적 보호의 부재, 전통 기준의 부재는 외부 정보를 제공하면서 마음대로 조작할 수 있는 유동적 환경을 선전에 제공한다.

혼자 남은 개인은 무방비 상태이다. 그것은 그가 사회적 흐름 속에 잡혀 있으면 더욱 심하다. 그래서 선전의 쉬운 사냥감이 된다. 소그룹에 들어가 있으면 그는 집단적 영향, 유행, 제안에서 상당히 잘 보호된다. 그는 전반적인 사회의 변동에 덜 예민해진다. 그는 소집단 전체가 복종해야 따라서 복종한다. 그가 더 자유롭다는 것은 전혀 아니다. 그러나 그는 자신의 지역적 환경, 소집단에 의해 결정되고, 외부의 집단적인 심리적 자극과 이데올로기적 영향은 거의 받지 않는다. 개인을 이러한 작은 유기적 그룹에서 해방하면, 그를 자유롭게 만들 것으로 생각하는 것은 잘못이다. 실제로는, 그렇게 하면 그를 대중적 흐름, 국가의 영향, 전반적 사회 속으로 직접적으로 삽입되게, 결국 선전에 쉽게 노출되게 하는 것이다. 그는 무한히 덜 안정적으로 된다. 물질적 뿌리 뽑힘은 심리적 뿌리 뽑힘과 일치하기 때문이다. 그래서 예를 들어 농부들 세계에서 선전은 별로 영향이 없다. 괴벨스도 그 환경적 구조를 파괴해야만 농부들에 영향을 줄 수 있다고 인정했다. 레닌도 러시아 농부를 혁명에 통합시키는데 어려움을 겪었다. 따라서 선전이 19세기와 20세기 전반에 유럽에서 점차 발전했던 것은, 사회의 유기적 구조들이 와해되면서 더욱더 개인주의적으로 되었기 때문이다.

선전이 없었다면 사회는 대중사회가 되었을 것이다. 이 사회는 단순히 깨지거나 와해하는 사회이어서는 안 된다. 즉, 그 소집단들이 파열되며 사라지는 사회이어서는 안 된다. 선전의 발달을 촉진해주는 사회는 그 자체는 유지하면서 동시에 새로운 구조로, 즉 대중 사회의 구조로 넘어가는 사회이어야 한다.2)

---

2) 대중에 관한 많은 책 중에서, 오르테가 이 가세트(J. Ortega Y Gasset)의 대중 시대는, 많은 학자의 비판에도 불구하고, 여전히 유효하다.
엘모 로퍼스(Elmo Ropers)의 미국의 영향력 있는 집단들 분류는 상당히 잘 알려졌다 : 주민의 90%는 "정치적으로 무기력"하다. 그들은 움직여졌을 때만 우발적으로 적극적으로 되고, 보통은 "무기력하고, 부주의하며, 조종 가능하고, 비판적 정신이 없다.". 바로 이것이 대중적 인간을 구성하는 질이다. (로퍼(Roper), "누가 이야기꾼들을 말하는가?", 토요 리뷰,

대중과 군중 사이의 관계에 대해서는 많은 토론이 있었고, 또 대중과 대중화 사이에도 구분이 내려졌다. 군중은 일시적 군중의 운집이고, 대중은 항구적 사회 환경 속으로 개인들의 가담이다. 어떤 주어진 지점에 모인 군중이 소위 대중이 아님은 명백하다. 대중 사회란 원칙적으로 인구가 상당히 밀집된 사회로서, 거기서는 지역적 구조들이 미약하고, 여론의 흐름이 강력히 느껴지며, 인간들은 크고 영향력 있는 집합체들로 집합되고, 개인은 이런 집합체들 일부이며, 거기서는 어떤 심리적 통일성이 존재한다. 대중 사회는 물질적 생의 어떤 단일성으로 특징된다. 환경, 훈련, 또는 상황의 차이들에도 불구하고, 대중 사회의 인간들은 똑같은 염려들, 똑같은 기술적 방향, 똑같은 신화적 믿음들, 똑같은 편견들을 가지고 있다.3) 선전에 잡혀 있는 대중을 구성하는 개인들은 겉으로는 상당히 달라 보이지만, 선전이 직접 그들에게 작용할 만큼 충분히 공통적인 것들을 가지고 있다.

실제로, 우리 사회 속에서는, 대중과 군중 사이에 밀접한 관계가 있다. 대중 사회가 존재하기 때문에, 군중은 자주 집결하고, 또는 더 정확하게는 개인은 끊임없이 한 군중에서 다른 군중으로, 거리의 군중에서 공장의 군중으로, 극장의 군중으로, 지하철의 군중으로, 은행의 군중으로, 모임의 군중으로 이동한다. 그리고 서로 이러한 군중에 속한다는 사실은 인간이 더욱더 대중 사회의 인간이 되게 하고, 그럼으로써 더욱더 그의 심리적 존재를 변화시킨다. 대중 사회에 속한다는 사실이 인간의 심리 변화를 가져온다는 것은 확실하다. 이 변화는 어떤 선전이 군중의 영혼이나 집합체의 정신에 호소하지 않는다 해도 일어난다. 대중 사회에 의해 생산된

1954). 이 책 속에서 우리는 바로 이런 대중적 인간, 보통 사람에 대해 언급하는 것이다.
3) 대중 사회는 게다가 강력히 조직된 사회이다. 알비그Albig는 선전은 사회의 성장과 조직에 필수적인 병존 요소라고 지적한다. 우리는 이것을 길게 증명할 것이다.

개인은 훨씬 쉽게 이용할 수 있고, 쉽게 잘 믿으며, 권위에 더 잘 따르며, 더 쉽게 흥분시킬 수 있다. 그런 조건들 아래서 선전은 가장 잘 발전한다. 19세기 말과 20세기 전반부에 서구 유럽에서 대중 사회가 형성되었기 때문에, 선전이 가능했던 동시에 반드시 필요했다.

이와 동시에, 대중 사회 때문에 선전에 가장 호의적인 심리적 요소들이 발전한다 : 상징, 집단적 표상, 고정관념. 물론 이러한 것들은 소집단과 제한된 사회들 속에서도 존재한다. 그렇지만, 거기서는 그것들은 똑같은 성격과 밀도와 추상적 관념이 없다. 대중 사회 속에서는 그것들은 훨씬 더 현실로부터 떨어져 있고, 더 조작하기 쉬우며, 수도 많고, 강력하지만 짧은 흥분을 자극하기 쉽다. 그렇지만 의미는 덜하고, 개인적 삶 속에 덜 내재적이다. 원시 사회의 상징들은 자유롭고 유연한 선전의 유희를 허락하지 않는다. 왜냐하면, 그것들은 고정적이고 안정되어 있으며 숫자도 적기 때문이다. 그리고 그것들의 성격도 다르다 : 처음에는 종교적 기원이었다가, 다음은 넓은 의미로 정치적이 된다. 대중 사회 속에서, 최종적으로, 공적 여론과 잠재적인 사적 의견들 사이에 최대의 거리가 생긴다. 사적 의견은 억압되거나, 점차 제거된다.

따라서 현대 사회에서는 대중이 선전을 가능하게 했다. 실제로 선전은 인간이 속한 군중이나 대중에 의해 심리적으로 영향을 받아야 가능하다. 게다가, 이미 지적했듯이, 선전 유포의 수단들은 대중의 존재를 가정한다. 미국에서 이 수단들을 대중 소통 매체라고 부르는 이유가 있다. 선전을 받아들이고, 그것을 짊어지고 갈 대중이 없으면, 선전은 불가능하다.

여기서 또 여론이 중요하다. 현대의 여론은 마찬가지로 대중 사회를 가정한다. 실제로 어떤 자극이나 행위가 있을 때, 의견들, 행동들, 반응들의 교환이 있어야 한다. 그것이 여론 형성의 첫걸음이다. 또한, 기존의 여론에 대해, 사적 의견이나 잠재적 여론에 대한 자각이 있어야 한다. 마지막으로 가치들과 태도들에 대한 문제화와 재평가가 있어야 한다. 바로 이때부터 구체화된 여론이 진정으로 존재한다. 그런데 이 모든 과정이 전개되려면, 수많은 사람 사이의 아주 밀접한 관계가 필요하다. 우리가 의미하는 여론, 즉 선전에 의해 사용되고 선전에 필요한 여론은 50~100명 정도의, 외부에 대해 폐쇄적인 작은 공동체15세기 수도원이나 농촌처럼 속에서는, 또는 사람들 사이에 접촉이 별로 없는 희박한 인구 밀도의 사회에서는 존재할 수 없다. 예를 들어 시골 장에서 한 달에 한 번이나 만나서는 어떤 견해를 여론을 형성할 수 있을 정도로 넓게 유포시킬 수 없다.

따라서 선전이 심리적으로나 사회적으로 만들어지려면, 우선 이중적인 인구 현상이 있어야 한다. 첫째, 아주 다양한 사람들의 접촉 증가, 의견과 경험 교환, 함께라는 감정의 중요성과 함께 인구의 밀집이다. 두 번째 현상은, 도시적 집중으로서, 이것은 대중에게 그 심리적이고 사회학적 성격을 주고, 결국엔 대중과 군중 사이의 혼동에 이르게 된다. 오직 이로부터 선전은 군중적 효과를 이용할 수 있고, 집단생활이 개인에게 만들어 놓은 심리적 변화를 이용할 수 있다. 더군다나 선전의 수단들은 그 주요 거점을 도시적 집중 속에서 발견한다.

신문, 텔레비전을 사고, 방송을 듣는 것은 사회의 대중적 구조를 가정하고, 어떤 명령들에 대한 전반적 복종을 의미하는 사회적 행위이다. 이 명령들은 인간이, 각자의 눈에 이런 사적인 행위의 수행을 가치 있는 것으로 여기게 하는 대중 속에 들어 있을 때라야 느끼는 것들이다. 나아가서, 영화관, 정치적 모임에 가는 것은 물질적 근접성, 따라서 집중된 대중들의 존재를 가정한다. 사실, 정치적 모임의 조직자는 10~15명 모인다면 아예 모임을 만들려고 하지 않을 것이다. 그리고 개인들도 혹시나 하고

용감하게 멀리서 오지도 않을 것이다. 그런데 어떤 모임이나 영화를 통해 선전 효과를 달성하려면, 규칙적 참석이 꼭 있어야 한다. 따라서 대중이 구성되는 것이 필수적이다. 그리고 세부적으로도, 선전에 그 정당성을 부여하는 것은 바로 대중 사회이다. 따라서 선전의 수단으로 극히 본질적인 '다수 효과'는 대중 사회 속에서만 작용할 수 있다. 예를 들어, "모든 프랑스인은 알제리에서 평화를 원한다", 또는 거꾸로 "모든 프랑스인은 알제리를 고수하기를 원한다"라는 선전 논리는 "모든 프랑스인"이 즉각적인 대중적 현실을 대변해야 가치를 지닌다.

따라서 대중은 선전의 첫째 조건이다. 나아가서 대중은 형성되자마자, 선전의 힘과 선전이 행사되기를 요구한다.

우리는 여기서 개인적 심리학 영역에는 머무르지 않을 것이다. 그러나 스토첼Stoetzel이 말하듯이, "대중 사회의 존재 조건은 개인의 좌절을 증폭시키는 경향이 있다. 이 사회는 인간 사이에 추상적이고 조각난 관계…, 전혀 내밀성이 없는 관계를 생산한다…. 불안정, 불안의 감정이 어떻게 발전하는가를 보여주고, 우리 환경의 모순을 강조해야 한다. 즉 사회적 경쟁과 인류애 사이의 갈등, 광고에 의한 욕구의 지속적인 자극과 제한된 재정 사이의 갈등, 법적 자유와 사실적인 질곡 사이의 갈등."

선전은 사실 심리적으로 이러한 상황에 대답한다. 선전이 개인에게 호소하지만, 대중 위에서 작용한다는 사실은, 겉으로는 달라 보이는 두 선전 유형 사이의 통일성을 설명해준다. 예를 들어, 지도자영웅, 또는 전문가의 후광 위에 기초한 선전과 다수의 후광 위에 기초한 선전. 물론 선전 기술 속에서는, 이런 수단 각각에 특수한 기능이 있다. 그러나 이 두 유형은 서로 크게 다르지 않다.

대중 가운데서 권위와 명성을 누리는 지도자나 전문가는 이 대중을 가장 잘 대변하는 사람이다. 보통 사람은 자신 안에서 자신을 알아봐야 한다. 지도자는 보통 사람의 승화이어야 한다. 그는 다른 자질을 가진 사람으로 나타나서는 안 된다. 보통 사람이 지도자가 자신을 초월한다는 느낌이 들어서는 안 된다. 영웅배우, 독재자, 스포츠 챔피언 속에 들어 있는 이러한 보통 사람의 질감이 최근 30년의 역사 속에서 명확하게 증명되었다. 이것은 또 E. 모랭Morin이 그의 은막의 스타들의 신격화 연구에서 강조한 것이다.

어떤 사람이 지도자를 따른다는 것은, 실제로는 대중을 따르는 것이고, 지도자라고 하는 이 보통 사람이 완벽하게 대변하는 집단 대다수를 따르는 것이다. 이 지도자는 자신의 집단에서 분리되면 아무런 힘도 없다. 어떠한 선전도 고독한 지도자로부터는 나올 수 없다. 선전의 차원에서는, 모세는 더는 존재하지 않는다. 우리에게 남은 것은 개인적 특성들이 벗겨진, 다수의 후광으로 다시 덮인 '트루만'이나 '무솔리니'일 따름이다.

개인주의적이고 대중적인 사회는 선전이 발전할 수 있는 필수적이고 근본적인 조건이다. 그런 조건이 없으면 물질적 수단들과 국가의 독재적 의지도 작용하지 못할 것이다. 그런데 이런 분석에 이의를 제기할 수 있을 것이다. 첫 번째 이의는 우리 사회에서 조직적인 지역 집단, 즉 예를 들면 정당과 조합의 출현에 근거한다. 이 새롭게 형성된 집단들은 개인주의적이고 대중적인 구조를 부정하는 것처럼 보인다. 그러나 우선, 이 집단들은 과거의 유기적 집단 같은 단결, 저항, 구조를 갖지 못했다. 이것들은 완전히 제도화될 시간이 없었다. 우리 사회 속에서 그것들이 얼마나 취약하고, 흔들리며, 유동적인가를 보면 된다. 그것들은 대중적 영향에 진정으로 저항할만한 집단들이 아니다. 그것들은 민주적 형태로부터 일사불란한 형태로 넘어가고, 권위적 구조를 택하면서 그렇게 되려고 시도한다.

두 번째, 이 집단들은 전반적 선전에 진짜 저항을 하지 않는다. 그것들은 어떤 특정한 선전에는 저항할 수 있지만, 선전이라는 집단적 현상에는 그렇게 할 수 없다. 왜냐하면, 이 집단들의 발전이 선전의 발전과 함께 이뤄지기 때문이다. 그것들은 선전을 심하게 당하는 사회 속에서 발전한다. 그것들 자신이 선전의 거주지이다. 그것들은 선전의 도구들이고, 선전의 기술 속에 통합된다. 우리는 더는 전통적인 사회 상황과 비교될 수 있는 사회 상황 속에 들어 있지 않다. 이 전통적 사회 속에서는 전반적 선전은 거의 없었고, 지역적인 심리적 영향들만 있었다. 이어서, 선전이 있었을 때에는, 이 선전은 지역적 집단들에 대항해 싸웠었다. 유기적 집단들이 존재했었고, 선전은 그것들 위에서 작용하고, 그것들에 영향을 미치거나 변경하려고 하였으며, 이 유기적 집단들은 거기에 저항했었다.

현재 우리는 개인을 통합해가는 유기적 집단들이 창조되는 것을 보고 있다. 그 집단은 과거의 유기적 집단들의 몇몇 특성들을 제시한다. 그렇지만, 그것들의 집단생활과 지적이고 감정적이며, 정신적인 생활은 선전에 의해 결정되고, 그것들은 선전이 없으면 유지될 수 없다. 이 집단들은 이 대중 사회 속에서 선전에 종속되고, 그것들 자체가 선전 기관으로 봉사해야, 유기적 집단들이 된다. 우리 사회는 이렇게 완전히 변했다. 선전의 발전을 허용해 주었던 순수하게 개인주의적 단계를 떠나면, 우리는 여전히 일차적인 집단적 구조들이 있을 수 있는 사회에 이르게 된다. 그러나 이 일차적 집단들 속에 전반적 선전이 설정되고, 이 집단들은 그런 선전과는 더는 분리될 수 없게 된다. 지금도 약간은 유지되고 있는 유기적 집단들가문, 교회 등이 어떤 대가로든지 선전을 통해 살아가려고 하는 것을 보면 참으로 신기하다. 가문들은 가문의 연합에 의해 보호되고, 교회들은 심리적으로 영향을 주는 방법들을 쓰려고 한다…. 이것들은 과거의 유기적 집단들을 부정하는 것이다. 그리고 더 심한 것은, 새로운 일차적 집단들[정당, 조합 등]이 전반적 선전의 흐름 속에서 중요한 중계국이라는 점이다. 그것들은 도구로서 동원되고 사용된다. 그래서 개인적 저항을 위한 버팀목이 되어주지 못한다. 왜냐하면, 반대로, 틀에 맞추어진 개인은 바로 그것들에 의해 선전에 동원되기 때문이다.

다른 반대가 즉각 또 나온다. 선전은 개인주의적이지도 않고 대중적이지도 않은 사회들 속에서 발전하였다 : 1917년 러시아 사회, 현재의 중국, 인도차이나, 아랍 세계. 그러나 이 사회들은, 전통적 구조들이 붕괴하였을 때에만, 그리고 바로 그 개인주의적이고 대중적인 사회가 형성되는 한에서만, 선전에 의해 포착되고, 선동되며, 동원될 수 있었고, 있음을 생각해야 한다. 이런 일이 일어나지 않는 한, 선전은 영향력 없는 채로 남아 있다. 따라서 이러한 사회가 자발적으로 형성되지 않는다면, 독재 국가에 의해 강제적으로 만들어진다. 그리고 그럴 때에만 이 국가들은 선전을 사용할 수 있다. 예를 들어 소련에서, 코카서스와 아제르바이잔 지방은 1917년에 선동 선전의 온상이었다. 왜냐하면, 이 지역의 범세계주의, 주민들[러시아인, 이슬람교도들]의 유동성, 정체성 부재, 국가주의적 신화 등이 대중 사회를 형성하였기 때문이다. 그리고 소비에트 러시아에서 선전은 과거의 조직적 집단들의 파괴, 그리고 대중 사회의 창조와 정확히 함께 진행되었다.

마찬가지로 인도차이나에서 베트민VietMinh;호치민이 이끈 베트남 독립 투쟁 조직-편집자주 조직의 도입은 정확히 전통적 집단들에 강제된 전반적 사회의 구조화이다. 리엔베트LienViet는 독립적이고 중앙집중적인 위계질서와 함께, 전통적인 주민 집단을 인위적으로 새로 재단하면서, 과거의 가족들과 마을들, 구역들을 뒤집어버리고, 개인들을 새로운 집단 속에서 다시 짜려고 옛 형태를 깨뜨린다. 인간은 개인으로 간주되고, 나이, 성, 직업에 따라 구분된다. 가족 집단은 해체된다. 아이들은 부모와 똑같은 집단 속에 속하지 않는다. 이렇게 만들어진 각 연합은 거의 똑같은 욕구, 취향, 기능을 가진 구성원들로 이뤄진 균질한 집단이다. 바로 이러한 조건 속에서 선전이 발전할 수 있고, 이러한 인위적 집단 속에서 개인들은 포착될 것이다. 그래야, 지도된 토론청소년 집단의 토론 주제는 성인 집단에서 제기된 주제와는 아주 다를 것이다이 있을 수 있고, 자아비판이 있을 수 있다. 그리고 이제야 청소년들은 진지하고도 쉽게 자아비판을 할 수 있을 것이다. 왜냐하면, 부모의 통제에서 벗어났기 때문이다. 인도차이나에서 프랑스의 선전이 실패했던 것은, 부분적으로는, 그 소집단과 함께 전통적 사회를 존중했기 때문이다.

우리는 같은 사실을 중국에서도 발견한다. 우리는 이미 새로운 구분 방식에 대해 기술하였다. 중국은 소련이 20년, 서구가 150년 걸린 것을, 폭력으로 단 3년 만에 이뤄낸다. 즉 선전이 성공하기 위한 특별한 사회적 조건을 일궈낸다. 중국 정부는 새로운 사회를 조직할 필요를 완벽히 이해했던 것 같다. 인도차이나 반도에서 성공했던 선전 방식이 알제리에서도 적용될 수 있을까 하고 프랑스와 알제리는 고민했던 것 같다…., 우리는 여기서 사회학적으로 똑같은 문제를 보게 된다. 한편으로는 베트민을 모방하고자 하는 민족해방전선의 시도, 다른 한편으로는 프랑스에 의한 백만 아랍인의 수용소 유치는 각자의 방법으로, 똑같은 사회적 변화를 불러왔다. 이 두 작전은 동시에 진행되었는데, 각자는, 필사적으로 선전에 호의적인 토양을 만들고자 하였다.

따라서 이러한 극히 빠르고, 강제적이며, 체계적인 사회의 변화 속에서 우리의 분석에서 비극적인 면을 확인한다. 즉 선전이 발전하려면 포괄적 사회의 대중화가 있어야 한다.

여론

이 모든 것에 여론의 문제를 더해야 한다. 우리는 이미 선전은 우선 여론적인 일이 아니고, 또 다른 한편 여론의 존재는 대중 사회의 출현과 연결되어 있다고 말했다.4) 우리는 여기서 다른 양상을 강조할 것이다. 일차적 집단들, 소집단들 속에서 형성되는 여론은 포괄적 사회 속에서 존재하는 여론과는 전혀 같은 성격이 아니다. 개인들 사이에 직접 접촉이 이뤄지고, 개인들 사이의 관계가 지배적인 관계인 집단 속에서는, "여론"의 형성 과정은 이런 직접적 접촉에 종속된다. 그리고 여기서 여론을 결정하는 것은 정확히 "지배적인" 의견이다. 이 지배적 의견이 집단 전체에게 본능적 방식으로 강제될 것이다. 개인 사이의 관계는 지배적 의견으로 향하는 경향을 보인다. 왜냐하면, 우선 이런 집단 속에서는, 지도력이 자발적으로 인정되고, 집단의 의견은 모든 구성원의 공통 이해가 걸려 있는 구체적 상황이나 공통의 경험에 따라 규제되기 때문이다. 게다가 이 집단 구성원들의 사회적 수준은 일반적으로 같다.

따라서 이러한 일차적 집단들은 본래 민주적이다. 실제, 여론은 직접적으로 형성된다. 왜냐하면, 개인들은 참여할 사건과 직접적으로 접촉하기 때문이다. 그리고 이러한 여론은 일단 형성되면 직접적으로 표현된다. 각자는 그 의견을 알고, 집단의 지도자들도 이 집단의 의견이 무엇인지

---

4) 한 집단이 견해를 바꾸는 조건들은 자주 연구되었다. 우리는 모호성의 문제, 편견에 기초한 의견들, 갑자기 무너질 수 있는 출현들, 다수의 효과 등을 알고 있다. 그러한 제한된 조건들에 대한 많은 연구가 있었다. 그러나 그러한 것들은 대중 사회 밖에서는 아무런 가치가 없다.

알며, 그것을 고려해야 한다. 그들은 이 의견이 형성되도록 크게 이바지 했었다. 그러나 이 집단들은 전혀 자유주의적이지 않다. 이 집단들 속에서 소수는 이방 집단처럼 나타난다. 그 관계는 마법적이거나 종교적 도취가 되는 경향이 있기 때문에 반대자는 교감을 없앤다. 제재를 가하는 일은 일반적으로 막연하지만, 역동적이다. 마찬가지로 이 집단들 속에서는 평등이 없다. 우리는 위에서 리더십을 지적했다. 물론 소집단 속에서는 제도적 권위에를 들어 가장도 존재한다. 집단의 여론은 흔히 모두가 개인적으로 알고 있고 권위를 인정하는 지배적 인물에 따라 형성될 것이다.

이차적인, 또는 포괄적인 사회는 전혀 다른 특징을 갖는다. 이 사회그리고 여론 연구에서는 오직 이 사회만 고려된다 속에서는, 개인들은 서로 모르고, 직접적인 접촉이 없다. 그들은 또 결정을 내려야 할 문제에 대한 직접적 경험을 하지도 않는다. 개인들 사이의 관계는 없고, 오직 개인에서 집단으로, 포괄적 관계만 있다. 어느 정도는, 이 집단에서 도출되는 의견은 다수의 의견일 것이다. 그러나 여론이 다수 의견이라고는 말할 수 없다! 이 집단 속에서, 여론의 형성은 극도로 복잡하고, 그에 대한 많은 이론이 존재한다. 그러나 아무튼 이 여론은 세 개의 특징을 제시한다. 즉 결정을 내려야 할 사실에 대해 개인들에게 알려 줄 제도화된 정보 채널이 사회 속에 있어야 여론은 형성된다. 따라서 사실과 여론 사이에는 일련의 중개가 있다. 정보는 간접적이다. 그러나 정보가 없다면, 결코 여론도 없다. 다른 한편, 이것이 매개에 의한 정보이기 때문에, 개인들 사이의 단순한 상호 작용으로는 여론이 만들어지지 않는다. 오늘날 여론은 대부분 이런 정보의 경로에 종속된다.

두 번째 특징은, 이 여론이 직접 표현될 수 없다는 사실 때문이다. 여기서도 여전히, 여론을 한 방향으로 모으고 결국 여론에 표현 수단을 제시

2장. 선전의 존재 조건

하는 도구들이 필요하다. 형성된 여론이란 아직은 아무것도 아니고, 자발적으로 표현되지 않는다. 그것은 선거에서 이의제기는 있지만, 선거에서 나타난 의견이 여론과 일치한다는 조건에서 정당, 단체를 통해서, 신문, 여론조사 등을 통해 표현될 것이다. 그러나 이 모든 것은 아주 불충분하다.

마지막으로, 세 번째 특징은 이 여론이 아주 많은 사람 사이에서 형성된다는 것이다. 이 사람들은 똑같은 사실에 대해 똑같은 경험을 할 수 없고, 이 사실을 서로 다른 도식에 따라 해석하며, 똑같은 언어를 사용하지도 않고, 똑같은 문화나 사회적 상황도 가지고 있지 않다. 보통 모든 것이 그들을 가른다. 그들은 하나의 여론을 형성할 수 없었을 것이다, 그럼에도 그들은 그것을 형성한다. 그것이 가능해진 이유는, 사람들이 사실을 마주하는 것이 아니라, 사실의 추상적 상징들과 마주하기 때문이다. 여론은 실제 상황과 직접 관계없는 태도들과 이론들을 중심으로 형성된다. 그리고 여론 형성에 가장 효과적 상징들은 현실로부터 가장 멀리 떨어진 것들이다. 따라서 여론은 항상 현실 밖의 문제들 위에서 조직된다.

우리는 이미 본래의 소집단들은 선전 활동에 장애라고 수차 말했다. 실제로 이 집단의 여론 구조는 집단 바깥의 행동과는 대립한다. 우리는 물론 집단 지도자의 행위를 선전이라고 부르지 않는다. 그러나 이것은 집단 구성원들이 선전에서 자유롭다는 것을 의미하지는 않는다. 반대로 우리는 이미 그들이 자유롭지 않음을 지적하였다. 그런 집단 속에서는 직접적 경험, 사실과 문제에 대한 직접적 접촉, 개인 간의 직접 교분이 있기 때문에 선전이 있을 수 없다. 오직 이차적 여론 속에서만 선전이 작용할 수 있다. 그리고 실제로 거기서는 선전이 작용하지 않을 수가 없다. 이차적 집단들 속에서 여론이 형성되려면, 정보 전달 경로와 상징 조작의 경로가 있어야 한다. 여론이 있다는 것은, 이 여론의 구체화, 즉 개인의 전 의식적 단계로부터 공공의 의식적 단계로 이동을 유발한 선전이 있다는 것이다. 따라서 선전은, 이차적 여론이 구성될 수 있는 이차적 집단 속에서만 역할을 할 수 있다. 그러나 이 두 유형의 집단을 단순하게 대립시킬 수는 없다. 하나의 포괄적 사회는 다양한 집단들로 구성되기 때문이다. 따라서 일차적 여론과 이차적 여론 사이에는 당연히 갈등이 있다. 그 둘 중 하나가 다른 것을 지배할 것이다. 선전은 이차적 여론이 일차적 여론을 단호히 지배하고, 일차적 여론이 위축되어 미미한 가치밖에 없는 사회 속에서만 존재할 수 있다. 그리고 개인이 이렇게 갈등하는 두 여론 사이에 끼어 있을 때에는, 그는 보통은 포괄적 여론을 따른다. 이것은 우리가 대중 사회에 대해 말한 것과 일치한다.

대중매체

마지막으로 선전의 다른 조건이 있다. 매스 커뮤니케이션 수단들이 존재해야 포괄적 사회 속에서 여론이 형성될 수 있다. 그것은 명확하다. 대중매체가 없다면, 현대 선전은 있을 수 없다. 그러나 대중매체가 선전의 도구가 되려면, 이중적 요인이 필요하다. 왜냐하면, 그것들은 어느 상황에서나 자동으로 도구가 되는 것은 아니기 때문이다. 대중매체의 생산에는 집중적 통제가 있어야 하고, 그 생산물은 확산해야 한다. 영화, 신문, 라디오 방송이 중앙집중식으로 통제되지 않으면, 선전은 가능하지 않다. 독립적이고 경쟁적인 뉴스 에이전시들이 다수 존재하는 한, 각 도시에 활발한 여러 경쟁 신문사들이 있는 한, 의식적이고 직접적인 선전은 없다. 그 이유는 독자가 여러 가지 중에서 선택할 수 있고, 자유롭기 때문이 아니라 실제로 그는, 앞으로 보게 되겠지만, 자유롭지 못하다, 어떤 미디어도 개인을 지속적으로, 그리고 모든 길을 통해서, 포착할 충분한 힘이 없기 때문이다. 어떤 미디어도 충분히 능력 있는 인력이 없고, 개인을 붙들 광범한 대중 운동을 만들 수 없다. 그리고 지역적 영향들이 예를 들면 대형 신문들의 영향을 위축시킬 만큼 상당히 강하다. 선전이 조직될 수 있으려면, 미디어가 집중화되어야 한다. 즉 뉴스 에이전시 감축, 언론의 일사불란한 통제, 영화와 라디오의 독점 체제 구축 등. 물론 여러 종류의 대중매체가 독과점적으로 집중된다면 그 효과는 더 클 것이다. 신문 트러스트가 통제력을 영화와 라디오까지 확장한다면 선전은 대중을 향할 수 있고, 개인은 넓은 미디어 망 속에 잡힐 것이다. 마지막으로, 선전이 있으려면 이 대중매체들 속에서 방향과 조종의 통일성이 있어야 한다. 각자가 자기 멋대로 신문을 경영하는 한, 영향을 기술적으로 조직할 수 없다.

수많은 미디어를 독과점적으로 집중해야만 개인에게 영향을 미치는 과학적 방법들을 조절하고 지속하며 적용할 수 있다. 요컨데 국가적 독점이든 사적 독점이든 있어야 한다. 이런 상황은 미국, 프랑스, 독일에서 실현되고 있으며 이미 잘 알려졌다. 독자의 수는 늘어나는 반면, 신문의 수는 줄어든다. 원가가 계속 상승하면, 더욱더 집중이 필요하다. 모든 통계가 그것을 보여준다. 이러한 집중 현상이 가속되면, 상황은 선전에 점점 더 유리해진다. 물론, 대중매체의 합병이 필연적으로 선전을 만들어낸다고 성급히 결론 내서는 안 된다. 그러한 집중은 단지 하나의 선결 조건이다. 그러나 미디어가 집중된다고 해서 충분하지 않다. 개인이 수신을 보장해야 한다. 이것은 자명한 이치이다. 누구도 사지 않는다면 신문 선전이 무슨 소용인가! 그런데 신문을 사고, 영화관에 가는 것은 개인 생활에서 그다지 어렵지 않은 행동들이다. 그는 쉽게 그런 것을 한다.

라디오나 TV에 관해서도, 수신이 보장되어야 한다. 여기서 우리는 수신기의 보급 필요를 만난다. 피선전자는 수신기를 사는 아주 적극적 행위를 해야 한다. 수많은 수신기가 보급되어야 선전이 작용할 수 있다. TV가 없다면, 이 수단으로 선전하는 것은 아무 소용 없다. 1950년대에 미국의 소리 TV 선전을 동유럽 국가들로 송출했을 때 이런 일이 일어났다. 그러나 TV를 산다는 사실은 우리가 다룰 또 하나의 문제, 즉 피선전자의 공모 문제를 생각나게 한다. 그가 피선전자인 것은, 결국 그가 그것을 원했기 때문이다. 즉 그가 신문을 사기를, 영화관에 가기를, 라디오와 TV 구매를 원했기 때문이다. 물론 그는 이런 기기들을 선전의 대상이 되려고 산 것은 아니다. 그로 하여금 TV를 사고, 영화관에 가게 충동한 것은 복잡한 동기들이다. 그러나 그렇게 하면서, 그는 선전에 문호를 개방하고, 선전에 종속된다. 그리고 그가 그것을 의식한다 해도, 라디오의 매력은 선전에 대한 두려움보다 더 크다. 그래서 그는 결국에는 선전을 받아들이기로 자발적으로 동의한다. 이것은 공산국가들에서처럼 공용 수신기를 통해서 전달될 때에는 더 확실하다. 청취자들은 필연적으로 선전이 있다는 것을 알지만, 모여든다. 그들은 라디오의 매력과 TV의 최면을 빠져나가지 못한다.

이 사실은 신문에 더 충격적이다. 왜냐하면, 독자들은 자기 마음에 드는 신문을 사기 때문이다. 그 신문 속에서 독자는 자신의 생각과 의견을 발견하고, 자신의 반영을 본다. 그리고 그는 꼭 이 신문만을 원한다. 따라서 그는 실제로 선전 당하기를 원한다고 말할 수 있다. 그는 이러한 영향을 받기를 원하며, 당하고 싶은 선전에 따라 선택을 한다. 그리고 혹시 신문 속에서 마음에 들지 않는 기사를 발견하면, 약간 빗나간 의견을 발견하면, 그러면 그는 구독을 취소한다. 그는 자신의 패턴을 따르지 않는 것을 참을 수 없다. 이것이 바로 우리가 보게 될 피선전자의 정신상태이다.

누군가 이렇게는 말하지 않길 바란다. "독자는 선전의 영향을 받는 것이 아니다. 왜냐하면, 그는 신문 속에서 발견할 생각과 의견을 이미 가지고 있기 때문이다." 그런 논리는 아주 단순논리이고, 구체적 현실과는 동떨어져 있으며, 자유주의적 이상주의의 때가 묻어 있다. 실제로는 선전이 있다. 왜냐하면, 독자는 흐릿하고 느슨한 의견으로부터, 엄격하고, 흥분적인, 적극적인 표현으로 넘어가기 때문이다. 어떤 감정이나 인상에서 행동 동기로 변형이 있다. 불명확한 도식들의 구체화가 있다. 이러한 신문을 읽어서 결정된 반사 행동의 쇄신이 있고, 신화의 강화가 있다. 이 모든 것은 선전의 특징이다. 독자는 진정 선전에 복종한 것이다. 그렇지만, 자기편의 선전이다. 왜 계속 선전을 여론을 바꾸는 수단으로만 생각하는 실수를 하는가? 선전은 여론을 강화하고, 행위로 바꾸는 수단이기도 하다. 독자는 스스로 자기가 선택한 칼에 자기 목을 들이대는 것이다.

우리는 대중이 타격받고 움직여지지 않으면 선전은 있을 수 없다고 말했다. 그런데 주목할만한 특이한 사실은, 실제로는 대중매체가 스스로 자기 대중을 창조한다는 것이다. 선전자는 더는 대중을 형성하기 위해 북과 장구를 칠 필요도 없다. 대중은 소통 수단들의 영향에 의해 저절로 형성된다. 이 수단들은 자체 속에 매력을 품고 있고, 자발적으로 개인들 위에 작용하여 그들을 집단, 대중으로 구성하기에 이른다. 이 수단들은 그 특수한 매력을 통해서 이론적 목표에 실제로 도달하게 해줄 것이다. TV를 산다는 것은, 비록 개인적 행위이지만, 개인을 행위적이고 심리적인 대중적 구조 속으로 삽입시킨다. 그는 이것을 사면서, 집단적 동기에 굴복하는 것이고, 자기 행동을 통해 선전에 문을 열어준다. 선전 발신자들의 집중과 수신자들의 확산이라는 이중적 과정이 일어나지 않는다면, 사회 속에서 현대적 선전은 역할을 하지 못한다.

2. 인간과 관계있는 선전의 객관적 조건

평균적 생활수준의 필요

모든 사회가 선전을 받아들이기에 적합한 것이 아니듯이, 모든 개인이 선전에 똑같이 수용적인 것은 아니다. 예를 들어 신문에 관심이 있는 개인, 라디오를 살 수 있는 개인이 있어야 한다. 어느 정도 생활수준을 갖춘 개인이 있어야 한다. 현대의 통합 선전은 문명의 변두리에 있거나 너무 낮은 생활수준의 개인들에게는 작용할 수 없다. 자본주의 국가들에서, 라디오나 TV가 없는, 영화관에 거의 가지 않는 가난한 사람들은 선전이 접촉할 수 없다. 공산국가들에서는 이 문제를 공동 수신기나 무료 관람으로 대처한다. 그렇게 하면 가난한 자들도 선전에 노출될 수 있다. 그러나 다른 장애들도 있다. 너무 가난한 사람은 당장 매일의 생활 걱정을 해야 하기 때문에 통합 선전의 대상이 될 수 없다. 물론 가난한 자는 저항이나 폭동으로 몰릴 수 있고, 그래서 선동 선전에 종속되고, 도둑질이나 살인을 하도록 부추겨질 수 있다. 그러나 그는 선전에 의해 훈련되고, 통제되며, 방향 지어질 수는 없다.

더 진보된 선전은 완전히 가난에 찌들리지 않은 사람, 일용할 양식에 대해서 일정한 거리를 두고 여유있게 대할 수 있는 사람, 더 일반적인 문제들에 대해 관심이 있고, 먹고 사는 것 외에 다른 일을 할 수 있는 사람에게만 영향을 줄 수 있다. 서구에서 선전은 노동자 계급보다 상위 계급, 중산층에게 통한다는 것은 잘 알려졌다. 선전은 불행한 프롤레타리아 계급과 농부들에게는 훨씬 더 어렵다. 우리는 이 문제를 다시 보게 될 것이다.

또한, 선전은 집중된 대중을 겨냥해야 한다는 것을 기억해야 한다. 선전은 막대한 다수를 위해 조직되어야 한다. 그런데 이 다수는 가장 부유한 계층이나 가장 빈곤한 계층 속에 없다. 선전은 어느 정도 생활수준을 갖춘 개인을 위해 만들어야 한다.

따라서 서구 국가들에서는, 선전은 이 평균적 대중을 겨냥한다. 왜냐하면, 그 평균 대중만이 어떤 힘을 대변하기 때문이다. 그러나 인도나 아랍 국가들처럼, 몹시 가난한 나라들에서는, 선전은 이 다른 대중, 즉 극빈한 사람들을 겨냥한다고 말할 수 있다. 물론 좋다, 그러나 확인해야 하는 것은, 이 극빈층은 순수한 선동 선전이 아니면 거의 반응이 없고, 아주 느리게나 반응할 따름이다. 그리고 이것이 이집트나 인도에서 선전의 약점이다. 반응하는 자들은 학생들, 상인들이고, 가난한 자들은 응하지 않는다. 선전이 효력을 발휘하려면, 피선전자가 어느 정도의 도식화된 생각과 조건 반사를 해야 한다. 그런데 이러한 것은 어느 정도 여유와 생활수준, 교육, 상대적 안정에서 온 마음의 평화가 있어야 획득된다.

역으로, 모든 선전자는 상위 중산층 출신이다. 소련, 히틀러 독일, 일본, 미국 모두에서, 선전자들은 유복한 중산층 출신이다. 부유하고 아주 교양 있는 계급은 어떤 선전자도 배출하지 못한다. 왜냐하면, 이 계급은 민중에서 분리되었고, 영향을 미치기에는 민중을 이해할 수 없기 때문이다. 가난한 계급도 배출하지 못한다. 왜냐하면, 그 계급의 사람들은 거의 교육을 받지 못하고소련에서도!, 특히 자기 계급에 대한 상징을 표현하기 위해, 한발 물러나서 바라볼 여유가 없기 때문이다. 따라서 선전자를 배출하기에 가장 좋은 계급은 중산층이다. 선전의 영향 범위는 더 넓어서, 하위 부르주아 계급과 상위 노동자 계급을 포함한다. 따라서 생활수준이 올라가면 개인이 선전에서 면역된다고 생각해서는 안 된다. 그 반대이다. 물론 모든 사람이 상위 부르주아 계급 수준으로 올라간다면, 현재와 같은 선전은 거의 성공하지 못할 것이다. 그러나 생활수준 향상은 중산층의 수를 늘리는 방향으로 느리고 점진적으로 진행되기 때문에, 서양이나 동양, 아프리카 어디에서든 생활수준의 향상은 선전에 민감한 세대를 만들어간다고 생각해야 한다. 선전은 노동, 영양, 주거 조건 개선과 발맞춰 영향력이 강해진다. 동시에 인간 유형의 어떤 정형화, 즉 정상적이고 전형적인 인간 유형이 자리를 잡는다.1) 그런데 이러한 인간 유형의 출현이 자발적이고 비의도적이었던 반면에, 사회의 변형은 더욱더 체계적이고, 자각적이며 의식적이며 의도적인 창조가 된다. 인간 노동의 전문성, 사회관계에 대한 명확한 개념, 국가적 목표들, 공동생활 방식의 정립 등 모든 것이 정상적 인간 유형의 창조 쪽으로 이끌고, 또 모든 사람을 다양하게 이 전형적 유형으로 이끄는 것이 바람직하다.

그래서 적응은 심리적 영향 전체의 핵심 주제 중의 하나가 된다. 그리고 노동, 소비, 또는 환경 어디에 적응하는 것이건, 결국 정상 상태로 통합하려는 분명하고 의식적인 의도로 귀착한다. 이것은 선전 행동의 정점이다. 예를 들면 마오의 틀 이론과 미국의 매카시즘 사이에는 큰 차이가 없다. 이 두 경우에서 그 목표는 어떤 생활 방식에 맞춘 전형화이다. 마오에게는 일종의 이상적 인간, 달성해야 하는 공산주의자의 전형이 존재한다. 그리고 이것은 인간을 어떤 틀 속에 집어넣어야만 이뤄질 수 있다. 단 한 번에 이뤄질 수 없어서, 인간을 수없이 그 틀 속으로 통과시켜야 한다. 그

---

1) 건강, 남녀 관계, 음주 등에서 변화와 함께 전체 문화적 변화를 요구하면서 레닌이 말했던 것은 정확히 이것이다. 전체 생활 방식의 이러한 변화는 선동선전과 연계되었다.

러면서 마오는 자신도 그런 작업을 반드시 거쳐야 함을 잘 알고 있다고 선언한다. 마오는 또 덧붙이기를, 이 전형화는 "어떤 의식 수준에서만, 다시 말해 어떤 생활수준에서만" 형성된다고 한다. 우리는 여기서 선전의 가장 완전한 개념과 마주한다.

그에 대해, 그리고 다른 공식을 가진, 매카시즘이 있다. 매카시즘은 결코 우발적인 것이 아니다. 그것은 미국적이지 않은 모든 것에 반대한 하나의 깊은 여론 경향을 표현하고, 동시에 이용한다. 이것은 여론 표현이라기보다는 생활 방식의 문제이다. 공산주의자가 들어 있는 환경, 사회, 가족에 속한다는 사실은 미국에서 마땅히 비난받을 일로 여겨진다. 여기서 중요한 것은 이념이 아니라, 다른 생활 스타일이다. 그로부터 1952년에 공포된 **비미국적 행동들**UnAmerican Activities은 알콜 중독과 동성애를 공산주의와 함께 묶는다. 이 규정집은 사회 불안 분자를 정하고, 약 7,000명의 공무원을 걸러낼 채가 될 것이다 이것들을 동등하게 만드는 이유는 하나밖에 없다. 즉 공산주의자는 "비정상적인" 인간이다. 왜냐하면, 그는 미국적인, 정상적인 생활 방식을 채택하지 않기 때문이다. 이 비정상적 인간은 그렇게 취급되어야 하고, 물론 모든 권한과 책임에서 배제되며, 재교육받아야 한다. 그래서 한국전에서 미군 포로들은 공산주의에 오염된 것 같으니, 포로 교환 후에 필라델피아의 밸리 포즈Valley Forge 병원에서 정신과 치료를 위해 수용된다.

미국의 일반 여론에는, 미국의 생활 방식과 일치하지 않고, 그것을 위태롭게 만드는 것을 배제하는 것은 아주 잘한 일이다. 우리 사회에서 정상 상태 창조는 두 양상으로 나타난다. 그것은 통계를 기반으로 하여, 심리학, 사회학, 과학적 분석에서 생산될 수 있다. 이것은 전형적인 미국적 정상 상태이다. 다른 한편 그것은 이데올로기적이고 교리적일 수 있다.

그것은 공산주의적 방식이다. 그러나 그 결과는 같다. 정상 상태는 필연적으로 개인을 사회에 유익한 틀 속으로 몰아넣기 위한 선전을 일으킨다.

평균적인 문화

생활수준과 결합하여, 일찌감치 다른 조건이 나타난다. 사람이 선전을 받을 수 있으려면, 최소한의 문화적 소양이 있어야 한다. 서구적 문화가 절대적으로 결핍된 사람들에게서는 선전은 있을 수 없다. 우리는 지성에 대해 말하는 것은 아니다. 원시적 부족민들도 영리할 수 있다. 그러나 우리의 개념들과 수단들에는 낯선 지성이다. 예를 들어 교육적 기초가 있어야 한다! 글을 읽을 줄 모르는 사람은 대부분 선전에서 벗어난다. 독서에 관심 없는 사람도 마찬가지다. 사람들은 글을 안다는 것을 인간의 진보로 간주하였다. 인간들은 문맹률 감소를 하나의 승리라고 기뻐했고, 문맹률 높은 나라를 심하게 비난했다. 그들은 또 독서가 인간 해방의 한 수단이라고 생각한다. 그런데 이 모든 것은 상당히 문제가 많은 소리다. 왜냐하면, 중요한 것은 읽을 줄 아는 것이 아니라, 자기가 읽은 것을 아는 것이고, 읽은 것에 대해 추론하고, 비판하는 것이기 때문이다. 그런 것 이외에 독서는 아무 의미가 없으며, 기억과 관찰이라는 자발적 자질의 파괴에 불과하다. 그러나 비판적 정신은 초보적 교육을 훨씬 뛰어넘어야 가능한데, 그것은 극히 소수에게 해당하는 일이다. 대부분 사람은 90% 그저 읽을 줄이나 알지 읽은 것 너머로 다른 지적 작업을 할 줄 모른다. 그들은 활자에 무작정 권위와 가치를 부여하거나, 반대로 그 전체를 간단하게 부정한다. 이 사람들은 판별하고 추론할 충분한 지식이 없어서, 읽은 것을 통째로 믿거나 믿지 않는다. 그리고 다른 한편으로는 어려운 것이 아니라 가장 쉬운 것을 선택하기 때문에, 그들은 정확히 글이 휘어잡고 설득할 수 있는 수준에 있다. 그들은 완벽하게 선전에 적합한 사람들이다.

이렇게 말하지는 말자. "그들에게 좋은 읽을거리를 주고…. 그들이 더 좋은 교육을 받는다면…". 그런 말은 아무런 가치가 없다. 왜냐하면, 일은 결코 그렇게 되지 않기 때문이다. 또한, 이렇게도 말하지 말자. "이건 시작 단계일 뿐이다. 곧 교육은 나아질 것이다. 시작한다는 것이 중요하다." 우선 첫 단계에서 두 번째 단계로 가는 데 아주 오래 걸린다는 것을 지적해야 한다. 프랑스에서는 첫 단계는 반세기 전부터 달성하였다. 그러나 두 번째 단계에 이르기에는 아직 요원하다. 게다가, 불행하게도 그 이상이 있다. 이 첫 단계는 인간을 선전의 밥으로 만들었다. 그래서 그는 두 번째 단계로 넘어가기 전에, 이미 선전의 세계 속에 빠질 것이다. 그는 이미 형성되고, 적응되며, 통합되어 있을 것이다. 이것이 소련에서 교양 교육이 순조롭게 수행될 수 있는 이유이다. 사람이 비판 정신을 갖기 전에 선전의 밥이었다면, 그리고 이 교양문화 자체가 선전의 세계 속에 통합되어 있다면, 그 사람은 여전히 선전의 밥이면서도 상위 문화에 도달할 수 있다. 실제로 19세기와 20세기의 첫 단계 교육의 가장 명확한 결과는 인간을 대형 선전을 받아들일 수 있게 만드는 것이었다.2) 선전 기술의 발달을 따라잡을 정도로, 그렇게 신속하면서도 충분하게, 서구인들의 지적 수준을 올릴 가능성은 전혀 없다. 선전의 기술은 보통 사람의 비판 능력보다 현재는 엄청나게 발전하여, 이런 간격을 따라잡고, 보통 사람들을 지적으로 선전의 틀 밖에서 형성한다는 것은 거의 불가능하다. 사실, 일어난 일, 그리고 우리가 곳곳에서 볼 수 있는 것은, 선전 자체가 교양이고, 대중이 반드시 배워야 한다는 주장이다. 선전 속에서, 그리고 선전을 통

---

2) 레닌은, 그의 눈에는 선전의 주요 도구가 신문이었기 때문에, 읽을 줄 알게 하여야 할 필요에 대해 강하게 주장하였다. 그것은 더 나아가서 신경제정책의 강령이기도 하였다. 학교는 학생들이 선전을 받아들이도록 준비시키는 장소가 되었다.

해, 대중은 정치 경제학, 정치, 예술, 문학에 접근한다. 첫 단계 교육은 선전의 세계로 들어가는 것을 허용해주고, 그 세계 속에서 사람들은 지적이고 문화적 환경을 받아들일 것이다.

교양 없는 사람은 선전이 어떻게 할 수 없는 사람이다. 1933~1938년에 독일에서 수행된 연구들과 경험들은 주민들이 읽을 줄 모르는 벽촌에서는 선전이 아무 효과가 없음을 보여주었다. 그래서 공산주의 국가들은 국민에게 글을 가르치려고 그렇게 노력하는 것이다. 과거 한국에서는 한자로 된 글이 너무 어렵고 복잡하였다. 북한에서는 모든 국민에게 글을 가르치려고, 쉬운 자모인 한글 전용화를 급히 추진하였다. 중국에서는, 마오는 문맹률을 줄이려고 한자를 간소화하고, 어떤 지역들에서는 새로운 자모를 만들기도 하였다. 그리고 글을 가르치기 위한 텍스트들은 오직 선전용 텍스트들이다. 정치적 설명을 위한 팸플릿, 공산 체제를 찬양한 시, 마르크스주의 고전에서 추출한 말들. 티베트, 몽골, 위구르, 만주에서 새로운 알파벳으로 된 유일한 텍스트는 마오쩌둥의 저서들뿐이다. 따라서 우리는 여기서 기막힌 교육 도구를 보게 된다. 글을 배우는 사람은 오직 새로운 글로 된 텍스트만 배운다. 그리고 선전 외의 다른 어떤 텍스트도 출판되지 못한다. 따라서 글을 모르는 사람은 선전 말고는 읽거나 알 수 없다.

베트민의 아주 효과적인 선전 방법의 하나는 주민들에게 읽기를 가르치면서 동시에 이론적 무장을 위한 "선생님"을 활용하는 것이었다. "신의 손가락이라는 인상이 심어진" 지식인의 위세는 정치 선전이 진실처럼 보이게 했고, 동시에 마침내 터득한 글의 위세는 이런 가치를 확인해주었다. 이러한 사실들을 보면서, 우리는 초보적 교육이 선전을 위한 기본적 조건임을 확인하지 않을 수 없다. 이런 주장은 폴 리베Paul Rivet의 다음과 같은 비현실적 편견을 다시 돌아보게 한다. "신문을 읽을 줄 모르는 사람은 자유로운 사람이 아니다!"

선전에 반응하려면 어느 정도 교양이 필요하다는 것3)은 선전의 가장 중요한 수단 중의 하나가 상징들의 조작이라는 사실로도 설명된다. 그런데 인간이 자기가 사는 사회의 문화에 참여할수록, 그는 그 집단의 과거와 미래의 집단적 세계관을 표현하는 고정화된 상징들에 점점더 매달린다. 어떤 문화가 어떤 고정관념들을 많이 포함할수록, 여론은 조작하기가 더욱 편하다. 한 개인이 이 문화에 젖어 있을수록, 그는 이 조작된 상징들에 더 민감하다. 서구에서 얼마나 많은 선전 캠페인들이 우선 교양있는 계층에 영향을 주었는지를 보면 참 흥미롭다. 여기서는 단지 이념적 선전에 관한 문제만은 아니다. 이 선전은 정확한 사실들에 기초하면서, 가장 진보하고, 가치들에 민감한 사람들, 그리고 정치적 현실에 상당히 완벽한 지식이 있는 사람들을 움직인다. 예를 들어 자본주의의 부당성에 관한 선전, 또는 경제 위기나 식민주의에 관한 선전 등이다. 가장 교양있는 사람들이 이런 선전에 먼저 노출된다는 것은 당연하다.

그러나 또 가장 조잡한 선전에 관한 문제이기도 하다. 예를 들어 평화 캠페인, 세균전에 대한 캠페인은 교양있는 계층에서 우선 성공하였다. 프랑스에서는 지식인들이 세균전 문제에 가장 호응도가 높았다. 이것은 오직 대중들만 선전에 휘둘린다고 하는 일반 통념을 비웃는다. 물론 교양있

---

3) (직접적이건 간접적이건, 의식적이건 무의식적이건) 선전이 모든 소통과 교육 수단을 흡수하는 사회에서는, 이것은 1950년 후의 거의 모든 우리 사회의 경우인데, 선전은 문화를 형성하고, 어떤 의미에서는 문화 그 자체이다. 영화, 소설, 신문, 라디오, TV가 좁은 의미의 정치적 선전 도구이거나, 사회적 선전이 인간관계일 때, 문화는 완벽하게 선전 속에 통합되는 것이며, 결과적으로 인간이 교양화될수록 그는 더욱더 선전을 받는 것이다. 그러나 또 우리는 거기서 대중매체를 통해서 대중문화와 민중 문화가 형성되기를 바라는 사람들의 이상주의적 착각을 확인한다. 이러한 문화는 선전적 집단성 속에서 인간을 제거하는 하나의 방식이다.

는 사람은 선전을 믿지 않는다. 그는 고개를 갸웃거리고, 선전이 자기에게는 아무 효과가 없다고 확신한다. 바로 거기에 그의 약점이 있다. 그리고 선전자들은 어떤 사람의 마음을 움직이려면, 우선 선전이란 비효율적이고, 사람을 움직이게 하는 별로 좋은 수단이 아님을 그에게 설득해야 한다는 것을 잘 알고 있다! 이미, 자신의 우월성을 확신하고 있기 때문에, 지식인은 이런 충동에 다른 사람보다 더 취약하다. 그래서 그는 선전의 효과를 믿지 않고 직접 자기가 행동으로 진입한다. 그럼에도 아주 높은 지성, 폭넓은 교양, 편파적이지 않고 깊은 정보, 지속적인 비판적 정신이 선전에 대한 무기들임은 명백하다. 그래서 소련에서 정치 교육, 이념화가 선전의 한 부분으로서 아주 중요하긴 해도, 다음과 같은 위험성을 항상 확인할 수밖에 없었다. 즉 교리에 대한 너무 많은 토론, 너무 많은 심화 교육은 상충하는 흐름을 만들어내고, 지식인을 사회적 통제에서 벗어나게 할 위험이 있다.

마지막으로, 선전이 아무런 교양이 없는 대중들에게 영향을 줄 수 있다는 것은 명백하다. 예를 들어 러시아 농부들에 대한 레닌의 선전, 중국 농부들에 대한 마오쩌둥의 선전이다. 그러나 이 선전들의 방법들을 잘 들여다보면, 이것들은 기본적으로 조건 반사의 생성을 기제로 삼고, 필수적인 문화 기반의 완만한 생성을 기제로 삼음을 알 수 있다. 조건 반사의 예로서는 다음을 들 수 있다. 1928년 호남성에서 몇 개월 동안 선전을 하자, 놀이 중의 아이들은 상대방을 "제국주의자"로 부른다. 앞에서 언급했듯이, 가난한 사람들, 무지한 사람들은 선동과 전복 선전의 좋은 대상이다. 개인이 불행하고 무식할수록, 그는 쉽게 저항의 움직임 속에 던져질 수 있다. 그러나 그 이상으로 그에게 더 깊은 선전적 작업을 행사하려면, 그를 더 교양화해야 한다. 그 때문에 '정치 교육'이 필요하다. 역으로, 교양 있는 중산층은 선동 선전에는 덜 민감하다, 그렇지만 그는 통합 선전의 이상적 사냥감이다. 이것은 립셋Lipset에 의해서도 확인된다. 그가 말한 바로는 정치나 경제 분야에서 무지 때문에 문제된 갈등의 강도가 감소하고, 이 때문에 무지한 사람은 이 문제에 대한 선전에 덜 민감하다.

정보

물론 기초 교육은 선전뿐만 아니라, 정보도 확산될 수 있게 해준다. 우리는 그것을 잘 안다. 그러나 우리는 여기서 선전의 새로운 조건을 만난다. 선전과 정보 사이의 단순논리식 대립과는 반대로, 둘 사이의 밀접한 관계가 증명되었다. 현실 속에서 정보와 선전을 정확히 구분하기는 불가능하다. 나아가서, 정보는 선전의 본질적 조건이다. 선전이 있으려면, 정치적이거나 경제적인 현실에 대한 준거가 있어야 한다. 교리적 논리, 역사적 논리는 선전에서는 극히 부차적으로만 효율적이다. 그런 논증은 사건의 해설과 연계되어야만 힘이 있다. 그것은 정치적이거나 경제적인 사건에 의해 여론이 이미 어느 방향으로 움직여지고, 흥분되어야 효력이 있다. 그것은 이미 존재하는 심리적 현실 위에 접목되는 것이다. 그리고 이 심리적 현실은 그 항구적 실체 속에서 포착되는 것이 아니라, 사실에 의해 자극된 그 즉각성 속에서 포착되는 것이다. 더 나아가서, 이 심리적 반응들은 일반적으로 아주 순간적이다. 그것들을 유지하고, 갱신해야 한다. 유지되고 갱신되는 한에서, 그것들은 정보 제공된 여론을 만들어낼 것이다.

이 정보를 가진 여론이 선전에는 필수적이다. 정치나 혹은 경제 현상에 관해 정보를 가진 여론이 없다면, 선전도 있을 수 없다. 그래서 대부분의 옛날 국가들에서, 선전은 정치적 삶에 직접 접촉했던 계층으로 한정되었던 것이다. 선전은 그런 문제에 대해 무관심한 대중을 위해 만들어지지 않았다. 대중은 정보를 받지 못했기에 무관심했던 것이다. 대중 속에 정보를 유포할 수 있게 해 준 대중매체가 생겨난 때부터라야, 정치적이고 경제적인 문제들, 이데올로기적인 대형 논쟁들에 대한 대중의 관심이 있을 수 있다. 그리고 이때부터라야 선전은 대중적이 될 수 있다. 가장 좋은 선전은 정보가 대중 속에 유포시켜 놓은 사실들로부터 끌어내질 것이다. 우리는 선전이 도달하기 가장 어려운 환경이 농촌 환경임을 알고 있다. 그 가장 본질적인 이유는, 그곳이 가장 정보를 받지 못하는 환경이기 때문이다. 농촌 환경에 대한 연구들을 보면, 정보가 농부들 사이에서 유포되고, 사실들이 알려지며, 어떤 문제들에 대한 관심이 일어났을 때야 선전이 힘을 얻기 시작함을 알 수 있다. 한국에서 전쟁이 일어난 것을 모르면, 북한과 중국이 공산국가라는 것을 모르면, 미국이 남한에 참전한 것과 미국이 남한에서 UN을 대표하는 것을 모르면, 미국이 세균전을 했다고 공산주의자들이 만들어 낸 선전이 무슨 의미가 있겠는가? 사전적인 정보 작업이 없다면 선전은 엄밀히 말해 아무 의미가 없다. 그래시 정치적으로 무식한 자들에 대한 선전은 심각하고 확장된 정보 작업이 이뤄지고 나서야 만들어질 수 있다.4) 정보가 멀리 퍼지고, 또 객관적이고 심각할수록, 차후의 선전은 더욱 효과적일 것이다.

다시 한번, 선전은 잘못된 정보가 아니라, 정확한 자료 위에 세워진다. 나아가서 여론은 정보를 더 많이 받을수록, 나는 '더 많이'라고 하지, '더 잘'이라고는 하지 않았다 선전에 더 예민해지는 것 같다. 정치적이고 경제적인 사실

---

4) 그래서 소련에서는 정보 작업과 선전 작업을 구분하지 않는다. 선동자는 우선 정보제공자이다. 라디오나 신문은 우선 선전의 수단들이다. 타스(Tass) 통신 사장 팔구노프(Palgounov)는 1956년에 이렇게 말한다. "정보는 교육적이어야 한다." 순수한 정보가 훌륭한 선전 수단임은 자명하다. 객관적이고, 해설도 없는 정보가 전체 선전을 받아들이게 한다.

들에 대한 지식이 풍부할수록, 판단은 더 예민하고, 섬세해진다. 지식인은 선전에 더 취약하다. 특히 선전이 애매할 때는 더욱 그렇다. 대형 신문들의 독자는, 그가 더 잘 정보를 받는 이유 때문에 선전이라고 느낄 수도 없는 그런 선전에 누구보다도 더 종속되어 있다. 그건 그가 자신의 자유로운 판단과 선택권을 가지고 있고, 이런 정보들을 통제할 수 있다고 믿기 때문이다. 그러나 실제로는 그는 자신이 통제한다고 믿는 사실들을 구성하고 설명하는 선전을 모두 흡입하도록 정보에 의해 조건 지워져 있다. 따라서 정보는 선전에 필수적 사실들을 제공해줄 뿐만 아니라, 그 이상으로, 선전이 행사될 기회를 만들어준다. 즉 선전이 이용하고, 해결책을 제시한다고 하는 문제들을 만들어 내는 것은 바로 정보이기 때문이다. 실제로 여론을 형성하는 개인들의 눈에 사실들 전체가 하나의 문제가 된 순간부터라야 선전이 있다.

여론의 눈에 문제들이 제기되어야만, 국가나 당, 또는 어떤 사람의 선전은, 한편으로는 그 문제를 더 격화시키고, 다른 한편으로는 그에 대한 해결을 약속하면서 충분히 발전할 수 있다. 그러나 선전은 스스로는 어떤 경제나 정치 문제를 만들어내기는 어렵다. 현실 속에 어떤 이유가 있어야 한다. 문제가 현실 속에 객관적으로 있을 필요는 없다. 그렇지만, 문제가 존재할 수도 있는 이유만 있으면 된다. 예를 들어, 어떤 일간지가 어떤 사람을 복잡한 경제적 사실들 속으로 들어가게 하면, 그는 이 사실들의 복잡한 현실들이 참 이해하기 어렵다고 느낄 것이다. 그러나 그는 경제적 문제가 있구나 하는 감정을 가질 것이다.

그런데 이 의견이 사적 경험과 연결된다면, 이것은 전혀 다른, 그리고 훨씬 두드러진 양상을 띠게 된다. 만약 어떤 사람이 국내나 국외에서 일어난 것에 대해 정보를 받지 못하고, 또 똑같이 깜깜한 이웃과의 접촉 외에는 다른 정보원이 없다고 한다면, 그 어떤 선전도 가능하지 않다. 그것은 비록 이 사람이 실제로 사회적이거나 정치적 현실로부터 사적인 어려움을 겪는다 해도 사실이다. 선전은 14세기 주민들에게는 통용될 수 없었다. 어떤 마을이 비적들에 의해 약탈을 당한다 해도, 사람은 사적 경험 앞에서 자발적으로, 또는 집단적 반사 반응으로, 제한된 지역적 상황에 응하기 때문이다. 그는 그 상황을 객관화시키기가 참으로 어렵고, 보편적 현상의 모델로서 취할 수가 없으며, 이러한 객관화에 따라 자신의 태도를 정할 수가 없다. 그렇게 하려면 상당히 지적이고 의지적인 작업이 있어야 하기 때문이다. 그런데 보편적 문제들에 대한 의식과 객관화된 태도로부터만 선전은 가능하다.

제한적 현실만 경험하는 개인에게 정보가 허용해주는 것은 바로 이것이다. 정보를 통해서 개인은 전체 정황에 들어가게 되고, 전체 사회에 대한 자기 상황의 현실을 알게 된다. 그런데 이것이 정치적이고 사회적인 행위를 자극한다. 예를 들어 생활수준의 문제를 보자. 물가와 급여에 대해 자신의 사적 경험 외에는 다른 정보가 없고, 자기가 벌어서 소비하는 돈밖에(그리고 동료의 것도 포함하여) 모르는 노동자는 아주 불만이 많아지면 즉각적인 윗사람들, 주인들에 대해 반감을 갖고, 또 경우에 따라서는 저항을 할 것이다. 그런데 잘 알다시피 그러한 반항은 아무 결과도 낳지 못한다. 그것은 19세기의 대발견이었다. 반대로, 정보는 이 노동자로 하여금 그의 경우가 수많은 다른 노동자들의 상황이고, 그들 사이에 이해적이고 행위적인 공동체가 있을 수 있음을 알게 해줄 것이다. 정보는 그에게 동시에 이 상황을 전체 경제적 정황 속에 놓도록 해 줄 것이고, 포괄적인 경영 상황을 이해하게 해 줄 것이다. 마지막으로 정보는 그에게 자신의 개인적 경험에 더 높은 가치를 부여할 수 있게 해 줄 것이다. 이것은 19세기 노동자 계급의 의식화 과정인데, 이것은, 사회주의자들이 주장하듯이, 선전이라는 사실보다 훨씬 더 단순한 정보라는 사실이었다. 바로 그 순간즉 정보가 흡입되었을 때에 반항 정신이 혁명 정신으로 변환된다. 정보를 통해서 각자는 자신의 개인적 상황이 사회적 문제의 품격으로 격상된다고 자각한다.

그런 종류의 정보가 획득된 순간에야, 선전은 가능해진다. 이는 몇몇 지도자들이 몇몇 저항자들에게 호소하는 초보적 선전이 아니라, 대중 운동 위에 세워진, 정치 경제적인 거대한 일반적 지식 위에 세워진, 그리고 획득된 정보들의 동일성에 의해 형성된 포괄적 흐름 속에 있는 참여 위에 세워진 현대적인 복잡한 선전이다. 정보는 집단 심리를 형성한다는 것을 잊지 말아야 한다.5)

이제 마지막 사항으로서, 이 사항과 관련하여 선전을 위해 정보에 의해 이루어진 예비 작업이 주의를 끌 수 있다. 많은 사람이 똑같은 정보를 받는 정도에 따라, 그들은 거의 비슷한 반응을 하고, 신문이나 라디오에 의한 큰 문제들인 똑같은 '주관심사'를 가진다. 그러면서 그들은 서로 가까워지려는 경향의 의견들을 형성할 것이고, 이것은 여론 형성에서 본질적 요소이다. 나아가서 이것은 공통의 반응, 공통의 편견을 형성하기에 이른다. 당연히 빗나가는 자들도 있다. 이미 다른 편견이나, 강한 개성을 가지고 있거나, 습관적인 삐딱함에 의해서든, 어떤 개인들은 정보 앞에서 공통의 반응을 보이지 않는다. 그러나 그런 경우는 생각보다는 훨씬 드물

---

5) 게다가 인간들은 제기된 문제들이 새로운 것일수록 더욱 예민해진다. 인간을 그가 가지지 못했던 새로운 사실들과 문제들에 대한 지식 속으로 인도하는 것은 정보의 역할이다. 개인이 새로운 상황들 속에 들어 있을 때, 그가 가능한 해결들을 잘 모를 때, 그가 과거의 도식들에 따를 수 없을 때, 요컨대 의견이 "구조화되지 않았을 때", 개인은 선전에 더 취약해진다. 때문에 개인을 이런 비구조화된 의견적 상황 속에 놓는 것과, 따라서 그를 더 취약하게 만드는 것이 정보의 일이다.

다. 결국, 일련의 어떤 질문과 정보에 의해 강조된 어떤 양상들에 대한 개인들의 주의 집중은 대중 심리라고 불렸던 것으로 아주 빨리 귀결되는데, 대중 심리는 선전의 존재 조건 중의 하나이다.

이데올로기

마지막으로, 선전의 발전에 필수적인 마지막 조건은 사회 속에 신화와 이데올로기가 미리 존재하는 것이다. 여기서 이데올로기에 대해 몇 마디 할 필요가 있다.

우선 우리는 R. 아롱Aron의 정의를 채택한다. 이데올로기란 개인들이나 국민이 채택한 이념들의 모든 조직으로서, 그 이념들의 근원이나 가치에 대해서는 신경을 쓰지 않는다. 우리는 여기에 Q. 라이트Wright와 함께 다음을 첨가해야 한다. 1) 가치평가적 요소더 높은 가치가 부여된 이념들, 2) 시사적 요소시사적 상황과 관련된 이념들, 3) 신념적 요소 증명되기보다는 믿어지기 때문에 받아들여진 이념들

이데올로기는 세 가지 점에서 신화와 다르다. 첫째, 신화는 인간의 영혼 속에 훨씬 단단히 박혀있다. 신화는 훨씬 뿌리 깊고, 항구적이며, 인간에게 그의 조건과 세상에 대한 근본적 이미지를 제공한다. 둘째, 신화는 훨씬 덜 학문적이다. 왜냐하면, 이데올로기이데올로기는 증명되는 것이 아니라 믿어지는 것이기 때문에 학설은 아니다는, 우선 이념들의 조직이다. 그리고 이 이념들이 비합리적이라 하더라도, 그것들은 여전히 이념들이다. 신화는 지적으로는 훨씬 산만하고, 감수성과 감성과 신성의 느낌이 더 중요하다. 마지막으로 신화는 더 적극적이다. 신화는 인간에게서 행위를 촉발시키는 잠재력이 있다. 이데올로기는 더 소극적이지만, 사람은 방관자로 있으면서도 어떤 이데올로기는 믿을 수 있다, 신화는 인간을 소극적으로 내버

려 두지 않는다. 신화는 인간을 자극하여 행동하게 한다. 그러나 둘 다 집단적 현상이며, 그것들의 설득력은 집단적 참여의 힘에서 나온다.

따라서 현재 사회의 근본적 신화로는, 노동의 신화, 진보의 신화, 행복의 신화를 들 수 있고, 이데올로기로는 국가주의, 민주주의, 사회주의 등을 들 수 있다. 공산주의는 두 요소를 다 가지고 있다. 그것은 믿어지는 학설이라는 점에서는 이데올로기이고, 모든 갈등이 해소될 새로운 세계에 대한 보편적 설명과 제시라는 점에서는 신화이다. 모든 사회 속에는 신화들이 있었다. 그러나 언제나 이데올로기가 있었던 것은 아니다. 19세기는 대단한 이데올로기 창조자였다. 선전은 발달하려면 이데올로기적 환경이 필요하다.

선전을 위해 사용되는 이데올로기는 아주 유연하고 유동적이다. 프랑스 혁명이나 1920년의 미국, 또는 1946년의 소련에 대한 선전은 모두 민주주의 이데올로기 위에 세워져 있다고 할 수 있다. 이 세 가지의 민주주의에 대한 전혀 다른 유형, 목표, 개념들이 똑같은 이데올로기를 따르고 있다. 따라서 이데올로기가 주제와 내용을 제공하기 때문에, 그것이 선전을 결정한다고 믿어서는 안 된다. 이데올로기는 다만 선전의 접촉점과 핑계로만 사용될 뿐이다. 선전은 자발적으로 생성된 것을 포착하여, 거기에 새로운 형태, 구조, 효율성을 주고, 경우에 따라서는 이데올로기를 신화로 변형시킨다.

우리는 나중에 이데올로기와 선전의 관계를 다시 볼 것이다.

3장 선전의 필요성

일반적 관점에서는, 선전은 국민을 속이고 유혹하는 나쁜 사람들, 지배욕에 불타는 독재자들, 다소간 비합법적인 권력의 일이라고 생각한다. 이런 관점에서는 항상 선전을 의도적으로 만들어진 것으로 여긴다. 즉 누가 선전하기로 하고, 어떤 정부가 선전 기관을 창설한다. 그리고 모든 일이 거기서부터 시작된다. 이런 관점에서는, 대중은 하나의 대상으로, 조종하고, 이용하고, 영향을 미치는 수동적 군중으로 여겨진다. 그리고 군중이란 실제로 조종될 수 있다고 여기는 사람들뿐만 아니라, 선전은 별 효용이 없고, 쉽게 저항을 받을 수 있다고 평가하는 사람들도 이 개념을 지니고 있다.

이 관점에서는 선전자라고 하는 적극적 요소와, 군중, 대중이라는 수동적 요소를 구분하고 있다.[1] 도덕론자들은 그런 관점의 선전에 적대적이

---

[1] 이 개념에 따르면, 선전은 군사적 집단의 "우울한 발명"이다. 그런데 실제로는 선전은 총체적인 현대 사회의 표현이다.

다. 즉 인간은 순진한 희생자로서, 선전자에 의해 나쁜 일을 하도록 부추겨진다. 피선전자는 속았기 때문에, 아무 비난받을 일이 없다. 나치 당원, 공산주의자는 가련한 희생자들이다. 따라서 그들을 죽이기보다는 이런 심리적 덫에서 해방해야 하며, 그들을 자유로 다시 적응시키고, 진실을 보게 해야 한다. 아무튼, 피선전자는 자신을 어떻게 할 수 없고, 위로부터 그를 습격하는 맹금에 저항할 수단이 없는 불쌍한 상황에 있다. 비슷한 관점에서, 광고에 관한 연구에서, 구매자는 희생자, 사냥감으로 여겨진다. 그리고 피선전자는 그의 외부로부터 창조된 현상에 전혀 책임이 없다.

내가 보기에 이러한 관점은 전적으로 틀렸다. 아주 간단한 확인만으로도 우리는 여기에 대해 의문을 제기할 수 있다. 즉 오늘날 선전은 모든 공공 영역에서 기승을 부린다. 우리는 심리적 요인이 결정적임을 안다 (심리적 요인은, 사회적 통합, 행위에 참여, 내적 확신을 포함한다). 계획하고, 법을 만들어, 방법과 제도를 세웠다 해서 끝나는 것이 아니다. 개인이 자발적으로 만족하여 참여해야 한다. 즉 부가가치세 도입은 선전 덕분에 성공했었다. 유럽 공동시장Marché commun이 필요하다면, 국민을 심적으로 준비시킬 선전이 있어야 한다.1958년 이것은 절대적으로 필요하다, 왜냐하면 제도란 그 자체로는 아무것도 아니니까. 나토NATO 역시 회원국들의 선전이 필요하다. 코민포름Kominform에 대항할 뎀포름Demform을 창설하기 위한 가스페리Gasperi의 제안은 아주 의미가 깊다. 현재의 **정치 전쟁** Political Warfare은 아주 불충분하다. 경제적 관점에서 보면, 경제적 퇴보는 기술적이거나 경제적이라기보다는 심리적 문제였다고 말할 수 있다. 그래서 경제를 회복하고 개혁을 효율적으로 만들려면, 후퇴는 없었고, 두려워할 것은 아무것도 없다고 먼저 국민을 설득해야 한다. 그리고 이것은 에밀 쿠에Coué가 말한 자기 암시뿐만 아니라, 실제적 회복을 향한 적극적 참여이다.

특별한 예를 들자면, 프랑스에서 농업 개혁은 우선은 심리적 문제이다. 소위 "진흥청"이라는 것이 만들어졌는데, 이것은 기술적 조언만 하는 것이 아니라, 먼저 심리 선동원들을 공급한다. 이들은 미국의 유명한 농촌 운동원이나 스칸디나비아의 자문원과 같은 것이다. 따라서 홍보와 설득 작업이 동시에 진행된다. 물론 소련은 진짜 농업 선전을 하면서, 이런 차원에서 훨씬 더 멀리 나갔다. 수만 명의 선동가가 농촌을 누비고, 라디오, 영화를 이용하여 조국과 생산을 찬양하며, 신문에서는 연일 우수한 수확 결과를 발표한다. 여기에 지역 신문들, 콤소몰Komsomols, 운송회사들, 지역 축전들, 댄스, 민요, 국가적 차원의 보상, 훈장 등이 더해진다. 그리고 노동계에서도 선전을 필수적으로 간주하였다. 피아틸레트카Piatiletka 운동이나 가가노비즘Gaganovisme 운동 등은 아주 유명한 것들이다. "노동자의 이해는 생산성 향상에 결정적이다"라는 공식은 모든 것을 설명하는 공식이 된다. 생산성을 위해 노동자의 참여를 얻어야 한다. 그는 혁신을 인정하고 추구해야 하며, 자신의 일을 사랑하고, 조직을 지지하며, 노동의 고마움을 이해해야 한다. 이 모든 것은 심리적 조작을 통해서, 긴 시간에 걸친 정확한 선전을 통해서 얻어진다.

군대에서도 이러한 기술은 똑같이 중요하다. 가장 좋은 예는 히틀러의 독일군이다. 즉 새로운 독일 병사는 자신이 수호하는 진실에 대해 확신해야 하며, 애국주의는 더는 영토적이 아니라, 이데올로기적이라야 한다. 독일 땅을 수호하는 문제가 아니라, 병사가 알고 실천할, 독일의 권리와 자유이다. 이러한 심리적 행위를 통해서, 병사가 결정하고 선택할 능력과 함께 사적 생활규범을 회복시켜야 한다. 군사 기술로는 충분하지 않다.

개인적 결정 요인도 포함하여, 이 모든 것은 순수한 선전이다. 왜냐하면, 개인이 이러한 진실에 대해 설복되면, 그는 의식의 자발성 속에서, 기대된 대로 행동할 것이기 때문이다. 이것은 히틀러 군대에서 선전의 주요 목표였다. 그리고 1940년에 독일 병사 개개인의 결정력은 놀라울 정도였다.

다른 분야에서 마지막 예를 보자. 소련에서의 인구조사1959년와 연계하여, 대대적 선전 캠페인이 시작되었다. 한편으로, 인구조사의 신속성은 시민의 호응에 달렸고, 다른 한편으로, 그 결과의 진정성은 답변자의 진실성에 달렸기 때문이다. 신속성과 성실성을 얻으려고, 여론이 동원되었다. 모든 신문과 대중적 조직들이 시민을 설득하고 조직하기 위해 동원되었고, 선전 요원들이 전국을 누비며 이 일의 의미를 미리 설명하고, 편견과 의심을 불식시키고자 하였다.

우리는 선전이 적용되는 여러 다양한 영역을 열거하였다. 그러나 선전이 그렇게 널리 퍼지려면, 선전은 어떤 욕구, 필요에 응해야 한다. 예를 들어, 우리가 보았듯이, 어떤 정부나 기관에는, 선전은 필수 도구이다. 그러나 이러한 확인이 선전에 대한 사악한 판단을 사라지게 할 수 있다 해도, 우리는 처음에 보았던 도식, 즉 적극적 권력과 순진한 대중이라는 도식으로부터는 벗어나지 못한다. 그래서 조금 더 멀리 가야 한다. 즉 선전이 성공하는 이유는, 개인 속에 웅크린 선전의 욕구에 답하고 있기 때문이다. 선전자는 선전을 필요로 하지 않는 사람을 사로잡을 수 없다. 피선전자는 절대 순진무구하지 않다, 그는 단순히 희생자인 것만은 아니다. 그는 스스로 선전을 부르고, 자신을 바치며, 거기서 만족을 발견한다. 분명히, 그는 영향을 받고, 조종된다. 그러나 그는 완벽하게 이 선전의 무의식적인 공모자이다. 선전은 기술 사회에 동참한 모든 개인에게 실천적으로 존재하는 이 선전의 필요에 따라, 내밀한 사전 동의 위에서, 모든 영역으로 확장될 수 있다. 순진한 시민을 사로잡을 수단만 만들어내는 못된 선전자는 없다. 존재의 깊은 심연에서 선전을 갈구하는 시민이 있고, 이러한 호소에 답한 선전자가 있다. 시작을 위한 잠재적 피선전자가 없다면, 선전자도 없다. 따라서 선전은 칼자루를 쥔 자의 다소간 자의적이고 고의적인 창조물이 아님을 이해해야 한다. 선전은 피선전 집단의 필요 속에 뿌리내리고 있다는 의미에서, 엄격하게 사회적 현상이다. 따라서 우리는 이중적 필요 앞에 있다 : 선전을 만드는 권력자의 필요와, 피선전자의 필요, 이 두 필요는 선전의 발달을 위해 서로 호응하고 보충해준다.

1. 권력에게 필요한 선전

현대 국가의 딜레마

대중이 정치에 참여한다는 간단한 이유 때문에, 선전은 권력에 필요한 것이 되었다. 이것을 민주주의라고는 부르지 말기로 하자. 왜냐하면, 이것은 문제의 한 양상만을 대변하기 때문이다. 그러나 우선은 대중이 존재하고 구체적으로 현존한다. 인구 밀도가 극히 희박한 나라에서는, 정치는 주민과 분리된 몇몇 집단의 일이 될 수 있다. 주민들 사이에서는 여론이 형성되지 않고, 또 주민들은 공간적으로도 권력에서 멀리 떨어져 있게 된다. 대중의 물리적 인접성은 아주 중요하다. 페리클레스Pericles나 티베리우스Tiberius, 루이 14세, 나폴레옹 등은 그 사실을 잘 알고 있었다. 그래서 그들은 대중의 직접적 압박을 느끼지 않고 조용히 통치하기 위해, 군중에게서 멀리 떨어진 시골에 정착한다. 대중은 그럴 의도가 없어도, 가까이 있다는 사실로 권력의 조건을 변경시킨다. 대중의 이러한 단순한 존재는 정치가 더는 군주들의 게임이나, 몇몇 외교관들의 일이 아니게 하며, 궁중 혁명은 더욱더 민중 혁명으로 대체되도록 한다. 그런데, 대중의 이러한 현존이 정치가에게 불편할 때에도, 또 정치가가 다소 비밀스런 정치를 하고 싶을 때에도그리고 어떤 경우에는 광장 정치를 행하려는 것은 생각도 할 수 없다, 정치가는 대중에서 실제로 '벗어날' 수 없고, 어떠한 '은둔 장소'도 갖지 못하며, 다중의 존재와 마주친다. 정치가는 인구 밀집이라는 단순한 결과로 대중과 만나게 된다. 군중은 곳곳에 존재한다. 그리고 통치자는, 교통의 발달 덕분에, 수도의 주민이 아니라, 전국의 주민과도 접촉하게 된다. 통치와의 관계에서 더는 수도와 지방 사이에 실제로 차이가 없다. 대중의 이러한 관계와 현존은 이미 정치적 기능에 도달하는 것이다. 게다가 대중은 통치자들을 신문, 사진, 영화, TV를 통해서 알고 있다. 국가 원수는 인간들과 접촉하는 것이다. 그는 더는 대중이 어떤 정치적 사실을 알고 있음을 무시할 수 없다. 이러한 발전은 어떤 주의를 적용해서가 아니다. 즉 민주주의가 대중이 권력에 접근해야 한다고 선언해서 이러한 대중과 통치자의 관계가 성립된 것은 아니다. 그것은 하나의 순수한 사실이고, 인구 증가의 필연적 결과이다. 그래도 통치자가 비밀스런 정치를 하고 싶다면, 단 하나의 길밖에 없다. 즉 대중에게 미끼를 던지는 것이다. 그는 대중에서 고립될 수 없다. 그러나 대중과 자신 사이에 어떤 눈에 보이지 않는 장막을 칠 수는 있다. 대중은 그 장막 뒤에서 정치의 환상이 투사되는 것을 볼 것이고, 실제 정치는 그 뒤에서 행해질 것이다.

이러한 예외적 상황을 제외하면, 정부는 국민의 통제 아래 있다. 나는 여기서 법적 통제를 말하는 것이 아니라, 국민이 정치에 관심이 있고, 정부의 결정에 대해 알고, 이해하고자 하며, 또 자기들의 의견을 알리고자 한다는 단순한 사실로부터 오는 통제를 말한다. 결국, 대중은 정치에 관심이 있기 때문이다.[1] 이것 역시 새로운 사실이다. 신문을 자세히 읽지 않는 사람이라 할지라도 검열이 있다거나, 특히 정부가 어떤 사실을 숨긴다는 인상을 받으면 분개한다. 이제 대중은 정치적 판단을 내리는데 습관이 들어 있다. 민주주의의 발달과 함께, 대중은 정치적 선택에 대해 의견을

---

1) 민주주의는 시민이 필요한 정치인과 정치를 선택할 수 있다는 확신 위에 세워진다. 그런데 이것이 정확히 그렇게 되지 않기 때문에, 대중은 참여하도록 선전된다. 이런 조건에서, 어떻게 대중이 자신이 관계되고 있다고 확신하지 않을 수 있겠는가?

표명하고, 정치적 정보를 받도록 습관이 들어 있다. 이것은 단지 습관에 불과할 수도 있다. 그러나 그 습관은 이제는 극히 깊이 박혀서 그것을 바꿀 수가 없다. 바꾼다면 대중은 어떤 좌절감을 느끼고 부당하다는 감정을 가질 것이다. 대중은 정치에 관심을 둔다. 그것이 피상적이든 아니든, 적게든 많게든, 아무튼 그것이 사실이다. 게다가 정치에 대한 대중의 관심을 설명해주는 아주 간단하고 그럴듯한 이유가 있다. 즉 오늘날에는 역사상 그 어느 때보다도 정치적 결정들이 모든 사람과 관계된다는 것이다. 과거에는 전쟁은 몇몇 군인들과 영토의 한구석에 국한되었다. 지금은 모든 사람이 군인이고, 모든 주민, 모든 영토가 관계된다. 이제는 모든 사람이 전쟁에 대해 자신의 말을 하고 싶어한다. 마찬가지로 17세기 이래로 세금은 최소한 10배로 늘어났다. 그래서 납세자는 그 사용에 대한 통제를 바란다. 국가가 국민에게 요구하는 희생은 더욱더 커지고, 모든 사람에게 해당한다. 이제부터 모든 사람은 각자가 직접적으로 연루된 이 게임에 참여하고자 한다. 정부의 결정이 나와 관계될 것이기 때문에, 나는 이 결정에 영향을 미치고자 한다. 이제부터 정부는 더는 대중의 현존과 영향과 정보와 압력을 벗어나서 통치할 수 없다. 그렇다면, 정부는 어떻게 통치할 수 있을까?

　여론에 의한 통치가 간단하고 정상적 사실처럼 여겨진다. 정부는 여론에서 나온다. 정부는 그 힘을 여론에서 끌어낸다. 정부는 여론을 표현한다. 사람들은 나폴레옹의 유명한 말을 조용히 인용한다. "힘은 여론 위에 세워진다. 정부는 무엇인가? 여론의 지지가 없다면, 아무것도 아니다." 민주주의는 이론적으로 대중 여론의 정치적 표현이다. 많은 사람은 여론을 행동으로 옮기는 것을 간단하게 생각하고, 정부가 대중의 의지에 복종하는 것을 합법적이라고 생각한다. 그런데 불행하게도, 이 모든 것은 그렇게 명확하고 간단하지가 않다. 예를 들면 여론이 투표를 통해서 표현되지 않는다는 것이, 여론이 정치적 경향들로 명확히 표현되지 않는다는 것이 점점 더 사실로 알려졌다. 우리는 또 여론은 아주 유동적이고, 결코 고정적이지 않다는 것을 알고 있다. 게다가 여론은 비합리적이고, 예견할 수 없는 방식으로 형성되고 해체된다. 여론은, 단순주의적 관점이 원하는 것처럼, 어떤 정치적 문제를 두고 다수 개인의 합리적 결정으로 구성되지 않는다. 선거적인 다수는 어떤 점에서도 여론이 아니다. 이러한 비합리적 성격이 민주주의에서 여론의 통치를 엄청나게 축소해버린다. 왜냐하면, 민주주의는 인간은 합리적이고, 자신의 이익을 분간할 줄 안다는 생각 위에 세워지기 때문이다. 그런데 여론에 대한 연구는 이러한 가정을 의심하게 한다. 그리고 여론에 속하는 사람은 일반적으로 대중 심리적 성격을 제시할 것이다. 이것은 그가 시민적 힘을 정확히 행사할 수 없게 만든다.

이러한 지적들을 통해 다음 같은 점을 확인할 수 있다. 한편으로 정부는 더는 대중의 압력과 여론을 벗어나서 여론의 밖에서 통치할 수 없고, 다른 한편으로 여론은 민주적 형태로 표현되지 않는다. 물론, 정부는 여론을 알고 동향을 살펴야 한다. 그것은 현대 국가에 필수적이다. 현대 국가는 여러 다양한 방식으로 여론을 조사하고 경청해야 한다.[2] 그러나 근본적 문제는 다음과 같다. 그렇다면, 국가는 여론에 복종하고, 그것을 표현하며, 따르는가? 우리는 단호히 대답하길, 민주주의 국가라 하더라도,

---

[2] 소련에서, 여론 조사의 부재와 권위적인 성격에도 불구하고, 사람들은 선전자들을 통해서 (선전자들은 주민들의 정신 상태에 대해 정부에 보고한다), 그리고 신문들과 그 독자들 사이에 설정된 관계들을 통해 여론을 알고 싶어 한다. 그러나 여기서도, 사람들이 여론을 알고자 하는 것은, 여론에 복종하고자 하는 것이 아니라, 그것이 어느 정도 수준에 와있는가를 알고자 하기 때문이다. 즉 여론을 이끌도록 여론의 상태 위에서 선전 행동을 결정하기 위해서이다. 당은 여론을 앞서서도, 그 뒤에 처져서도 안 된다. 대중의 정신 상태를 알지 못하고서는 국가의 행동 리듬을 정할 수 없다.

그렇게 하지 않는다. 국가가 여론에 복종하는 것은 불가능하다. 먼저, 여론 자체의 성격 때문에 그렇고, 또 둘째로는 현대의 정치적 행동의 새로운 성격 때문에 그렇다. 여론은 극도로 변화무쌍하고 유동적이어서, 정부는 그 위에서 어떤 행동 방향을 잡을 수 없다. 어떤 호의적 여론에 따라 어떤 조처를 하고 나면, 금방 여론은 또 그 조치에 대해 호의적이지 않게 된다. 정부는 결코 어떤 여론을 믿고 따를 수 없다. 여론의 변화가 신속한 정도에 따라, 정치적 방향의 변화도 마찬가지로 신속하기를 수락하여야 할 것이다. 그리고 여론은 비합리적 동기들로 형성되기 때문에, 정치적 행동도 마찬가지로 비합리적이어야 하는 위험에 직면할 것이다. 그리고 여론이 결국 언제나 '무능력자들의 의견' 이기 때문에, 정치적 결정은 이 무능력자들의 충동에 맡겨질지도 모른다.

우리는 조건 없이 여론을 따르는 것은 거의 불가능하다는 사실 앞에서, 여론을 떼어놓는 정치의 새로운 성격의 출현, 특히 기술적 성격의 출현을 목격한다. 국가는 점점 더 기술적 활동을 책임진다. 거액을 투자한 몇 년간 지속되는 사업에서 여론을 따를 수는 없다. 그 시작 때에는 그에 대한 여론이 아직 형성되지도 않았기 때문이고, 또 막상 기술적 사업이 시작되었을 때에는, 물릴 수도 없기 때문이다. 사하라 사막에서 석유를 시추해야 하거나, 발전 사업을 하는 데 있어서, 여론을 고려할 여지가 없다. 겉모습이 사회주의적 견해를 띠고 있더라도, 기업의 국영화 문제에도 마찬가지다. 많은 경우에 정치적 결정은 우리 시대의 새로운 정치 지형에서 도래한 새로운 문제들과 관계된다. 그런데 기존 여론의 고정관념이나 패턴들은 이러한 문제들에 적합하지 않다. 또한, 여론은 금방 확실하게 형성되지도 않는다. 그래서 이미지나 신화가 저절로 만들어지고 여론이 형성되기를 기다리기 전에, 행동하고 결정을 내리는 것은 아무런 문젯거리가 되지 않을 수도 있다. 현대 정치에서는, 결정은 언제나 여론을 앞질러야 한다. 여론이 이미 형성되어 있는 곳에서조차, 그것을 따르는 것이 파국적일 수 있다. 최근의 연구들은 외교 관계에서 여론의 비극적 역할을 잘 보여주었다. 대중은 도덕과 국가 정책 사이의 갈등을 해결할 수 없고, 장기적 관점에서 외교 정책을 생각할 수 없다. 대중은 정부가 파국적인 외교 정책을 추구하도록 압박한다. 예를 들어 루스벨트의 대 소련 정책이나, 존슨의 핵단추 정책 같은 것이다. 외교 정책에서 가장 큰 위험은, 여론이 위기적으로, 폭발적으로 나타나는 것이다. 일반적으로, 여론은 외교 정책에는 큰 관심을 두지 않고, 거기에 대해 잘 알지도 못하며, 주요한 문제들에 대해 상반된 요구를 하고 분열된다. 따라서 정부는 자기가 보아 좋은 정책을 집행할 수 있다. 그러나 갑자기, 여러 가지 이유로 해서, 여론이 어떤 점에 구체화되고, 과열되고, 주장들이 난무한다.예를 들어 독일의 재무장에 대해 그렇다면, 이 여론을 따라야 하는가? 여론이 이렇게 돌발적으로 솟아나는 그만큼, 여론은 외교 정책에 필요한 지속성을 훼손하고, 앞선 합의와 동맹 관계를 쓸어버리는 경향이 있다. 이런 여론은 간헐적이고 단편적이기 때문에, 정부는 비록 원한다 하더라도 따를 수 없을 것이다.

결론으로, 민주주의라 하더라도, 아무리 정직하고 진실하며 유권자를 존중하는 정부라도 여론을 따를 수 없다. 그렇지만, 정부는 여론을 피할 수도 없다. 우리는 대중의 존재와, 대중의 정치에 대한 관심에 대해 말했다. 정부는 대중 없이는 행동할 수 없다. 그렇다면 정부는 무엇을 할 수 있는가?

그렇다면, 하나의 해결밖에 없다. 정부가 여론을 따를 수 없으므로 여론이 정부를 따라야 한다. 부담스럽고 열렬한 현존하는 이 대중을, 정부의 기술적 결정들이 좋고 합법적이라고, 외교 정책이 정당하다고 설득해야 한다. 민주 국가는 여론의 표현을 전제로 하고 여론을 속박하기 않기 때문에, 이념적인 꿈이 아니라 현실을 고려한다면 이 여론의 둑을 쌓아야 하고 형성해야 한다. 이 문제를 해결할 다른 방법은 없다. 물론 정당들이 이미 여론을 정부에 맞추는 역할을 하고 있다. 그러나 수많은 연구는 정당은 흔히 여론과 일치하지 않고, 유권자 및 그 열성 당원조차 당의 원칙을 모르고, 때로는 동의하지 않는다 어떤 당에 충성하는 것이 이데올로기와는 상관없는 동기로 이뤄진다는 것을 보여준다. 다른 한편 정당들은 자유로이 떠도는 여론을 이미 만들어진 틀 속에 묶고, 그 여론의 원래 성격과 꼭 상응하지도 않는 대립 구도 속에서 극단화시킨다. 정당들은 그 경직성에 의해, 문제의 한 부분만을 제시한다는 사실에 의해, 그리고 오로지 정치적으로만 동기화되기 때문에, 여론이 자연스럽게 형성되는 것을 방해하고 왜곡시킨다. 그렇지만, 이미 선전의 영향이 되어 버린 정당의 영향을 넘어서, 그 자체로서 국가의 활동은 존재할 수밖에 없다.

가장 온건한 국가라 하더라도, 국가가 하는 것을 여론에 알려줘야 한다.3) 또한 국가는 국가의 활동, 제기되는 문제, 결정의 동기를 여론에 설명해야 한다. 이 모든 것은 완전히 정상적이고 타당하지만, 냉엄하게 객관적인 이러한 정보를 유포하는 것으로 그칠 수 없고 이 정보를 옹호해야 한다.4) 그것이 단지 상대편의 선전 때문이라면, 이 정보를 옹호하는 일은 피할 수가 없다. 정보는 자체의 비효율성 때문에 불가피하게 선전으로 귀결된다. 특히 국가가 자신의 활동을 옹호해야 하거나, 사기업들로부터 나라의 명맥을 유지해야 할수록 더욱 그러하다. 특수한 이익을 도모하는 거

---

3) 여론에게 경제 개발 계획이 순전히 밀폐된 기술 관료들의 일이 되고, 국민에게 거기에 대해 정확히 알려주지 않는 것이 정상일까? 뉴딜 정책에 대해서도 마찬가지다. 쏘비가 말하듯이, 그것을 대중에게 알리는 것은 국가의 의무이다.
4) 이것은 다른 경우에 더 자세히 분석될 것이다.

대 기업과 압력 단체는 대중심리조작을 통해 점점 더 활동한다. 국가가 하는 것에 국가는 반응하지 않고 이런 행위를 그냥 보고만 있어야 하는가? 그리고 순수한 정보만 가지고서는 현대의 기술적인 선전에는 대항할 수 없어서, 국가는 선전을 통해 움직이지 않을 수 없다. 프랑스에서는 이 문제가 1954년에 발생하였다. 정부는 군대 안에서 유럽 방위 공동체CED에 호의적인 선전을 하였고, 그에 대한 대정부질문이 있었다. 병사에게도 투표권을 준 이후부터는, 병사도 외부 단체들의 선전을 받게 되고, 물론 CED에 반대한 선전이 행해졌다 특히 병사가 특별한 압력 단체의 일원이 된다! 그 자체로 군대는 균질하고 엄밀한 압력 단체와 유사한 단체이다. 그리고 바로 그 부분적인 불편함은 뒤이은 정부들이 이 단체 내부에서 심리적 수단들을 통해 활동하려 애썼고 이 단체를 해체하려 애썼다는 사실에서 기인한다. 그러면 다른 집단들이 하는 것을 어떻게 국가에게만 금할 수 있겠는가? 현대 국가에 독립적 단체가 하는 것을 보고만 있으라 할 수 있겠는가? 1954년에 플레방Pleven의 대답은 다음과 같았다. "어느 한 방향으로 편파적인 선전을 해서는 안 된다." 이 말은 도덕적으로는 참으로 만족할만하다, 그렇지만 그것은 순수하게 이론적이고 비현실적이다. 게다가 플레방은, 선전이라고 비난받은 것은 사실은 정부가 발표한 순수한 정보에 불과하다고 주장하였다! 사실 정보와 선전은 거의 구분이 되지 않기 때문에, 적이 보기에는 선전이고, 내가 보기에는 정보이다.5)

그러나 그 이상이 있다. 민주주의에서는, 시민을 정부의 결정에 붙잡아 매어야 한다. 그것이 선전의 큰 역할이다. 시민에게 "자기가 정부의 행

---

5) 예를 들어 프랑스 여론은 정부가 발표한 것은 아무리 정직한 것이라 하더라도 즉시, 따지지 않고, 선전으로 간주한다. 그만큼 현대 프랑스인은 자유롭거나 비판적이기보다는, 선전에 중독되어 있다. 망데스-프랑스 수상이 알제리 전쟁에 관해 발표한 것도 마찬가지였다.

위를 원했고, 그것을 방어하고 성공하게 할 책임이 있다"는 감정을 주어야 한다. 속된 말로 "품고 있다"는 열렬한 감정을 주어야 한다. 레오 아몽 Léo Hamon은 이것이 정당들, 조합들, 단체들의 주요 업무라고 한다. 그러나 이것으로는 불충분하다. 여론을, 아무 것이나가 아닌, 정부의 행위들에 붙들어 매려면, 더 직접적이고, 더 감동적인 행위가 있어야 한다. 웨스터필드는 이렇게 말한다. "미국에서 정부는 거의 언제나 외교 정책의 주도권을 쥐고 있다. 그러나 대중이 관심이 있는 문제가 있으면, 정부는 이 대중의 실체적 대다수의 명백한 지지가 있어야만 이 문제를 이끌어갈 수 있다." 웨스터필드는 때로는 대중에게 양보도 해야 한다고 강조한다. 그러나 "대통령이 진정으로 여론을 주도하고, 대중이 정부의 외교 정책을 포괄적으로 좋다고 생각한다면, 필요한 지지를 확보하기 위해 큰 양보들을 할 필요는 없을 것이다!"6) 여기서 우리는 현대 국가에서는, 비록 민주주의 국가라 하더라도, 선전을 통해서 움직여야 하는 짐을 지고 있음을 확인하게 된다.7) 다르게는 움직일 수 없다.

그러나 똑같은 분석을 다른 수준에서 해보아야 한다. 우리는 현대 국가의 딜레마를 보았다. 그런데 18세기 이후부터, 민주주의적 움직임은 권

---

6) 웨스터필드(Westerfield), 미국 외교 정책에서 여론과 정당들, 1954.
7) 정부는 시민이 직접 자신의 기획들과 맺어지지 않으면 더는 통치할 수 없다. 1934년에 괴벨스는 독일 국민 대다수는 히틀러 편이었음을 확인한다. 그렇지만, 이 시민이 한편으로는 적극적이었고, 다른 한편 이러한 정치적 참여에 대해 행복했던가? 마지막으로, 지속적인 충성을 바랄 수 있었던가? 그로부터 선전의 필요가 나온다. 메그레(Mégret)에 따르면 "민주주의 사회에서 심리적 행위는 국가의 커다란 기능들의 보이지 않는 내밀한 하인에 불과하다. 그것은 심인한 충성을 통해서 정부의 행위를 성공하게 해주는 한 방법이다." 그런데 이 필수적인 참여가 꼭 자발적인 것은 아니다. 정치를 통제한다고 하는 개인들은 동시에 아주 수동적이다. 한편으로 그들은 사람들이 말하는 것을 믿지 않고, 다른 한편 그들은 그 어느 것보다도 사적인 생활을 앞세우고, 그 속으로 피신해버린다. 국가는 개인에게 참여하도록 강제해야 한다 (가장 초보적 수준에서는, 투표하도록 해야 한다). 선전의 주요 역할은 이런 도전과 무관심에 대해 싸우는 것이 될 것이다.

력의 합법성에 대한 새로운 생각을 대중의 머리에 주입하였다. 그리고 일련의 합법성에 대한 여러 이론을 지나, 이제 그 유명한 국민 주권 이론에 이르게 되었다. 권력이 합법적인 것은, 그것이 국민의 주권에서 나왔을 때, 국민의 의지 위에 기반을 두고 있을 때, 그것이 이 의지를 표현하고 형태화할 때이다. 우리는 이 개념의 유효성에 대해 이론적 관점에서 길게 토론할 수 있을 것이다. 그의 역사적 기원을 찾아볼 수도 있고, 진정 루소Rousseau가 그것을 원했을까에 대해 자문해볼 수도 있다. 그런데 어떤 경우라도, 약간은 추상적인 이 철학적 이론이 현대인의 정신 속에서 아주 착실히 발전한 반박할 수 없는 이념이 되었다. 평균적인 서구인에게 국민의 의지는 신성하고, 이 의지를 대변하지 못하는 정부는 혐오스러운 독재 정권이다. 국민이 자신을 표현할 때면, 정부는 반드시 그것을 따라야 한다. 다른 합법성의 근거는 존재하지 않는다. 이것은 근본적 이미지와 집단적 편견으로서, 주의나 합리적 구성의 차원이 아니라, 신념과 명증성의 차원이다. 그런데 이러한 신념은 지난 30여 년 동안에 급속히 유포되었다. 우리는 이제 모든 공산 국가에서 이 신념이 절대적인 것으로 되어 있음을 본다. 그리고 또 우리는 그와는 거리가 있었던 이슬람 국가 속에서도 나타나는 것을 보기 시작한다. 그러한 공식의 전염성은 무한해 보인다.

역으로, 하나의 정부는 국민 주권의 지지를 받아야, 국민의 의지를 표현하고 있음을 증명할 수 있어야 자신을 스스로 합법적이라고 느낀다. 이러한 신념을 만족하게 하지 못할 정부는 필연적으로 제거될 것이다. 국민의 주권에 대한 이런 신비스런 믿음 때문에, 모든 독재자는 자신들이 이 주권의 표현임을 증명하고자 한다. 사람들은 오랫동안 국민 주권 이론이 민주주의와 연결되어 있다고 믿었다. 그러나 이 교리가 맨 처음 적용되었을 때, 그것은 자코뱅Jacobins 독재라고 하는 가장 주목할만한 독재를 만들어냈다. 따라서 현대 독재자들이 국민 주권에 의거한다고 해서 분개할 필요는 없다.

 이러한 신념이 너무 강한 나머지 어떤 정부도 이 신념을 충족시키지 않을 수 없고, 이 신념을 신뢰한다는 인상을 줄 수밖에 없는 것이 사실이다. 그로부터 독재자들에게는 압도적 다수로 선출되고자 하는 필요가 나온다. 히틀러, 스탈린, 티토, 무솔리니는 모두 자신들이 권력을 국민에게서 받았다고 주장할 수 있었다. 고물카Gomulaka 라코시Rakosi도 마찬가지다. 권력자의 신임을 묻는 국민투표 찬성률은 99.1%에서 99.9%에 이른다. 물론 이것이, 선출자 자신도 포함하여, 모두에게 아무런 의미도 없고, 그저 겉보기에 불과함은 명백하다. 그럼에도, 그것이 없으면 안 된다는 것도 명확하다. 합법성이 여전히 존재함을 입증하기 위해, 또 국민이 자신의 대표자를 여전히 지지하고 있음을 입증하기 위해, 가끔 이 의식을 되풀이 해야 한다. 국민은 이 모든 것에 참여한다. 왜냐하면, 결국, 유권자들이 투표한 것은 부정할 수 없고, 그들이 원하는 방향으로 투표했음은 부정할 수 없기 때문이다. 그리고 그 결과는 부정 선거는 아니다. 진정으로 어떤 참여가 있다.

 실제로, 국민 주권이 참여 외 다른 것이 될 수 있을까? 아무런 사전적 영향 없이, 준비 없이, 정말 국민에게서 어떤 입헌정체立憲政體가가 나올 수 있다고 기대할 수 있을까? 그러한 가정은 절대 말이 안 된다. 유일한 현실은 누군가 국민에게 어떤 것을 제안하고, 국민은 거기에 동의한다는 것이다. 지금까지 국민이 제안된 것에 동의하지 않은 어떤 일도 없었다. 국민투표는 언제나 긍정적이다. 우리는 여기서 정부가 대중에게 영향을 미치기 위한 수단, 즉 정부가 국민의 참여를 통해 자신의 합법성을 만들어내는 수단인 선전을 다시 본다.

그로부터 두 결론이 나온다. 우선, 정부 형태뿐만 아니라, 모든 중요한 행위에 대해 국민 동의가 반드시 확보되어야 한다. 드루앵Drouin이 정확히 말하듯이, "한 국민에게는 저 높은 곳에서 결정을 떨어뜨리는 통치자들에 의해 지도된다는 감정만큼 괴로운 것은 없다."[8] 따라서 국민에게 더 잘 정보를 제공해야 할 필요가 나온다. "결정이 현명하기만 해서는 불충분하다. 그에 대한 이유를 줘야 한다. 하나의 기획이 잘 돌아가려면, 그 약점을 감추지 말고, 그 대가도 감추지 말고, 공개적으로 그 기획에 대한 정보를 제공해야 한다. 그리고 국민에게 요구되는 희생을 명확히 밝히는 것이 필수적이다." 그러나 이러한 정보는 국민의 참여를 얻어내려는 것이다. 다시 말해 그것은 가장 깊은 의미에서 선전이다. 우리는 이제 정부가 이러한 방식으로 움직이는 것에 익숙해져 있다.

1957년에 소련 국민이 흐루시초프의 경제 구조조정에 대해 연구하고 토론하도록 촉구되었을 때, 우리는 정말 놀라운 작업을 보게 되었다. 그 포괄적 주제는, 모든 것은 인민에 의해 결정되었다. 그렇다면, 인민은 이어서 어떻게 동의하지 않을 수 있겠는가? 이다. 그들은 자신들이 처음에 결정했던 것에 어떻게 동의하지 않을 수 있겠는가? 토론 주제들이 국민에게 제시된다. 물론 주제들은 모든 당 조직과 콤소몰공산당 청년동맹, 조합, 지역 소비에트, 공장 등에서 국민에게 설명되었다. 선동선전Agit Prop 전문가들이 이 주제들을 제시하고 설명한다. 이어서 사람들은 토론한다. 그리고 프라우다Pravda는 독자 참여란을 열어서, 수많은 시민이 관점을 제시하고, 수정안을 제시하게 한다. 그러고 나서 무슨 일이 일어났는가? 정부의 프로그램이, 조금도 수정되지 않고, 그대로 소비에트 최고회의를 통

---

[8] 드루앵(Drouin), "5공화국 체제에 대해", 르 몽드, 1959년 4월.

과하였다. 대의원들에 의해 제시된 수정안들도 거부되었고, 개인들이 제시한 것들은 더 말할 것도 없다. 왜냐하면, 이 안들은 개인적인 안에 불과하기 때문이다. 그리고 민주주의적 관점에서는 그것은 고려될 수 없다. 다만, 인민의 의견을 듣고 인민으로 하여금 토론하게 하며 인민의 의견을 경청하는 듯이 보이는 엄청난 만족감만이 인민에게 주어졌던 것이다.9)
바로 이것이 어느 독재 정부도 생략해서는 안 될 민주주의적 외관이다.

더군다나 그런 실천은 정부를 인민 민주주의의 원칙에서 논리적으로 파생된 방법, 그렇지만 현대 선전에 의해서만 발달할 수 있었던 방법으로 이끈다. 즉 정부는 이제, 두 가지 양상으로, 대중의 중개를 통해서만 움직이는 습관을 갖는다.

우선, 정부는 자신의 정책을 지지해 주도록 더욱더 자주 대중에게로 간다. 어떤 결정이 반대되고, 잘 받아들여지지 않으면, 대중에게 선전하고, 대중을 움직인다. 그러면 이 간단한 대중 움직임이 그런 조처에 합법성을 주기에 충분해진다. 이것은 압도적 승리의 국민투표를 연장한 것에 불과하다. 쿠데타를 통해 체코에 인민 민주주의가 들어서자, 정부는 국민이 동의한 것임을 증명하기 위해, 수많은 노동자 대회들을 조직한다. 피델 카스트로는 자신의 권력이 민주적이라고 느끼게 하려고, '정의의 날'을 조직한다. 여기서는 전 국민이 구체제의 심판자가 되어, 대규모 군중 집회를 통해 자신의 감정을 표현하도록 한다. 그래서 이 인민의 감정은 국가 법정들이 언도한 선고들을 합법화하게 되어 있었다. 인민은 선고에 민주적인 보장을 해주려고 온 것이다. 이렇게 함으로써 카스트로는 그 깊은 곳에서 국민의 지지를 얻어낸다. 그는 구체제에 대한 복수심을 만족하

---

9) 괴벨스는 "국민이 취해진 조치의 필요성을 스스로 인정할 수 있도록 정부의 행위들을 공개하는 것이" 필요했다고 선언하였다.

게 했고, 피의 목마름을 해결해주었기 때문이다. 그는 가장 강력한 끈인 의례적 범죄에 의해 인민을 자신의 정부에 결속시켰다. 이 '정의의 날' 1959년 1월 21일은 분명히 선전으로서 대단한 발견이었다. 그것이 외국에서는 약간의 불편을 유발했지만, 국내에서는 완전한 성공이었다. 물론 정부가 이런 국민적 선동을 할 때는, 언제나 정부의 업적을 지지하게 하려는 것이다. 이런 선동은 전혀 자발적인 것이 아니며, 어떤 점에서도 국민의 내재적 의지를 표현하지 않는다. 그것은 오로지 군중의 수백만 입을 통해서 정부 선전이 고함칠 따름이다.

두 번째, 더 절묘한 방식으로, 정부 선전은 여론이 이런저런 것을 요구하도록 제안한다. 선전은 국민의 의지를 자극한다. 국민의 의지는 자발적으로는 아무 것도 표현하지 않을 수도 있으나, 일단 유발되고 형성되어 어떤 점에 대해 구체화되면, 국민의 의지가 된다. 그리고 정부가 움직이면, 정부는 국민의 뜻에 복종한다는 인상을 준다. 그런데 사실은, 이러한 여론을 조작한 것은 바로 정부였다. 정부는 자신이 하려고 결정했던 것을 대중을 통해 요구되도록 한다. 그리고 정부가 이렇게 여론을 따르면, 그 정부는 더는 독재 정부가 아니다. 정부는 다만 여론의 움직임을 따른 것이기 때문이다. 정부는 국민이 강요했기 때문에 달리할 수가 없었다. 따라서, 독일의 일치된 여론이 체코 치하의 수데트인들을 해방해주기를 요구하자, 정부는 국민의 뜻에 따라 체코를 침공하지 않을 수 없다. 정부는 이 여론이 선전을 통해 정부에게 영향을 미칠 정도로 아주 강력해지면, 그 여론에 양보한다. 카스트로의 정의의 날도 정확히 같은 부류이다. 그것은 아주 잘 만들어진 선전 캠페인에 의해 세밀하게 준비되었고, 잘 조직된 국민은 정부에게 정의의 행동을 하기를 강요하였다. 따라서 이것은 정부의 행위에 대한 단순한 참여에 불과한 것이 아니라, 정부에게 결정적인 형사 처벌을 강요한 것은 바로 국민이었고, 이 인민의 정부는 국민의 뜻을 따를 수밖에 없었다. 그러나 이 여론 자체가 선전으로 만들어졌다. 이렇게 대중에 대한 선전의 작용, 국민 의지의 표현자발적이고, 아래로부터 올라온 듯한 모습을 가진다, 그리고 거기에 대한 정부의 민주적 결정의 응수, 이런 것들의 지속적인 왕복이 지금의 대중과 정부 사이의 관계를 가장 잘 특징짓는다. 이런 시스템은 특히 소련에서 잘 만들어졌다. 흐루시초프는 이 점에서 전혀 아무 것도 자유화하지, 오히려 그 반대이다. 그런데 이러한 특수한 상황의 출현은 이미 국민 주권의 원칙이 세워지면서 일찍부터 예견될 수 있었다. 그러한 관점에서 보면, 선전의 발달을 우발적이거나 우연한 현상으로 간주할 수 없다.

국가와 그 기능

정부의 관점에서 다른 두 요인이 고려되어야 한다. 세계 속에서 민주주의가 처해 있는 경쟁적 상황과 국가적이고 시민적인 가치들의 붕괴.

왜 독재 정권이 선전을 사용하고 싶어하는지는 쉽게 이해될 수 있다. 그래서, 우리는 민주 정부가 선전의 사용에 어떤 불편함과 혐오를 느낀다는 가장 유리한 가정을 한다. 그런데 이 민주적 정부는 그에게 닥쳐오는 도전 때문에 선전을 사용하지 않을 수 없게 된다. 히틀러 이래로, 민주주의는 끝없이 심리전 아래 종속되었다. 소련에 의해 수행되는 냉전도 히틀러가 했던 전쟁의 연장임을 잊지 말아야 한다. 사실, 어떤 체제가 우세할 것인가의 문제인데, 그런 이유로 각각의 체제는 서로 보편적이라고 주장한다. 이러한 경쟁의 장은 아주 복합적이어서, 이 여러 체제는 각각 다른 체제에 대해 영향을 행사하지 않을 수 없다. 공산주의 체제는 국민의 행복을 보장해줘야 하기 때문에, 소련이 자기 체제를 이식하기 위해 다른 체제를 파괴하는 것은 당연하다. 그러나 서구적 민주체제에 대해서도 문제는 마찬가지다. 왜냐하면, 공산주의 체제는 무시무시한 독재체제이기 때문이다. 따라서 각자는 자기 상대에 대해 개입해야 한다. 이것은 원칙적으로 선전을 통해 행해질 수 있다. 그리고 공산주의 체제들로서는, 비공산권에 있는 공산당들을 통해 행해질 수 있다. 그러나 이것은 돌아서서, 민주 국가들에 내적 선전을 하도록 강제한다. 공산당들 또는 소련보다 우세하려면, 경제 발전을 가속해야 한다. 사실, 둘 사이의 경쟁은 부분적으로는 경제 경쟁이다. 우리는 흐루시초프가 했던 도전을 알고 있다. 그런데 경제 발전의 가속은 민주국가 내부에서 잠재적 힘의 조직과 동원을 가정한다. 이것은 곧 심리적 작업과 특별한 훈련, 그리고 생산성 향상에 대한 항구적 캠페인을 요구한다. 체제들은 경쟁하려면 선전이 필요하다.

그러나 경쟁은 또 다른 차원에서도 일어난다. 세계의 누구도 두 체제의 경쟁에서 벗어날 수 없다. 전 세계적 결속이 무엇을 의미하는지 잘 알려져 있는데, 이 결속에 대해 어떤 이들은 환호한다. 어느 민족도 이 두 강대국의 갈등에서 더는 떨어져 있지 않다. 민주주의 체제는 가능한 한 이 약한 민족들을 차지하고 보호해야 하는데, 그렇지 않으면 이 약한 민족들은 공산주의 진영으로 떨어질 것이다. 그런데, 경제적 무기와 선전이라는 동시에 사용해야 할 두 가지 수단이 존재한다. 고전적 제국주의 시절에는, 약간의 무력시위를 동반한 경제적 무기면 충분했다. 오늘날 미국의 연속적 실패는 선전 없는 경제 원조는 아무것도 아님을 보여준다. 저개발 국가에 미국이 3배나 더 원조를 많이 해도 아무 소용이 없다. 1960년의 선전 덕분에, 가장 원조를 많이 하는 나라는 소련이라고 착각들을 한다. 경제적 원조가 성공을 거두려면 경제 원조는 그 자체로는 여론에 전혀 영향을 주지 못한다, 마음과 생각을 얻는 것이 필수적이다. 물론, 선전은 혼자일 때는, 큰 것을 하지 못한다. 그것은 경제적 관점에서 스펙터클한 행위들을 동반해야 한다. 반박의 여지 없이, 이 아프리카나 아시아 국가들에서 민주 국가들이 크게 실패한 원인은 그들이 선전에서 열세였고, 이 수단을 쓰기를 꺼렸기 때문이다. 따라서 민주국가들도 결정적 패배를 당하지 않으려고, 어쩔 수 없이 선전을 사용하지 않을 수 없게 되었다. 심리적 전쟁은 평화정책의 필수품이 되었다. 주민들을 심리적으로 정복하는 것이 필수적으로 되었고, 누구도 더는 그걸 피할 수 없다. 누구도 망설일 수 없다. 이제는 선택이 없다. 아로노뉘Aroneanu가 이 새로운 형태의 공격을 분석한 이유가 있다. 군사적 공격은 간접적인 공격, 곧 경제적이거나 이데올로기적인 공격에 자리를 넘겼다. 선전은 표적이 되는 정부를 무너뜨리기 위해 작용하는데, 정부는 자신을 지지하는 여론 없이 더는 지탱할 수 없다. 오스트리아, 체코슬로바키아는 침략당하기 전에 히틀러의 선전에 완전히 휘둘렸다. 팽창주의적 야심이 없던 다른 나라들이 지속적으로 이 공격을 받는다. 그러면 그들도 똑같은 심리전 수단을 써야 자신을 방어할 수 있다. 어떠한 국제기구, 어떠한 사법 재판소도 그들을 이러한 공격에서 보호해줄 수 없기 때문이다. 심리적 행동은 너무 변화무쌍해서, 정확히 규정하거나, 법적 형태로 포착할 수도 없다. 특히 심리적 공격에 법적으로 대처하게 되면, 인권 헌장에 의해 형식적으로 보장된 사상과 표현의 자유를 침해하지 않을 수 없다. 각각의 국가는 선전의 공격에 대해 스스로 방어를 해야 한다. 그리고 한 국가가 이 길로 들어서는 순간부터, 점차로 다른 모든 나라도 그 뒤를 따르지 않을 수 없다. 그렇지 않으면 망하고 만다.

민주국가는 일반적으로 효율적인 심리전을 위해 잘 조직되고 무장되어 있지 못하다. 프랑스 전문가들이 이렇게 말한 것은 옳다고 할 수 있다.

"군대만이 심리전을 펼 수 있었는데, 군대의 구조가 심리전에 적합하기 때문이다." 마찬가지로, 민주주의 체제에서 선전의 필요성이 확인되면, "냉전이 이데올로기적인 면을 더는 띠지 않을 때 민간의 정치적 사고는 전략적이 될 수밖에 없다"고 기술된다. "따라서 정치적인 것과 군사적인 것의 이분법을 없애야 하고, 군대의 정치적 기능을 규정하고 인정해야 한다." 이렇게 민주체제는 선전의 필요성에 의해 그 구조를 바꾸지 않을 수 없게 된다. 그러나 선전은 적에 대항하는 것만을 가정하지 않는다. 그것은 또 국내에서도 맞서 싸우기를 요구한다. 국가는 국민을 심리적으로 굳건히 무장하고, 보호하며 보호해야 한다. 여기서도 선전 활동이 필요해진다. 국가의 이데올로기적 구조가 약할수록 선전은 더욱 필요하다.

 우리는 여기서 새로운 문제를 만난다. 즉 과거보다 더 현재 세계에서, 하나의 국가는 그의 가치들이 안정되고, 그 국민이 충성스럽고 단결해야, 그리고 시민이 애국심을 실천에 옮겨야 살아남을 수 있다. 그런데 수많은 서구의 민주주의 국가들에서 가치의 위기들이 발생하고, 시민적 가치들이 느슨해지는 현상이 일어나고 있음을 인정해야 한다. 따라서 국가는 자기 국민을 심리적으로, 그리고 이데올로기적으로 강화하지 않을 수 없다. 여기에 심리적 선전의 정당성이 있다. 그리고 이 수준에서, 거의 누구도 거기에 반대하지 않는다. "심리적 선전이 군인의 정신 교육과 진실의 전파로 제한된다면", 모두가 그 필요와 정당성을 인정하는 것 같다. 그렇지만, 많은 사람이 국민의 정신에 대한 압박이라면 즉각 반대한다. 이러한 염려는 그럴듯해 보인다. 그러나 그들은 자기들이 지적으로 구분하고자 한 요소들진실의 전파와 정신에 대한 압박이 사실은 같은 것임을 보지 못한다. 어떻게 정신에 대한 압박 없이, 국가적 관점, 군사적 관점, 효율성의 관점에서 오류로 여겨지는 것, 하지만 다른 관점에서는 완전히 타당할 수 있는 오류로 여겨지는 것을 파괴하지 않고서 애국심을 재창조할 수 있겠는가? 국가의 이데올로기적 재건 필요를 느끼는 순간부터, 순수하고 간단한 선전의 방법들을 사용해야 한다. 물론 추구되는 목적은 순수하다.

> 예를 들어 프랑스군은 이렇게 말한다(역자추가) … 정신을 노예화하기 위해 정훈 교육을 하는 것이 아니다. 연대장 대부분은 인간의 자유를 지키겠다는 목적밖에 없다…. 그들은 자결권을 가진 인간이 인간을 단순한 물질로 여기는 교리에 빠져서는 안 된다고 생각했다…. 인간의 자유를 수호할 필요가 있다고 인정한 그들은 잠재적 전쟁의 형태를 확실히 하고자 하였다. 그들은 이 전쟁이 정신에 대한 공격을, 더 정확하게는 정신의 한 기능인 의지에 대한 공격을 포함하고 있음을 알았다.,. 정훈 교육은 인간의 형이상학적 자유를 수호하기 위해 필수적이고 적합한 무기를 제공하고자 하는 목적밖에 없다. 이 목적 속에서는, 공격받는 저항 의지를 북돋워주는 것으로 충분하다. 위협받는 인간들에게 우선 목적과 사명을 이어서 수단을 가르쳐줘야 한다….10)

여기서 정훈 교육의 목적은 매우 호의적으로 소개되었다. 이 논리 속에서는 나무랄 것이 없어 보인다. 그것은 수많은 인본주의자의 감정과 일치하기 때문이다. 이 목적에 따르면, 정훈 교육은 국가적 교육처럼 제시된다. 다른 프랑스 논객이 말한 바로는, "정훈 교육은 군대의 사기를 형성하고 유지하는 것과 적의 심리적 공격에 대해 무감각하게 만드는 것을 목적으로 한다." 따라서 전쟁의 문제이다. 훈련해야 할 첫째 분야는 당연히 군대이다. 군대는 "그의 내적인 정신적 단결을 지켜야 한다". 그것은 다음과 같다.

> …선전에 대해, 객관적 정보를 제공하면서, 군의 지휘 체제 아래 있는

---

10) 콜로넬 빌리에 드 릴 아당, 「르 몽드」, 1958년 10월.

모든 사람의 민주적이고 정신적인 교육에 관한 문제이다. 이것은 자유 민주주의 시민을 정신적으로 무장하는 유일한 방법이다…. 적용 방법은 적극적 교육과 인간관계다. 그 독특한 원리는 적용 방법이 대상으로 하는 개인의 협조를 이끌어 내고, 제시된 문제들의 다른 측면들을 설명하며 이해시키는 것이다.

이처럼 사람들은 징집병의 시민 교육에 전념했다. 병사에게 시민의 현실과 문명의 가치를 가르쳐야 한다. 이것은 단지 프랑스의 문제만은 아니다. 독일에서도 똑같은 방향을 발견할 수 있다. 그러나 금방 그 교육은 군으로만 한정되지 않게 된다. 그러한 작업은 징집된 젊은이들이 이미 그 방향으로 형성되어 있다면 훨씬 더 쉬울 것이다. 다른 한편, 군은 혼자서는 외롭다고 느낀다. 따라서, 군의 작업이 효과적이기 위해서는, 전국적으로 보조를 맞춰야 한다. 따라서 군은 국가를 교육하고 싶어진다. 정부의 전국적 정훈 교육이 필수적으로 된다. 1957년 정훈 교육 임시 요강은 국가를 약화시키고 위태롭게 하는 국가 전복에 직면하여 권력의 중립주의를 보여준다. 미리 시민 교육이 되어 있지 않으면 젊은이들이 비애국자가 되고, 사회적으로 이기주의자가 되며, 허무주의자가 된다.

이것은 정훈 교육의 의도, 이유 있는 우려, 목적을 보여준다. 그렇지만, 정훈 교육과 선전을 엄격히 구분하는 데 있어서, 적의 방법과 우리의 방법 사이의 대비 속에 어떤 착각이 있지 않나 자문해보아야 한다. 지금 당장 우리는 교육하고 동참시켜야 할, 국가적 반사 작용을 심어야 할 대중을 눈앞에 두고 있다. 어떤 도덕적 위계를 세워줘야 하고, 개인은 그로부터 판단해야 할 것이다. 프랑스가 시간이 많고, 좋은 교육자가 많으며, 안정된 교육 기관과 자금이 풍부하다면, 그리고 프랑스가 전쟁이나 국제적 경쟁에 휘말려 있지 않다면, 아마도 좋은 정보만 제공하고, 인간을 존중하면서 점진적으로 시민의 덕을 다시 강화할 수 있을 것이다. 그렇지만, 불행히도 이런 조건들 하나도 갖춰지지 않았다. 몇 안 되는 교육자들을 데리고, 대중에 대해 신속히 움직여야 한다. 따라서 단 하나의 길, 가장 효율적 수단, 선전이라고 하는 이미 확인된 방법밖에 없다. 선전들이 경쟁하는 가운데서는, 오직 선전만이 효율적이고 신속하게 대답할 수 있다.

그런데 인간에 대한 우리의 선전 효과도 적의 선전 효과들과 정확히 똑같다. 우리는 어떤 정치적 목적이나 국가적 이해에 대해서가 아니라, 인간에 대해서라고 말했다. 이 효과에 대해서는 나중에 분석할 것이다. 따라서 우리의 목적은 인간의 형이상학적 자유를 위해서라고 말해서는 절대 안 된다. 왜냐하면, 그 명칭이나 선전자가 누구든, 선전은 인간과 그의 자유를 파괴하기 때문이다. 만약 누가, "적을 격퇴해야 한다, 그러려면 어떤 수단을 써도 좋다"라고 주장한다면, 우리는 반대할 것이 아무것도 없을 것이다. 그렇지만, 그것은 좋건 싫건, 민주주의는 선전 속에 연루 됨을 인정하는 것이다. 민주주의와 인간을 존중하면서 정훈 교육을 할 수 있다는 착각은 상황을 직시하는 솔직성보다 훨씬 더 해롭다. 게다가 앞에서 말한 조건들이 실현되었다 하더라도, 우리가 선전의 테두리를 벗어날 수 있을까?

정보, 교육, 인간관계, 선전의 연구는, 그것들이 실천에 있어서 본질적인 차이가 없음을 보여준다. 정치적으로 방향 지어진 교육은, 선택된 가치의 창조자로서 하나의 선전이다. 그리고 '선택된 가치'라는 말은 다시 또 다른 고찰을 하게 한다. 그것은 정훈 교육 속에서 국가적 가치를 배양하고, 비애국주의 등에 대해 싸우는 문제이다. 그러나 이것은 어떤 가치를 선택하고, 다른 가치를 배제한다는 것을 의미한다. 예를 들어 국제주의, 무정부주의, 평화주의를 배격함을 의미한다. 사람은 자기의 국가적 가치는 자명한 것이고, 그 자체로서 정당화된다고 생각한다. 그래서 그는 이 가치들은 그 자체로서 유일한 것들이기 때문에, 오로지 교육의 문제일 뿐이라고 생각한다. 그러나 절대 그렇지 않다. 실제로는 공유시키고 싶은 어떤 가치들에 대한 긍정이 있고, 의식에서 제거해버리고 싶은 가치들의 배제가 있다. 바로 이것이 선전의 작업이고, 사용된 방법들이 다르다 해도 마찬가지일 것이다.

요컨대, 우리는 다른 길을 통해서, 항상 똑같은 결론에 도달한다. 즉 현대 국가는, 아무리 자유주의적이고, 민주적이며, 인간주의적이라 해도, 정부의 수단으로서 선전을 사용하지 않을 수 없는 상황에 객관적으로 사회적으로 놓여 있다. 국가에 있어 선전은 국가가 필요로 하는 것을 드러낸다.

2. 개인에게 필요한 선전

　국가가 선전을 이용할 수밖에 없음을 인정하더라도, 선전이란 순진하고 가련한 개인을 공격하는 전체주의적 정치권력이라는 이미지는 여전히 남아 있다. 개인은 어쩔 수 없이, 이 거대한 수단에 의해 짓밟힌 희생자이다. 그러나 나는 반대로 선전은 현대적 개인의 필요에 부응하는 것으로 생각한다. 그리고 이 필요는 그에게서 선전에 대한 무의식적 욕구를 창조한다. 개인은 자신의 선전에 대처하려고 외적 도움이 필요한 상황 속에 있다. 물론 개인은 "나는 선전을 원한다"라고 말하지는 않는다. 이와 반대로, 개인은 미리 정해진 도식을 따르면서도, 스스로 '자유로운 성인'이라고 생각하기 때문에 선전을 혐오한다. 그렇지만, 그는 실제로는, 어떤 공격을 피하게 해주고, 긴장을 줄일 수 있게 해 줄, 이러한 행동을 요구하고 갈망한다. 이것은 다음과 같은 해결할 수 없는 문제와 관계된다. "선전 그 자체로는 개인에게 아무런 힘이 없다. 선전은 미리 존재하는 어떤 기초로부터 출발한다. 선전은 아무것도 창조하지 않는다. 그럼에도, 선전의 효과는 실제로는 부정할 수 없다. 선전이 세워져 있는 선결조건을 정확히 규정할 수는 없다." 이 딜레마의 해결은 선전이 개인의 욕구에 응한다는 사실에 달렸다. 한 선전이 성공하느냐 실패하느냐는 정확히 다음에 달렸다. 즉 선전이 인간의 무의식적 욕구를 만족하게 했는가? 하나의 선전은 욕구가 존재해야만 효력을 발휘할 수 있다. 이 욕구는 뚜렷이 느껴질 필요는 없고, 다만 무의식적으로 존재하면 된다.[1] 그런데 선전이 모든 선진국에서 존재하고, 후진국들도 이제는 모두 "문명화"를 향한다는 점을 고려하면, 선전에 대한 욕구는 거의 보편적인 것 같다. 선전적 욕구는 기술 사회 속에서 인간의 상황 그 자체에 기인한다.[2] 선전적 욕구를 자극한 인간의 객관적 상황과, 인간의 심리적 조건을 검토해보자.

객관적 상황

정부는 이제 대중을 생각하지 않고는 통치할 수 없다. 대중은 정치와 밀접하게 연결되어 있기 때문이다. 그러나 이 대중은 개인들로 이뤄진다. 개인들의 관점에서는, 이 문제는 약간 다르다. 개인들은 스스로 정치에 관심이 있고, 정치와 관계있다고 느낀다. 자신이 민주주의 사회에서 살기 때문에 정치로부터 멀어질 수 있다고 하더라도, 누가 자기를 이 체제로부터 떼어놓으려고 하자마자 즉시 정치로 돌아온다. 이때 그들은 그들을 무한히 추월해버리는 문제들에 직면하게 된다. 그들은 성숙과 지식, 정보를 요구하는, 나아가서 그들은 갖지도 않고 가질 수도 없는 정보를 요구하는, 선택들과 결정들에 직면하게 된다. 물론 선거는 개인의 선택으로 제한된다. 이것은 참여의 문제를 그 가장 단순한 형태로 축소한다. 그러나 개인은 이런 단순한 선거와는 다른 참여를 바란다. 그는 경제적 문제들에 대해 잘 알기를 원하는데, 개인은 국가에 의해 그렇게 하도록 촉구되고,

---

[1] 소련에서는, 선전은 지역 선동가가 당국에 알게 해준 개인적 욕구들과 당의 목표들 사이의 변증법적 과정에서 도출된다고 명시되어 있다.
[2] 거의 보편적인 이 욕구의 존재는 소문들에 의해서도 거의 구체적인 방식으로 밝혀진다. 왜 소문이 존재하는가? 왜 그것이 유통되는가? 그것은 소문이 주어진 상황 속에서 설명의 욕구에 부응하기에, 어떤 감정적 긴장을 완화해주기에, 인간이 거기서 자기의 걱정에 대한 답을 구하기 때문이다. 선전은 훨씬 더 효과적인 방식으로 똑같은 욕구에 대답한다. 그러나 자발적인 소문은 이런 욕구들의 존재를 증명한다.

국제 정치에 관한 어떤 견해를 가져야 한다. 그런데 실제로 그는 그것을 할 수 없다. 그는 이런 취향, 하고 싶은 충동, 그리고 인정하고 싶지 않은 무능력 사이에 잡혀 있다. 분명히 어떤 시민도 자기가 의견을 가질 수 없다는 것을 인정하려고 하지 않을 것이다. 아무리 어려운 문제들에 대한 여론 조사를 해도, 극소수만 (보통은 가장 많은 정보를 받고, 가장 숙고를 많이 했던 사람들) 제외하고는, 대다수는 소신이 있음을 여론조사는 보여준다. 대다수는 가만있기보다는 바보스럽더라도 그 소신을 표명하기를 선호한다. 이것은 그들에게 참여한다는 감정을 준다. 하지만 그들은 모두 어떤 기성의 견해는 아니더라도, 분명한 생각과 기본적인 설명을 요구하며, 어떤 입장을 취하기 위한 "실마리"를 요구한다. 그들이 욕구와 함께 무능력을 동시에 가지고 있기 때문에, 그들은 그들을 동참하게 하고, 설명과 판단, 정보 아래서 무능력을 감춰줄 선전을 받아들일 준비가 되어 있다. 이 정보들은 무능력을 제거하면서 욕구를 충족시켜 준다. 정치적이고 경제적인 현상들이 복잡해지고, 보편적이며, 가속될수록, 개인들이 관련되어 있다고 느끼고, 그러기를 원할수록따라서 어떤 의미에서는 더욱더 민주주의가 승리할수록, 결과적으로, 선전은 더욱 필요해진다. 그리고 개인은 정보를 원하는 것이 아니라, 실은 가치 판단과 선결적인 입장을 원한다. 여기서 우리는 개인의 게으름이것은 선전의 현상에서 결정적 인자이다과, 현대 세계에서 사건들의 속도에 발맞춘 실제 정보의 불가능성도 고려해야 한다. 게다가 이런 발달은 개인의 지적 능력을 추월할 뿐만 아니라, 양과 집중도에서도 개인이 따라갈 수 없다. 개인은 간단히 세상의 경제와 정치적 사건들을 따라갈 수가 없다. 그는 자신의 약함, 비일관성, 비효율성을 느낀다. 그는 자신은 아무것도 할 수 없는 결정에 종속된다는 것을 안다. 그리고 이런 인식은 그를 좌절하게 한다. 그에게는 필연적으로 이데올로기적인 막이 필요하고, 어떤 위로와 존재 이유가 필요하며, 더 큰 가치의 부여가 필요하다. 오로지 선전만이 참을 수 없는 구체적 상황을 치료한다.

두 번째로, 현대 세계는 그 어느 때보다도 개인의 희생을 강요한다. 우선 노동은 생활 속에서 최고의 자리를 차지하였다. 결코 인간들은 지금보다 많이 일한 적은 없었다. 사람들이 흔히 말하는 것과는 반대로, 오늘날의 인간은 예를 들면 18세기 때보다 훨씬 더 일을 많이 한다. 어떤 사람들에게, 오직 근무 시간만 줄었을 따름이다. 그러나 노동 의무의 보편성, 노동의 강도, 의무와 구속, 노동의 구체적 조건들, 그 항구성과 지속성은 노동이 전체 인간들 위에 과거보다 훨씬 무겁게 내리누르도록 한다. 현대인은 과거의 노예보다 더 일을 많이 한다. 평등은 하향 평균화되었다. 그러나 농노와 노예는 오로지 구속을 통해 일하였다. 반면 현대인은 자신의 자유와 존엄에 대해 확신하고 있기 때문에 일의 이유와 정당화가 필요하다. 마찬가지로 현대의 청소년들은 19세기 이전의 청소년들보다 훨씬 더 많은 공부를 한다. 거기서도 정당화가 필요하다. 개인에게 동기를 주지 않고서, 예를 들어, 19세기 부르주아 사회처럼 노동의 덕을 창조하지 않고서는, 또는, 나치나 공산주의 사회에서처럼 노동에 의한 해방의 신화를 창조하지 않고서는, 개인을 이렇게 강도 높은 노동 속에서 무한히 살게 할 수는 없다.

그런데 이러한 노동에 대한 찬양은 저절로 혼자서 만들어지는 것이 아니다. 그것은 바로 선전의 작품으로서, 선전은 개인에게 노동의 필연성에 대한 심리적이고 이데올로기적인 정당화를 제공해준다. 우리는 어떤 사람에게서 단순히 "해야 하기 때문에…" 또는 "먹고 살기 위한 이익을 가져다주니까"라고만 말해서는, 그로부터 지속적이고 만족할만한 노동을 얻어낼 수 없다. 그에게 더 높은 심리적 만족을 주어야 한다. 인간은 자기가 하는 것에 대해 깊고 의미 있는 이유를 얻고 싶어한다. 그리고 이 모든 것이 집단적 상황에 관한 문제이기 때문에, 그러한 이유는 집단적 방식으로 주어질 것이다. 집단적인 이데올로기적 동기를 제공하여 인간을 행동하게 하는 것은 정확히 선전이 할 일이다. 그래서 전체 노동량 증가를 달성하려면, 언제나 선전을 통해 달성하는 것이다. 소련은 피아틸레트카5개년 계획와 함께, 중국은 대약진 운동과 함께 그 전형적 예를 제공한다.3) 프랑스에서도 모든 증산은 거대한 선전 캠페인 위에 세워진다. 그리고 시민은 이러한 심리적 영양으로 지탱되어야, 즉 미래의 약속몇 년의 힘든 일과 천년의 행복과, 그에게 제공된 가치 있는 동기들의 결합에 의해 지탱되어야 만족해서 진심으로 일할 수 있다. 따라서 현대 세계에서 노동과 경제생활은 선전의 욕구를 창조한다. 미국에서는 **인간 관계**Human Relations의 형태를 취한다. 미국의 저자들은 효율적 생산성은 그 자체로는 발전하지 않는다고 자주 지적하였다. 일하는 사람의 문제에 대답해야 한다. 그런데 이 사람은 효율성의 체제 아래 종속되어 있다. "무엇을 위한 효율성인가?" 그리고 이것은 선전의 일이다.

그 외에도 현대인은 또 다른 객관적 상황 속에 들어 있다. 즉 그는 자신의 일을 위해 희생을 하여야 하지만, 국가 역시 그에게 지속적인 희생을, 더욱 무거운 세금을 요구한다. 현대 국가의 모든 시민은 나폴레옹 이전의 신민들보다 훨씬 더 많은 세금을 낸다. 그리고 과거의 신민은 강제로 세

---

3) 이것은 선동가와 충격적 노동자를 비교하게 한다. 선동가는 정치적 운동원인데, 동시에 모범적인 생산자도 되어야 한다. 그는 새로운 노동자들을 산업적 질서 속으로 도입하고, 그들이 기준을 달성하도록 독려한다. 1930년 이래로 가장 중요한 선전은 생산의 선동이다. 그리고 언론도 이러한 생산 선동에 동원된다. 왜냐하면, 영웅적 시기에, 정부는 경제적 문제 해결을 위해, 생산성과 정신을 개량하려면 선전 수단밖에 없기 때문이다. 그리고 이것은 1930년대만 국한되는 것이 아니라, 1959년부터 가가노비즘(Gaganovisme)과 함께 다시 시작된다.

금을 냈지만, 오늘날의 자유로운 시민은 신념으로 내야 한다. 그런데 이 신념은 금전적 희생이 무거울수록, 자발적으로는 생겨나지 않을 것이다. 따라서 이 신념이 태어나게 하고, 이상을 자극하며, 국가에 대한 기여에 의미를 줘야 한다. 거기서도 선전은 일종의 욕구로서 느껴진다. 그것은 정치적 자유의 정확한 상대 짝이다.

   희생 중에서 가장 심각한 경우를 들어보자. 현대 시민은 과거와는 전혀 다른 양상의 전쟁에 소환된다. 모든 사람은 전쟁에 대비해야 한다. 그리고 이 전쟁은 그 기간, 규모, 피해, 수단에 있어 정말 가공할만하다. 게다가 전쟁에 참여는 군사 작전이 수행되는 제한된 기간에만 적용되지 않는다. 더욱 강도 높고, 가혹한 전쟁에 지속적으로 대비해야 한다. 전쟁의 피해 복구 기간도 있다. 사람들은 진정으로 전쟁의 분위기 속에서 항구적으로 살고 있다. 그리고 이 전쟁은 초인간적이기도 하다. 짧은 폭격의 긴장은 과거 하루 동안 전투의 긴장보다 훨씬 더 크다. 이제는 모든 사람이 전쟁과 관계되고, 모든 사람이 위협을 받는다. 그런데 인간에게 생명을 바치라고 자극하려면 언제나 이데올로기적이고 감정적인 동기를 제공해야 한다. 현대적 유형의 전쟁에서는, 전통적 동기들가족의 보호, 조국의 의미, 적에 대한 사적인 증오은 더는 통하지 않는다. 그것들을 대체해야 한다. 그리고 인간에게 요구할 것이 많을수록, 그러한 동기도 더 강력해야 한다. 초인적 희생이 요구되는 인간은 그 역시 신경과 정신이 한계에 이르고, 극단적 희생을 지속적으로 준비하는 중에, 끝없는 갈등 속에 들어 있다. 그는 자기를 지탱해주는 강력한 동기가 있어야 살아갈 수 있다. 그는 그 동기를 자기 속에서, 그리고 자발적으로 발견할 수 없을 것이다. 그 동기는 사회에 의해 제공되어야 한다. 국제적 상황, 방어의 필요에 대한 정보로는 불충분하다. 인간을 어떤 신비한 분위기 속에 젖게 해야 하고, 그에게 어떤 결정적인 충동을 주며 동시에 희생의 이유를 주고, 그의 신경적이고 정신적인 긴장을 지탱해 줄 어떤 흥분제를 제공해야 한다. 애국심은 이데올로기적으로 되어야 한다. 오로지 선전만이 인간을 전쟁의 긴장과 마주할 수 있게 해주는 신경적 저항 상태 속에 넣을 수 있다.4)

이러한 희생들 말고도, 현대인은 현대 사회의 생활 조건들에 자발적으로 적응하지 못함을 고려해야 한다. 정상적 인간의 기계적 환경에 적응 곤란은 심리학자들과 사회학자들에 의해 충분히 확인된 것이다. 빠른 생활 리듬, 과중한 업무 시간, 소음, 인구의 밀집, 노동의 강도, 좁은 주택, 생활 방식의 변화, 행동의 복잡성 등. 변하지 않는 생활 방식을 유지할 수 없고, 사적인 성취를 이룰 수 없으며, 삶의 의미를 상실하고, 이런 생활 조건들에 의해 야기된 가족 간의 균형 파괴, 대도시와 직장 속에서 개인의 존재감 소멸. 개인은 이러한 균형 파괴적이고, 마비시키며, 정신적 공황을 일으키는 영향들에 대처할 무장이 되어 있지 않다. 여기서도 심리적 지원이 있어야 한다. 이러한 생을 지탱하기 위한, 균형을 잡아 줄 동기를 제공해야 한다. 현대인을 이런 상황 속에 혼자 내버려 둘 수는 없다. 그를 중심으로 심리적 관계들의 망을 설정하여 이것이 인간 관계 시스템이다, 그에게 인위적으로 이 불편에 대한 답을 제공하고, 긴장을 풀어주며, 인간적 틀과 적응의 이유를 만들어주어야 한다. 또는 그를 어떤 신화 속에서 살게 하여야 한다. 이 신화는 그 강력한 힘으로 구체적인 부정적 요소들을 지워버리거나, 그것들을 어떤 의미로 색칠하여, 그가 참을 수 있게 만드는 어떤 가치를 부여해야 한다. 인간의 상황을 그에게 참을 수 있는 것으로

---

4) 이 선전이 결함이 있으면, 국민은 진정으로 전쟁에 투신하지 않는다. 1939년의 프랑스 (정부의 정말 가소로운 선전), 인도차이나에 대한 선전 (그건 너무 멀었다!), 그리고 알제리 전쟁에 대한 선전 (정부의 선전은 조급하고 서투르지만, 좌파와 민족해방전선의 선전은 놀라울 정도로 잘 만들어졌다).

만들려면, 그것을 초월로 옮겨놓아야 한다. 그것은 소련과 중국의 선전 작업이다. 두 경우에서, 개인의 심리적 조작을 하게 되는데, 이 조작은 넓은 의미의 선전으로 분류되어야 한다. 이 선전은 '정치적'politique 성격을 띠게 되는데, 이 '정치적'이라는 의미를 도시polis에서 집단적 삶이라는 넓은 의미로 확장하면서이다.

마지막으로, 현대인의 객관적 상황에서 나온 선전의 필요를 이해하려면, 우리는 다음의 본질적 사실, 즉 정보가 제공된 개인의 문제임을 지적해야 한다. 앞 장에서 어떻게 정보가 선전의 객관적 지주대인가를 연구한 후에, 이제 정보의 심리적 효과가 어떤 점에서 개인을 선전을 당하도록 준비시키는가를 보아야 한다. 정보를 특별히 잘 받는 지식인들이 아니라, 보통 사람의 상황을 고려한다면, 현대인에게서 정보를 받는다는 것은 무엇을 의미하는가? 그것은, 8시간의 업무와, 2시간의 출퇴근 시간을 제하고, 신문을 읽는다는 것, 더 정확하게는 머리기사를 훑어보고, 몇 개의 기사를 읽는다는 것을 의미한다. 또 아마 라디오나 TV에서 뉴스를 볼 것이다. 일주일에 한 번 정도 잡지에서 사진도 볼 것이다. 바로 이것이 현재 상황에서, 약 98%의 시민이 평균적으로 정보를 받는 방식이다.

그러면 매일 정보를 받고, 많은 뉴스를 받는 이 사람의 상황은 무엇인가? 우선, 직접적 정보는 사실적 세부밖에 가져다주지 않는다. 하루의 사건은 언제나 일부에 불과하다. 뉴스는 모두 사건을 전부 다룰 수는 없다. 리포터는 이 사실들을 다른 사실들과 연결하고, 거기에 어떤 맥락을 만들어 주고, 또 어떤 해설이나 설명을 해준다. 그러나 이것은 이미 순수한 정보가 아니다.5) 게다가 이 작업은 가장 중요한 사건들에 대해서만 수행될 수 있다. 대부분 뉴스는 단순히 사실만 보도한다. 그런데 대중에게 하루나 일주일에 일어났던 수천의 사건들을 제공한다면, 보통 사람은 그것을 머릿속에 기억하지만 거기서 아무런 의미도 끌어내지 못한다. 어떤 사건을 3주 전에 일어난 사건과 연결지으려면 놀라울 정도로 좋은 기억력이 있어야 한다. 게다가 그에게 제공된 정보 대부분은 지리, 경제, 정치 등 할 것 없이 아주 다양하다. 그리고 분야마다 중요한 사건이 하나만 있는 것도 아니다. 뉴스를 보면 신문마다 60-80%가 대상이 다르다는 것을 알 수 있다. 물론 어떤 중요한 사건들은 몇 주나 몇 달 동안 계속 대상이 되기도 한다.예를 들어, 인도차이나, 독일, 모로코, 알제리, 헝가리 그러나 이것은 전형적인 것은 아니다. 보통 앞 기사의 팔로우업은 보름이나 한 달 후에 일어난다. 지속성을 유지하려면 연구에 몰두하는 끈기가 있어야 한다. 보통 사람은 기억력도 없고, 연구에 몰두할 시간도 취향도 없다. 결국, 수천의 이미지들이 놀라운 속도로 불연속적으로 출몰하는 만화경 속에 갇히게 된다. 그의 주의는 지속적으로 다른 대상들, 다른 주관심사로 이동한다. 그의 주의는 매일 매일 달라지는 문제들 위로 흩어진다. 세상은 놀라울 정도로 다양하고, 불확실해진다. 인간은 자신의 주변을 도는 회전목마 가운데 있다는 느낌으로, 거기서 어떤 고정점도, 어떤 지속성도 발견하지 못한다. 이것이 바로 정보가 그에게 가져온 첫 번째 효과이다. 주요한 사건들에 대해서도, 신문이 그에게 제시하는 수천가지의 터치와 다양한 특색과 강도와 차원을 통해 또 그것들에 힘입어 정확한 시각을 품기란 엄청나게 어렵다. 세상은 마치 점묘파 그림처럼 보인다. 즉 수천의 사건들이 수천의 점들을 만든다. 그런데 우선 이 점들은 정확하게 인접해서 놓여야 할 것인데, 그렇게 안 된다. 시각을 방해하고, 지속성을 방해하는 공허, 공간들이 있다.

---

5) 나는 아주 엄정한 신문사들과 역량 있고 정직한 기자들에 의해 만들어지는, 이러한 종합적 기사들에 의한 극단적인 왜곡의 예를 얼마라도 들 수 있다.

이어서 한발 물러서서 멀리서 전체 경관을 볼 수 있어야 한다. 그런데 뉴스의 법칙은 일상적이라는 것이다. 인간은 결코 물러설 수 없다. 왜냐하면, 그는 그 앞의 것들을 지워버릴 새로운 정보 보따리를 받을 것이고, 이것은 또 새로운 초점을 강요할 것인데, 사람은 그럴 시간도 없다. 끝없이 변하는 장면이고, 점으로 찍힌 장면이다. 그래서 보통의 인간은 놀라울 정도로 비일관적인 세계, 아무 이유도 없는 부조리한 세계, 그리고 동시에 무서운 속도로 변하는 세계라는 전망을 갖게 된다. 그리고 대부분 뉴스의 대상은 사고이기 때문에, 인간은 세상에 대해 비관적인 시각을 갖게 된다. 그가 실제로 알게 되는 것은, 필연적으로 질서를 어지럽히는 사건이다. 아무런 관심도 끌지 않을 정상적 흐름은 보도되지 않는다. 오로지 이 정상적 흐름을 뒤집는 것, 언제나 재난적인 것을 알려준다. 그는 정상적으로 도착하는 열차가 하루 만 대 있다는 것은 모르지만, 열차 사고에 대해서는 세세히 알게 된다.

정치나 경제 세계에서도 정확히 똑같다. 정보를 통해서 알게 되는 것은 언제나 혼란, 위험, 의문이다. 그러나 이 점을 통해 인간에게 무섭고 고통스러운 시대에 대한 시각이 생겨나고, 인간은 위협들만이 있는 세상에서 위협들과 직접 관계가 있는 파국적인 환경에서 산다는 감정을 지닌다. 그런데 인간은 이러한 상황을 견딜 수 없다. 그는 부조리하고 일관성 없는 세상 속에서 살 수도 없고 (그렇게 하려면 영웅적이어야 할 것이다. 이런 태도가 유일하게 진정한 태도라 여겼던 알베르 카뮈도 진정 그렇게 살 수 없었다), 이렇게 닥친 문제들이 해결되지 않는다는 것도 받아들일 수 없으며, 그 자신이 이러한 사건들의 유희에 굴복하는 것도 받아들일 수 없다. 정보를 받는 사람은 정보를 정리해 줄 틀을 필사적으로 필요로 하고, 일반 문제들에 대한 설명과 포괄적인 대답을 필요로 하고, 자기 인격의 타당성에 대한 긍정과 일관성을 필요로 한다. 이 모든 것은 정보로부터 탄생한다. 현상이 복잡할수록, 설명은 간편해야 한다. 점묘법이 세밀할수록, 전체 틀은 더 도식적이어야 한다. 문제들이 어려울수록, 그 해결은 포괄적이어야 한다. 인격에 대한 과소평가가 위협적일수록, 인격에 대한 더 큰 가치 부여는 고무되어야 한다. 그런데 이 모든 것을 제공해 주는 것은 선전, 오로지 선전이다. 물론, 엘리트 인간, 곧 폭넓은 교양과 높은 지성을 가진, 예외적 에너지가 넘치는 인간은 스스로 자기의 대답을 찾고, 부조리를 수락하며, 자기 고유의 행위를 창조할 수 있다. 그러나 여기서 문제는 이런 엘리트 인간물론 모든 사람이 자기는 그렇다고 여긴다이 아니라 보통 사람이다.6)

성공한 선전을 분석해보면, 대중의 필요에 정확히 응했음을 확인할 수 있다. 이 필요에 대해 다만 두 양상만 보기로 하자 : 설명의 필요와 더 큰 가치 부여의 필요, 둘 다 대부분 정보로부터 나온다. 효율적인 선전은 인간에게 세상에 대한 포괄적 시각을, 하나의 교리가 아니라 시각을 줘야 한다. 이 시각은 우선 역사적, 경제적, 정치적인 포괄적 파노라마를 포함한다. 선전의 힘의 토대가 되는 것은 바로 이 파노라마이다. 왜냐하면, 그것이 선전자의 행동에 대한 겉으로 보기에 객관적인 정당화이기 때문이다. 이것은 인간이 역사와 진보의 방향 속에 들어 있다는 것을 증명하는 문제이다. 그런데 이 파노라마는 정보가 제공한 모든 사실을 개인이 정확하게 구분하게 해준다. 이 파노라마는 판단 기준을 가질 수 있게 해 주고, 사실들이 틀 속에 잘 위치해 있는지 잘못 위치해 있는지에 따라 어떤 사

---

6) 나는 물론 이러한 상위적, 하위적, 보통의 인간 존재를 부정하는 것이 유행이라는 것을 알고 있다. 그런데 이런 주장은 일반적으로 순수한 허위이다. 왜냐하면, 그런 것을 주장하는 저자들은 즉각 인간 심리학을 따라 하면서, 어떤 행위는 정상적이라고 규정하고, 통계학적인 방법을 사용한다.

실들을 강하게 부각시키고 다른 사실들을 지워버릴 수 있게 한다. 이는 관점을 정하지 않은 채 단조로운 균등한 사실들 속에 빠지지 않으려는 절대적 필요에 응하는 것이다.

　선전은 사건에 대한 설명을 제시해야 하고, 정치적이고 경제적인 문제의 이유를 이해하고 파악할 수 있게 하는 실마리를 제공해야 한다. 즉, 정보는 듣는 사람의 사고 속에 정보들에 대한 완전히 준비된 설명이 이미 들어 있는 정보들을 전달할 때나 혹은 쉬운 답을 받아들여야 하는 정보들을 전달할 때, 정보의 끔찍한 특성을 상실한다. 선전의 엄청난 힘은 이러한 포괄적이고 간단한 설명과 이러한 대중적이고 교리적인 원인을 현대인에게 제시하는 것이다. 이러한 설명과 이유가 없다면 현대인은 정보 한가운데서 살아갈 수 없다. 인간은 선전에 의해 이중으로 안심한다. 우선 일어나는 사건들에 대한 이유를 인간이 쉽게 이해하고 파악하기 때문이고, 다음으로 인간은 자신의 사소한 개인적인 경험이 객관성에 도달하면 제기되었던 문제들 중 어떤 문제들의 해결 약속을 보장받기 때문이다. 정보가 자각을 위해 반드시 필요한 동시에, 선전은 이 자각이 절망적이지 않기 위해서 반드시 필요하다.

주관적 조건

　현대인의 몇몇 심리적 특성들물론 현대인에게 주어진 객관적 상황에 의해 부분적으로 결정되지만이, 그가 선전에 대해 느끼는 억누를 수 없는 욕구를 설명해준다. 이 주제에 대한 연구들은, 주로 다음과 같은 양상으로만 심리적 질문들을 검토한다. 즉, 어떻게 선전자는 자신의 개입을 위해 이러한 심리적 현상과 경향을 이용하는가? 그러나 우리가 보기에는 선결적인 질문이 있는 것 같다. 즉, 어떻게 인간은 선전자의 개입을 본의 아니게 자극하는 걸까?

　불확실하기도 하고 이의도 많은, "대중적 인간"이나 "조직의 인간" 심리학을 따르기보다는, 우리는 서구 사회 속에서, 높은 인구 밀도 속에서 살아가는 인간에 대해 자주 분석된 특성들을 언급하는 것이 좋겠다. 우선 현대인은 자극에 아주 예민하고, 쉽게 믿으며, 금방 흥분한다. 특히 그는 공허에 사로잡혀 있고, 허무한 인간이다. 그는 아주 바쁘다, 그러나 심정적으로, 그리고 내적으로는 텅 비어 있다. 그는 모든 유혹을 받아들일 준비가 되어 있고, 오직 한 가지, 즉 누가 자신의 내적 공허를 채워주기만을 바란다. 이 공허를 채우려고 그는 영화관에 간다. 극히 일시적인 땜질이다. 그는 더 깊고, 더 충만한 소일거리를 찾는다. 무엇에든 열려 있어서, 그는 선전을 들을 준비가 잘 되어 있다. 그는 고독한 사람고독한 군중인데, 그가 속한 집단이 클수록 그는 더욱 고립되어 있다. 그가 자신의 고독에서 끌어낼 수 있는 표면적 기쁨에도 불구하고, 그는 그것으로 깊이 고통을 받고 있다. 그는 공동 사회에 다시 편입되고, 어떤 환경을 가지며, 이데올로기적이고 감정적인 소통을 경험하고자 하는 강한 욕구가 있다. 고독, 대중 속의 고독은 아마 현대인의 가장 큰 시련이다. 그 속에서 그가 아무와도 공유하지 않고, 진정한 대화는 불가능하며, 누구로부터 아무것도 기대할 수 없는 이 고독은 그를 심각한 인간적 혼란으로 이끈다. 그 때문에, 선전이 비교할 수 없는 인간관계도 포함해서 치료약이다. 선전은 공유의 욕구와 소통의 욕구에 정확히 답해 주고, 집단 속에 녹아들고 고독을 멈추게 할 집단적 이데올로기 채택 필요에 답해준다. 선전은 진정한 고독의 치료법이다. 그러나 동시에 선전은 오늘날 아주 잘 발달한, 깊고 지속적인 경향들, 즉 믿고 복종하고자 하는 욕구, 신화들을 만들어서 듣고 싶은 욕구, 신화들 가운데서 소통하고자 하는 욕구에 대답한다. 그리고 또 인간의 정신적 나태, 안전의 갈망에 대답한다. 이것은 실존주의 철학자들의 순전히 이론적인 인간이 아니라, 우리 주변에 사는 실제적인 인간에게 내재하는 현실이다. 이 모든 것은 인간을 정보로부터 돌아서게 한다. 정보는 인간에게 이런 만족을 전혀 가져다주지 못하며, 이런 욕구를 만족하게 해주는 선전을 갈구하게 한다.

다른 양상으로서, 현재 사회 속에서, 인간은 더욱더 수동성으로 몰린다. 그는 집단적으로 기능을 수행하는 거대한 조직들 속에 삽입된다. 그 속에서 각각의 인간은 조그마한 역할을 담당한다. 그러나 그는 독립해서 주체적으로 내린 결정에 따라, 자유로운 선택에 따라 행동할 수 없다. 인간은 더욱더 총체적인 움직임 속에 참여하게 되어 있고, 훈련된 방식에 따라 신호에 따라 움직이게 되어 있다. 크고 작은 문제들에 대한 훈련이 있다. 직업에서 훈련, 자동차 운전 훈련, 도보 훈련, 소비 훈련, 영화관 대중 훈련, 공동 주택 거주 훈련 등. 각자는 그의 행위가 가능하거나 해야 한다고 하는 신호에 따라 움직이도록 배운다. 소비자는 어떤 상품의 구매가 바람직하다는 사실을 광고를 통해 배우고, 운전자는 파란 불에서 전진할 수 있음을 배운다. 개인은 그의 행위를 총체적인 메커니즘 속으로 통합시키는 집단적 신호에 따라서만 행동하도록 더욱더 배우게 된다. 현대의 생활은 행동하기 위해 자극되기를 기다리도록 우리를 인도한다. 여기서도 선전이 우리를 구원해주기 위해 온다. 우리가 앞에서 말했듯이, 정부가 대중이 없으면 더는 존속할 수 없는 한, 선전은 행동을 촉발시키는 신호이고, 개인을 정치에 대한 관심에서 정치 속으로 개입하게 하는 다리이다. 그것은 집단적 수동성을 극복하게 하는 수단이다. 그것은 사회의 일반적 흐름 속으로 들어가고, 사회는 수많은 조건 반사들을 개발하고, 전체 속에서 자기의 역할을 기다리는 인간에게 수많은 신호를 보낸다.

그와 동시에 개인은 자신이 스스로 축소되어 있다고 느낀다. 한편으로 그는 끝없이 감독받고 있고, 그의 독자적인 주도권을 결코 행사할 수 없으며, 또 항상 하위적 수준으로 떨어진다는 느낌을 받는다. 그는 자신의 완전한 권위를 가지고 결코 행동할 수 없다는 점에서 미성년자이다. 우리는 물론 여기서 보통사람에 대해 말한다. 공장의 경영자, 고위 관리, 또는 어떤 기술자는 자기가 쭈그러들었다고 느끼지 않을 것이다. 그러나 그것이 포괄적 상황에 아무것도 바꾸지 못한다. 자기가 하찮다는 감정은 일반적인 직업 활동기술화, 조직화, 규정화으로부터, 주거의 조건좁고, 집단적이며, 시끄러운 조건으로부터, 가족생활예를 들면 자녀에 대한 권위의 상실로부터, 끝없이 증가하는 권위들에 대한 복종개인의 심리적 생활에 어마어마하게 해로운 사무실과 행정들에서 온다. 한마디로 대중 사회에 참여함에서 오는 것이다. 대중 사회 속에 잠기면, 개인은 축소의 감정과 약화의 감정을 느낀다. 그는 인간적 특전들을 상실하고, 자신의 야망을 만족하게 할 수단을 상실한다. 그를 둘러싼 수많은 것이 그를 압박하고, 그에게 자신의 보잘것없음에 대한 의식을 갖게 한다. 그는 대중 속에 빠져 익사 상태이고, 자신이 하나의 번호에 불과하다는 확신을 하며, 이 수없이 많은 사람 가운데서 누구도 그를 제대로 봐줄 수 없다는 확신을 한다. 도시 생활은 개인에게 그의 개인적 연약함과 동시에 종속의 감정을 준다. 그는 모든 것에, 즉 대중교통, 세무서 직원, 경찰, 고용인, 가스 회사, 전기 회사에 종속되어 있다. 이 다양한 요소들은 각자 떨어져서는 아무 영향도 주지 않을 수 있다. 그러나 모여지고 더해져서, 그것들은 현대인에게 아주 흔한 이 위축감을 생산한다. 그런데 개인은 이런 위축감을 견딜 수 없고, 하나의 번호가 되었다는 것을 받아들일 수 없으며, 본질적으로 자신을 주장하고, 영웅적 모습 아래서 보고 싶은 욕구가 있다. 그는 자신을 한 인간으로 느끼고 싶고, 모든 인간 속에 잠재한 힘과 지배의 본능을 표현하고 싶다. 그런데 이런 구체적 현실 속에서는, 이런 본능은 절대적으로 억눌려 있다. 물론 도피가 있다. 영화는 주인공 속에 자신을 투영하면서 자기 가치를 느끼게 해준다. 그러나 그것으로는 충분하지 않다. 선전은 개인에게 완전히 만족스러운 대답을, 그의 깊은 욕구에 대한 대답을 제공한다.

집단 사회 속에서 선전에 대한 필요가 증가할수록, 선전은 개인에게 그가 자유로운 인간이라는 감정을 주어야 한다. 오로지 선전만이 이러한 감정을 생산할 수 있고, 그렇게 해서 개인을 집단 운동 속으로 투신하게 할 수 있다. 따라서 선전은 개인의 자존심을 강력히 부추겨준다. 대중적 도구이지만, 선전은 특수한 개인에게 호소한다. 선전은 자아에 호소한다. 선전은 나의 양식과 정열에 말하고, 나의 분노를 자극한다. 선전은 나의 정의감과 자유의 열망을 일깨운다. 선전은 나를 일상의 틀에서 벗어나게 하는 격렬한 감정을 느끼게 한다. 내가 선전에 의해 정치화되면서부터, 나는 저 높은 곳에서 초연하게 나의 일상적 일들을 바라볼 수 있게 된다. 나의 사무실 상사는 나의 이런 신념을 공유하지 않는, 가련한 멍청이에 불과하며, 그릇된 세상의 착각에 잡혀 있다. 반면 나는 진보적이고, 나의 상황을 이해하며, 무엇을 해야 할지 알고, 사건의 열쇠를 쥐고 있으며, 위험스럽고 정열적인 행동에 투신하기에, 나는 그런 인간에 대해 복수를 하는 것이다. 그리고 이러한 감정은 선전이 나의 결정을 부르고, 나의 행동과 크게 관련되어 있을수록 더욱 강해질 것이다. "모든 것은 잘못되어 있다. 이것이 그에게서 벗어날 길이다. 모두가 거기에 참여해야 한다. 당신이 거기에 참여해야 한다. 당신이 오지 않으면, 모든 것이 실패할 것이다. 당신 때문에." 선전은 바로 이런 감정을 유포시켜야 한다. 사회가 무시했던 나의 소신은 다시 본질적이고, 결정적으로 된다. 그것은 나 혼자에게

만 중요한 것이 아니라, 모든 정치에, 모든 사회에 중요하다. 한 유권자가 투표할 때, 그는 자신의 한 표가 중요하지 않고, 가치 없다고 느낀다. 그러나 선전은, 선전이 부추긴 행동이 근본적이고, 모든 것이 나에게 달렸다고 보여준다. 선전은 나의 책임에 아주 고고한 의미를 주면서 나를 가치 있게 띄우고, 내 주변에 내가 당당한 태도를 보이도록 해준다. 선전은 나에게 장중한 어조와 완전한 확신으로 호소하면서, 그리고 전부 아니면 끝장으로 느끼게 하면서, 나 자신에게 나를 심각하게 여기게 한다. 그래서 위축된 인간은 선전 덕분에 그가 요구하는 정확한 만족을 발견한다.

　식민화된 나라들에서 선전이 작용하는 것은, 바로 이 똑같은 위축적인 상황 속에서 자아의 확인 필요 위에서이다. 아프리카는 식민지에 떨어졌었고, 열등적인 상황 속에 있었기 때문에, 그만큼 더 아무 선전이나 민감하게 반응한다. 그러나 그렇다고 해서 이러한 열등감이 식민지적 열등감이라고만 결론 내려서는 안 된다. 그것은 또 대중 사회 속의 거의 모든 인간의 보통의 상황이다. 현대인으로서 그는 거의 한결같이 억압적 상황 속에 들어 있다. 그의 자연적 본능 대부분은 사회적 구속에 의해 억압되어 있다.7) 우리는 더욱더 조직되고, 규율적인 사회 속에서 살고 있고, 이 사회는 그럴수록 인간의 깊은 충동의 자발성과 자유로운 표출을 금지한다. 그리고 이 충동들은 완전히 풀린다면 아주 반사회적일 것이다. 현대인은 시간표에 묶여 있고, 순간에 따라 행위를 선택하지 못한다. 그는 끊임없이 주변에서 일어나는 것(교통, 이웃)에 대해 주의를 기울여야 한다. 그는 마음대로 소음을 낼 수도 없다. 그는 온갖 종류의 날로 증가하는 규율들에 복종해야 한다. 그는 자신의 성적 충동이나 폭력적 본능을 마음대로 풀어놓을 수도 없다. 사람들이 아무리 오늘날 부도덕에 대해 우려를 하지만,

---

7) 그는 자신의 내적인 편안을 위해 긴장완화의 필요를 극대로 느낀다.

오늘날 인간은 16세기나 17세기 사람들보다 이런 문제들에서 훨씬 덜 자유롭다. 그리고 정치 세계 속에서는, 그는 자신의 경향들과 충동들을 억압하는 장애들에 지속적으로 종속되어 있다. 그런데 개인을 이런 상황 속에 오랫동안 붙잡아 놓는 것은 불가능하다.

집단과 갈등을 느끼는 개인, 그 사적인 가치들이 그가 속한 환경의 문화적 가치들과 대립하는 개인, 자기 사회나 집단에 대해 긴장을 느끼는 개인은 현대 사회 속에서 비극적 상황 속에 들어 있다. 최근까지는, 그러한 개인은 어떤 자유, 어떤 자율성을 누리고 있었다. 이러한 자유는 그에게 외적인 행위들 속에서 그가 느끼는 긴장을 다소간 해결할 수 있게 해주었다. 그는 또 사적 행동반경을 가지고 있었고, 그 안에서 그는 자기 고유의 가치들을 표현하고, 자신의 갈등을 표출할 수 있었다. 그것은 그가 스스로 다시 균형을 회복하는 가장 좋은 방법이었다. 그러나 기술적 문명 속에서는, 개인은 이런 긴장을 해결하기 위해 더는 자율성이나 행동반경을 가지고 있지 못하다. 그는 그것들을 전적으로 내면화해야 한다. 그리고 이런 조건들 속에서 긴장은 파국적으로 되고, 질병을 유발할 위험이 있다. 바로 이 순간에 선전은 외적 행위를 통한 긴장의 완화 수단으로서 개입하게[인위적으로!] 될 것이다.[8] 모든 출구를 막고, 모든 분야에서 인간을 압박하는 것은 위험스러운 것이다. 인간은 자신의 감정과 욕구를 발산할 필요가 있다. 집단적인 사회적 억압은 정신분석학자들이 연구했던, 개인 차원의 억압과 똑같은 효과를 불러올 수 있다. 승화 또는 발산이 꼭 필요하다. 집단적 차원에서는 두 번째가 첫 번째보다 더 쉽다. 가장 억압받았

---

[8] 우리는 현대인이 얼마나 도피가 필요한지 알고 있다. 도피는 우리 문명의 일반적 현상이다. 왜냐하면, 인간은 그의 삶의 조건들로부터 온 너무 많은 모순, 긴장들과 싸워야 하기 때문이다. 그는 우리 시대의 행복의 이데올로기가 그렇게 하라고 부추기는 그만큼 더, 이러한 어려움에서 달아나려고 한다. 선전은 참여 속에서 도피할 놀라운 가능성을 그에게 제공할 것이다.

던 사람들을, 그들을 억압했던 사람들을 위한 희생이나 영웅적 행동으로 이끌기가 가장 쉽지만 말이다. 이러한 발산의 욕구 속에는, 자발적 표현들이 있다. 재즈는 예를 들면 젊은이들에게는 억눌린 충동들을 배출하는 수단이다. 폭력적인 표출들제임스 딘, 검은 잠바를 입은 불량배들, 스웨덴에서 1957년 소요 등도 마찬가지다.

그러나 이러한 해방의 가능성은 아주 제한되어 있다. 선전은 대규모의 발산 욕구에 응해준다. 예를 들어 지금까지 금지되었던 것을 허용하는 선전과 같은 문제이다. 증오는 파괴적이고 위험한 감정이기 때문에, 보통은 사회에서 탄압받는다. 그러나 인간은 언제나 어떤 증오의 욕구를 느낀다. 그 속에 살인의 욕구를 감추는 것과 같다. 그런데 선전은 그에게 증오의 대상을 준다. 왜냐하면, 모든 선전은 어떤 적에게 집중되기 때문이다.9) 그리고 이 증오는 부끄럽고 나쁜 것이거나 숨겨야 하는 것이 아니라, 정당한 것이자 느껴도 당연한 것이다. 나아가서 선전은 타도할 적들까지 지적한다. 그리고 거기서도 범죄는 칭찬받을 행동으로 변모한다. 거의 모든 사람이 어떤 이웃을 죽이고자 하는 욕구가 있다. 그것은 단호히 금지되어 있고, 위험 앞에서 일반적으로 개인은 후퇴한다. 그러나 선전은 그에게 길을 열어주고, 유대인, 부르주아, 공산주의자 등을 죽이기를 허용한다. 살인은 장한 일이 된다. 마찬가지로, 19세기에, 인간은 아내를 속이거나 혹은 아내와 이혼하려는 욕구를 자주 가졌다. 그러나 그것은 억제되었다. 그런데 19세기 말에, 간통이나 이혼을 합법화하는 선전이 나온다. 개인은 그에게 해방적인 이런 선전을 하는 당에 정열적으로 매달린다. 위반은 덕이 된다. 금지를 걷어준 사람은 영웅이 되고, 초인적인 인물이 된다. 그리

---

9) 선전은 증오의 대상을 특화하면서 공격적 감정을 이동시키고 해방한다. 그리고 이러한 지적은 일반적으로 감정을 유도하기에 충분하다.

고 사람은 그를 위해 자신을 희생한다. 왜냐하면, 우리의 억눌렸던 정열이 그에 의해 해방되었기 때문이다. 19세기 말 프랑스에서 공화국에 대한 충성과 기독교의 실패의 큰 부분은 간통과 이혼 분야에서 만들어졌다.

선전은 또 우회로를 통해 발산할 수 있게 해준다. 독재 정부들은 아주 엄격하게 통제된 국민이 배출구가 있어야 한다는 것을 알고 있다. 그리고 정부는 그것을 제공해준다. 당국을 공격하지만, 용인되는 풍자 신문들10), 또는 정부를 조롱하는 카니발 축전예를 들어 과테말라의 '애통의 금요일' 등이 그런 예이다. 물론 이 도구들은 권력에 의해 적절히 관리되고 있다. 그것들은 국민에게 자유라는 인상을 주고, 또 정부가 곧 숙청할 자를 불만의 책임자로 이용하는 역할을 한다. 따라서 이러한 비판 도구들은 권력을 강화하고, 국민을 더욱 체제에 매달리게 한다. 사회 구조가 억압한 충동들의 인위적 발산 가능성을 주기 때문이다. 선전은 이러한 인간 상황 속에서 치료적이고 보상적인 역할을 한다.

이 역할은 다른 현상, 즉 고뇌에서 더욱 강화된다. 고뇌는 우리 사회 속에서 가장 널리 퍼져 있는 심리적 현상이다. 수많은 연구는 두려움은 현 사회 속에서 가장 강력하고 널리 퍼진 감정임을 보여준다. 분명히 인간은 두려워할 실제적인 이유가 있다. 공산주의적 전복, 혁명, 파시즘, 수소 폭탄, 양대 진영의 갈등, 실업, 병. 한편으로, 정보를 통해 인간이 그 어느 때

---

10) 대중의 발상을 위한 소련 신문의 비판적 역할은 잘 알려졌다. 신문들은 작업의 실수와 결함에 대해 인물들과 제도들을 비난한다. 이것은 관료체제를 통제하는 수단이다. 그렇지만, 특히 스트레스를 풀어주고, 공격적 본능을 완화하며, 정부에게 향할 것을 "희생양"에게 뒤집어씌우는 방법이다. 그렇게 표출된 비판은 정부와 사회 질서에게 위험한 것이 되기를 멈춘다. 관료는 희생양이 된다. 당은 모든 비판에서 벗어나게 된다. 독자 투고란도 똑같은 역할을 한다. 그것은 가장 좋은 선전 수단 중의 하나이다. 왜냐하면, 관료 체제를 비판하도록 허용해주는 한, 시민은 그만큼 더 정부에게 매달리기 때문이다. 이 방법은 흐루시초프에 의해 아주 잘 사용되었다. 이것은 해방하는 문제가 아니라, 개인을 순화시키고, 권력을 공고히 하는 방법이다. 미국의 인간관계 속에서 상담도 같은 방법이다.

보다 더 의식하게 된 위기들의 증가가 있다. 다른 한편, 두려움에 대해 마주할 수 있게 했던 종교적 신념들이 거의 모두 사라졌다. 인간은 위협적 위기들 앞에서 무장이 해제되어 있고, 계속 그에 대한 정보를 받기 때문에 더욱더 예민해져 있다. 예를 들어 유력 일간지에서 병에 대한 의학적인 기사는 그것이 병의 존재에 대해 사람들의 주의를 끌기 때문에 파국적이다. 정보는 두려움의 유발자이다. 그래서 이점은 우리 사회에서 지배적인 두려움은, 순수하게 개인적 두려움죽음에 대한 두려움이나 유령에 대한 두려움 같은 것보다는, 집단적이고 포괄적인 현상들과 연결된예를 들어 정치적 현상들 "사회적" 두려움임을 설명해준다. 그러나 어떤 위협에 비례한, 객관적이고 실제적인 두려움은 고뇌가 아니다. K. 호니Horney에 따르면 두려움과 고뇌의 본질적 차이는, 고뇌는 위험과 비례하지 않는 반응, 또는 상상적 위험에 대한 반응이라고 한다. 그녀가 말한 바로는 또, 고뇌를 부른 위험이 드러나지 않고, 주관적일 수 있지만, 고뇌는 우리 문명의 조건들과 연결된 현상이다. 문제의 인간에게 고뇌의 강도는 상황과 비례할 수 있다. 그러나 고뇌는 또 알 수 없는 이유로 해서도 경험될 수 있다.

실제적이고 의식적인 위협들 앞에서, 아주 흔한 반응의 하나는 그것들을 상상적으로 꾸며대는 것이다. 미국 시민은 공산주의 위협에 대해 상상적 이야기를 꾸미고, 공산주의자는 파시스트의 위협에 대해 그렇게 한다. 그러면 이때부터 고뇌가 나타나기 시작한다. 이 고뇌는 명백히 소문들, 현실에 대한 파악 불가능, 흐릿하게 퍼져 있는 두려운 분위기, 두려움의 파급 효과가 서로 연결되어 있다.

어떻든 간에, 고뇌는 나타나고 퍼져 나간다. 고뇌에는 비합리적인 특성이 있고, 누군가 고뇌를 합리적인 것과 사실로 귀결시키면서 고뇌를 덜어주려 애써도 실패한다. 경험적으로 보면, 고뇌의 분위기 속에서는, 위험이 실제 그렇게 심한 것이 아니라고 정확한 정보들을 제시하더라도, 고뇌를 강화시킬 따름이다. 위험은 고뇌 속에 사는 것이 정말 당연했음을 보여주기 위해 정보들을 즉시 이용한다. 물론 정신분석학적 차원에서, 고뇌는 흔히 신경증의 원인으로 여겨진다. 여기서 고뇌는 우리 사회의 대다수와 관계되는 집단적 현상이라고 말할 때, 사람들이 모두 신경증환자라고 말하는 것은 아니다. 사회적 갈등, 정치적 위협으로 야기된 고뇌가 신경증까지 가는 경우는 드물다. 그렇지만, 그런 경우가 전혀 없는 것은 아니다. 그리고 우리는 다만, 개인들이 신경증이 지속적으로 위협하는 그런 상황 속에 들어 있다는 것을 말하고자 하는 것이다. 실제로 어떤 사건이 전체 집단을 발작적인 신경증과 비합리적 상황 속으로 던져 넣으면, 신경증은 집단적으로 될 수 있다. 따라서 현재의 인간은 수많은 적대적인 충동들에 사로잡혀 있다고 느끼는데, 그것도 고뇌의 한 근원이다. 게다가 그는 우리 사회에 내재적인 갈등들 속에 잠겨 있다. 이 갈등들은 그를 자기 자신과 갈등하게 하고, 또는 차라리 그의 경험을 사회적 명령들과 고민하게 한다. K. 호니는 이러한 갈등들의 몇 개를 기술하였다. 예를 들면, 정부는 우리의 필요를 충족시켜주겠다고 하는데, 현실에서 좌절됨으로써 오는 갈등, 사회적으로 광고되는 자유와 실제적인 제약들 사이의 갈등, 평화를 선전하지만 실제로 인간은 전쟁을 준비하는 사회 속에 살고 있고, 어떤 문화가 유포되었지만, 그것을 흡수할 수 없는 갈등 등이다. 모순의 경험은 분명히 우리 사회의 가장 일상적이고 습관적인 경험 중의 하나이다. 그런데 인간은 모순을 오래 견딜 수가 없다. 그로부터 고뇌가 나오고, 인간은 고뇌에서 벗어나도록 모순을 해결하려고 발버둥친다.

    마지막으로, 이러한 상황 속에서, 현대 사회 속의 모순과 위협의 결과로서, 인간은 자신을 스스로 비난하고, 유죄라고 느낀다. 개인적으로, 그가 위협과 모순에 노출된 한 자신을 스스로 당당하고 좋다고 느낄 수가 없다. 이 위협과 모순은 필연적으로 그의 속에서 유죄 콤플렉스를 자극하는데, 어떤 해결책을 쓰더라도, 그를 집단의 명령과 갈등 상황 속에 놓이게 한다. 그런데 인간의 주요 욕구 중의 하나는 그 깊은 속에서 자신의 정당성을 느끼는 것이다. 이 욕구는 여러 가지 방식으로 표출된다. 우선 자신의 눈에 정당하고자 하는 욕구가 있다. 그는 자기가 옳다고, 자기는 제대로 행동했으며, 스스로 존중을 받을 만하다고 주장할 수 있어야 한다. 이어서, 인간은 자기 주변 사람들, 가족과 주변, 직장, 친지, 동향 사람들의 눈에 정당하다고 비춰고 싶은 욕구가 있다. 마지막으로 그는 자기가 정당하다고 간주하는 어떤 집단에, 옳고, 고상하며 정의롭다고 선언할 수 있는 집단에 속하고자 하는 욕구가 있다. 여기에서 정의란, 절대적 정의, 경험된 정의, 진정성이 있는 정의는 아니다. 중요한 것은, 자신이 진짜 정의롭고, 정의롭게 행동하거나, 또는 자기가 속한 집단이 정의롭다는 것이 아니라, 그렇게 보이는 것이다. 즉 정의롭다고 주장할 수 있게 해주는, 다른 사람과 공유된 이유를 찾는 것이다.

　이것은 인간이 현실을, 특히 우선 자기 자신의 현실을 있는 그대로 보기를 거부하는 것과 상응한다. 왜냐하면, 현실이 견딜 수 없으니까 그리고 또 자기가 틀릴 수도 있음을 인정하기를 거부하는 것과 상응한다. 자기 자신의 눈에, 그리고 다른 사람들의 눈에, 인간은 끊임없이 자신을 변호하고, 자신이 그렇게 행동하거나 할 수밖에 없던 그럴듯한 이유를 발견하려고 한다. 물론 그 메커니즘은 무의식적이다.[11]

---

[11] 개인은 자신의 행실이 정당했음을 증명하기 위해 자신의 과거를 재구성한다. 그러나 이것은 행동의 실제적 설명보다는 정당화이다. 따라서 인간은 겉으로는 합리적인 허구 속에서 산다.

이러한 정당화는 최소한 부분적으로는, 미국 심리학자들이 합리화라고 부르는 것, 다시 말해 그럴듯한 이유를 찾고자 하는 의지와 상응한다. 그러나 합리화는 정당화보다는 협소한 의미이다. 개인이 사회생활에 곤란함을 느낄 때에 합리화가 있다. 다른 집단, 다른 개인과의 충돌은 참기 어려운 긴장, 갈등, 좌절, 실패, 걱정을 일으킨다. 그는 이 모든 것을 피하고자 한다. 그러나 현실에서는 그렇게 할 수 없다. 그러면 그는 이런 갈등에서 나오는 불쾌한 결과를 피하게 해 줄 좋은 핑계와 이유를 스스로 부여하려 한다. 또는 자신의 실패를 설명해주는 어떤 결론을 내리고, 실패를 성공처럼 보이게 만든다. 또는 그는 자신이 정의롭다고 주장하면서 긴장을 정당화한다(희생양 만들기). 또는 다른 사람이 틀렸다고 하면서 자신의 행동을 정당화한다(인종 차별에서 분명히 개인은 자기가 부여한 이런 이유를 믿는다. 그리고 이 이유가 많은 사람에 의해 공유된다면 더욱 좋다. 자신을 스스로 정당화하는 개인은, 자기 행동을 설명하기 위해 제시한 동기들이 진실이 아니라고, 그가 저런 이유 때문에 행동했다고(그가 솔직히 인정하지 않는 이유, 그리고 그가 든 설명은 자기 행동을 인정받고, 칭찬받으려고 우선 자기 자신의 칭찬 내건 위장에 불과하다고 지적받으면, 엄청나게 분개한다.

이러한 욕구는 비정상적으로 보였다. 어떤 사람들은 개인적 차원에서, 이것은 병적인 경향이라고 간주하였다. 왜냐하면, 이것은 개인 속에서 어떤 자아의 분열을 내포하기 때문이다. 그러나 실제로는 이러한 주장은 버려졌다. 이 과정은 정확히 위선의 과정이다. 그래서 이러한 욕구 속에는 전혀 병적인 것은 없다는 결론이 내려졌다. 그것은 두 가지 이유 때문이다. 첫째 그 현상의 일반성이다. 실천적으로 모든 사람은 개인과 집단 자격으로, 항상 자기를 정당화한다. 일반적 태도를 병적 현상으로 판단하기는 어렵다. 두 번째는 그 사실의 유용성이다. 오늘날에는, 인간은 자신의 심리적 생활 속에서, 자기에게 유용한 것, 자기에게 경제적인 것을 자동으로 추구한다는 것이 일반적으로 인정된다. 정당화가 유용하다는 것은 부정할 수 없다. 정당화 덕분에 인간은 긴장과 걱정에서 자기를 방어하고, 실패를 행복으로 탈바꿈한다. 나아가서 정당화는 개인의 진실과 허위의 방향 및 정의와 불의의 방향을 분명하게 내보일 수 있게 해준다. 바로 이 길을 통해서, 그리고 흔히는 이 길을 통해서만이 한 인간이 믿는 가치 척도가 밝혀진다. 따라서 그것을 밝히고 주장할 필요가 있다.

이 위선의 마지막 유용성은, 인간으로 하여금 반도덕적이고 반사회적인 동기들을 공개적으로 주장하지 않고서도 지나치게 억제되지 않는 행동을 할 수 있게 한다는 것이다. 금지된 행위는 사회에 해롭지만, 부도덕하거나 반사회적인 행동 동기를 너무 크게 선언하는 것도 해롭긴 마찬가지다. 여기서 우리는 오래된 문제를 만나게 된다. 즉 나쁜 행동을 하고 그것을 감추는 것이 더 나은가?1900년의 태도, 나쁜 행동을 하고 그것을 공개하는 것이 더 나은가?최근의 태도 따라서 정당화의 과정은 그의 대단한 유용성 덕분에, 어디서나 발견된다.

집단적 차원에서 대부분의 이데올로기, 정치적이거나 경제적 이론들은 정당화의 일종이라고 말할 수 있다. 뤼벨Rubel에 따르면, 마르크스의 그 엄격하고, 겉으로 보아서는 비타협적인 교리는 그가 젊은 시절 취했던 감정적이고 자발적인 입장들에 대한 거대한 지적 정당화였다.[12]

현실을 있는 그대로 받아들이고, 우리 행동의 진정한 동기를 인정하며, 우리가 속한 집단이 하는 행위의 진실성을 분간하는 것은, 불가능하지는 않더라도 어렵다. 우리가 생계 활동을 한다면, 그 경제적 유용성에

---

12) M. 뤼벨(Rubel), 『칼 마르크스. 지적인 자서전』, 1957.

만 집착하기는 불가능하다. 거기에 대한 도덕적이거나 이상적인 정당화가 필요하다. 그것은 일종의 소명이 될 것이고, 우리는 그것이 의심되는 것을 참지 못할 것이다. 나치처럼 가장 실용주의적인 사람들도 사회적 또는 도덕적으로 자기들의 행동을 정당화하려고 한다. 예를 들어 아리안 Aryan 족의 우수성을 유지하려면 유대인을 학살해도 된다. 공산주의자들처럼 가장 유물론에 가까운 자들도 이상적으로 정당화하려고 한다. 예를 들어 휴머니즘이 이런저런 전략을 정당화할 것이다. 필연성과 절대적인 도덕이나 종교적 명령 사이의 갈등 속에서, 모든 사람은 갈등이란 없다고 주장하기 위해 스스로 합리화의 망토를 두른다. 어떤 사람이 필연성을 따르더라도, 그는 그런 것이 아니고, 실제로는 양심의 절대적인 명령에 따라 행동한다고 증명하고자 한다. 징집이 의무가 되면, 모든 사람은 자기에게 조국을 향한 열렬한 사랑이 있다고 자위한다. 스탈린이 히틀러와 동맹을 맺을 때, 그제야 공산주의자는 독일 사회주의가 훌륭하다고 생각한다. 헝가리 정부가 기독교에 평화 선전을 하라고 강제하자, 교회는 평화는 기독교적 덕목이라고 자발적으로 발견한다.

명백히 이러한 놀라운 정당화의 보편성이 이 정당화를 효율적으로 만든다. 자신을 정당화하고, 무의식적으로 이러한 코미디를 하는 사람은, 스스로 그것을 믿을 뿐만 아니라, 다른 사람들도 그것을 믿기를 필요로 한다. 그리고 실제로, 다른 사람들도 그것을 믿는다, 왜냐하면 그들도 이러한 합리화를 사용하고, 그 속에서 자기들도 배우가 된 코미디의 공모자들이기 때문이다. 바로 이러한 공모성의 기초 위에서만 정당화는 효율적일 수 있다. 이러한 공모성은 너무나 강력해서, 이러한 정당화의 희생자마저도 거기에 동의한다. 예를 들어, 인종 차별주의자는 "하위" 집단을 게으르고, 반사회적이며, 부도덕하고, 생물학적으로 열등하다고 말하면서 자신의 인종 차별을 정당화한다. 그러면 수많은 경우에 그 하위 집단에 속한 사람들이 그런 판단을 받아들이고, 그 자신들의 눈에도 차별을 정당화할 열등감을 느끼게 될 것이다. 그것은 이 사람들도 다른 차원에서는 이러한 정당화 과정을 사용하기 때문이다.

개인적이거나 집단적인 이 정당화는 3가지 근원이 있다.

우선, 전통적 설명이 있다. 이것은 소속 집단에 의해 전승되고, 교육 등을 통해 구성원 속에 스며든 정당화이다. 예를 들어, 노동자에 대한 부르주아 계급의 평가로, 이 정당화는 1815년이나 1820년으로 거슬러 올라가는데, 세대에서 세대로 전해 내려왔다. "노동자는 게으르고 항상 술에 취한 상놈이다." 또는 식민 침략을 정당화하기 위해, 식민지를 문명화시키는 임무를 띠고 있다는 논리도 여기에 속한다.

두 번째로, 스스로 자발적으로 만든 합리화가 있다. 첫 번째가 집단적 행동과 관계된다면, 이것은 약간은 개인적이다. 그렇지만, 꼭 그런 것만은 아니다. 왜냐하면, 개인적 문제에 대해서도 전통적 정당화를 할 수 있기 때문이다.

우리에게 더 흥미로운 것은, 세 번째 유형의 합리화이다. 이것은 집단적이면서 개인적인 것으로, 새로운 상황과, 예기치 않았던 필요와 관계되며, 전통적 해결들은 적용되지 않는다. 이 합리화는 선전의 열매이다. 선전은 인간의 정당하고자 하는 치열한 욕구를 통해 선전이 원하는 행위를 강제한다. 선전은 어떤 상황에서든 그가 개인적으로 정당하고, 그의 집단이 정당하며, 그에게 요구된 행동이 정당하다는 증거를 제공한다. 그가 자신의 불의에 대해 어렴풋하게나 격렬하게 느끼고 있다 하더라도 소용없다. 선전은 그의 모든 긴장을 잠재운다. 선전은 모든 허구를 해결한다. 선전은 사회가 전달해주는 아주 잘 만들어진 정당성을 제시하고, 인간은 그것을 아무 힘들이지 않고 믿으면 된다. 동시에 선전은 새로운 상황들과 상응하는 신선함과 새로움을 가지고 있다. 그것은 많은 전통적 정당화들처럼 시들지 않았다. 그러면서 인간에게 이러한 이상적인 것을 발명했다는 인상을 준다. 선전은 인간에게 고고한 임무를 수행한다는 인상과 함께, 정열적으로 투신할 수 있게 해주는 어떤 이상을 제공해준다. 선전이 이렇게 인간에게 집단적이면서 개인적인 정당화를 제공해주는 만큼 선전은 효과적이다. 그것은, 마치 영화 「우리는 왜 싸우는가」에서처럼, 하나의 설명일 뿐만 아니라, 깊은 합리화이다. 그 덕분에 인간은 자신의 사회나 집단과 조화를 이루고, 어떤 사회적 상황에 적응하며, 자신의 개인적인 양심이나 의구심을 해결한다.

자신에 대한 정당화에 목마른 인간은 그를 정당화해주고, 그의 고뇌의 원인의 하나를 해결해주는 선전을 향해 덤벼든다. 그런데 선전은 또 다른 고뇌의 근원들도 해결해준다. 선전은 모순을 사라지게 해준다. 선전은 명령이 사실과 조화를 이루는 통일적 세상 속에서 인간을 다시 회복시켜준다. 선전은 다른 모든 것을 지배하는, 전적으로 만족스러운, 명확하고 단순한 행동을 명령한다. 이 명령은 자신과 모순되지 않고서도, 자기를 감싼 세상에 참여할 수 있게 해준다. 왜냐하면, 그가 할 행위는 정확히 장애들을 제거할 것이고, 선언된 이상에 반대되는 사실들을 파괴하는 것이기 때문이다.

선전은 여기서 완벽히 이상적인 구실을 한다. 인간에게 현실을 통제하게 해주고, 원칙으로 주조된 세상 속에서 선진적으로 살게 해준다. 인간은 더는 모순을 자신에 대한 위협으로, 자기 개성의 뒤틀림으로 느끼지 않는다. 모순은 선전을 통해 정복과 투쟁의 적극적 원천이 된다. 그는 갈등을 해결하는데 더는 혼자가 아니다. 그가 혼자일 때는, 해결을 위한 절망적 노력은 신경증을 불러왔다! 그는 전진하는 집단 속에 잠기게 된다. 이 집단은 언제나 곧 문제를 해결할 것 같고, 세상과 인간을 만족스러운 통일성 속으로 데리고 올 것 같다. 곧 알제리 전쟁이 끝날 것 같고, 미국을 추월할 것 같으며 소련으로서, 공산당을 누르고, 좌절을 극복할 것 같다.

마지막으로, 선전은 또 비합리적이고 과도한 공포로부터 나온 고뇌를 제거해준다. 왜냐하면, 선전은 인간에게 과거 종교가 가져다주었던 것과 등가의 보장을 해주기 때문이다. 선전은 인간에게 세상에 대해 명확하고 간단한 설명을 해준다. 물론 거짓이고, 사실과는 동떨어진 설명이다 그러나 명확하고 만족할만한 설명이다. 선전은 다 해결해주는 만능열쇠이다. 이제 모호한 것은 없다. 모든 것이 선전에 의해 설명될 수 있다. 의미를 읽으려고 갖다 대기만 하면 되는 틀이다. 인간은 이렇게 혼돈의 사실들 사이를 뚫고 명확한 길을 안내해줄 실을 쥐게 된 것이다. 세상은 더는 위협적이 아니고, 적대적이 아니다. 선전에 빠진 인간은 세상에 대해 명증성이 있고 통제를 할 수 있다고 느낀다. 세상은 이제 그의 혼란스러움에서 벗어났다. 그만큼 선전은 인간에게 모든 위협에 대한 해결책을 가져다준다. 사회는 어떤 위협에 대해 방어 수단이 없다고 느끼면 광분한다. 선전은 사회에게 방어 수단을 가지고 있다는 감정을 제공하고, 적은 반드시 제압될 것임을 공언한다. 이것은 개인들을 안심시켜주거나, 그들에게 상황의 실제를 보여주는 문제가 아니다. 그렇게 하다간 그들을 더욱 불안하게 만들 수 있다. 여기선 그들을 흥분시키고, 그들의 사기를 북돋으며, 긍정적 의지를 살리고, 그들이 위협보다 더 우세하다고 느끼도록 심리적으로 무장하는 문제이다. 고뇌에서 벗어나고자 하는 사람은 선전이 조작한 작업에 동참하자마자, 사회의 모든 문제를 해결하고 있다고 믿는다. 동시에 자신의 갈등을 해결해주는 이런 해방적인 행동 속에 빠지자마자, 자신이 스스로기적적으로 해방되었다고 느낀다.

이렇게 현대 사회의 인간은 선전을 매우 필요로 하고 바라며, 선전을 거의 불러일으킨다. 선전의 발달은 아무 이유 없이 우연히 일어난 것이 아니다. 그것을 이용한 정치인이 사악한 종자가 아니다. 그는 일종의 사회적 요구에 부응한 것이다. 그러한 사실로부터, 피선전자는 선전자의 깊은 공모자이다. 그의 무의식적 공모와 함께 선전은 충분히 기능을 발휘할 수 있다. 만족을 얻기 때문에, 그는 선전의 길 속으로 들어가는 것이다. 그가 의식적으로는, 현실을 무시하고서, 선전에 반대하여 큰소리치고, 선전에 영향을 받지 않는다고 공언해도

동시에, 선전은 우연히 존재하는 것이 아니라, 사회 속에서 필수불가결한 기능을 수행한다. 사람들은 항상 선전의 존재를 우발적인 것으로 설명하려고 한다. 전쟁과 같은 상황과 연결된 예외적인, 비정상적인 사건으로서 말이다. 그들은 선전이 전쟁 시에 발전했음을 증명한다. 그러나 그것은 정확하지 않고, 피상적이며 이차적이다. 전쟁은 선전의 발달에서 하나의 우연한 원인이고, 잠재적이고 준비된 현상을 명확하고 구체적으로 만들어준 것에 불과하다. 실제로는, 선전은 훨씬 더 깊은 필연성의 뿌리를 가지고 있다. 선전은 기술 사회의 주요 경향들의 결합 결과이다. 선전은 인간과 사회 구조에 대해 너무 중요한 역할을 하기 때문에, 정치나 경제 속에서 선전의 개입이 없으면 아무것도 발전할 수 없다. 이 대중적이고 기술적인 사회 속에서 선전이 발달한 것은 우연이 아니다. 이 사회의 조건이 선전이 자유롭게 발달하게 해주었고, 이제는 그것이 없다면 사회의 조직마저도 마비될 지경이다. 사회관계 속에서 **인간 관계**Human Relations, 경제에서 광고 또는 인간 공학, 정치에서 엄밀한 의미의 선전 등이다. 어디서든 참여와 지시된 행동을 위한 심리적 영향의 요인은, 진보

가 전제로 하는 결정 요인이자 개인이 자기 자신으로부터 벗어나기 위해 바라는 결정 요인이 된다.

4장 선전의 심리적 효과

구분해야 할 여러 가지 문제들이 있다. 우선 선전은 개인에게 심리적 효과를 준다. 선전자가 얻어내려 하는 효과들 외에도예를 들어 투표, 심리 조작, 무의식의 힘을 일깨우는 일, 개인을 반복적으로 공황 상태에 넣기 등은 심리적 결과를 불러온다. 선전을 당한 인간이 아무런 해도 입지 않고 온전히 있을 수는 없다. 그는 의견이나 태도에서, 그리고 또 충동이나 심리적 구조에서 변화된다. 선전은 외적으로 작용하는 것만 아니고 깊이로도 바꾼다.

그러나 심리적 조작 외에도, 여러 가지 물질적 수단들에 의한 효과를 고려해야 한다. 그 각각은 선전자가 사용했느냐 아니냐에 따라, 그 자체에 고유한 심리적 효과나 의견들을 만들어낸다. 누가 영화관에 간다면, 그는 어떤 인상들을 받게 된다. 그리고 그의 내적인 심리는 전체 선전과는 독립적으로 변한다. 각각의 소통 수단에 특수한 심리적 효과나 의견의 변화가 선전에 의한 특수한 효과에 더해지는 것이다. 어떤 것이 어느 것에 의한 것이고, 어떤 것이 다른 것에 의한 것인지를 구분하기는 매우 어렵다. 예를 들어 라디오 자체에 의한 효과와 선전자의 심리적 조작 방법에 의한 효과를 구분하기는 거의 불가능하다. 신문, 라디오, 영화, TV를 선전이 아닌 용도로 사용했을 때, 그 자체의 효과에 대한 수많은 논문이 있었다. 그런데 이 효과는 이 수단들을 선전에 사용할 때도 다시 발견된다. 따라서 선전자는 이런 일반적 효과를 무시할 수 없다. 라디오를 통해 어떤 캠페인을 하려고 한다면, 그는 여러 효과가 서로 결합한다는 사실을 알고 있어야 한다 – 라디오의 효과와 선전 기술의 효과. 이 수단 각각이 특수하면서, 독립된 효과들이 있고, 그 효과들이 서로 상보적이기 때문에, 선전자는 그들을 서로 결합하고 싶을 것이다. 따라서 선전자는 일종의 오케스트라 지휘자와 같다.

선전의 심리적 효과를 연구하려면, 대중 매체 각각에 특수한 효과들을 연구하고, 선전 기술들의 효과들과 매체의 효과들이 결합하는 것을 연구해야 할 것이다. 우리는 여기서 이 작업을 할 수는 없다. 그러나 독자는 이러한 상보적인 현상을 항상 마음속에 담아 두어야 할 것이다.

심리적 고착 작용

이것은 통상 연구되는 유일한 선전의 효과이다. 총체적으로, 어떤 경향들은 개인 속에 잠재적 상태로, 불확실하고 흐릿하게, 그리고 때로는 정확한 대상이 없이 은밀한 충동으로 존재하고 있다. 이 경향들이, 선전의 효과 아래서 느닷없이 강력한, 밝혀진, 세세한 경향들이 된다. 선전은 대상을 제공함과 동시에, 개인의 심리적 특성들을 하나의 시스템으로 조직하고, 하나의 틀 속에서 고착시킨다. 결국, 선전은 어떤 심리적 특성들을 고정해서 그 변화를 정지시킨다. 여기서 선전에 의해 야기된 고착 작용의 다양한 양상들이 나온다. 그 예는 풍부하다. 자발적으로 존재하는 것으로 보이던 편견들이, 선전에 의해 느닷없이 강화되고 굳어진다. 그러면 개인은 이런 편견을 가졌던 것이 잘한 일이구나 하고 배우게 된다. 그리고 이 편견이 다수에 의해 공유되고, 드높이 선언되면, 거기서 근거와 정당성을 발견한다.1) 게다가 갈등이 강할수록, 편견들은 더 강해진다. 그런데 선전은 누군가 겪는 갈등을 더욱 부추긴다. 결과적으로 선전이 이러한 편견을 고집하지 않더라도, 이 편견을 간접적으로 확고히 한다.

일단 선전이 개인의 증오를 이용하고 방향을 주기 시작하면, 개인은 뒤로 물러나거나, 원망을 누그러뜨리거나, 화해를 할 수 없게 된다. 게다가 그는 온갖 상황에 대처하기 위해, 선전 이전에는 막연하고 불분명했으나 이제 완전히 준비되고 분명히 표현된 많은 판단을 가진다. 그는 이제부터 진실을 밝혀주는 것 같은 이 판단들을 수정할 이유가 없다.

이런 식으로 선전은 일상적 생각들을 표준화하고2), 고정관념들을 굳히며, 인간에게 모든 분야에서 획일적 범주를 제공한다. 선전은 사회적, 정치적, 도덕적 표준들을 코드화한다.3)

---

1) 더 나아가서, 이러한 편견들의 굳히기는 개인에게 그에 저촉되는 사실들과 사건들의 압력에 저항할 수 있게 해준다. 선전은 개인에게 사건의 현실에 저항할 힘을 주고, 그것은 바로 이러한 이미지들과 믿음, 고정관념들의 고착작용 덕분이다.
2) 선전은 개인이 스스로 힘들여 만들 필요가 없는 그런 고정관념들을 직접 제공한다. 선전은 그것들을 경구, 구호, 잘 제작된 판단들의 형태로 제공한다. 선전은 생각을 구호로 변경하고, 어떤 큰 단어를 확산시켜서 인간으로 하여금 자기가 어떤 의견을 가지고 있다고 확신하게 한다.
3) 상징은 고정관념이라고 하는 현상과 관계있다. 하나의 고정관념은 어떤 집단에 속해서 얻은 가치적 판단이다. 이것은 지적인 작업을 거치지 않고, 어떤 특수한 자극에 따라 자동으로 재생된다. 이 고정관념은 사람이 속한 집단에 대해, 그리고 "집단 바깥에" 반대하여 가졌던 감정에서 온다. 인간은 자기 집단에 의해 대변된 가치들에 대해서는 정열적으로 집착하고, 집단 바깥의 고정된 생각들은 밀쳐낸다. "한 집단의 편견들을 공유한다는 것은 이 집단에 대한 귀속을 나타내는 것이다. 고정관념들은 개인이 그 사회 속에서 점유하는 상황들, 집단들, 직업과 상응한다." 스토첼(Stoetzel)에 따르면, 고정관념은 "하나의 범주"이

명백히 인간은 이러한 표준들이 필요하고, 스스로 획일적 범주들을 제작한다.4) 그러나 큰 차이는 이제는 선전이 이 모든 것에게 억제할 수 없는 힘을 주었다는 것이다. 인간은 이제 자신의 판단들과 범주들을 바꿀 수가 없다. 이 강한 힘은 한편에서는, 이런 주관적 충동들에 객관적 외양을 제

다. "생각하고, 경험을 해석하는, 행동하는 방식"이다, 그렇지만 오로지 정적인 반응들 위에 세워진다. 이 고정관념은 특수하다. 그것은 어떤 이름, 주어진 이미지와 관련되고, 고정관념이 작용하려면 그 이름과 이미지가 명확해야 한다. 그것들의 의미로는 충분하지 않다(스토첼, 『여론의 이론 스케치』, p. 311).
안정된 고정관념은 인간에게 숙고할 수고를 덜어주고, 개인적 입장을 취하거나, 어떤 의견을 가질 필요가 없게 해준다. 인간은 고정관념이 깨워준 자극 앞에서, 반사적으로 지속적으로 반응한다. 고정관념은 어떤 상황 앞에서 기왕의 의견을 갖도록, 또는 자동적인 태도를 보이도록 해준다. 고정관념은 어떤 상황의 의미를 즉각 제공하고, 윤리적 문제에서는 가치들의 척도가 된다. 고정관념은 습관적으로 제한된 집단 속에서 형성된다. 그러나 전체 사회로 확산하고 발전하는 경향이 있다. 그것은 확산력이 있다. 게다가 그것은 점점 그것을 자극했던 원초적 이미지들로부터 떨어져 나와, 고유한 생명력을 갖는다.
존재하는 고정관념들은 선전에서는 상징들에 의해 깨워진다. 그리고 상징은 그와 연결된 대상이나 인간에 대해 호의적 반응을 하게 해준다. 어떤 집단에 위고(Hugo)의 서명이 들어간 문장에 대해 어떻게 생각하느냐고 묻는 것은, 위고의 고정관념에 종속되게 한다. 그러나 서명이 없는 똑같은 문장에 대해 묻는 것은, 아무런 고정관념을 깨우지 않고, 나온 의견은 극히 달라질 것이다.
어떤 부르주아적 환경에서 이렇게 말하는 것. "공산주의는 정의를 원한다", 이것은 비호의적인 반응을 일으킨다. 그러나 다른 당들이 정의를 원한다면, 호의적인 반응을 얻어낸다. 여기서는 정의가 우세하다. 그러나 전자는 공산주의라는 고정관념이 우세하다.
라스웰(Lasswell)에 따르면, 상징을 세 종류로 나눌 수 있다. 먼저 요구적 상징이 있다. 즉 어떤 집단의 열망을 표현하고, 도래할 사건을 환기하려고 하는 것이다. 이어서 정체성의 상징인데, 이것은 행동하는 인물, 또는 반대하는 인물을 전면에 내세운다. 마지막으로 사실적 상징인데, 이것은 현재하거나 도래할 사실들을 제시한다. 그러나 이 사실들은 실제로는 그 자체로는 추상적이고, 단순한 상징이 되어 있다.
상징의 사용은 우선 개인의 의식을 분할시킨다. 진정한 선전은 서로 연결된 다양한 상징들을 사용하는데, 이 상징들의 어떤 것은 알려진 이미지들을 환기하고, 의식을 부르고, 다른 것들은 이 의식을 짓밟으며, 그것을 파괴하고 부정하려고 한다. 상징은 개인을 원초적 충동들, 자연적 태도들로부터 점차 분리시키고, 일종의 "반-태도들", "반-행위들"을 창조하는 데 유용한 도구이다. 선전자는 이것을 사용하여 개인적인 의식을 약화시킨다(지적이고 도덕적 의미의 의식을). 그러면서 어떤 전환기 동안에 기존 태도들을 흔들어서, 거기에 새로운 내용을 부여하고자 한다. 예를 들면 권위적 상징들을 깨뜨려서 그것들 대신에 새로운 독립적 태도를 대체하는 것이 아니라, 그것들을 새로운 권위적 상징들로 대체한

공한, 사용된 수단들의 힘에서 오고, 다른 한편으로는 모든 사람이 똑같은 표준들과 범주들에 동참함에서 온다.5)

동시에 개인이 사적인 것으로 여기는 이러한 신념들, 정상적으로는, 선전을 당하지 않았더라면 심리적으로 이차적이었을 고정관념들이 중요한 것이 된다. 고착 작용을 통해서 이 이미지들이 더 큰 자리를 차지하고, 전체의식을 점령한다고 말할 수 있다. 선전에 의해 싱싱하고 날카롭게 되어서, 이것들은 다른 감정들을 누르고, 다른 판단들보다 더 우세하게 된

다. 그러나 이러한 상징 사용은 이미 아주 진보된 선전을 가정한다. 이것은 스탈린의 선전에서 잘 나타난다. (이런 다양한 단계들에 대해서는, K.르윈(Lewin.)의 "집단 결정과 사회적 변화").

초보적인 단계에서는, 상징들은 모두 고정관념들을 깨우는 기능을 가지고 있다. 그리고 이것은 상징의 본성과 상응한다. 왜냐하면, 상징이란 이미 그 자체로 정적 생과 정신적 생을 연결하기 때문이다.

바로 여기서, 현실과, 고정관념의 즉각적 현재함을 일깨우는 특별한 힘이 있는 사진들과 이미지들이 사용된다. 고정관념은, 이미지인데, 다른 이미지들로 영양을 공급받는다. 자유의 여신상, 개선문은 즉각적 반응들을 자극한다. 사진은 자신과 함께 재현된 상황의 내재적 특성들을 포함하고, 고정관념을 자극함과 동시에 강화한다.

특히 환기적인 다른 상징은 대중의 요구, 기다림, 희망을 지적하고, 동시에 한 집단의 고정된 가치들을 표현하는 구호다. 구호들은 한 개인에게, 회원이건 비회원이건, 집단의 유형을 정확히 결정한다.

그러나 특히 구호는 고정관념의 지속성을 보장한다. 사실 고정관념은 과거와 관계되어 고정되어 있다. 그런데 개인은 항상 새로운 상황들을 맞이하며, 고정관념 혼자서는 그 상황들을 다 지배할 수 없다.

그런데 구호는 개인에게 새로운 상황에 자신의 고정관념들을 적용할 바로 그 접합점이다. 선전자는 그 접합점을 발견한 것이다. 구호는 고정된 이미지를 쇄신하고 적응시키고, 동시에 새로운 상황을 당황하지 않은, 알려진, 고전적인 틀 속에 통합시킨다. 그렇기에 구호는 위기, 전쟁, 혁명의 시기에 번성하는 것이다. 그것이 또 구호의 매력을 설명한다. 구호 덕분에, 개인은 지적으로 길을 잃지 않고, 익사하지 않는다. 개인은 자신을 붙들고 있을 수 있는데, 구호가 이해하고 붙들기가 쉬울 뿐 아니라, 개인에게 "다시 거기에 있도록" 해주기 때문이다. 따라서 구호는 인간들 속에서 위기 상황 전에는 가지고 있지 않았을 고정관념들을 창조하는 경향이 있다.

4) 인간은 노력, 실수, 어려운 선택을 피하려고, 이렇게 자발적으로 단순화한다.
5) 이것은 쏘비(Sauvy)가 "힘에 의한 실수", 또는 "실제적 실수"라고 부른 것이다 (사회적 성격, p. 224). 즉 어떤 의견이나 판단이 부정확하다 하더라도, 그것들은 집단적 믿음의 힘으로 비난할 수 없게 된다.

다. 다른 판단들은 점차 지워지고, 개인의 진정한 행위는 중요성을 상실하며, 개인은 편견들과 편향된 신념들로 가득 차게 되고, 이것들을 중심으로 다른 모든 것이 조직된다. 그의 개인적 생활 속에서, 모든 것이 이렇게 고착된 기준들에 따라 판단될 것이다.

스토첼Stoetzel의 분석을 다시 취하면, 선전의 영향 아래서 개인의 사적 견해는 줄어드는 반면 공적 여론이 고착되면서 커진다.

고착 작용의 다른 양상은, 우리가 앞에서 그 필연성을 보았던, 정당화에 관계된다.

인간은 정당화가 필요한데, 선전은 그것을 제공한다. 그러나 보통의 정당화는 깨지기 쉽고, 언제나 의심을 받을 수 있지만, 선전이 제공하는 정당화는 반박할 수 없고, 뿌리 뽑힐 수 없다. 개인은 그것을 객관적 진리, 영원한 진리로 믿는다. 개인은 모든 죄의식을 떨쳐버리고, 모든 죄악의 의미나, 책임 의식을 상실한다.6) 선전이 그의 속에 심어 놓은 책임 의식 외에는 그는 이렇게 완벽하게 객관적 상황에 적응하고, 아무것도 그의 안에서 분열을 일으키지 않는다.

집중적인 합리화를 통해서, 선전은 흔들리지 않는 개인들을 만들어낸다. 선전은 내적 갈등, 긴장, 자신에 대한 판단 감정, 모든 문제화를 제거한다. 그리하여 다양한 여유가 없고, 깊이도 없는, 하나밖에 생각 못하는 존재를 만들어낸다.

그런데 선전에 의해 정당화된 이 개인은 과거에 대해서만 그런 것이 아니다. 그는 미래에 대해서도 그렇게 된다. 그는 미래에 대해서도 자기에게 정당성을 보장해주는 것을 손에 움켜쥐고서 나아간다. 이런 관점에서는 그는 안정된 존재이다, 그렇지만 이런 굳건한 정당화를 깨뜨리기가 어

---

6) 반대로 그는 적에게 자기가 저지른 잔인성을 뒤집어씌운다.

려운 만큼 무시무시하다. 나치 포로들에 대한 경험은 이것을 증명해준다.

긴장은 언제나 개인에게 심리적으로 위협적이다. 그리고 개인은 '생존본능'에 의해 긴장을 피하려고 노력한다. 우리는 여기서 이미 보았던 문제를 만난다. 정상적으로는 개인은, 혼자서, 그리고 스스로 자신의 심리적 긴장을 해결하려고 노력한다. 그러나 특히 우리 사회 속에서는, 어떤 긴장들은 사회생활의 일반적 조건들에 따라 만들어진다. 개인은 그것들을 해결하기가 몹시 어렵다. 집단적 문제는 집단적으로 해결해야 한다고 말할 수 있을 정도이다. 바로 여기서 선전이 놀라운 긴장 해결사가 된다. 즉, 선전은 인간을 정신의 세계에서 살게 하고 상징들을 조작하면서, 긴장 상황을 만들어내는 사항 중 하나를 제거한다. 선전은 인간을 오로지 이 정신의 세계를 향해 내던지고, 이것은 그의 생을 놀라울 정도로 단순화시켜, 그에게 커다란 안정감을 준다. 개인은 이렇게 커다란 만족을 주는 시스템 속에 악착같이 피신해버린다.

이러한 고착 작용은 명백히 새로운 생각을 차단한다.

이제 개인은 수많은 편견과 신념을 소유하고, 또 객관적 정당화도 소유한다. 그의 모든 개성은 이런 요소들을 중심으로 구성된다. 모든 새로운 생각은 그의 개성에 대한 진정한 혼란으로 나타난다. 그는 거기에 대해 방어한다. 왜냐하면, 그것은 그의 확신을 파괴할 위험이 있기 때문이다. 따라서 그는 선전이 그에게 준 것과 상충하는 모든 것에 대해 진정으로 증오심을 갖는다.7) 선전은 그의 속에 무비판적 경향과 견해의 시스템을 만들어내기에 이른다. 이 시스템 속에 모호함이나, 감정적 흔들림이 들어설 자리는 없다. 개인은 선전을 통해 비합리적인 확신을 받았고, 이 확신이 비합리적이기 때문에 더욱 특별한 자기 개성의 일부처럼 보인다.

---

7) 이것을 쏘비는 안전과 신화의 "파괴자에 대한 방어적 반응"이라고 부른다.

따라서 그는 이 확신들이 공격을 받으면, 자기 자신이 개인적으로 공격을 받은 것으로 느낀다. 거기에는 신성에 대한 감정과 비슷한 것이 있다. 그래서 이런 진짜 타부가 개인에게 어떤 의심을 부를 수 있는 새로운 생각을 거부하게 한다.

게다가, 이러한 거부는 통상 아이러니한 모습을 취한다. 즉 선전에 빠진 인간은 모든 새로운 생각을 선전이라고 한다. 이러한 고정관념, 편견, 정당화가 선전의 열매인 만큼, 개인은 다른 모든 생각을 악선전이라고 규정하고, 절대로 그런 선전에는 넘어가지 않는다고 다짐한다. 자기가 공유하지 않는 모든 생각을 악선전이라고 규정하는 사람이, 실제로는 선전의 완벽한 산물이라고 할 수 있다. 자기와 다른 생각을 검토하거나, 문제 삼아보기를 거부하는 것은 그런 사람들의 큰 특징이다.

같은 방향에서, 우리는 선전이 개인에게 종교적 개성을 준다고 말할 수 있다.[8] 그의 심리적 삶은 어떤 비합리적이고, 외적이며 집단적인 여건을 중심으로 조직되고, 이것은 가치 질서, 행동 규칙, 사회 통합 원리를 제공한다. 탈종교화되는 사회에서 선전은 종교적 욕구에 들어맞지만, 19세기에 자유주의자들이 사용했던 경멸적인 의미에서 '종교적' 인물을 훨씬 더 단호하고 고집스럽게 만들어낸다. 이 '종교적' 인물은 편협하고 완고하며, 신의 명령을 기계적으로 적용하고, 인간미가 없고 대화가 통하지 않으며, 선전에 의해 인격보다 우선시되는 가치들을 문제 삼을 수 없는 인물이다. 이 모든 것이 피선전자에게서 재생되는데, 그는 당연히, 자신은 인간성을 전혀 잃지 않았다고 우기며, 인간들을 위해 움직인다고 하고, 인류의 가장 고고한 유형을 대변한다고 강변한다. 종교적 교조주의자

---

8) 이 모든 것은 물론, 선전의 종교적 성격에 의해 확인된다. 선전은 인간에 대해 "신성"을 만들어내, 그에게 "신성한" 가치들을 부여하는 경향이 있다. 어떤 세속적 가치들도 선전에 의해 신성화된다.

들도 항상 그랬다.

　우리는 이제 다음과 같이 질문해볼 수 있다. 선전이 다소간 강력하게 심리를 바꿔버린다면, 선전은 또 어느 정도는 노이로제 환자도 만들어내지 않을까? K. 호니Horney는 노이로제 환자는 사회의 구조와, 사회의 문화와 연결되어 있다고 하고, 노이로제 환자들도 우리 사회의 문제들로부터 온 본질적인 특성들을 가지고 있다고 진단한다. 사회에 의해 야기된 문제들에 대해, 일견 선전은 개인적인 결함을 치유하는 도움의 수단처럼 보인다. 동시에 선전은 인간을 노이로제 상태로 집어넣는다. 피선전자의 반응의 경직성, 그의 도식적이고 획일적인 태도, 사회-정치적 방식에서 그의 삭막함, 선전이 만들어 놓은 상황 외에는 적응의 불가능성, 엄격한 흑백 논리, 선악의 이분법적 획일성, 선전이 인공적으로 만들어 놓은 비현실적 갈등 속에 몰입 등을 보면 그가 이런 병적 상태에 있는 것은 명확하다. 실제적인 것으로 간주되는 인위적인 갈등은 바로 노이로제 환자의 특징이다. 모든 것을 자기의 해석 체계 속으로 들어가게 하고, 사실을 그 실제 의미와는 다르게 해석하여 자기의 시스템으로 들어가게 하고, 거기에 자기만의 색깔, 일반인들은 부여하지 않은 어떤 심정적 성격을 부여하는 것도 피선전자가 보이는 병적 증상이다. 마찬가지로, 이 노이로제 환자는 최대한 많은 사람의 존중과 인정을 받고자 한다(이것은, 우리가 선전의 수용을 위해 중요성을 밝혔던, 열등의식, 채워지지 않은 부족한 심정, 불안 속에 뿌리를 내릴 수 있다). 그리고 피선전자는 자기 동료와의 조화 속에서만 살 수 있고, (똑같은 선전에 빠진) 구성원 끼리끼리 뭉치는 반사적 단결심 속에서만 살 수 있다. 그는 조금이라도 벗어날 수 없다, 왜냐하면 이 환경의 끈끈한 애정을 떠난다는 것은 너무 깊은 고통이기 때문이다. 그런데 이 애정은 외적인 행동과 연결되어, 똑같은 선전의 충격을 받아들이는 사람에게 향한다. 물론 이것과 상응하여, 노이로제 환자는 감히 자신의 우정을 거부한 자, 자기 집단 밖에 있는 자에 대한 엄청난 공격성을 동반한다. 피선전자도 마찬가지다.

마지막으로 모든 사람 속에는 정당화의 욕구가 도사리고 있고, 이 욕구는 그를 불안정하게 한다. 그러나 노이로제 환자는 자신의 충동을 외부로 돌린다. 즉 파괴적 충동은 환자 자신이 아니라, 다른 사람이나 다른 사물로부터 온다. 속이거나, 갈취하려고 한 사람은 자기가 아니고, 다른 사람이다. 그런데 이러한 메커니즘은 피선전자에게서 엄격히 재생된다. 전쟁을 일으키려고 하는 자는 자기의 의지를 적에게 전가한다. 이어서 이러한 전도된 의도가 피선전자에게 퍼진다. 피선전자는 동원되고, 전쟁을 준비하게 된다. 선전자는 피선전자의 공격성을 고취하고, 동시에 그의 공격적 의도를 미래의 적에게 전가하게 한다. 노이로제 환자에게서처럼, 피선전자의 정신 속에서는, '희생자-적-희생양'의 관계가 막대한 비중을 차지하게 된다. 물론 노이로제 환자나, 피선전자가 그런 반응을 보일 현실적 이유가 어느 정도는 있을 수 있다. K. 호니가 기술한 노이로제 환자의 환경에 대한 반응을 보면, 피선전자의 반응과 똑같다.

고뇌, 적대성, 왜곡된 자기 존중, 권력을 향한 노력, 적대성과 고뇌의 강화, 자기 비하와 함께 경쟁에서 후퇴, 능력과 성취 사이의 불균형과 실패, 우월감 고취, 허황된 생각들, 실패와 함께 예민해진 신경, 적대성과 고뇌의 증가. 선전이 결국에는 의식적 고뇌를 제거하고, 피선전자를 잠잠하게 만든다 하더라도, 위에 열거한 노이로제 환자의 반응들은 피선전자의 반응과 똑같다.

선전에 의한 소외

소외된다는 것은, 자신과는 다른 자가 된다는 것을 의미하지만alienus, 또 자기가 아닌 다른 자에게 속한다는 것을 의미할 수도 있다. 그리고 더 깊은 의미에서는, 자신을 박탈당하고, 타인에게 종속된다또는 타인과 혼동된다는 것을 의미한다. 그것은 결국 선전의 효과이다.9) 선전은 개인을 벗겨내고, 그의 한 부분을 제거한다. 그러나 동시에 선전은 개인에게 인위적이고 낯선 삶을 살게 한다. 그래서 선전에 종속된 개인은 다른 사람이고, 동시에 자기에게 낯선 충동들에 복종한다, 그는 타인에게 복종한다.10)

다시 지적하건대, 이러한 효과를 만들려고, 선전은 개인의 경향을 이용하고, 강화하여 더 큰 어떤 것 속에서 자신을 상실하도록 하고, 다른 사람들과의 융합 속에서 자신의 개성을 사라지게 하며, 모든 의심, 갈등, 고뇌로부터 자아를 벗어나게 한다. 어떤 지도자에게, 어떤 거대한 운동에 투신하는 것은 이러한 만족감을 준다. 즉 거대한 전체와 결합하였음을 느낀다. 인간은 커다란 전체와 융합됨으로써 자아에서 벗어나기를 갈구한다. 그런데 바로 선전이 예외적으로 간편하고 만족스러운 방식으로, 이러한 가능성을 그에게 제공한다. 선전은 개인이 완전히 사라져버릴 때까지 대중 속에서 녹여버린다.

우선 선전은 무엇을 사라지게 하는가? 비판 정신과 개인적인 판단에 속하는 모든 것이다. 선전은 사유의 적용 영역을 명백히 제한한다. 선전이 개인에게 미리 준비된게다가 비현실적인 사유 대상들을 제공하고, 그에게 고정관념들을 만들어주는 한, 선전은 그의 사고의 적용 가능성을 제한한

---

9) 공산당이 선전에 부여한 역할은 이것과 상응한다. 즉 선전은 소비에트 시민의 의식을 바꿔야 한다. 우리는 마오에게서도 똑같은 생각을 발견한다.
10) 그러나 우리가 자주 언급했듯이, "선전에 종속된 사람들은 선전에 영향을 받지 않았다고 스스로 여긴다. 각자는 자기가 진실의 길 속에 자발적으로 들어섰다고 생각한다.".

다. 선전은 개인 자격으로 사고하는 것을 방해하고, 개인적으로 경험 하는 것을 방해하며, 그를 아주 제한된 대상들로 향하게 한다. 또한 선전은 개인의 모든 생각의 중심을 결정하고, 미리 어떤 진행선을 그어 놓아서, 어떤 기발한 생각이나 비판을 못 하게 한다. 보다 정확히 말해, 기발한 생각이란 정확히 그어진 선을 중심으로 일어난 것이고, 어떤 틀 안에서 일어난 유치한 표현에 불과하다. 우리는 그런 식으로 진보주의가 공산당 선전의 틀 안에서 변화를 시도하는 것을 본다. 그러나 그 변화 자체의 영역이 완벽하게 제한되어 있다.

이러한 선, 대상, 한계의 수락은 비판 정신의 제거를 가정한다. 바로 이것이 우리가 말한 고착의 한 결과로서, 타부의 의미이다. 모네로Monnerot가 아주 정확히 지적하듯이, 모든 개인적 열정은 숭배 대상에 대한 비판 정신의 제거를 부른다. 그런데 그 이상으로, 선전으로 만들어진 집단적 열정 속에서는, 비판 정신의 완전한 사라짐이 있다. 분명히, 어떤 식으로든, 집단적 비판 정신이란 없기 때문이다. 인간은 분간과 구별을 못 하게 된다. 사람은 더는 스스로 판단하지 못한다. 왜냐하면, 그는 선전의 조작으로 그에게 만들어진 편견들과 가치들의 체계에 의무적으로 의거해야 해야 하기 때문이다. 어떤 정치적 상황이 전개되어감에 따라서, 완전히 준비된 동시에 숫자적이고 전문가적인 진실의 힘이 갖춰진 가치와 효율성에 대한 판단이 개인에게 제시된다.[11] 이 사람은 자신의 원칙 속에서, 자신이 연루된 상황 속에서 자신의 판단을 행사할 어떤 가능성도 없다. 이것은 그 자체로 아무 상황에서도 사용되지 않기에 기능의 쇠퇴를 부른다.

---

[11] 최근의 사건들은(1962), 불행하게도 선전 속에 통합된 학생들과 지식인들도 다른 사람들과 마찬가지로 비판 정신이 없음을 보여준다.

그런데 개인에게서 사라져버린 것은 다시 회복하기가 절대 쉽지가 않다. 개인적 판단과 비판 정신이 사라지고 퇴화해 버리면, 그것들을 쉽게 되살릴 수 있을 것으로, 선전만 사라지면 충분할 것으로, 방해받은 기능이 장애가 사라지면 다시 나타날 것으로 믿어서는 안 된다. 실제로는 여기에 선전의 오래가는 효과가 있다. 즉 퇴화한 비판 기능이 되살아나게 하려면, 몇 해 동안의 지적이고 정신적인 교육이 필요할 것이다. 실제로는 피선전자는 스스로 판단을 행사해야 하는 고통을 없애려고 다른 선전으로 부리나케 도피할 것이다.12) 동시에 선전은 사실들, 판단들, 가치들을 아주 혼동하기 좋게, 아주 묘한 방식으로 제시한다. 그래서 보통 사람으로서는 분간하기가 정말 불가능하다. 그는 지적 능력도 없고, 정보적 가능성도 없다. 그래서 그는 전체를 받아들이거나, 전체를 부정하고 거부하게 된다.

이렇게 우리는 다른 두 길을 통해서 똑같은 결과에 이르렀다. 즉 한편으로 선전은 비판 정신을 파괴하고, 다른 한편 선전은 비판 정신이 미칠 수 없는 대상을 제시하고, 비판 정신을 소용없게 만든다.

이 모든 것은 명백히 개인적 판단을 배제하게 한다. 이것은 개인이 제작된 여론을 자기 것으로 받아들이자마자 일어난다. 그가 자신의 입과 동작으로 진정 자기의 것이 아니라 여론을 표현할 때, 그는 사회를, 자기의 집단을 표현하는 것이다. 물론 개인이란 언제나 다소간 자기 집단을 표현한다. 그러나 여기서는, 개인은 전적으로, 그리고 어떤 체계적 조작에 호응하여 집단을 표현한다.

게다가 이 비개인적이고 공적인 여론은 선전에 의해 만들어질 때 인위

---

12) 이것은 피선전자가 자기의 집단에서 분리되는 즉시 정신적으로 무너져버리는 이유 중의 하나이다. 그는 지탱하기 위해 집단적 정신이 필요하다.

적이다. 이 여론에는 어떠한 진정성도 없다. 그런데 인간이 제 것으로 만드는 것은 바로 이러한 여론이다. 인간은 이 공적인 여론에 사로잡힌다. 그는 더는 자기의 생각이 아니라, 자기 집단의 생각을 강하게 표현한다. 분명히 그는 확신과 신념으로 그렇게 한다. 그것은 피선전자의 특징 중의 하나이다. 그는 이 집단적 판단과 선전 사실들을 제 것으로 만든다. 그는 그것들을 마치 영양제처럼 흡수한다. 그리고 그것들은 실제로 그렇게 된다. 그는 자기의 개인적인 이름으로 말한다. 그는 아주 굳건한 자세를 견지하고, 다른 사람들에게 충분히 저항할 수 있다. 그는 자신을 내세우는데, 바로 그 순간 그는 그것도 모르면서 자기를 부정하고 있다. 왜냐하면, 그것을 생각한 것은 자기 자신이라고 하면서 선전의 가르침을 암송할 때면, 그의 눈은 텅 비고, 그의 입은 그의 뇌 속에 미리 입력된 소리를 녹음기처럼 풀어낸다. 그 순간에도 그는 말하는 자는 진정 자신이고, 자기는 자기 판단을 표현한다고 말한다. 그러나 그는 그럼으로써, 더는 생각하지 않으며, 개인적으로 존재하지도 않음을 말하는 것이다. 피선전자가 아주 생생하게 확신한다고 자처할 때 그는 가장 완전하게 자신의 소외를 증명하고 있다. 왜냐하면, 그는 자신과 자기 집단을 구분할 수도 없음을 보여주고 있기 때문이다. 그는 그곳으로 완벽하게 통합되었고, 그는 스스로 집단이 되었으며, 그의 속에서 집단을 벗어나는 것은 아무것도 없다. 거기에는 오로지 자기 집단의 의견 말고 다른 것의 표현은 없다. 거기에는 그가 선전을 통해 배운 것만 있다. 그는 정확히 선전의 진실들을 받아들여서, 그것들을 다시 확신하고 배출하는 통로이다. 이러한 확신은 그의 부재의 척도이다. 그는 그것들에 대해 어떤 거리도 취할 수 없으며, 그와 선전 사이에는 어떤 거리도 가능하지 않다.

일반적으로 이러한 소외 메커니즘은 영웅이나 지도자의 인격 속에 투영되고 동화되는 것에 일치하든지, 대중 속으로 용해되는 것에 일치하든지 한다. 게다가 이 두 메커니즘은 서로 배제하지 않음을 강조해야 한다. 젊은 히틀러주의자가 그의 총통 속에 자신을 투영할 때면, 그는 바로 그 행위로 말미암아 선전에 의해 통합된 대중 속에 속하게 되었다. 젊은 청년 공산당원이 스탈린을 숭배할 때에, 그는 바로 그 순간에 가장 완벽하게 대중화되었다. 따라서 피선전자가 자기의 이상적 인물을 가장 높이 표현한다고 믿을 때, 그는 가장 저급한 소외 속에 들어 있는 것이다. 우리는 파시스트들이 인간의 영광을 회복했다고 떠드는 것을 수없이 들었다. 그러나 이렇게든 저렇게든, 선전의 결과로 만들어진 것은 똑같은 소외이다. 왜냐하면, 영웅에 대한 숭배도 선전적 결과이고, 개인의 대중 속의 통합도 선전적 결과이기 때문이다. 선전이 개인을 어떤 집단 운동에 참여하게 할 때에는, 그것은 개인 속에서 인위적 행위를 만들 뿐만 아니라, 나아가서 개인에게서 참여적 심리, "군중 심리"를 자극하는 것이다. 다시 말해, 선전은 군중 속에 잠긴 개인의 특징들을 강력하게 또 지속적인 방식으로 개인에게서 만들어낸다. 함께 참석하는 대중의 존재에 의해 저절로 수행되는 이러한 심리적 변형은 선전적 방식들의 작용에 의해 체계적으로 만들어진다. 군중 속에 통합된 인간의 특수한 심리와 더불어 심리적 대중의 상황이 생겨난다.

우리는 이러한 변화를 다시 기술하지는 않을 것이다. 그러나 우리는 그것이 결국에는 소외에 관한 문제임을 지적할 수 있을 것이다. 개인은 자신에 대한 통제를 상실하고, 외적 충동에 따르며, 자신의 개인적인 경향과 취향은 집단적인 것에 참여하는데 길을 열어주기 위해 사라진다. 그러나 이 집단적인 것은 언제나 어떤 영웅에 의해 가장 잘 이상화되고, 도식화되며, 대변된다. 영웅 숭배는 어떤 사회의 대중화에 대한 엄밀한 보완물이다. 스포츠 스타들, 은막의 스타들과 함께 이러한 숭배가 저절로 생겨나고, 나아가서 1955년에 미국과 캐나다에서 데이비 크로켓Davy Crockett 현상처럼 공상적 인물을 숭배하기까지 한다. 영웅에 대한 이러한 찬양은 사람들이 대중 사회에 살고 있음을 의미한다. 사회적 조건들로 말미암아 진정한 인간이 더는 될 수 없는 개인, 더는 개인적 행동과 사고 속에서 자기를 표현할 수 없는 개인, 그의 열망들이 좌절되었음을 안 개인은 어떤 영웅 위로 자기가 되고 싶었던 것을 투사한다. 그는 대리 만족을 누리면서 살고, 자기의 우상이 실현한 스포츠나 사랑, 또는 군사적 행동을 영적 연대감을 통해 경험한다. 예를 들어 은막의 스타들을 대상으로 모랭E. Morin이 분석한 잘 알려진 동화·투사 메커니즘은, 영웅의 인격 속에서 자기 자신에 대한 찬양자가 된 현대 사회의 인간에게 있어 억제할 수 없다. 거기에서 그는 자기가 무의식적으로 꿈꿔오던 힘을 발견하고, 자기의 욕구들을 투사시키며, 이러한 성공과 모험에 자신을 동화시킨다. 이 영웅은 모델, 아버지, 힘이 되고, 이 개인이 될 수 없는 모든 것의 신비로운 실현이 된다.13)

그런데 선전은 이러한 메커니즘들을 이용하고, 나아가서 그것들을 강화하고, 굳히며, 일반화시킨다. 게다가 은막의 스타나 혹은 데이비 크로켓에게 있어서 조차 이 메커니즘들은 선전에 필적할 만한 광고들로부터만이 존재한다. 피선전자는 선전에 의해 띄워진 사람 속에서 소외된다. 그러려면 독재적인 조직도 필요 없다. 히틀러나 스탈린과 함께 할 때만 이런 소외가 정확한 것은 아니다. 흐루시초프, 클레망소Clemenceau, 쿨리지Coolidge, 처칠Churchill과 함께 할 때도 똑같다. 피선전자는 다음의 세 요

---

13) 동시에 영웅의 관심은 피선전자 개인의 관심거리가 된다. 어떤 제도를 위해서도 똑같은 소외적 결과에 도달하는 것은 주목할 만하다.

소로 특징되는 심리적 상황 속에 들어 있다. 그는 중개를 통해 산다. 그는 영웅을 통해 경험하고, 생각하고 행동한다. 그는 이 살아 있는 우상의 보호 아래 들어 있고, 스스로 미성년자이기를 수락한다. 다음으로, 그는 자신의 이익 수호를 그만둔다. 왜냐하면, 그는 자기의 영웅이 자기를 사랑하고, 영웅이 결정하는 모든 것은 자신을 위한 것이라고 알고 있기 때문이다. 그는 바로 이러한 투사 속에서 엄격한 희생과 엄격한 정치 조직을 보상한다. 그래서 어떤 영웅주의를 요구하는 모든 체제는 영웅 속에 이런 투사적 선전을 발전시켜야 한다.

이러한 결합 속에서 우리는 진정으로 소외를 말할 수 있고, 선전에 의한 "유아적 단계로 퇴행"을 말할 수 있다. 영Young에 따르면, 피선전자는 더는 자신의 정신적 발달을 추구하지 않고, 유아기적 신경 패턴 속에 고정된다고 한다. 개인에게 있어 심리적 대중 상황이 생겨난 결과로 퇴행이 이루어진다. 이것은 스토첼에 의해서도 확인된다. 그가 말한 바로는, 선전은 개별화를 허물어뜨리지만, 이와 동시에 집단적인 개성만을 만들어 낼 수 있으며, 개성을 의도적으로 공들여 만드는데 장애가 된다.

그런데 이러한 소외가 예외적 현상이 아니다. 독자는 우리가 극단적인, 거의 병적인 경우를 기술했다고 생각할지 모른다. 그러나 반대로 이것은, 비록 그 첨예한 상태에서도, 아주 일반적인 유형이다. 우리는 매순간, 자기가 금방 신문에서 읽었던 것을 마치 진실인양 큰 소리로 전달하는 사람을 보는데, 그의 신뢰는 강력한 선전의 결과일 따름이다. 우리는 매순간 어떤 당이나 지도자나 은막의 스타에 대해 또 어떤 나라나 신조에 대해 맹목적인 신뢰를 보내고, 자신의 우상에 대해 누가 의심하는 것을 못 참는 사람을 본다. 우리는 매순간, 목숨 걸고 지켜야 할 지고의 목적에 대한 사명감으로 가득 차서, 가장 간단한 추론이나, 가장 간단한 지적 또는 도덕적 분별도 못하는 사람을 본다. 우리는 매순간 이런 소외된 인간을 보고, 또 우리 자신이 이미 그런 사람이 되어 있다.

그러나 비합리적 집단성 속에서 합리적 개성을 추방함에서 온 소외 외에도, 우리는 소외의 또 다른 야상을 구분할 수 있다. 이것은 실제적 필요를 인위적으로 만족하게 하는 문제이거나, 또는 역으로 인위적 필요를 실질적으로 만족하게 하는 문제이다. 홍보와 광고

처음은, 선전의 심리적 기초를 설명하면서 이미 기술한 것으로, 현대의 사회적 상황 속에서 어떻게 선전이 발전하는가에 관한 것이다. 인간이 불안하고, 긴장하며, 좌절하기 때문에, 인간이 자기가 살고 행동하는 세계 속에서 아무것도 이해할 수 없어서, 남들이 그에게 노력과 예외적 희생을 요구하기 때문에, 그래서 선전이 발달한다.[14] 선전은 따라서 인간을 만족하게 한다. 그러나 거짓으로, 환상적으로 만족하게 한다. 선전은 인간에게 그가 속해 있는 세상을 설명한다. 그러나 이 설명은 거짓이고 비합리적이다. 선전은 인간을 안심시키고 흥분시키지만, 때를 잘 맞추지 않고 그렇게 한다. 선전은 전혀 존재하지 않았던 세균전 때문에 인간을 두려워 떨게 하고, 전혀 평화의 의지가 없는 이런저런 나라의 평화 의지를 믿게 한다. 선전은 인간에게 요구한 희생들의 이유와 동기를 부여하지만, 그것은 진정한 동기가 아니다. 예를 들면, 1914년에, 선전은 조국을 위해 목숨을 바치라고 선동하지만, 전쟁의 진짜 목적인 경제적 이유는 침묵 속으로 집어넣는다. 그것을 위해서는 인간은 죽음 앞으로 나가지 않을 것이기 때문이다.

선전은 긴장 해소와 확실성의 필요를 만족하게 하고, 좌절을 보상해준

---

14) 괴벨스는 선전은 좌절의 결과를 줄여줘야 하고, 진실한 문제들을 인위적으로 해결해야 하며, 좌절들을 피할 수 없다면 예고를 해주어야 한다고 명백히 지적하였다.

다. 그러나 순전히 인위적 수단들에 의해서이다. 노동자가 자신의 물질적 상황 때문에 좌절하고 소외되며 박탈을 느끼는 것이 당연하다면, 소련에서 그렇게 했듯이 실제로 노동자의 문제를 해결할 수 있는 선전은 노동자로 하여금 이러한 좌절과 소외를 의식하지 못하게 함으로써, 또 노동자를 다독거리고 만족시킴으로써 노동자를 훨씬 더 소외시킨다고 할 수 있다. 대도시나 전쟁의 비정상적 상황들 속에 처한 인간이 긴장과 공포를 느끼고, 적응하지 못한다고 느끼는 것이 당연하다면, 인간을 이 비정상적 상황에 적응시키고, 비실제적인 방식으로그의 조건에서는 아무것도 바꾸지 않는다는 점에서 그의 갈등들을 해결하는 선전은 특히 사악한 소외의 인자이다. 물론 그 당시에는 선전은 일종의 치료법처럼 보인다. 그러나 이 치료법은 알콜 중독자의 간을, 그가 계속 취해 있으므로 간의 고통을 느끼지 못하게 하는 방법으로, 치료하는 것이다. 현대인의 심리적 고통에 대한 선전의 인위적이고 비실제적인 대답은 정확히 이런 유형이다. 선전은 사회가 인간을 놓아둔 그 조건들 속에서 비정상적으로 계속 살게 해준다. 그것은 고뇌, 부적응, 저항, 요구들로 이뤄진 경고 신호를 제거하는 것이다.

우리가 방금 말한 것은 선전이 우리의 깊은 충동과 욕구를 해방할 때에도 마찬가지로 작용한다. 예를 들어, 우리의 관능적 충동, 우리의 죄의식, 우리의 힘에 대한 의지 같은 문제일 때이다. 그러나 선전이 해방할 때에도, 그것은 전혀 이러한 감정들에 실질적이고 진실한 만족을 주는 것이 아니다. 선전이 우리의 공격성을 만족하게 하고, 인간에게 그럼에도 그가 정당하다고 느끼도록 해줄 때도 마찬가지다. 인간 스스로 자기의 공격성의 대상을 선택했거나, 인간 스스로 자기의 성적 욕구를 없앴다 하더라도 두말할 필요가 없다. 선전이 제공한 만족, 해소는 순전히 인위적이다. 이러한 만족과 해소는 다음 같은 두 가지 중 하나를 목적으로 삼는다. 즉, 이 만족과 해소는 내가 『기술 혹은 시대의 쟁점』*La technique ou l'enjeu du siécle* 에서 연구했던 메커니즘에 따라 압력을 완화시키는 것을 목적으로 삼는 다. 그렇지 않으면 이 만족과 해소는 무시무시한 힘을 지닌 충격력을 사 용하는 것을 목적으로 하는데, 이는 이 만족과 해소가 멀리 영향을 미치 게 하기 위해서이고, 또 이러한 도움 없이는 비효율적일 수도 있는 행동 들이 이 만족과 해소에 곁들여지게 하기 위해서 이다. 하지만 우리는 어 떻게 개인이 이 과정에 의해 자기 자신으로부터 박탈되는지 정확히 본다.

현대인은 우정, 신뢰, 친밀함에 대한 깊은 갈증이 있다.15) 그는 경쟁, 적대성, 익명의 세계 속에 잠겨 있다. 그는 완전히 신뢰할 수 있는 사람, 그에 대해 전적인 우정을 가질 수 있는 사람, 그에 대해 자신이 특별한 사 람이 될 그런 사람이 필요하다. 그런데 이것은 그의 일상 속에서는 그다 지 실현 가능하지가 않다. 그런데 지도자, 영웅, 스타, 앵커의 이미지는 훨 씬 고무적이고, 거기에 대한 신뢰는 극히 만족스럽다. 예를 들어 TV는 새 로운 우정과 친밀함을 만들어내어, 그러한 필요를 완전히 만족하게 해준 다. 그러나 이러한 만족은 순전히 환상적이고 허위적이다. 왜냐하면, 스 크린 속의 인물과 그 인물을 보고 우정을 느끼는 관객 사이에는 아무런 진정한 우정이 없기 때문이다. 우리는 진정한 욕구에 대한 허위적 만족의 전형을 보고 있다. 그리고 TV와 함께 저절로 만들어진 것이, 선전에 의해 체계적으로 활용된다.

다른 예가 있다. 흐루시초프는 1958년부터 소련에서 완전한 공산주의 가 실현될 것이라고 약속하였다. 여기에 관한 전혀 비합리적인 선전이 있 었다. 그 주요 주장은 공산주의가 곧 실현될 것인데, 그 이유는 1975년에 는 소련이 미국의 생산 수준에 도달할 것이기 때문이다. 이 말은 미국도

---

15) 이것이 인간적인 직접 접촉에 의한 선전 기술에 효과가 있는 것이다.

공산주의 단계에 도달할 것이라는 의미도 포함한다! 한편, 1958년에는 성취 연도가 1975년이었는데, 1960년에는 1980년이 된다. 이 선전은 소비에트 군중의 욕구를 만족하게 하고, 그들의 신뢰를 되살리며, 그들의 요구를 잠재우려는 것이었다. 우리가 여기서 보는 것은 순수하게 이론적인 대답이다. 그렇지만, 그것은 만족은 시켜준다. 왜냐하면, 그것은 대중에 의해 믿어지고, 선전 메커니즘의 결과로 존재하게 되고 사실이 되기 때문이다.

우리는 이제 동전의 다른 면을 보아야 한다. 선전은 인위적인 욕구를 만들어낸다. 선전이 단독으로는 일어나지 않을 정치적 문제를 만들어내고, 이어서 여론은 그 해결책을 요구하게 되듯이, 마찬가지로 선전은 우리 속에 어떤 욕구, 편견, 필요를 증가시킨다. 그런데 그것들은 그전까지는 전혀 그렇게 강하지가 않았다. 그것들은 선전에 의해 아주 꼭 필요한 것이 되는데, 여기서 선전은 광고와 똑같은 역할을 한다. 게다가 선전은 이 방향에서 광고의 지원을 받는다. 광고는 개인적 경향들에 어떤 방향과 습관을 주고, 선전은 광고 효과를 연장하며 뒤를 잇는다. 내용에서가 아니라, 포괄적인 심리적 긴장을 이어감으로써 선전의 영향 아래서, 어떤 편견들인종적, 경제적, 어떤 필요들평등, 성공이 파괴적인 불타는 열정이 되는데, 이는 의식의 영역 전체를 차지하는 열정이자, 다른 모든 관심사에서 필요불가결한 열정이자, 해답을 요구하는 열정이다.

이러한 피상적인 경향들이 선전을 통해 우리의 깊은 요구들과 똑같은 것이 되고, 우리 속의 가장 진정한 것과 혼동하게 된다. 그래서 19세기와 20세기의 다양한 선전들의 영향 아래서 자유는 추잡한 자유주의적 콤플렉스로 변조되었다. 정의의 의미도 마찬가지다. 선전에 의해 설정된 이런 심리적 혼동 속에서는, 이어서 오직 선전만 질서를 강제한다. 대중 커뮤니케이션 수단들이 새로운 필요들을 창조한다는 것은 이미 알려진 사실이다. 예를 들어 TV의 존재는 TV 수상기를 살 필요를 창조하고, 그것을 켤 필요를 창조한다 그런데 이 수단들이 선전 속에서 사용될 때는 더욱더 그러하다.

새로운 욕구를 만들어내는 한편, 선전은 또 이 수단들의 해결을 요구한다. 우리는 어떻게 선전이 긴장을 해결하고 잠재우는가를 보았다. 그러나 이제는 욕구를 자극함으로써, 새로운 긴장을 만들어낸다. 다만, 이 새로운 긴장은 그 해결책을 쥔 선전자에 의해 의도적으로 유발된 것이다. 선전자는 자극과 만족의 명수이다. 선전자가 긴장을 유발하는 것은, 개인으로 하여금 해결책을 받아들이게 하고, 피선전자가 보기에 바람직한 그러한 행동을 요구하게 하며, 긴장을 축소할 시스템에 가담하게 하기 위함이다. 그리하여 개인은 인위적으로 만들어진 정치적 욕구의 세계 속으로 집어넣어 지는데, 이 욕구는 출발점이 완전히 실제적이라 하더라도 인위적인 욕구이다.

예를 들어, 프롤레타리아 계급 속에서 계급의식을 만들어냄으로써, 선전은 노동자의 불행에 부차적인 긴장을 더해준다. 마찬가지로, 평등 콤플렉스를 만들어냄으로써, 선전은 무산자들의 자연스런 요구에 긴장을 덧붙인다. 그러나 선전은 동시에 이러한 긴장을 줄일 수단을 제공한다. 선전은 개인에게 문을 열어준다. 그리고 우리는 그것이 선전의 가장 확실한 효율성 중의 하나임을 보았다. 다만, 문제는 선전이 실제로 제공하는 그 모든 것이 깊은 소외라는 점이다. 개인이 예를 들어 신경안정제에 반응할 때 생물학적으로 자기 자신이 아닌 것과 마찬가지로, 인위적으로 유발된 긴장에 따를 때 더는 자기 자신이 아니다. 또한 개인이 진정한 치료책인 듯이 보이는 이러한 추상적 경향이나 긴장 축소에 길을 열어주기 위해 어떤 개인적 충동을 억제하기에 이르는 조작을 겪을 때도 더는 자기 자신이

아니다. 하지만 치료책이 효력이 있기 위해서는 진정한 치료책은 생겨난 질병에 대처하는 것이어야 한다

그리고 이 인위적인 필요들은 그 포괄적인 특성과 유포 수단들대중매체 때문에 더욱 중요하다. 이것들은 개인에게는 사적이고 개인적인 필요들보다 더 까다롭고 강압적이 되며, 개인에게 사적인 만족을 희생하도록 한다. 정치나 경제에서, 인위적 필요는 점진적으로 자동 발생적 필요와 경향을 제거한다.

따라서 이것은 개인을 기술적으로 방향이 설정된 메커니즘의 추상적 힘에 넘겨주기 위해, 그 자신의 밖으로 추방하는 것이다.

다시 확인하건대, 소외는 개인이 스스로 생각하고 느끼며 행동한다는 착각을 하는 만큼 강력하다. 심리학자인 비들Biddle은 아주 자세하게, 선전에 빠진 개인은 자신의 반응이 자신의 결정에 종속된 것처럼 착각하고 있음을 보여준다. 그는 복종하고, 명령에 두려워서 전율하며, 명령에 따라 폭발하거나 위축된다. 그러나 이러한 복종 속에 어떤 것도 수동적이거나 자동적이지 않다. 그리고 어떤 암시에 따라 행동한다 하더라도, 주체는 여전히 스스로 결정하고, 자신을 자유롭다고 믿는다 (그는 선전에 복종할수록 더 자유롭다고 느낀다). 그는 적극적으로 처신하고, 예를 들어 자기 행동을 선택한다. 선전은 실제로 자신이 창조한 긴장을 줄여주기 위해 그에게 하나, 둘, 세 개의 가능한 행동들을 제안한다. 그러면 이 사람은 그 중 하나를 선택할 때, 자신이 잘 짜여 있고 의식적이며 개인적이라고 생각한다. 물론 이렇게 하는 것은 그에게는 아무런 노력도 들지 않는다. 피선전자는 결정을 내리는 데 큰 힘을 들일 필요가 없다. 왜냐하면, 그 결정은 자신의 집단, 암시, 그리고 사회적 힘들과 일치하는 것이기 때문이다. 선전 아래서 선택하면서, 그는 언제나 쉬운 길을 택하고, 가장 저항이

없는 길을 따른다. 비록 그것이 자기의 생명을 바치는 길이더라도 가장 간편한 길이다 그렇지만, 이렇게 쉬운 길을 가면서도, 그는 자기가 고난의 길을 가고 있다고, 개인적인 행위를 한다고, 영웅적인 행위를 한다고 주장한다. 왜냐하면, 바로 선전이 그의 속에 에너지, 개성, 책임감을 부추겨놓았기 때문이다. 그러나 실제로는 이미 선전이 그러한 것들을 이미 파괴해 놓았기 때문에, 다만 그러한 것들의 언어적인 이미지에 불과하지만 말이다. 이러한 이중성 속에 선전의 가장 파괴적인 효과가 들어 있다. 그리고 이를 통해 우리는 이러한 힘의 심리 분열 효과를 검토하게 된다.

선전에 의한 심리 분열 효과

필립 드 펠리스Philippe de Félice는 선전이 조울증적 신경증을 일으킨다고 지적하였다. 이것은 분명히 과장되었다. 그러나 선전이 개인을 연속적으로 흥분과 침체 속에 넣는다는 점에서는 사실이다. 이것은 선전이 주제를 교대로 제시하는 것과 상응한다. 예를 들어 공포와 안심의 주제를 교대한다. 따라서 개인에게는 극히 위험스러울, 항구적인 정서적 대립을 만든다.16) 이것은, 반대 광고들의 충격과 마찬가지로, 펠리스가 말하듯이 정신병까지는 아니더라도, 심리 분열의 원인 중 하나는 될 수 있다.

우리는 쉽게 확인할 수 있는 분열 중의 하나는 다루지 않을 것이다. 즉 똑같은 개인에게서 공적 여론과 개인적 견해 사이의 분열. 선전은 이 두 분야 사이의 엄청난 분열을 유발한다.17) 거기에 대해서는 다시 말하지 않

---

16) 우리가 주목해야 할 것은 분명히 선전이 유발한 과잉 자극이다. 피선전자는 언제나 행위가 부추겨지고, 흔히는 그것의 이행이 방해된다. 그의 확신들은 절대적이다. 그는 동기들에 대해 줄기차게 과잉 자극된다. 그리고 자기 자신의 문화적 상징들에 대한 계속 새로워진 그의 공격성은 (예를 들어 프랑스에서는, 1960년 알제리 전쟁에 반대한 선전을 당하는 사람들에게서 그것을 볼 수 있다) 이러한 과잉 자극과 사회 분위기 사이의 극도의 불일치에 따른 분열 현상을 겪을 것이다.

을 것이다.

이와 반대로, 우리는 앞에서 이미 언급한 우리 시대의 가장 심각한 문제 중 하나인 생각과 행동 사이에 분열을 강조할 것이다. 오늘의 인간은 생각하지 않고 행동한다, 그리고 또 역으로 그의 생각은 더는 행동으로 옮겨지지 않는다. 생각은 불필요한, 현실과 상관없는, 순수하게 내적인, 의무적이지 않은 실행이 되었다. 생각은 쓸모없는 문학에나 속하는 것이다. 그리고 이것은 단지 "지적인" 생각뿐만 아니라, 실제로 모든 생각, 곧 노동과 정치 혹은 가족생활과 관련된 생각도 해당된다. 현대인이 살고 움직이는 상황 속에서, 숙고라는 것은 완벽하게 의미 없는 것이 되었다. 분명히 그는 움직이려고 생각할 필요가 없다. 그의 행동은 그가 사용하는 기술들, 사회적 조건들에 의해 이미 결정되어 있다. 그는 특별히 행동을 원하지 않고서, 행동의 의미나 이유를 따지지 않고서 움직인다. 이러한 상황은 우리 사회의 변화 전체에 의해 유발되었다. 그 책임은 교육과 심리 기술이고, 언론과 정치 구조이며, 사회적 실용주의와 강박적인 생산성이다. 그러나 그보다도 이 변화의 결정적인 두 요인은 작업의 합리화와 선전이다.

작업의 합리화는 다음 같은 분열 위에 온통 근거를 둔다. 생각하고, 시

---

17) 스톨리핀(Stolypine)이 정확하게 잘 강조한 이러한 분열의 한 모습은 ("소련에서 심리적 진화", in 동시대 경제, 1952), 의식의 세 구역으로 분할이다. 첫째는, 동조적 의식으로서, 스탈린 체제에서 자주 사용된 용어이다. 이것은 "사회주의 시대의 의식적 시민"에 상응하는데, 이 시민은 공식적 진실 아래, 순응적인 행동을 하고, 완벽하게 사회화되었다. 이 동조적 의식은 선전의 창조물이다. 그러나 그 아래에 계획적 의식이 있다. 여기서는 시민은 선전의 자료를 개인화하고, 체제가 좋다고 자신을 스스로 설득한다. 이 수준에서는 시민은 나쁜 의식이 있다는 것을 보이지 않도록 사회적 요구에 맞는 행동을 결정하고 자신에게 정당성을 부여한다. 마지막으로는 비밀의 의식이 있을 것이다. 여기서는 거부, 항의, 체제에 대해 나쁜 판단을 하고, 냉소적이거나 기독교적 경향을 보인다. 그러나 이런 비밀의 의식은 완벽히 억제되고, 숨겨져 있으며, 인간의 자발적 충동이 억눌려 있던 그 어떤 것보다 더 심하게 금지당해 있다.

간을 계산하며, 재료에 대해 생각하고, 규칙을 정하는 사람은 움직이지 않는다. 반면 외부로부터 강제된 규칙, 리듬, 도식에 따라 작업을 하는 사람이 움직인다. 움직이는 사람은 특히 자기의 동작에 대해 숙고해서는 안 된다. 작업의 신속성 때문에, 그는 생각할 수도 없다. 현대의 이상적인 것은 행동을 완벽한 자동성으로 축소하는 것으로 나타난다. 그래서 사람들은 이런 자동화가 노동자에게는 아주 유리한 것으로 생각하기도 하였다. 즉 노동자는 움직이면서 다른 것을 생각하고, 꿈꿀 수 있다고 생각하였다. 그러나 하루에 8시간 지속되는 이러한 분열은 나머지 모든 행동에도 반드시 흔적을 남길 수밖에 없다는 점이 고려되지 않는다. 우리는 거기에 대해 더 말하지 않겠다.

여기서 결정적인 역할을 하는 다른 요소는 선전이다. 선전은 생각을 제거하면서 행동, 충성, 참여를 얻어내려고 한다. 인간이 생각하는 것은 불필요하고, 해롭다. 그것은 인간이, 정치가 강요하는 정확성과 단순성과 함께 움직이기를 방해한다. 행동은 무의식적인 깊은 곳에서 직접 나와야 하고, 어떤 긴장을 표현해야 하며, 반사 작용과 비슷해야 한다. 그러나 이것은 사유는 전적으로 비실제적인 차원 위에서 전개되고, 정치적 결정들 속에 말려 들어와서는 안 된다는 의미이다. 그리고 실제로 그러하다. 약간 일관성 있고 튀는 듯한 모든 정치적 생각은 적용될 수 없다. 인간이 생각한 것은 전혀 효과가 없거나, 순전히 침묵 속에 남아 있어야 한다. 이것은 현대 세계에서 정치의 기본적 조건이다. 그리고 선전은 이런 암묵적 원칙을 위한 도구이다. 선전에서 사유에 대한 근본적인 평가절하를 보여주는 예는, 선전에서 언어의 변화에 의해 제시된다. 사유의 도구인 언어는 '순수한 소리'가 되고, 감정과 반응을 직접 불러일으키는 것이 되며, 상징이 된다. 선전이 우리 안에 불러일으킨 가장 심각한 분열 중 하나는 그러하다. 게다가 이 분열은 또 다른 분열을 동반한다. 곧, 선전이 우리로 하여금 살게 한 언어 세계와 실재 사이에 분열이다.18) 어떤 경우, 선전은 자기가 만들어내는 언어 세계와 인간의 실제 세계를 멋대로 갈라놓는다. 그래서 선전은 인간의 의식을 파기하는 경향이 있다.

　이 '분열'의 문제에서, 우리는 이제 강력하고 적대적인, 그러면서 아주 가까이 있는 두 선전에 종속된 개인의 경우를 검토해야 한다. 그러한 현상은 민주주의 사회에서 일어날 수 있다. 혹자는 때로 이러면 두 선전이 서로 상쇄한다고 말한다. 그러나 선전이란 사상의 토론이나 주의의 유포가 아니라, 행위에 가담시키기 위한 심리적 조작으로 본다면, 이 선전들은 서로 반대된다 해서 서로 상쇄되는 것이 아니라, 반대로 누적되는 효과를 일으킨다. 레프트 훅을 맞고 그로기에 빠진 복서가 라이트 훅을 맞아 정상으로 되는 것이 아니라, 더 그로기 상태에 빠지는 것과 같다. 현대 선전자들은 '충격적'이라는 말을 좋아한다. 실제로 선전의 영향에 종속된 개인이 받는 것은 정확히 심리적 충격이다. 그런데 두 번째 반대쪽 충격은 절대 그를 회복시키지 않는다.19) 오히려, 이러한 반대적 선전들의 특징인, 두 번째 현상이 일어난다. 즉 정해진 행위에 이르도록 모든 심리적 메커니즘이 가동된 사람은 두 번째 충격에 의해 정지되고, 다른 행위로 이르기 위한 똑같은 메커니즘에 의해 움직여진다. 이 사람이 결국엔 아무에게나 투표할 것이란 사실은 중요한 점이 아니다. 중요한 것은, 그의 정상적 심리 과정이 혼란되었고, 계속 더욱 그렇게 될 것이라는 점이다. 그래서 이러한 뒤엉킴에서 자기를 방어하기 위해, 인간은 자동으로 다음의 둘

---

18) 우리는 이 중요한 현상에 대해 다음에 나올 작품에서 연구할 것이다.
19) 이 이중적 충격은 매우 잘 알려졌고, 그래서 똑같은 선전에서 기법으로써 사용된다. 즉 새로운 모순들을 사용하거나, 진정시키는 선전을 하다가 더욱 강한 충격을 주는 선전을 한다. 예를 들어, 심리적으로 강한 공격을 하기 전에 평화 선전을 한다.

중 하나의 반응을 보인다.

a) 그는 무기력 속으로 도피한다.[20] 그리고 이 경우에 선전은 그의 거부를 촉발시킬 수 있다. 대립한 당들의 다양한 선전은 본질적으로 정치적 포기를 이끈다. 그러나 이러한 포기는 자신을 주장하는 자유로운 정신의 포기가 아니라, 회피의 결과로서 일련의 심리적 억제의 외적 양상이다. 결코, 인간이 스스로 포기하기로 한 것이 아니라, 다양한 압력 아래서, 충격과 뒤틀림 아래서, 정치적 행동을 할 수가 없다. 게다가 더 심각한 것은, 이러한 억제가 단순히 정치적인 문제에만 국한되는 것이 아니라, 점차 존재 전체로 확대되어, 일반화된 포기 자세에 이른다는 사실이다.

논쟁들이 별로 중요하지 않거나, 선거 선전이 상수도나 전선 가설 같은 문제일 때에는, 이러한 도피적 반응이 사람의 전체 생활에까지 영향을 미치지는 않았다. 그러나 오늘날 선전은 더욱 효과적으로 되고, 동시에 그의 주제들도 더욱 고뇌를 불러일으키게 되었다. 오늘날은 독재나 전쟁 같은 문제에서, 개인은 더는 자신을 스스로 열외로 느낄 수 없게 되었다. 그는 무관심하게 있을 수 없는데, 반면에 선전의 수단들은 그를 억제된 수동적 태도 속으로 몰아넣는다. 1950년대에 프랑스 국민이 겪었던 평화에 대한 선전보다, 더 완전한 전쟁 준비는 없었다. 이런 모순적 선전은 결과적으로 될 대로 되라는 식의 수동적 태도를 보이고 말 것이다. 마찬가지로 반파시스트 동맹이나 공산당 선전보다, 좌파나 우파의 독재를 감내하도록 준비시켜주는 것도 없다.

우리는 두 모순적인 선전이 연속해서 일어날 때도 똑같은 태도를 볼 수 있다. 자주 연구되었던, 1945년 이후 독일 젊은이들에게서 보인 회의주의

---

[20] 현대 생활의 모순들로부터 달아나기 위한 수단으로, 사적인 생활로, 이국 취향으로, 이상적인 것으로 도피도 똑같은 방식으로 설명된다.

는, 나치 선전에 반대된 선전의 역·충격에서 온 것이다. 비슷하게, 1956년 10월의 헝가리 혁명 이후에, 젊은이들은 허무주의, 무관심, 개인적 관심 속으로 도피한다. 이러한 예들은 선전의 비효율성을 입증하는 것이 아니라, 반대로 심리 생활을 깊이 뒤흔드는 선전의 힘을 입증한다.

b) 다른 방어적 반응은 참여 속으로 도피이다. 오늘날 정치적 참여라는 생각이 그렇게 널리 퍼진 이유는, 인간이 더는 선전들 사이의 공격적 경쟁에서 멀리 떨어져 있을 수 없기 때문이다. 그의 인간성의 가장 깊은 곳까지 타격하는 이 대립적인 끌어 당기기들에 더는 저항할 수 없어서, 개인은 몸을 던진다. 다시 말해 한 당에 들어가서, 이제부터 그 당과 선전이 바라던 대로 완벽하고 깊이 연결된다. 이제부터 그에게 더는 문제가 없을 것이고, 선전들의 상반된 충격에서도 벗어나게 된다. 자기 당이 말한 모든 것은 진실하고 정당하다. 다른 곳에서 온 모든 것은 거짓이고 부당하다. 그는 이렇게 하나의 선전에 의해 다른 선전들로부터 면역된다.

이러한 이중적 사실은 절대적으로 모순적인 것이 아니다. 그것은 보완적이 될 수 있다. 개인들은 모든 정치적 운동에 대해 회의적이지만, 동시에 극단적 해결책을 지향하는 경향을 보인다.

선전 욕구의 창조

선전의 마지막 심리적 효과는 선전 욕구를 만들어내는 것이다. 선전에 빠진 사람은 더는 선전 없이는 살 수 없다. 우리는 여기서 "구르는 눈덩어리" 효과를 본다. 선전이 있을수록, 대중은 더욱더 그것을 요구한다. 광고에 있어서도 마찬가지 사실이다. 흔히 말하듯, "광고는 자신의 성공을 먹고 산다." 혹자는 텔레비전 광고가 신문의 광고를 낮출 것으로 믿었다. 그러나 전혀 그렇지 않다. 텔레비전 광고는 전체 광고업계의 규모를 늘려줬다. 선전에서도 마찬가지다. 대중은 선전의 전체 규모가 더 커지기를 요구한다.

우리는 우선 모순적으로 보이는 두 현상, 선전에 대한 면역과 민감함을 확인할 것이다.

면역. 선전 구호에 아래서, 개인은 차츰차츰 자신을 닫는 것은 잘 알려진 사실이다. 그는 이런 심리적 구속을 거부한다. 그는 더는 주의를 기울이지 않는다. 너무나 많은 선전적 충격 때문에, 그는 무감각해지고, 습관이 되었다. 그는 그에게는 단순한 얼룩에 불과한 포스터를 더는 보지 않는다. 그는 더는 라디오 담화도 듣지 않는다. 그건 단지 소음에 불과하고, 자기 활동의 배경 소음에 불과하다. 그는 더는 신문을 읽지 않는다. 단지 쓱 한번 훑어 볼 뿐이다. 이러한 현상을 보고서, 얼마나 많은 사람이 다음과 같이 말하는가. "과도한 선전은 인간에게 영향을 주지 못한다. 인간은 무관심하고, 그에게서 벗어난다." "그는 선전에 면역되었다."

그렇지만, 바로 이 개인은 여전히 라디오를 틀고, 자기가 보던 신문을 산다. 그러면 질문은 다음과 같이 바뀌어야 한다. "그는 면역이 되었다. 그렇다. 그러나 무엇에?" 왜냐하면, 그는 신문을 살 뿐만 아니라, 여전히, 더는 듣지 않는 선전의 명령에 순종하고 따르기 때문이다. 그는 여전히 명령을 지키고, 반사적 행동을 하고 있고, 그 행동은 여전히 기능 하고 있다. 그는 면역에 의해 독립된 것이 아니다. 실제로는, 그는 선전의 객관적이고 지적인 내용에 대해 무감각해진 것이다. 선전의 주제, 생각, 논쟁, 전개, 증명, 즉 그의 의견을 구성할 수 있는 모든 것이 그에게는 무관심한 것이 되었다. 그는 더는 신문을 읽거나 라디오를 들을 필요가 없다. 왜냐하면, 그 이데올로기적인 내용을 그는 이미 알고 있으며, 안 듣는다는 것이 그의 태도에 어떤 영향도 주지 않기 때문이다. 개인이 일정 시간이 지나면 선전에 무관심해진다는 것은 사실이다. 그렇지만, 그것이 선전에 무감각해진다거나, 그로부터 등을 돌렸다는 말은 결코 아니다. 정확히 그 반대이다. 즉 선전의 상징들로 깊숙이 물들어서, 전적으로 지배되고 조종된다는 것이다. 그는 더는 포스터를 보거나 읽을 필요가 없다. 단순한 얼룩으로도 그의 속에서 원하는 반응을 깨우는데 충분하다. 실제로는 그는 선전의 이데올로기적인 내용에는 면역되었지만, 선전 그 자체에는 민감해진 것이다.

민감함. 개인이 선전에 빠질수록, 그는 선전의 내용이 아니라, 선전이 주는 충동과 선전에서 느끼는 흥분에 더 민감해진다. 작은 흥분, 미약한 자극도 조건 반사를 작동시키거나, 신화를 깨우고, 꿈을 실현하기 위한 행동을 자극한다. 여기까지 이르기 전에는, 엄청난 노력, 엄청난 양의 자극이 필요했다. 심리적 충동을 자극해야 했고, 무의식의 문을 차고 들어가야 했다. 예전의 태도와 습관을 깨뜨리고 새로운 행동을 정해줘야 했다. 절묘하면서도 파괴적인 수단과 기술을 작동시켜야 했다. 그러나 일단 이런 힘에 물들고, 맛이 들게 되면, 그런 수단을 동원할 필요가 없어진다. 이제는 아주 소량으로도 충분하다. 약간만 변화를 주고, 색칠을 다시 하는 것으로 충분하다. 개인은 놀라울 정도로 잘 복종한다. 이미 취한 자에게 한 잔만 줘도 충분한 것과 같다. 개인은 선전을 믿지 않으면서도, 거기에 저항하지 않는다. 그는 더는 말해진 것, 제시된 목표에 큰 중요성을 부여하지 않는다. 그러나 그는 제안된 자극에 따라 움직인다. 우리는 여기서 앞서 말했던 행동과 사고 사이의 분열을 다시 본다. 사유의 관점에서, 개인은 정지되고, 고착되어 있다. 면역은 바로 이 소신의 영역에서 작용한다. 그러나 행동의 관점에서는, 그는 반대로 동원되어 있다. 그는 충동에 따라 변하고, 약동하고, 확신을 가지고, 그리고 재빠르게 움직인다. 그는 쉽게 행동하는데, 비합리적인 행동이다. 선전에 대한 민감함이 작용하는 것은 바로 거기이다.

이러한 상황으로부터, 개인은 선전에 대해 억제할 수 없는 지속적인 욕구를 느낀다. 그는 선전이 끝나는 것을 견디지 못한다. 이 개인의 상황을 보면, 왜 그러는지 쉽게 이해할 수 있다.

a. 그는 불안 속에서 살고 있었다. 그런데 선전이 그에게 어떤 확신을 주었다. 그러나 그의 불안은 선전이 정지하는 순간 배가될 것이다. 그는 과거에는 이끄는 대로 그냥 따라갔는데, 갑자기 자기를 둘러싼 이 침묵 속에서, 어디로 갈지 모르는 만큼 더 그러하다. 그는 이제 다시 그의 주변에서 아우성치면서, 그에게 영향을 미치려 하고, 그를 유혹하려고 하며, 그러면서 그를 더 혼란스럽게 만드는 다른 선전자들에게 끌려갈 것이다.

b. 선전은 그를 '열등 인간'의 상황으로부터 끌어내주었고 그에게 그의 중요성에 대한 감정을 주었으며, 그에게 자아 확인을 할 수 있게 해주었으며, 그에게 적극적 동참 욕구를 충족시켜주었다. 그러나 선전이 끝나자, 그는 전보다 더 무력해진 자신을 발견한다. 그가 어떤 효율적 행동을 믿었던 만큼 무력감은 더 크다. 그는 느닷없이 무기력 속에 빠지고, 그에게서 벗어날 아무 개인적 수단이 없으며, 한순간이나마 자기의 가치를 믿었기에, 전보다 더욱 강하게 자신을 무가치하다고 생각한다.

c. 선전은 그에게 어떤 정당성을 주었다. 개인은 이 정당성이 끊이지 않고 새롭게 되기를 원한다. 그는 걸음마다, 행동마다 누가 자기에게 옳은 길로 가고 있다는 확신을 심어주면 좋겠다고 생각한다. 그런데 선전이 끊기면, 개인은 자신의 정당성을 잃고, 자신에 대한 신뢰가 사라지며, 선전에 빠졌을 때 자기도 두렵거나, 후회스러운 행동을 할 수 있었던 그만큼 더 비난받는다고 느낀다. 따라서 그는 그만큼 더 정당화가 필요하다.

그리고 그는 선전이 그에게 그의 정당성과 이유에 대한 확신을 주지 않으면, 절망에 빠진다.

또한, 지금까지 선전이 강력하게 행해지던 집단 속에서 선전이 멈추게 되면, 무슨 일이 일어나는가? 개인들의 내적 와해에 상응하는 사회적 와해가 일어난다. 개인들은 완전히 자신 속으로 움츠러들고, 모든 사회적이거나 정치적인 참여를 거부한다 – 불확실, 두려움, 좌절을 통해서. 그들은 모든 것이 불필요하고, 소신을 갖거나, 정치적 생에 섞인다는 것이 불필요하다는 확신을 한다. 그들은 자기들 생의 중심이었던 모든 것에 대해 갑자기 무관심해진다. 모든 것이 이제부터는 '나 없이도' 잘 될 것이다. 집단은 이 개인의 눈에 가치를 상실하고, 집단의 와해는 그 구성원들의 내적 태도로부터 결과한다. 자기중심주의는 선전이 사라진 결과인데, 워낙 강력하여 이것을 치유할 수 없는 듯이 보인다. 선전이 정지되었을 때, 그 선전에 의해 지배되던 사람들에게서 볼 수 있는 것은 이러한 움츠림뿐만 아니라, 진짜 신경증적 혼란들이다. 정신분열, 편집증, 죄의식 같은 것이 나타난다. 따라서 선전의 부재는 심리 치료를 동반해야 할 것이다. 1945년 독일에서의 히틀러 이후나, 1946년 미국에서 선전이 갑자기 중단되었을 때 그런 결과들이 나왔다.

위에서 기술된 반응은 선전에 의한 소외와 잘 상응한다. 인간은 위축되고, 더는 혼자서 살 수 없으며, 스스로 결정하지 못하고, 자기 생의 무게를 혼자서 짊어지지 못한다. 그는 의식의 지도자, 보호자가 필요하고, 그런 자들이 없으면 병에 걸린 것처럼 느낀다.[21] 이렇게 선전의 욕구가 탄생하면, 교육으로는 바꿀 수 없다. 개인이 선전에 빠진 순간부터는, 그는 계속해서 정량의 사이비-지적 영양을, 신경과 감정의 흥분을, 구호를, 사회적 통합을 받아야 한다. 따라서 선전은 지속하여야 한다.

이것은 우리가 이미 지적했던 문제로 다시 데리고 온다.

그것은 선전 효과의 지속성 문제이다. 선전 욕구의 창조와 그것이 가정하는 심리적 변형을 통해서, 선전은 깊고 상대적으로 지속적인 효과를 갖는다. 그러나 당장에 이 욕구를 채워주는 것, 이런 갈증을 풀어주는 것, 이러한 긴장을 풀어줄 것은 분명히 일시적이고 순간적인 효과밖에 없다. 그렇기에 항상 다시 새롭게 해야 하고, 다시 시작해야 한다. 선전이 주는 만족들이 항상 즉각적이고 현행적인 영역이기에 더욱 그러하다. 그러한 이유로 선전은 아주 지속적인 성격이 아니다.

그러나 그 말의 의미를 명확히 해야 한다. 즉 선전은 한 시대와 집단의 깊은 경향과 부딪쳐서는 안 된다. 선전이 이러한 것들과 같은 방향으로 가는 한, 그 효과는, 지적이고 감정적 차원에서, 지속적이다. 국가에 반대한 선전, '진보'에 반대한 선전이 있다면 성공할 확률은 전혀 없다. 그러나 그 선전이 이 도식을 사용하여 국가와 진보에 찬성하는 쪽으로 한다면, 그것은 의식 속으로 깊숙이 파고들 것이다. 게다가 선전의 욕구가 의식 속 침투를 항구적으로 만드는 경향이기 때문에, 이 항구성이 효과를 진정으로 지속적으로 만들어준다. 이 효과가 계속 재생산되고, 그 자극이 끊임없이 새로워질 때, 그것은 분명히 개인에게 깊은 영향을 준다. 개인은 특별한 방식으로 행동하고 반응하는 것을 배우게 된다. 그렇다고 해서 그 개인이 그의 개성에서 항구적이거나 전적인 변형을 겪었다고는 말할 수 없다.

선전은 가장 화급하고, 동시에 가장 초보적인 시사성과 관련된다. 선

---

21) 때로 그는 그것을 의식하기도 한다. D. 리스만(Riesman)은 그러한 개인들의 좋은 예들을 준다 (외로운 군중 속에서). 그들은 그들에 관한 심리적 작업들이 충분히 활동적이지 못하다고, "그 속에서 자기들이 사는 불편함들을 즐길 수 있을 정도로 자기들이 충분히 조작당하지 않았다고" 불평한다.

전은 가장 평범한 즉각적인 행동을 제안한다.[22] 실제로 선전은 개인을 현재적인 것과 즉각적인 것에 빠지게 하고, 개인에게서 자신의 삶에 대한 모든 통제를 없애는 동시에, 지속에 대한 모든 감정, 곧 행동이나 혹은 생각의 연속에 대한 모든 감정을 없앤다. 동시에 모든 지속성의 감정, 행위나 생각의 연속성을 탈취해간다.

따라서 선전은 과거가 없고 미래가 없는 인간 유형을 만든다.또는 그런 인간 형성을 가속화한다 피선전자는 매 순간 선전에서 자기 몫의 생각과 행동을 받고, 불연속적인 개성을 형성하게 되며, 계속 외부로부터 자신의 지속성을 공급받는다. 따라서 이것은 선전적 욕구를 더욱 강하게 만든다. 개인이 이 끈을 놓치면, 그는 자신의 과거로부터 단절되었다고 느끼고, 동시에 미래를 장담할 수 없으며, 자기가 사는 세상에서 격리되었고,그리고 이것은 선전이 세상에 대한 유일한 인식 경로이었던 만큼 더욱 심하다 깜깜한 어떤 운명에 잡혀 있다는 감정을 갖는다. 그 기발한 기계와 조직을 가지고 선전이 시작한 순간부터, 사람은 그것을 멈추게 할 수 없다. 선전은 오직 더 성장하고 완전해질 따름이다. 왜냐하면, 선전이 멈춘다는 것은 인간이 받아들일 준비가 되어 있지 않은 너무 큰 희생과 갱생을 인간에게 요구하는 것이기 때문이다.

심리적 효과의 모호성

이러한 연구의 실망스런 특징 중의 하나는 결국 그 큰 불확실성이다. 분명히 선전은 모순적인 심리적 결과를 생산한다. 우리는 이러한 모순적 효과들의 4개의 예를 들 것인데선전이 어떤 욕구를 만족하게 하고, 동시에 다른 욕

---

[22] 그렇지 않다면 그건 더는 선전이 아니고, 효과 없는 학구적인 것이 된다. 그것은 일반적인 문제에 관한 것이라기보다는, "노동자를 당의 실천적 결정들과 친숙하게 만드는" 문제이다.

구를 자극한다는 사실은 이미 연구했기에 다시 언급하지 않겠다, 이것은 우리로 하여금 선전이 이중적 효과를 가지고 있다는 결론을 내리게 할 것이다.

선전은 긴장을 창조하면서, 동시에 다른 긴장을 진정시킨다. 우리는 어떻게 선전이 불안이라는 병적 상태 속에 사는 현대인의 욕구에 대답하고, 어떻게 선전이 이 개인에게 진정 효과가 있는지, 어떻게 선전이 갈등의 해결 인자인지를 지적하였다. 그러나 다른 한편으로는, 선전은 고뇌를 만들고, 긴장을 자극한다는 사실을 잊지 말아야 한다. 특히 두려움과 공포의 선전 이후에, 피선전자는 좋은 말과 위로로는 해결할 수 없는 감정적 긴장 상태 속에 놓이게 된다. 오로지 행동만이 이런 캠페인이 만든 갈등을 해결할 수 있다. 마찬가지로 순수하게 부정적이고 비판적인 선전은 개인을 자신의 환경에 반대하여 일어서게 하고, 공격성과 좌절감을 자극하고, 강조한다. 그러나 여기서도 효과는 이중적일 수 있다. 혹은 개인은 자기 집단의 권위적 상징들에 대해 공격성을 강화하던가, 혹은 이러한 불일치와 대비를 받아들일 수 없어서, 고뇌에 짓눌리고, 수동성 속으로 떨어지든가 할 것이다.

선전자는 긴장과 불안의 최적 지점을 알아내려고 해야 한다. 이 규칙은 특히 괴벨스에 의해 명확하게 제기되었다. 따라서 우리는 긴장이 선전의 우연한 심리적 효과라고 말할 수 없다. 선전자는 작업할 때, 자기가 하는 것이 무엇인지 잘 알고 있다. 괴벨스가 지적했듯이, 불안은 양날의 검이다. 왜냐하면, 너무 많은 긴장은 어떤 공황상태, 부도덕, 무질서, 충동적 행동을 부를 수 있고, 너무 작은 긴장은 행동으로 몰아붙이지 못하기 때문이다. 이럴 때는 개인은 방조 된 상태에서, 수동적으로 적응하려고 한다. 따라서 어떤 경우에는 불안을 강화해야 하고예를 들어 군사적으로 패배하면 닥칠 결과에 대해서, 다른 경우에는 혼자 해결할 수 없는 너무 강한 긴장

을 줄여야 한다. 예를 들어, 공습에 대한 두려움

어떤 경우에는 긴장을 만들고, 다른 경우에는 줄이는 이러한 선전의 이중성은 대부분이 선동 선전과 통합 선전의 차이에 의해 설명될 수 있는 것 같다. 선동 선전은 인간에게서 신속하고 격렬한 행동을 얻어내려고 하기 때문에, 분명히 좌절감, 갈등, 공격성을 발달시킬 것이다. 두 번째는 반대로, 자기 집단에 대해 순응을 얻어내려고 하기 때문에, 긴장의 축소와 환경에 대한 진정, 권위적 상징들의 수락 방향으로 작용할 것이다. 게다가 이 두 요인이 겹칠 수도 있음을 지적해야 한다. 예를 들면, 전투 중의 정당에서, 당의 외부에 대해서는 긴장 조성 선전을 하고, 내부를 향해서는 냉정함을 요구하는 선전을 할 것이다. 이것은 자기 당이 하면 무조건 받아들이고, 반대로 자기 당 아니면 무조건 배척하는 태도를 설명해준다.

이 점과 결부되는 것은, 선전은 정당화와 양심을 만들어내는 동시에 죄의식과 자책감을 만들어낸다는 모순이다.

우리는 선전이 개인에게 그의 정당성, 안전을 제공할 때, 어떤 힘을 갖는지를 보았다. 그러나 다른 한편으로는 선전은 죄의식도 일으킨다. 이것은 적에 대한 가장 강력한 행동 수단이기도 하다. 적이 자기 조국, 군대, 집단, 운동에 대한 신뢰를 상실하도록 해야 한다. 스스로 죄의식을 갖는 사람은 동시에 자기 투쟁의 효율성과 의미를 상실한다. 인간에게, 그 자신은 아니더라도, 최소한 자기 진영의 사람들이 부도덕하고 부당한 행위를 저지른다고 설득하는 것은, 그가 속한 집단의 와해를 부르는 것이다. 이것은 지도자, 군대에 대해서, 또는 전쟁의 목적으로는, 그의 조국이 수호하고자 하는 가치들에 대해 작용한다. 그러나 이것은 또 효율성에 대해서도 유효할 수 있다. 개인에게 쓴 수단들이 효율적이지 않다고, 승리가 불확실하고, 그 지휘자들이 무능하다고 설득하는 것도 같은 계열이다. 나아가서 선전은 약간 이상하기는 하지만 다음과 같은 원초적 감정과 연결하여 자책감을 만들어내기도 한다 – 신은 선한 인간이 승리하게 한다, 가장 좋은 사람이 승리한다, 힘은 언제나 정의를 동반한다, 가장 효율적인 사람은 동시에 가장 진실하거나, 정의로운 사람이다. 물론 추구된 심리적 효과는 목표 대상에 따라 달라진다. 어떤 경우든 자기편에게는 양심을, 적에게는 자책감을 만들어낼 것이다.

  이 효과는 이미 회의가 일어나는 나라에서는 특히 효과가 좋을 것이다. 자책감을 일으키는 선전은 1939년 프랑스에서 아주 성공했는데, 1957년부터 알제리 전쟁 때에는 더욱 그럴 듯했다. 이때는 죄의식이 일반화되었고, 고문, 식민지경영, 프랑스가 잘못이라는 확신이 널리 퍼졌다. 부분적으로는 맞긴 했지만, 선전에 의해 창조된 이 감정들은 민족해방전선FLN의 승리의 본질적 원인이었다. 이것은 마오의 결론과 조언을 확인해준다.

  앞의 관찰에 이어, 선전은 어떤 경우에는 집단에 밀착시키는 인자이고, 다른 경우에는 단절과 분열의 인자이기도 하다. 선전은 한 집단의 상징을 절대적 진실로 전환하고, 절대적 신뢰를 보내게 하며, 유대감을 일으키고, 개인으로 하여금 자기와 집단을 공동 운명체로 여기게 할 수 있다. 이것은 흔히 전쟁 선전의 경우이다. 국가적 단절 그러나 선전은 마찬가지로 집단을 파괴할 수 있다. 예를 들어 정의감과 충성심 사이에 모순을 일으키고, 정보를 불신하게 하며, 판단의 기준을 바꾸고, 위기와 갈등의 감정을 부추기고, 파벌들이 서로 반목하게 한다. 게다가 여기서 개인으로서는 연속적인 단계들이 있을 수 있다. 개인이 어떤 집단에 정상적으로 속해 있을 때부터, 선전은 양면성과 불신과 불편함이라는 인자를 도입한다. 그러면 개인은 그런 상황 속에 오랫동안 버티기가 몹시 어려워진다. 양면성은 그에게는 고통스러워지고, 그는 거기서 벗어나고자 한다. 그러나 그는 예전의 확신으로 돌아가고 자신의 원래 집단에 대한 전적이고 맹목적인 충성으로 돌아감으로써, 거기서 벗어날 수 없다. 이것은 불가능하다. 왜냐하면, 똑같은 가치와 진실의 맥락 속에 머물러 있는 한 주입된 불신은 해소될 수 없기 때문이다. 그러면 적대적 집단으로 넘어가면서, 이중성을 자극했던 것에게 충성하면서, 그로부터 달아나려고 한다. 따라서 그는 적대적 집단의 진실에 속하게 될 것이다. 그리고 이러한 충성, 이러한 융합은 극단적이면서 맹목적이 될 것인데, 그것이 어제의 진실로부터 도피이고, 회귀, 추억, 회한에서 보호막을 제공해줄 것이기에 더욱 그러하다.

우리는 양면성의 마지막 현상을 더 강조할 것이다. 선전은, 상황에 따라, 정치화 아니면 정치적 무관심을 만들어낸다. 우선 선전이 개인을 정치적 행위에 참석하게, 정치 문제에 관심을 두게, 거기에 몸바치게 하여야 하는 것은 명백하다. 선전은 인간 속에 들어 있는 시민을 일깨우고, 개인이 자신의 운명, 진실, 합법성이 정치적 활동과 연결되어 있다는 확신을 해야 효율적으로 될 수 있다. 더 나아가서 개인이 국가 속에서, 국가 안에서 완성된다고 믿게 하고, 자신의 운명에 대한 답을 정치 속에서 찾게 한다면 더욱 좋을 것이다. 이 순간에는, 인간은 선전적인 모든 충동을 완벽하게 겪도록 조작된 희생자이다.

그 이면에서는, 개인은 점점 개인적이고 가족적인 일에 흥미를 잃어간다. 어떤 대의를 위해 가족을 희생한다는 것이 정치적 영웅의 이상이 된다. 이 희생은 물론 공통의 선, 정의, 조국 등에 의해 정당화될 것이다. 그러면 개인적인 문제들은 역겨운, 이기적인, 사소한 것으로 보인다…. 이것은 언제나 선전 효과의 하나이다. 선전은 미국 사회학자들이 "개인화"

라 부르는 것, 즉 인간에게 자신의 사적인 일이 가장 중요한 것으로 여기게 하는 감정에 대해 싸워야 한다. 이 감정은 예를 들어 1945년 전후 독일에서 발생한, 국가적 활동에 대한 회의주의로서, 모든 것이 소용없고, 투표에 참여한들 아무 의미 없으며, 국가를 위해 목숨 바칠 이유가 없다는 확신이다. 이러한 무지 또는 회의주의 속에 젖어 있는 사람에게 선전은 절대적으로 아무런 효과가 없다. 1940년 이전의 선전과 그 이후의 선전 사이의 큰 차이는, 그 이후의 선전이 회의주의와 '개인화'에 맞서야 하는 것이었다.

현대 국가는 그 시민이 국가를 지지해줘야 기능 할 수 있다. 이 지지는, '개인화'를 분쇄해야 확보될 수 있고, 모든 문제를 선전을 통해 정치화하고, 개인을 정치 문제에 대해 열광하게 하고, 그것이 개인의 의무라고 설득해야 확보될 수 있다. 교회도 시민적 일에 참여가 근본적으로 종교적 의무라고 하면서, 그것이 선전인 줄도 모르고 그런 캠페인에 자주 참여하곤 했다. 그런데 동시에, 그리고 아주 강력하게, 선전은 개인화의 인자도 된다. 선전은 때로는 비의도적으로, 그리고 때로는 의도적으로 그렇게 된다. 똑같은 사회 안에서 똑같은 힘을 가진 대립하는 두 선전이 있을 때에 그런 반응이 나올 수 있다. 우리는 이미 그러한 선전들에 대해 개인이 내세우는 움츠리기와 회의주의적 현상을 연구하였다. 그러나 많은 경우에는 선전은 아주 의도적으로 개인화무관심를 유발하려고 한다. 공포스러운 선전은 적의 사기를 떨어뜨리는 효과를 만들고, 될 대로 되라는 숙명론적 태도를 일으키고자 한다.23) 이것은 인간에게 아무것도 소용이 없고, 적군이, 적의 당이 너무 강해서 저항할 수가 없다고 설득시키는 문제이다. 마찬가지로 선전자는 개인 생활의 가치에 호소하고, 개죽음을 당할 위험이

---

23) 1962년 OAS의 테러 활동이 이런 유형이었다.

있다는 감정을 주입할 것이다. 헛되이 목숨을 바친다는 것은 이런 개인화 선전의 결정적 논리이다. 그런 논리는 적을 마비시키고, 적에게 자신을 위해 전쟁을 포기하게 하는데 유효하다. 이것은 군사와 정치적 갈등에서 아주 효과가 좋다.

그러나 아주 중요한 문제로서, 국가에 의해 사용되는 개인화 선전이 있다. 이것은 시민이 정치에 전적으로 무관심해져서, 권력을 잡은 자가 마음대로 할 수 있는 상황을 만들려는 것이다. 독재 국가에서 흔히 사용하는 무기로서, 이 간단한 방법으로 여론이나 반체제 인사들을 무력화한다. 즉 정치 권력의 행사는 너무 복잡하다, 그러니 그것을 정치인들에게 맡겨야 한다. 정치 투쟁에 참여는 너무 위험하다, 그러니 무슨 소용이 있겠는가? 권력은 모두의 이름으로, 그리고 공공의 이익을 위해 행사된다, 그러니 왜 특별한 개인이 거기에 끼어들려고 하는가? 개인은 국가로부터 안전과 복지를 받는다, 오직 국가만 앞을 내다보고 계획을 짤 수 있다.

이러한 선전은 독재 시스템에서는 특히 쉽다, 왜냐하면 개인과 집단의 지도자 사이에 적대감이 있을 때, 개인화는 자동적인 반응이기 때문이다. 개인은 개인화를 통해서 자신을 스스로 보호한다. 그리고 국가에 대한 회의주의적 태도는 그로서는 국가의 행태 때문에 정당화된다. 선전은 이러한 개인화와 회의주의적 태도를 지탱하고 강화하면서, 정부에게 마음대로 할 수 있는 자유를 준다.

개인화를 조장하는 그럴듯한 '합리적인' 호소는 아주 기꺼이 받아들여진다. 왜냐하면, 일반적으로 인간은 책임을 지고, 책임진 문제에 대해 불안해하기를 싫어하기 때문이다. 1852년에 제국이 세워졌을 때 전체 프랑스가 안도의 한숨을 내쉬었다. 1958년에조차 준準 독재 정부가 프랑스 국민에게 이제는 국민이 스스로 결정을 하지 않아도 되고, 다른 사람이 대신 결정해 줄 것이라는 감정을 주었을 때를 생각해보자. 이렇게 국가는 다양한 방법으로 히틀러의 독일은 공포로, 소련은 정치 교육으로 대중을 무력화하고, 그들을 수동적으로 만들며, 사생활과 개인적 행복에나 매진하라고 종용한다. 물론 그들에게 이런 차원에서 필요한 만족을 준다 그러면서 책임자와 적극적인 자와 활동가에게는 아무 구속도 받지 않고 마음대로 할 여지를 준다. 이러한 방법은 정부에게 아주 큰 도움을 준다.

제5장 : 사회 정치적 효과

1. 선전과 이데올로기

전통적 관계

　선전과 이데올로기 사이에는 전통적으로 어떤 관계가 있었고, 그 패턴은 19세기 말까지 점차 고착되었다. 우리는 이데올로기에 대한 독창적이고 특수한 정의를 내리지는 않을 것이다. 하나의 사회는 어떤 신념 위에 세워져 있고, 신념이 없는 사회는 있을 수 없다. 그런데 사회 구성원들이 이 신념에 어떤 지적 가치를 주게 되면, 이데올로기가 있는 것이다. 또는 이데올로기가 형성되는 과정을 다른 식으로 생각해볼 수 있을 것이다. 즉 어떤 주의가 격을 낮춰 널리 퍼지고, 거기에 어느 정도의 신념이 들어 있으면 이데올로기가 나타난다. 어찌 되었든, 오래전부터 알려지기로 어떤 이데올로기는 수동적이지만, 대부분 이데올로기는 적극적이라는 것, 다시 말해 어떤 사회의 구성원들을 행동으로 몰아간다는 사실이다.

게다가, 어떤 사회의 구성원들이 자기 이데올로기가 진리라고 믿는 한, 그들은 거의 언제나 정복자의 자세를 취하고, 이 이데올로기를 외부로 강제하려고 한다. 그러한 경우 이데올로기는 공격적이 된다.

공격적 움직임은 한 사회 안에서 집단과 집단의 갈등으로 나타나거나, 예를 들면 한 국가 안에서 프롤레타리아 이데올로기와 다른 이데올로기들 또는 국가주의적 이데올로기처럼 외부를 겨냥할 수도 있다.

이데올로기의 팽창은 여러 가지 방식을 취할 수 있다. 그것은 집단 그 자체의 팽창을 동반하고서, 집단에 의해 병합된 사회에게 강제될 수 있다. 예를 들면 1793년 공화주의 이데올로기나, 1945년 공산주의 이데올로기는 군대를 동반하였다.

또는 이데올로기는 그 고유한 동력에 의해 퍼질 수 있다. 예를 들면 부르주아 사회 속의 노동 이데올로기처럼, 여기서는 순수한 심리적 차원에 머무르게 된다. 그리고 이럴 때 이데올로기는 패권주의적이지 않은 양상을 취한다. 그렇지만, 이 이데올로기는 그것을 대변하는 집단 속에 파고 들어간다. 그런 방식으로 노동의 이데올로기는 19세기에 서구 사회 전체를 부르주아화하는데 일조하였다.

마지막으로 이데올로기는 적합하고 의도적인 수단들에 의해 퍼질 수 있다. 그렇다고 집단 전체를 동원하는 것은 아니다. 여기서 우리는 선전을 발견한다. 선전은 집단의 이데올로기를 외부로 퍼뜨리거나 내부적으로 강화하기 위한 자발적이거나, 조직적인 수단으로 나타난다. 이 상황에서는 선전이 이데올로기에 의해 직접 불러일으켜지고, 선전의 형태는 선전의 내용처럼 이데올로기에 종속된다. 여기서 선전이 퍼뜨려야 하는 것은 당연히 이데올로기의 내용이다. 이때 선전은 자율적인 조직이 아니라, 이데올로기가 팽창하고자 할 때, 간헐적으로만 나타날 따름이다.

선전은 그러한 이데올로기에 맞춰서 조직된다. 따라서 역사상에는, 전파해야 할 내용의 필요에 따라 자주 다양한 선전의 형태들이 있다. 또한, 선전은 그 대상에 따라 밀접하게 제한된다. 그 작용 과정도 개인을 우회적으로 포착, 지배하는 것이 아니라 단순히 어떤 믿음이나 생각을 전달하고자 한다면 상대적으로 간단하다. 이것이 선전과 이데올로기 사이에 통상 인정된 관계이다. 이러한 고전적 패턴은, 19세기에도 잘 들어맞았으며, 오늘날에도 잘 들어맞는 것으로 흔히 간주된다. 상황은 엄청나게 변하였다.

레닌과 히틀러는 이데올로기의 팽창 과정이 거의 끝난 세계에 도착하였다. 그런데, 이 분야에서 그들의 개입은 다른 모든 분야에서와 마찬가지일 것이다.

그러면 레닌의, 그리고 이어서 히틀러의 혁신은 무엇이었는가? 그것은 현대 세계가 본질적으로 '수단'의 세계임을 알았다는 것이다. 중요한 것은 인간이 할 수 있는 모든 수단을 써야 한다는 것이고, 목적의 문제는 수단의 팽창에 의해 완전히 바뀌게 되었다는 것을 알았다. 그런데 19세기 사람들은 여전히 달성할 목표에 따라 지배받았다. 그것은 그들로 하여금 할 수 있는 수단들 대부분을 무시하게 하였다. 레닌의 천재적 관점은 20세기에는 목표란 수단에 비해 이차적이고, 실제로 수많은 경우에 전혀 중요하지 않음을 알아차린 것이다. 중요한 것은 우선하여 수단들을 작동하는 것이고, 그것들을 그 한계까지 몰아붙이는 것이다.

게다가 레닌은 수단들의 극단적인 사용을 통해서만이 사회주의 사회를 이룰 수 있다는 선험적인 확신에 의해 그러한 것에 끌리었다. 따라서 목적은 쉽게 잊힐 수 있는 가정에 불과하였다. 그리고 이러한 태도는 보통 사람들의 열망과 그들이 가진 진보에 대한 믿음과 정확히 일치하였다.

그래서 레닌은 정치적 차원에서 특히 수단적인 전략과 전술에 공을 들였다. 그는 다른 영역들에서처럼 여기서도 수단을 제1선에 놓았다. 그렇지만, 이것은 그로 하여금 K. 마르크스의 교리를 수정하게 하고, 교리 그 자체를 제2선으로 물러나게 한다. 제1선으로 올라온 것은 바로 행동이다. 전술과 수단의 개발은 정치의 목표 자체가 된다.

히틀러와 함께, 우리는 똑같은 경향을 보게 되는데, 두 가지가 변형된다. 우선은 제약의 철저한 제거이다. 레닌은 수단의 점진적인, 절제된, 적응된 적용을 예상했었다. 그러나 히틀러는 수단을 전부, 즉시 적용하기를 원한다. 이어서, 레닌에게서 가정에 불과한 목표, 목적, 교리는 전적으로 사라지게 되었다. 왜냐하면, 약속된 천년왕국을 목표로 여기거나, 반유태주의를 교리로 여길 수는 없기 때문이다. 여기서는 순수한 행동, 곧 행동을 위한 행동의 단계로 넘어간다.

그런데 이것은 이데올로기와 선전의 관계를 완전히 바꾼다. 즉 이데올로기는 행동에 도움이 될 때만, 어떤 계획과 전술에 적합할 때만 레닌이나 히틀러에게서는 관심을 끈다. 그것은 이용될 수 있을 때에만 존재를 갖는다. 그런데 그 사용은 선전을 통해 이뤄질 것이다. 선전이 실제로 주요소가 되고, 그에 비해 이데올로기는 일시적 현상에 불과하다. 그리고 이데올로기의 내용은 통상 믿어왔던 것처럼 그렇게 중요하지도 않다. 그래서 대부분은, 선전이 이데올로기의 이미지와 어휘 같은 이데올로기의 형식적이고 관례적인 측면을 중시한다면, 선전은 이 내용을 변모시키거나 혹은 변질시킬 수 있다.

히틀러는 선전의 필요에 따라 국가사회주의 이데올로기를 수없이 바꿀 것이다. 이렇게 레닌과 히틀러는 이데올로기와 선전 사이에 전혀 새로운 관계를 설정하였다. 그러나 히틀러가 패했다 해서 그 관계가 사라졌다고 생각해서는 안 된다. 실제로는, 이 태도는 더욱 일반화되었다. 효율성의 관점에서 그것은 당연하다. 레닌과 히틀러가 시작한 이 움직임은 결국 현재의 모든 지배적인 이데올로기들에 영향을 미쳐서, 현재의 이데올로기들은 모두 원하건 말건, 선전과의 "관계 속에" 들어 있다. 인제 와서 돌아갈 수는 없다. 다만, 약간의 조정만 있을 따름이다.

선전과 이데올로기의 새로운 관계

선전의 새로운 방법들은 선전과 이데올로기 사이의 관계를 완전히 바꿔놓았다. 그리고 그에 따라서 현대 세계 속에서 이데올로기들의 역할과 가치도 바뀐다. 선전은 점점 이데올로기 전파의 책임을 벗어난다. 선전은 자체의 법칙을 따르고, 자율적으로 되기 때문이다.

선전은 더는 이데올로기를 따르지 않는다.1) 선전자는 '믿는' 사람이 아니고, 될 수도 없다. 더 정확하게는 신전자는 자기의 선전 속에서 이용해야 하는 이데올로기를 믿을 수가 없다. 그는 단지 어떤 당, 국가, 조직을 위해, 기술자의 자격으로 참여하는 사람이고, 그의 역할은 이 조직의 효율성을 보장해주는 것이다. 그는 프랑스의 어느 지방의 지사가 중앙 정부

---

1) 그러나 이데올로기는 선전에서 어떤 역할을 한다. 특히 이데올로기는 정부 환경 자체가 어떤 이데올로기에 젖어 있을 때는 선전이 발전하는 것을 방해한다. 우리는 나중에 어떻게 민주주의 이데올로기가 선전의 팽창을 방해하는가를 볼 것이다. 다른 한편, 스피어(Speier)는 어떻게 유토피아에 대한 믿음, 민중의 선의, 국제적 이해관계의 조화 등이, 이 기구에 대한 부정적 인자가 되는지, 그리고 어떻게 민주적 엘리트들의 이데올로기가 귀족주의적 이데올로기보다 선전의 기초로서는 덜 적합한지를 보여주었다. 반면 엘리트들의 믿음이 진보주의적 이데올로기로 물들어 있다면, 그것은 아주 강력한 선전을 탄생하게 할 것이다. 따라서 이데올로기는 선전의 탄생과 이용에 좋거나 좋지 않은 환경 일부가 되지만, 그렇다고 더는 결정적 인자는 아니다.

의 정치적 교리를 공유하는 것보다도, 공식적 이데올로기를 공유할 필요가 없다. 선전자가 어떤 정치적 신념이 있다 하더라도, 인민 대중의 이데올로기를 이용하려면, 자기 신념은 옆에 접어놓아야 한다. 그리고 그는 이데올로기를 이용하기 때문에, 그리고 그것을 전혀 중시하지 않고 조작하기 때문에 자기가 그 이데올로기를 믿고 중시한다 하더라도, 이 이데올로기를 공유할 수 없다. 그는 이러한 민중적 이미지들, 신념들에 대해 경멸하기까지 한다. 그리고 자신의 작업 속에서, 그는 선전의 주제를 자주 바꿔야 하기 때문에, 실제로 이런저런 감정적, 정치적 형식이나, 이데올로기적 외양에 매달려 있을 수 없다. 갈수록 더 선전자는 수없이 많은 물질적 수단과, 심리적 기술을 사용하는 기술자이다. 그래서 이 모든 것 가운데서 이데올로기는 우발적이고 대체될 수 있는 요소 중 하나에 불과하다. 선전자가 주의나 인간에 대한 경멸로 가득한 인간이 된다는 점은 자주 지적되었다. 그리고 이 점은 우리가 앞에서 분석한 다음 같은 사실과 관계될 수밖에 없다. 즉, 어떤 조직체를 위해 선전이 행해질 때, 본래 그 조직체는 주의를 전파하거나 이데올로기를 퍼뜨리거나 정통 교리를 만들어내려 하지 않는다는 사실이다. 대신 그 조직체는 조직체 속으로 개인들을 통합시키고, 개인들을 동원하며, 관례를 추종하면서 개인들을 행동 투사로 만들려 한다.

하지만 혹자는 예를 들어 공산주의나 히틀러주의처럼 선전을 이용했던 대규모 운동이 분명 어떤 주의를 가지고 있었고 어떤 이데올로기를 만들어냈다고 할 것이다. 그러나 그런 것은 그들의 주요 목표가 아니었다. 이데올로기와 주의는 개인을 동원하기 위해 선전이 사용했던 보조물에 불과했다. 목표는 대중의 지지를 받는 당이나 국가의 힘이었다. 이제부터, 더는 정치적 이데올로기가 진실인가 아닌가의 문제가 아니다. 선전자는 스스로 진실 문제를 제기하는 사람이 아니다. 역사에 대한 마르크스적 관점이 다른 것보다 더 진실한지, 또는 인종주의적 교리가 진실한지를 따지는 것은 전혀 의미 없는 일이다. 그것은 선전의 테두리에서는 아무런 중요성이 없다.

유일한 문제는 유용성과 효율성이다. 요점은 어떤 경제 이론이나 영적인 교리가 진실한지 자문하는 것이 아니라, 그것이 대중을 동원할 수 있는 효율적 선동 구호를 줄 수 있는가이다. 이제부터, 어떤 생각이나 믿음을 포함하는 대중 속에 존재하는 이데올로기를 두고서, 선전자는 다음의 두 질문을 제기해야 한다. 첫째, 이 이데올로기가 선동하려는 행동에 장애를 제기하는가, 그것이 대중을 국가의 명령에 복종하게 하는가, 그것이 대중을 수동적으로 만드는가? 이 마지막 질문은, 예를 들어 불교 영향권에서 작업하는 선전자에게는 중요하다. 많은 경우에, 이데올로기가 어떤 지적 활동을 가동시키는 정도에 따라그것이 아무리 미미하다 하더라도, 또는 그것이 판단이나 행동의 기준을 제공하는 정도에 따라그것들이 별로 뚜렷하지는 않다 하더라도, 이데올로기는 실제로 장애가 될 것이다. 그럴 때, 선전자는 이 지배적인 이데올로기와 정면으로 부딪치는 것을 피해야 한다. 그는 어떤 요소를 도입하거나, 암시나 우회적으로 행동함으로써, 그 이데올로기를 자기의 시스템 속에 통합시킬 수 있을 따름이다.[2]

두 번째로는, 선전자는 이 이데올로기가 선전에서 그대로 이용될 수 있는가를, 이 이데올로기가 심리적으로 피선전자를 선전의 충동을 받도

---

[2] 그래서 하나의 이데올로기는 다른 이데올로기에 대한 무기로 사용될 수 없다. 선전은 결코 하나의 이데올로기를 적의 이데올로기보다 우수하다고 선언하지 않을 것이다. 왜냐하면, 그렇게 하면 그것은 항상 실패할 것이기 때문이다. 적대적인 이데올로기에 대항해서는, 사람은 오직 미래가 가져다줄 것에 대한 기다림, 질문의 태도만 취할 수 있을 따름이다. 이렇게 이데올로기의 적에게 미래에 대한 구체적 질문을 함으로써, 선전자는 마르크스가 지적했던 길, 즉 언어로부터 실제 생활로 옮겨가는 방법을 따르는 것이다.

록 미리 준비시켜 놓았는가를 자문해야 한다. 백인에 의해 식민지가된 아랍 국가에서는, 이슬람 이데올로기가 그리스도인에 대한 증오를 키웠기 때문에, 바로 아랍 국가주의적이고 반식민주의적인 선전을 받아들이는 경향이 발견될 것이다. 선전자는 그 내용이 무엇이건, 이 이데올로기를 직접 사용할 것이다. 그는 자기 자신은 이 종교적 교리를 절대 믿지 않더라도, 이슬람의 열렬한 전도자가 될 수 있다. 마찬가지로 공산주의 선전자는 국가주의적 이데올로기나 민주주의적 이데올로기를 전파할 수 있다. 왜냐하면, 그것이 가장 유용하고, 가장 효율적이며, 가장 남는 것이 많기 때문이다. 그는 그런 이데올로기들이 이미 여론 속에서 완전히 형성되어 있고, 준비가 되어 있음을 발견할 것이다. 그러나 정작 자신은 반 국가주의자이고, 반 민주주의자라 하더라도 상관 없다.[3] 그리고 그가 대중 속에서 민주주의 신념을 설파해도 아무 문제 없다. 이제는 그런 민주주의 신념이 독재 체제 수립에 전혀 장애가 되지 않음은 잘 알려졌다. 공산주의가 지지하는 민주주의 이데올로기를 이용해서, 공산당은 자기 행위에 대한 대중의 충성을 얻어내고, 이 행동은 공산주의 정권을 세울 수 있게 해준다. 이렇게 선전은 민주주의에 대한 믿음을 민주주의의 새로운 형태로 이동시킨다. 여론이란 워낙 이데올로기의 내용에 대해서는 불확실하기 때문에, 마술적인 말을 하는 사람을 따르게 되어 있다. 그리고 구호가 선언하는 것과 실제로 이뤄진 행위 사이에 있을 수 있는 모순을 알지 못한다. 그래서 일단 기구만 작동하면, 예전에 유포되었던 이데올로기 때문에 그 기구에 반대하는 여론의 반응이 있을 수 없다. 왜냐하면, 그 이데올로기는 현재의 권력에 의해 공식적으로 채택되고 선언되어 있기 때문이다. 따라서 국민은 선전이 의도적으로 생산하려고 한 정신적 혼란 속에서

---

[3] 예를 들어 마오가 그렇다.

사는 것이다.

　현존하는 이데올로기에 대해, 선전자는 두 가지 사용 방법이 있다. 자극의 형태이든지, 신화의 형태이든지 이다. 요컨대, 이데올로기는 이 이중적인 용도에 적합하다. 한편으로는, 이데올로기는 때로는 한 단어, 구호로 표현될 수 있다. 그것은 민중 의식 속에 강하게 뿌리내린 어떤 간단한 생각으로 축소된다. 그러면 여론은 옛 이데올로기적 표현에 자동으로 반응하게 되어 있다. 즉 민주주의, 조국, 사회적 정의와 같은 단어들은 그 자체로서 지금은 반사적 반응을 일으킨다. 이 단어들은 여론에 대해 반사적 자극의 상태로 환원된다. 여론은 찬양에서 즉각 증오로 옮겨 갈 수 있다. 이 단어들은 과거의 행동과 열망을 환기한다. 물론 하나의 구호가 이러한 자극을 줄 수 있으려면, 미리 존재하는 조건 반사와 연관이 있어야 한다. 이 조건 반사는 역사를 통해서, 이 이데올로기에 연계됨으로써 만들어진다. 선전자는 기존의 것을 사용하는데 그친다. 따라서 아무 때나 어디서나 아무 이데올로기 내용이 사용될 수 없다. 이 구분은 심리적·역사적·경제적 기준에 따라 이루어질 것이고, 또한 행동의 영역에서 이데올로기를 가장 잘 이용하여 가장 큰 효율을 생겨나게 하는 지에 따라 이루어질 것이다. 우리가 이데올로기는 복잡한 체계라고 언급했기 때문에, 그러한 다른 양상을 접어두면서 이러한 양상을 거론하는 것이 적절할 수 있다. 선전자의 능력은 바로 이 선택 속에 있을 것이다.

　그러나 다른 한편, 선전자는 이데올로기를 신화로 전환할 수 있다. 어떤 이데올로기는 실제로 선전자에 의해 신화를 창조하는 발판으로 사용될 수 있다. 그런 전환은 저절로 되는 경우는 거의 없다. 이데올로기는 일반적으로 흐릿하므로, 인간을 행동하게 할 힘은 전혀 없다. 그것은 자체로는 개인의 의식 전체를 제압할 수는 없다. 그러나 그것은 내용과 신념적 요소를 제공한다. 이데올로기는 생각과 감정의 복잡한 혼합을 통해, 정치 경제적 요소 위로 비현실적으로 접목하면서, 신화와 결합한다. 이데올로기는 근본적인 뿌리의 부재 때문에, 인류의 원초적 신화들과 관계 부재로 말미암아 신화와는 극단적으로 구분된다. 우리가 이미 말했듯이, 선전을 통해서 전혀 새로운 신화를 만들기는 불가능할 것이다. 그러나 한 집단 속에 이데올로기의 존재는 신화를 만들기 위한 좋은 토양이 된다. 수많은 경우에는, 자세히 설명하는 것으로 충분하고, 더 간절하고 예리하게 표현하는 것으로 충분할 것이다. 이미 대중매체의 표현방식이 이에 기여하고 있다. 널리 퍼진 믿음이 제삼자에 의해 이제 표현되고 수백만 개의 확성기로 울려 퍼진다는 사실을 통해, 단지 어떤 가능성이었던 것에 긴급함과 힘이 부여된다.

심리적 기술이 제공한 채색, 어떤 행동 속에 통합되어 증명된 효율적 힘, 이데올로기가 핵심적 역할을 하는 포괄적인 정신적 성격, 이 모든 것은 선전에 의해 수행될 수 있다. 그래서 사회주의 이데올로기는 레닌적 선전에 의해 신화로 전환되고, 애국주의적 이데올로기는 국가적 신화로 전환되고, 행복의 이데올로기는 19세기 말에 신화로 전환된다. 또 그런 방식으로, 부르주아 이데올로기로부터 변화된 선전 전체에 의해 진보의 신화도 구성된다.

마지막으로, 선전자는 이데올로기를 정당화를 위해 사용할 수 있다. 우리는 정당화가 선전의 본질적 기능임을 자주 보여주었다. 널리 받아들여진 이데올로기의 존재는 양심의 훌륭한 도구이다. 집단적인 신념에 의거하는 선전자는 자신이 이 신념에 따라 행동하게 만드는 인간을 거의 흔들리지 않는 "자기 의義" propre-justice의 상태에 둔다. 집단적인 신념에 맞게 행동하는 것은 잘 행동하고 있음을 확실히 보여주고 확인해주는 것이다. 선전은 개인에게 이러한 일치를 드러내며, 감지할 수 있고 의식적이며 개인적인 신념을 개인에게 준다. 선전은 신념의 집단성을 자각하게 함으로써 개인에게 양심을 부여한다. 선전은 인간이 우세한 이데올로기 속에서 발견한 정당화를 합리화해주고, 그에게 표현적 힘을 부여한다. 공산당에 의해 사용되는 평화의 이데올로기도 그런 식이다. 이 순간부터 모든 시도는 이 이데올로기에 의해 정당화되고, 증오조차도 이 이데올로기에 의해 정당화된다.

오랫동안, 어떤 반응으로서 인간의 행동은 이데올로기에 의해 부분적으로만 고취되었다. 대중은 어떤 자발적인 신념 때문에, 또 모든사람에 의해 받아들여진 간단한 생각 때문에, 또는 이데올로기에 의해 다소 막연하게 대중에게 주어진 목표를 실현하기 위해 행동할 수 있었다. 이처럼 민주주의 이데올로기를 통해 이러한 행동이 부추겨졌다. 그런데, 선전과 관련된 이데올로기의 상황은 이 점을 완전히 변모시켰다.

현대적인 선전이 이루어지는 집단에서는, 인간은 더는 자발적 이데올로기에 따라 행동하는 것이 아니라, 오직 선전이 일으킨 충동에 따라 행동한다. 사회심리학적으로 조작하지 않아도 인간을 행동하게 하는 생각, 주의, 신념이 있을 수 있다고 믿는 자는 정말 무식한 사람이다. 이데올로기는, 선전에 이용되지 않으면, 효율성이 없고, 심각하게 고려되지 않는다. 인본주의 이데올로기는 아무런 반응을 일으키지 못한다. 예를 들어 민족해방전선이나 군사적 선전들 앞에서, 지식인들은 완전히 무장해제되어서, 인본주의의 가치들을 거론할 수 없다. 고문은 실제로는 전혀 분개하지 않고 말로만 분개하는 여론에 의해 암묵적으로 받아들여진다. P. H. 시몽Simon알제리 포로의 고문을 폭로했던 장교의 생각을 열렬히 옹호한 사람들은 말로만, 그리고 그럴 만한 여유가 있을 때만 그렇게 떠들었고, 실제 전투에서는, 그런 '생각들은' 뒷전으로 밀려난다. 그리고 민족해방전선과 군대의 선전은 다시 가열된다. 양쪽은 서로 상대가 고문했다고 비난하고, 그럼으로써 자신의 행동을 정당화한다 더는 행동을 고취하지 못하는, 기독교적 이데올로기도 마찬가지다. 그리스도인들은 비록 다른 어떤 생각들에 집착하더라도, 실제로 그들을 좌우하는 사회심리학적 메커니즘 속에 매여 있다. 이 다른 생각들은 선전에 의해 받아들여지지 않기 때문에 그리고 이용할 수 없기 때문에 받아들여지지 않는다, 이데올로기로 남아 있다. 이런 방식으로, 그러한 이데올로기는 그 현실성을 상실하고, 하나의 추상이 된다. 그것은 선전에서 사용되는 다른 이데올로기에 비해 모든 효율성을 상실한다.

게다가, 이데올로기와 행동과의 관계에서, 이데올로기를 만들어내는 것이 실제로는 행동이지, 이상주의자들이 지난 상황에 비추어 그렇게 믿고 싶어 했듯이 행동을 만들어 내는 것이 이데올로기가 아님을 강조해야 한다. 우리가 자주 기술했듯이, 사람들이 '어떤 진리'를 믿게 되는 것이나, 심지어 어떤 진리를 표현하는 것은 행동함으로써 이다. 오늘날, 이데올로기는 선전에 의해 지시된 행동을 중심으로 점진적으로 형성된다. 예를 들면 민족해방전선이나 유럽 행동주의자들이 행한 활동으로부터 북아프리카에서 복잡한 이데올로기가 생겨나는 것이 목격된다. 이처럼, 선전의 발달 때문에 이 다양한 경로를 통해 이데올로기는 현대 세계에서 점점 더 중요성을 상실한다. 선전이 이데올로기를 사용하든, 선전인 이데올로기를 등한히 하든, 선전은 가치는 하락한다. 선전이 이데올로기를 등한히 하는 경우에는, 이데올로기가 비효율성을 드러내고 경쟁을 유지할 수 없기 때문이고, 선전이 이데올로기를 사용하는 경우에는, 이데올로기가 사용되고 세분화되기 때문이다. 이러한 양상은 밝혀지고, 이러한 신념은 억제된다.

교리에 대해서도 이데올로기와 똑같은 현상이 일어난다. 즉 선전이 교리를 사용할 때면, 선전은 교리를 파괴한다. 선전에 의한 마르크스 교리의 변형은 잘 알려졌다. 우선 레닌에 의한 변형이 있고, 이어서 스탈린에 의한 변형이 있다. P. 샤브르Chambre, 르페브르Lefévre, 루카치Lukacs는 선전의 필요에 의한 이러한 교리의 변형을 잘 설명하고 있다. 그리고 믿어지고, 받아들여지고, 알려진 것은 바로 선전이 유포한 것이다. 선전은 이데올로기에 해당하는 교리에 대한 민중적이고 감정적인 도출과 더불어 동일한 작업을 한다. 이제 그것이 무엇이건 아무 것도 사회 집단 속에 있는 자발적 이데올로기 위에 세울 수 없고, 인간이나 혹은 사회를 다시 세우기 위한 버팀목을 이 이데올로기 속에서 발견하기를 기대할 수 없다. 이데올로기는 선전 시스템의 일부가 되었고, 선전에 종속되었다.4)

---

4) 이것은 결정적 결과를 가지고 올 수 있다. 왜냐하면, 바로 그것이 문화적 변화가 일어나는 길이기 때문이다. 다시 말해 진정으로 문명의 변화가 일어나는데, 왜냐하면 지금까지 문명이란 이데올로기들의 안정성과, 연결된 생각에 따라 지탱되었기 때문이다.

2. 여론의 구조에 대한 영향

우리는 선전과 여론 사이의 문제 전체를 연구하지는 않고 단지 이것만 볼 것이다 : 개인 심리에 미친 선전의 영향은 명백히 집단적 결과, 대중적 효과를 일으킨다. 그것은 대중이 개인들로 구성되어 있기 때문이고, 또 대중 위에 작용하도록 계산된 선전이 개인들도 변형시키기 때문이다. 사람들은 비슷하게 영향을 받고 변형된다. 따라서 이것은 당연히 여론의 변형을 부른다. 그러나 우리에게 중요한 것은, 여론 내용의 변화예를 들어 흑인에게 우호적이던 여론이 적대적으로 된다보다는, 여론의 구조 자체의 변화이다.1)

여론 구성 요소의 변화2)

우선 우리는 이해하기 쉬운 변형 인자들부터 시작하겠다. 흔히 말하길, 여론은 어떤 쟁점에 관해 의견들을 교환함으로써 형성되고, 그리고 다양한 관점들 사이의 상호 작용을 통하여 형성된다고 한다. 그런데 선전의 개입은 여론 형성에 관한 그러한 관점을 극단적으로 파괴해버린다. 한편으로는, 우리가 보여주려고 했듯이, 선전이 다루는 문제들은 더는 논쟁의 대상이 되지 않는다. 거기서는 하나의 '진실'을 말하고, 그것은 토론을

---

1) 이것은 여론의 구조는 집단들의 규모와 조직과 관계되어 있다는 잘 알려진 사실과 상응한다. 선전은 여론의 구조와 동시에 집단들의 구조를 바꾼다.
2) 우리는 스토첼이 여기에 대해 이미 보여 주었던 세세한 것들은 언급하지 않을 것이다(『여론 이론의 스케치』, PUF, 1943). 그러나 나는 그의 작품에 따를 것이다.

용납하지 않는다. 그것은 믿어지거나 아니거나, 그것이 전부다. 동시에 더는 내적 소통이 없다. 선전 환경 속에서 소통은 개인들 사이의 관계에 따라 이뤄지는 것이 아니라, 선전 조직이 제시한 방향에 따라 이뤄진다. 행위는 있지만, 상호 행위는 없다. 피선전자와 피선전자가 아닌 자는 토론할 수 없다. 그들 사이에 심리적 교환이나 소통은 가능하지 않다. 마지막으로, 선전을 하는 강대한 사회 속에서는, 여론은 오로지 중앙 집중된 정보 수단을 통해서만 형성된다. "어떠한 의견도 우선 대량 전달 수단과 대량 선전 수단에 의해 대중에게 전달되지 않으면, 또 어떠한 의견도 대량 동화를 야기하지 않으면 중요성이 없다." 여기서 우리는 구조적 변화와 마주하고 있다.

선전이 여론의 구조를 얼마나 변형시킬 수 있나 알려면, 두브Doob가 말한 여론 형성의 "법칙"[3]을 다시 보는 것으로 충분할 것이다. 선전은 두브가 정확히 여론에 부여한 역할좌절, 불안 등을 줄이기을 한다. 그리고 선전은 순응으로 귀결된다는 점에서, 또 내적인 여론을 외적인 여론이 되도록 부추긴다는 점에서, 직접 여론을 만들어낸다. 그러나 나는 다르게 진행할 것이다.

내가 분석하고자 하는 첫 번째 효과는, 여론의 구체화이다. 스토첼이 그 과정은 그리 간단하지 않다고 말할 때 정확히 보았다. 사람들은 흔히 흩어진 개인 의견들이 갑자기 어떤 신비로운 작용에 의해 한데 모여 여론을 형성한다고 상상한다. 이 과정의 중요한 요소의 하나가 선전일 것이다. 그러나 스토첼은 일이 그렇게 되지 않는다고 한다. 개인 의견들로부터 여론이 만들어지는 것이 아니다. 여기서 우리는 두 개의 이질적인 현상을 만나게 된다. 그러니까 개인 의견의 구체화라고 할 수 없다. 그 대신,

---

[3] 두브(Doob), 『여론과 선전』, 5장.

흐릿한, 일관적이지 않은, 형체가 잡히지 않은, 잠재적인 어떤 의견, 소위 "있는 그대로의 의견"에서 선전이 진정한 고착 작용을 거쳐 하나의 완성된 의견을 만들어낸다.

이것은 무엇을 의미하는가? 이제부터 어떤 구조나 골격을 갖춘 조직된 여론과 마주할 것이라는 의미이다. 사적인 의견에서 여론으로의 진행이란 결코 없고, 오로지 여론의 한 상태로부터 바로 다른 상태로 이동이 있다. 그러면 유동적이고 변덕스러운 여론이 고정되고, 경직된 상태에 놓인다. 선전은 이 여론이 겨냥하는 대상을 정확히 특화하고, 정확한 윤곽을 잡아준다. 그렇게 하면서 선전은 또 개인에게 영향을 미친다. 왜냐하면, 선전은 고정관념들을 창조하면서 그의 사유 영역과 관점을 정확히 한정하기 때문이다.

선전이 개입하기 전까지는 흐릿한 경향에 불과하던 것이, 개념적 형태를 잡는다. 이 사실은, 선전이 체계적인 확신보다는 감정적 충격으로 영향을 주기 때문에 더욱 특기할 만하다.

이 충격의 결과로, 어쨌든 선전은 여론에 대단한 정확성과 안정성을 주는 이데올로기적 구상을 한다. 그러나 이러한 굳히기는 총체적이지도 일관적이지도 않다. 그렇기에 우리는 '골격' 4)에 대해 말했던 것이다. 구체화는 어떤 지점에서 일어난다. 선전은 분화되지 않은 일반화된 여론을 만들어내는 것이 아니라, 이와 반대로 어디에나 아무렇게나 옮겨질 수 없는 특수한 여론을 형성한다. 선전의 다소 대단한 효력은 바로 구체화 지점의 선택에 기인한다. 여론이 어떤 핵심 지점 위에 굳어지게 된다면, 이

---

4) 이것은 다음의 사실을 생각해보면 더 명확할 것이다. 즉 선전의 과정 중의 하나는 우리가 보았듯이, 강력하게 조직된, 그리고 강한 신념으로 무장한, 여론이 응결되고 형성되는 것을 도울, 소집단들, 핵심 집단들을 만들어 낸다. 이 소집단들은 바로 이 골격의 역할을 구체적으로 수행한다. 이것은 레닌의 이론이었다.

를 통해 겉으로는 침해되지 않은 여론 분야 전체를 통제할 수 있다.

이러한 여론의 굳히기는 여론을 모든 반대되는 논리, 증거, 사실로부터 신속히 방어해준다. 맥두갈MacDougall은 다음의 아주 인상적인 지적을 한다. 여론 위에 작용하는 선전은 증거를 제시하지 않고도 거기에 영향을 준다. 이 선전에 빠진 잠재적 여론은 모든 것을 무조건 빨아들이고, 믿을 것이다. 선전이 잘 만들어졌을 때 이것은 여론을 구체화의 단계로 넘어가게 하는데, 이때부터는 여론은 다른 것은 전혀 받아들이지 않는다. 우리는 이미 그것을 보여주었다. 즉 증명된 사실이라 할지라도, 구체화된 여론에 대해서는 아무것도 할 수 없다.

마지막으로, 이러한 여론의 조직화는 언제나 어떤 통일화를 지향한다. 여론은 고유의 모순을 제거하고, 똑같은 명령어에 따라 구성되며, 그 결과들은 반드시 통일적으로 될 것이다. 게다가 이 순간에는 개인 의견들도 마찬가지로 변형된다. 왜냐하면, 여론 굳히기는 개인 의견의 독창성을 파괴하는 경향을 보이고 있기 때문이다. 세부와 작은 차이들은 사라진다. 선전이 작용할수록, 여론은 더 일사분란해지고 덜 개인화된다.

이 모든 과정의 좋은 예는 마르크스적 선전에 의한 계급의식의 형성이다. 우리가 앞에서 말했던 정보에 의한 계급의식의 형성 기간 후에는, 선전에 의해 이 계급의식을 시스템으로, 가치 판단의 기준으로, 하나의 신념과 고정관념으로 전환하는 시기가 온다. 비정상적인 모든 여론을 제거했던 것이 선전이고, 원래 도식과 맞지 않는 모든 것이 노동자의 여론에 배어들지 않게 했던 것이 선전이다. 오늘날의 계급의식은 선전의 전형적인 산물이다.

이러한 통일적 성격은 여론에 대한 선전의 두 번째 효과를 확인하게 한다. 즉 선전은 단순화 과정을 통해 여론이 훨씬 빨리 형성되게 한다. 게다가 이러한 단순화를 하지 않으면 여론의 형성이 있을 수 없다. 문제들, 판단들, 기준들이 복잡할수록, 여론의 흩어짐은 더 커진다. 미묘한 차이들과 단계들은 여론이 형성되는 것을 방해한다. 여론은 복잡할수록 도출하는 데 오랜 시간이 걸린다. 그런데 이렇게 흩어진 유형의 여론 속에, 선전은 단순화하는 힘을 가지고 개입한다.

태도는 둘로 한정되는데, 긍정적인 태도와 부정적인 태도이다. 총체적 관점에서 선전은 다양한 견해를 가진 사람들을 반드시 이 둘 중의 하나 속에 가둬야 한다. 예를 들어 모든 면에서 공산주의에 호의적이지 않은 사람은, 비록 그가 올바르게 생각하려 하고, 자본주의에 대해서는 혐오를 하더라도, 공산주의 선전에 의해서 파시스트 도당 속으로 던져진다. 그는 원하지 않지만, 모두가 보기에는 부르주아 제국주의의 지지자이다.

문제가 단순화된다. 괴벨스는 다음과 같이 썼다. "선전은 대중의 생각을 단순화하여, 그것을 그 원래 도식으로 축소하고, 정치적이고 경제적인 복잡한 과정을 가장 단순한 용어로 제시할 수 있다…. 우리는 과거에는 소수 전문가만 접근했던 복잡한 사실을 잡아, 거리로 끌고 나와, 그걸 젊은이들의 뇌 속에 망치로 박아 넣었다."5)

문제에 대한 답은 명쾌하고 단호하며, 흑백이 명확하다. 이러한 조건에서, 여론은 신속히 형성되고, 강력하게 표현된다. 이 여론은 너무 늦게 온 평균적이고 약간의 차이가 있는 의견들은 그 저항할 수 없는 파도 속에서 쓸어가 버린다.

우리는 이미, 심리적 관점에서, 어떻게 선전이 편견과 고정관념을 강화하고 나아가서 창조하는가를 지적하였다. 그러나 선전은 편견을 이용하고, 우리가 검토했던 변형은 여론에 반영되는데, 여론은 단순화되고 굳

---

5) 괴벨스, *Wesen und gestalt des National sozialismus*, 1935.

어버리며 비실제적이고 유치하게 된다. 선전에 의해 형성된 여론은 모든 진정성을 상실한다. 우리는 이 주장을 계속하지 않을 텐데, 왜냐하면 이 점이 심리학적인 종류의 결과에서 비롯되기 때문이다.

마지막으로, 이 관점 속에서 선전의 마지막 효과는, 스토첼이 증명한, 개인 의견과 여론 사이의 단호한 나누기이다.

틀에 박힌 의견과 심층적 태도 사이에 구분은 여론과 사적인 의견을 대립시키는 구분으로 우리를 돌아오게 한다. 고정관념은 여론의 범주이다. 심층적 태도는 사적 의견의 법칙에 따라 주민들 속으로 흘러들어간다. 이 둘 사이에는 본래 차이가 있고, 이 두 유형의 의견은 한 의견으로부터 다른 의견으로의 이행이 반드시 일어나지 않더라도 혹은 서로 영향을 미치지 않더라도 공존할 수 있다.

따라서 우리는 우리의 의견을 두 가지 방식으로, 즉 사회의 구성원과 개인으로서 생각한다. 어떤 경우, 우리는 우리의 의견이 아닌 생각에 빠질 수도 있다. 이런 종류의 생각으로 된 다양한 의견이 일관성이 있게끔 또 어떤 체계로 통일되게끔 할 어떠한 이유도 없을 수 있다. 그것이 바로 선전의 일이다…. 하지만, 우리도 우리 나름의 태도들을 갖고 있다….

그런데, 이 일반적인 검토에서, 선전이 개입된다면 선전은 이 두 유형의 의견을 더 명확하게 분리하는 것을 결과로 얻는다. 내가 개인적으로 참여하는 여론은 더 익명적이다. 그렇지만, 동시에 모든 사적 견해로부터 더 분리되어 있다. 정상적으로는 이 두 분야 사이에 왕래가 있다. 그러나 선전이 여론을 장악하게 되면, 둘 사이의 교류와 관계는 단절된다. 이 순간에, 여론은 경직되고, 단단해져서, 개인 의견이 표출되는 것을 방해하고, 나아가서 전 방위로 그것을 포위한다.

여론이 선전에 의해 조직되면, 사적 의견은 가치 절하된다는 것은 잘 알려진 사실이다. 우리가 더 진보할수록, 사적 의견은 매스컴을 통해서 더 적게 표현된다. 신문과 라디오의 발전은 공적으로 자기의 견해와 생각을 표현할 수 있는 사람들의 수를 상당하게 줄여 놓았다. 이 수단들은 사적 의견이 표현되도록 허용하는 것과는 거리가 멀게, 오로지 여론을 위해 봉사한다. 여론은 결코 더는 사적 견해들을 먹고 살지 않는다. 여론이 더 권위를 갖게 되고, 더 강력해지면, 개인 의견은 사회 속에서, 나아가서 개인 속에서조차 가치가 없고, 중요성이 없다. 이제부터 개인 의견은 더는 여론적 요소들을 재고하고, 통합하기 위해 그것들을 흡수할 수 없다. 선전은 여론을 개인에 의해 동화될 수 있는 것으로 만들지 않는다. 개인은 그 속에 던져진 흐름을 개인적이지 않은 방식으로 따를 수밖에 없다. 그리고 금방, 여론이 대중적으로 되고, '정상적' 흐름 속에서 표현될수록, 더욱 개인 의견들은 조각나게 된다. 그리고 집단적 차원에서, 개인 의견들은 흩어져서 표현되기에, 내적인 불확실성이 드러나게 된다. 이렇게 인간의 심리적 과정은 두 개의 서로 낯선 요소들로 분리된다.

의견에서 행동으로

선전은 내적 의견 변형보다는 행동을 목표한다. 이것은 분명히 선전의 가장 뚜렷한 결과이다. 선전은 여론 속에 개입하여 대중을 행동하는 군중으로, 또는 더 정확히는 참여하는 군중으로 변형시킨다. 왜냐하면 아주 흔히 선전은 '언어적 행동'으로 표현되기 때문이다. 그러나 중요한 것은 군중이 의견을 가진 구경꾼의 상태로부터 참여자의 상태로 옮겨간다는 점이다.

영화를 보는 사람은 영화에 몰두해 있어도 여전히 수동적으로 앉아 있다. 그는 영화에 대해 개인적 견해가 있다. 그는 곧 그 영화에 관한 여론 일부를 이룬다. 그러나 그는 여전히 외적이다. 투우 경기장에 참석한 사람은 약간 다르다. 소를 죽이는 의식에 참여는 때로는 수동적이다, 그러나 때로는 적극적이다 – 즉 그는 경기장에 뛰어들기도 하기 때문이다. 선전은 더 멀리 가기를 요구하고, 구경꾼의 동의 이상의 것, 즉 최소한은 지지자의 동의를, 최대한은 적극적인 참여자의 동의를 요구한다.6) 선전은 여론의 정상적이고 자발적인 발전이 이러한 행위로 이끌지 못하고, 집단적이 아닌 사적 태도로만 끝나고 말 것 같을 때, 그 역할을 하게 된다. 아주 드문 예외적인 경우에만 여론이 행동에 이른다. 현재의 중요한 일은 이렇게 여론에서 행동으로 인위적으로 옮겨가는 것이다.

흔히들 선전은 태도를 만들지 못하고, 기껏 이용할 따름이라고 한다. 그러나 문제는 그렇게 간단하지 않다. 선전이 그 자체로 어떤 태도를 바꾸지는 않음은 명확하다. 그러나 선전이 행동으로 이끄는 한에서는, 선전은 우선 원래 태도의 정상적 결과였을 대답을 바꾼다. 즉 태도를 밝힐 개인은 행동하지는 않았을 것인데, 선전의 영향을 받고는 행동한다. 우리는 이 순간에 그의 태도에서 어떤 왜곡을 부정할 수 없다. 그런데 이 왜곡이 몇 번 더 일어나게 된다면, 결국은 그의 행위를 결정하는 패턴을 변경하게 될 것이다. 더군다나, 개인이 선전에 의해 촉발된 행위에 들어가게 되면, 그는 반격을 피할 수 없다. 즉 이 반격은 애초의 '행동의 준비'와는 다른 방향으로서, 그것은 하나의 태도가 될 것이다. 왜냐하면, 이 태도 역시 개인이 돌입한 행동 그 자체에 의해, 그리고 모든 사회적 정황에 의해 결정되기 때문이다. 선전이 개인을 집어넣기에 성공한 지속적이고 자동적인 행동은 분명히 태도들을 만들고, 이 태도들은 나중에 행동들을 결정할

---

6) 수동적 참여에 관한 흥미로운 예가 OAS의 팸플릿 속에 들어 있다 (1962년 2월 10일). "우리는 장교들에게 우리 편으로 들어오라고까지는 요구하지 않는다. 다만, 정부의 지시를 이행하는데 아무런 열의를 보이지 말라는 것이다…"

것이다.

선전에 의한 의견에서 행동으로 이동이 어떻게 수행되는가? 두브는 그것을 기술하려고 한 유일한 사람으로, 다음과 같이 요약한다.

"태도의 충동적 힘이 강하다면, 외적 행위에 영향을 미친다. 개인이 행동이 필요하다고 느끼면, 할 수 있는 행동에 대해 알게 되면, 그가 이 행동이 이롭거나 보상이 있을 거로 생각하면, 처음엔 그저 그런 이 힘은 성장하게 된다. 간단히 말해, 준비된 대답의 완성은 일련의 예비 단계들의 종착점일 따름인데, 이 예비 단계들은 최종 행위가 발생하려면 필수적이긴 하지만, 그렇다고 그 행위를 보장하지는 않는다."

요컨대, 이 관점 속에서, 행위는 선전에 의해 창조된, 상호 연결된 몇몇 영향들의 결과이다.7) 선전은 실제로 개인에게 어떤 행동의 화급함, 필요성, 그 유일한 성격을 느끼게 해줄 수 있다. 그리고 선전은 동시에 어떤 행동을 해야 할지 지적한다. 왜냐하면, 행동하고는 싶지만, 무엇을 해야 할지 모르는 개인이 우리 사회에서 아주 흔하기 때문이다! 개인은 정의, 평화, 진보를 위해 행동하기를 원하는데, 어떻게 할 줄 모른다. 선전이 그에게 이 '어떻게'를 보여주면, 선전은 승리한다. 분명히 행동이 뒤따를 것이다.

또한, 개인은 자신의 성공을, 또는 행위의 가능한 보상을, 또는 그로부터 얻게 될 만족을 확신해야 한다. 그런 결과의 필요를 느끼면서, 만족하게 해야 할 어떤 필요의 화급함 속에서 인간은 행동할 것이다. 선전은 상업 분야에서 그것을 보여준다. 또 정치 분야에서 보여준다. 결국, 이렇게 행동으로 이전하면서 인간은 자기를 중심으로 일어나는 다른 사람들의

---

7) 개인에게 특수한, 명확한, 단순한, 특정 시간 속의 행위를 제안해야 한다. 선전이 그 호소를 개인화하는 것에 성공한 순간부터, 자신이 관계되었다고 느낀 개인은 어떤 결정을 요구하는 상황 속에 놓인다. 이것은 마오가 수평적 선전과 함께 완벽히 성공한 것이다.

같은 행동에 의해 도움을 받을 것이다. 그는 이 행동들을 선전의 중개를 통해서만 알게 될 것이다.

이것은 분명히 여러 가지 점에서 정확한 패턴이다. 그러나 내가 보기에는 아주 본질적인 한 가지를 빠뜨렸다.8) 이것은 대중, 군중, 집단이라는 요소이다.. 선전에 종속된 사람은 만약 혼자라면 거의 움직이지 않을 것이다. 두브Doob는 혼자 있는 인간을 분석했다. 그러나 그가 보여 준 메커니즘은 집단적 인간일 경우에만 유효하다. 이 인간은 그의 행동이 여러 사람에 의해 행해져서 유효하기 때문에만 그 행동의 화급함을 느낀다. 그는 다른 사람들하고 함께만 참여할 수 있다. 그리고 이것은 선전이 행동으로 이르려면, 집단적 영향을 가져야 함을 의미한다. 집단적 영향은 다음의 두 주요한 인자들로 분해될 수 있다.

1. 선전은 강한 집단적 통합을 창조하고, 동시에 이 집단의 관심사를 현행화한다. 대중매체들은 집단의 생활과 집단적 활동으로 열렬한 참여를 자극한다. 그것들은 진한 공동체적 감정을 준다. 우리 사회에서 개인은 대중 정보 수단들의 매개를 통해서만 집단과 소통한다. 집단의 구성원들 사이에 필수불가결한 심리적 접촉은 대중매체들에 의해서만 생산된다. 분명히, 대중 사회 속에서, 개인들은 항상 서로 멀어지는 경향이 있다. 그들의 관계는 인위적일 따름이고, 정보 수단들의 산물일 따름이다. 그런데 이런 자연적 관계가 조직되고 체계화되며 원해진 경우에는 성격을 바꾸게 된다. 그렇게 되면 관계는 엄밀한 의미에서 통일성을 창조하는 경향을 보이며, 이 통일성은 항상 팽창력을 가진다. 집단이 이러한 일체성을

---
8) 이 도식은 여러 가지 점에서 보충될 수 있을 것이다. 예를 들면 존경받는 정보 전달자의 특권이 행동하게 한다.

획득하면, 필연적으로 행위로 넘어갈 필요를 느낀다. 이 순간에 심리적 접촉, 소통은 공동체적 감정의 창조자일 뿐만 아니라, 공동체적 진실의 창조자이다. 그런데 이 진실이 영원한 문제들을 따른다면, 집단을 행위로 몰아붙이지 못할 것이다. 그러나 대중 매체들은 집단을 통합시킴과 동시에, 항상 시사성과 관계 속에 놓는다. 물론 신문이나 라디오의 내용은 뉴스 외 다른 것이 될 수 없다. 그런데 이 수단들이 선전에 의해 사용되면 이것은 더 멀리 나아간다. 스토첼에 따르면, "선전의 고정관념들은 즉시 시사적 의미가 있는 것으로 나타난다". 이것은 공격적이고 현재적으로 된 시사성이 된다. 이렇게 계획된 시사성 앞에 놓인 통일된 심리적 집단은 극히 긴밀하게 관계된 것으로 느낀다. 시사성은 무엇인가? 바로 이 집단이 문제가 된 세계이고, 그 속에서 이 집단이 행동의 가능성을 가진 세계이다.

 선전이 하나의 집단을 시사성 속에서 통합할 때에는, 선전은 이 집단을 필연적으로 이 시사성 속에서 움직이게 한다. 집단은 수동적으로 이 시사성에 대해 어떤 의견을 갖는 것으로 만족할 수 없다. 이 메커니즘의 필연성을 이해하려면, 이 기준틀과 관련하여 이 집단이 달리 위치할 수도 있는 어떠한 기준틀도 이 집단에는 없음을 잊지 말아야 한다. 달리 말하면 이 집단은 이 시사성에 대해 오직 하나의 관점만 갖는다. 이 기준틀은 이 집단을 이 시사성 안으로 통합한 선전에 의해 주어졌기 때문이다. 집단은 따라서 이 시사성에 대한 자신의 위치를 판별할 수 없다. 집단은 오직 행동할 수만 있다. 이 순간에 어떤 집단에 참여한다는 것은, 시사성에 종속되기를 수락하는 것이며, 과거도 없고 미래도 없는 인간이 되기를 수락하는 것이다. 왜냐하면, 시사적인 것에 대해 선전이 유포한 것 외에는 다른 행동이나 믿음이 없기 때문이다.

2. 행동으로 이동의 다른 모습은 선전이 여론에 주는 커다란 힘이다. 여론은 더는 스스로에 대한 불확실한 신념도 아니고, 여론 조사에 의해 어렵사리 파악되는 입에서 귀로 전해지는 느린 확산도 아니다. 여론은 외부로 투사되고, 스크린 위에서 전개되면, 강력하고 화려하게 전파를 탄다. 이러한 여론은 자기 자신을 믿고, 자신이 진실인 것을 확신한다. 왜냐하면, 자신이 스스로 보이게 되고, 객관화되었으며, 강력한 매체들 위에 실려 모든 곳으로 실려가기 때문이다. 선전은 표출되고자 하는 여론을 드러내 준다.

따라서 우리는 선전이 집단의 지도자를 대체한다고 말할 수 있다. 선전이 집단 속에서 지도자의 도구라거나, 선전이 지도자를 만드는데 도움을 준다는 것은 무의미한 주장이 아니다. 이것은, 지도자는 없고 선전만 작용하는 집단 속에서는, 사회적이고 심리적인 효과는 지도자가 있는 것과 똑같다는 것을 의미한다. 선전이 정확히 지도자를 대체한다. 집단 속의 지도자의 역할에 관한 수많은 연구를 우리는 킴발 영Kimball Young처럼 요약할 수 있을 것이다.9) 즉 한 집단의 지도자는 우선 행위의 길을 규정하는 사람이다. 그는 동시에 대중의 감정을 언어화하고 구체화하는 사람이다. 그 위에서 한 선전이 작용하는 하나의 집단은 궁극적으로는 지도자가 필요 없다, 그 집단은 마치 지도자가 있는 것처럼 행동할 것이다. 바로 이 대체 현상이 한편으로는 지역 지도자들의 실질적 역할 감소를 설명해 주고, 다른 한편으로는 국가적 지도자가 차지하는 추상적 성격을 설명한다. 제한된 집단 차원에서, 하나의 리더십Leadership 또는 총통 시스템에서일지라도, 현존하는 수장은 반영에 불과하다. 그는 진정한 집단의 지도자

---

9) 『사회적 심리학』, 뉴욕, 1947. 10장.

가 아니다. 인민 위원처럼 나치 독일의 지방장관은 대용물과 집행인에 불과하다. 그들은 집단적 수장이 아니다. 유일한 진정한 지도자는 그 집단에 속하는 사람이 아니다. 이것은 사회학적으로는 전적으로 비정상적이다 그러나 선전에 의해 진정한 지도자를 대체하는 자, 선전에 의해 현존하는 자이다. 그로부터 그 부재 속에서 현존하는 수장을 가질 가능성이 나온다. 선전들의 회로 속에 통합된 초상화만으로도 충분하다. 히틀러, 스탈린, 마오쩌둥, 루스벨트의 초상화는 추상적 역할이지만, 그것으로 충분하다. 왜냐하면, 사람들이 지도자의 현존함에서 기대할 수 있는 효과들은 선전에 의해 얻어지기 때문이다.

지도자는 집단을 행위로 이끄는 사람이다. 그것이 여론에서 직접적인 행동으로 이동하는 두 번째 요소이다.

3. 선전과 집단

나는 일부러 모호한 제목을 달았다.[1] 왜냐하면, 여기서 집단과 사회들 전체에 대한 선전 효과를 모두 연구할 수는 없기 때문이다. 그렇게 하려면 완전한 이론적이고 경험적인 사회학이 필요할 것이다. 게다가, 선전을 하는 집단groupement에 대한 선전의 효과와 선전을 당하는 집단groupement에 대한 효과를 구분해야 한다. 흔히 그 둘은 아주 밀접한 관계가 있다. 우리는 정당, 노동계, 교회라는 세 가지 예만을 연구 대상으로 삼을 것이다.

집단의 편 가르기

모든 선전은 다른 집단들로부터 자기 집단을 확실히 구분하는 효과가 있다. 여기서 우리는 지적인 커뮤니케이션 수단들의 기만적 성격을 재발견한다. 이것들신문, 라디오은 인간들을 결합시키고 가깝게 하는 것이 아니라, 그들을 더 확실하게 분열시킨다.

나는 여론에 대해 말하면서, 각자는 자기 집단의 선전에 예민하다고 강조했다. 그는 그 선전을 듣고, 거기에 설득된다. 그는 거기에 대해 만족해한다. 그러나 다른 집단에 속한 사람은 그것을 무시한다. F.O.P. 여론

---

1) [역주] '선전과 집단' 의 제목을 'Propagande et groupes' 으로 붙이는 대신 'Propagande et groupements' 으로 했다는 의미이다. 프랑스어 'groupe' 는 '집단' 을 의미하고 'groupement' 은 '집합, 집결' 을 의미하지만, 'groupement' 도 '집단' 이라는 의미로 쓰이기 때문에 여기서는 두 표현 모두 '집단' 으로 옮기고 'groupement' 일 경우 프랑스어를 병기하기로 한다

조사에 의하면1954년 1호, 모든 사람은 자기 집단의 선전에 대해 만족한다. 비슷하게, 라자스펠드Lazarsfeld는 미국의 소수민족의 가치를 대중에게 알리기 위한 라디오 프로그램에 대한 여론조사를 인용한다.2) 이것은 각 종족 간의 상호 이해와 관용을 촉진하기 위해 각 종족의 기여도를 알리는 문제였다. 그런데 여론 조사를 보면, 각 종족에 대한 방송은 그 종족 사람들만 들었었고, 예를 들어 아일랜드 사람들은 아일랜드에 관한 프로그램을 듣는다 다른 종족은 거의 듣지 않았다. 마찬가지로 공산당 신문은 공산주의 유권자들이, 신교도 신문은 신교도들이 읽는다.

무슨 일이 일어나는가? 자기 집단의 신문을 읽고, 자기 집단의 라디오를 듣는 사람은 계속하여 그 소속감이 강화된다. 그는 더욱더 자기 집단이 옳고, 정당하다고 배우며, 자기의 신념에 대해 더욱 확고해진다. 그러나 동시에 이 선전 속에는 다른 집단들에 대한 비판과 비난의 요소들이 들어 있다. 그런데 이것을 다른 집단의 사람은 결코 듣거나 읽지 않을 것이다. 공산주의자들이 우파 정책을 아주 야무진 논리로 공격한다 해도, 그것은 그 당에는 아무런 영향을 주지 않는다. 왜냐하면, 우파 지지자들은 공산당 기관지인 「뤼마니테」*L'Humanité*를 읽지 않을 것이기 때문이다. 우파 신문인 「르 피가로」*Le Figaro*가 소련의 독재에 대해 아무리 옳은 비판을 하고, 사실을 예로 들어도, 그것은 어느 공산주의자에게도 영향을 주지 않을 것이다. 그러나 이러한 이웃에 대한 비난, 이웃이 읽지 않는 비난은 내부 사람들에게는 알려진다. 그래서 반공산주의자는 끊임없이 공산주의자들의 사악함에 대해 확신할 것이고, 그 반대도 마찬가지다. 이제부터, 그들은 상대를 더욱더 모르게 된다. 그들은 완전히 합리적 교환에는

---

2) 라자스펠드, "여론에 대한 라디오의 영향", in : 『민주 사회에서 프린트, 라디오 영화』. 시카고 대학 출판, 1942.

문을 닫는다.

자기 집단의 우수성, 다른 자들의 사악함을 확인하는 이 선전의 이중적 움직임은 우리 사회의 더욱더 경직된 편 가르기를 생산한다. 이러한 편 가르기는 여러 다양한 수준에서 일어난다 : 노동 조합적 가르기, 종교적 가르기, 정당적 가르기, 계급적 가르기. 그리고 그 위에는 국가들 사이의 편 가르기, 그리고 그보다 더 위에는 국가 블록들 사이의 편 가르기가 있다. 그러나 이러한 수준과 목적의 다양성은, **선전이 많을수록, 편 가르기도 많**다는 일반 법칙에는 영향을 주지 않는다. 선전은 대화를 없애버리기 때문에, 앞에 있는 사람이 더는 대화 상대자가 아니면, 그는 바로 적이다. 그리고 그가 이 역할을 거부한다면, 다른 사람이 모르는 사람이 되어서, 그의 말들은 들려지지 않게 된다. 이러한 식으로 정신적으로 닫힌 세계가 만들어지는데, 그 세계 속에서는 각자는 자기에게만 말하고, 각자는 자기에 대한 자신의 확신만 한없이 반복하고, 타인들이 자기에게 가한 잘못, 타인들의 잘못만 반복한다. 이 세계 속에서는 누구도 다른 사람의 말을 듣지 않는다. 각자는 말하고, 아무도 듣지 않는다. 그리고 그가 말할수록, 그는 고립된다. 왜냐면 그가 비난할수록, 그는 자신을 스스로 정당화하기 때문이다.

이러한 편 가르기가 우리가 말했던 여론 형성과 모순된다고 생각해서는 안 된다. 선전이 사회 편 가르기를 하더라도, 그것은 여론에 영향을 미치고, 작용하는 집단을 넘어선다. 우선 선전은 아직 결정을 하지 않고, 어느 편에도 속하지 않은 대중에게 효력을 발휘한다. 이어서 다른 종류에 속하는 집단의 일원들에게도 영향을 미칠 수 있다. 예를 들어 사회당 당원들에게는 별로 영향을 미치지 못할 공산당 선전은 신교도들에게는 영향을 줄 수 있다. 미국의 선전이 개인으로서 프랑스인에게는 별 영향을 못 주지만, 자본주의나 자유주의에 대해서는 그에게 영향을 줄 수는 있다.

그런데 집단들의 수준이 다르므로, 이것은 대단히 중요하다. 예를 들어 애국주의적 선전은 다른 나라들에 대해 장벽을 친다. 그러나 국내적으로는 그것은 작은 집단들의 독립성을 존중해준다. 그러면서 그것들에게 공통의 집단적 운동 속에서 합쳐지도록 영향을 미친다. 이것은 중세 시대에 기독교 이데올로기와 함께 일어난 현상과 비교될 수 있다. 즉 기독교 이데올로기는 전체 사회에 퍼지긴 했지만, 귀족적 신분 구조와 신분 구성 메커니즘에는 영향을 주지 않았다. 따라서 애국주의적 선전은 한 국가 안에서 완벽히 효율적이고, 여론을 바꾼다. 그렇지만, 당이나 종교의 선전들도 다른 차원에서 효율적이다. 그것들도 각자 다른 차원에서 여론을 바꿀 수 있고, 사회적 편 가르기를 할 수 있다. 그렇지만, 오로지 상위 집단만이 다른 집단들에 영향을 줄 수 있다. 그래서, 힘이 비슷한 최상위의 두 블록, 즉 서방과 공산진영 사이에서, 선전은 오로지 그 둘을 더욱더 편 가르는 효과만 가질 수 있다.

잘 만들어진 선전은 이런 요소를 잘 이용할 것이다. 이것은 예를 들면 소련의 몇몇 선전들의 이중성을 설명해준다. 즉 대량으로 발매되는 신문이나, 라디오에서는, 체제에 대한 열광적 찬양이나, 실제 근거가 희박한 대중영합적인 모호한 비판만 볼 수 있다. 그런데 다른 한편으로는, 의학 잡지나 도시 계획 전문 잡지 속에서는 격렬하고, 예리하며, 깊이 있는 비난이 들어 있다. 소련 체제의 진정한 그늘을 알고 싶다면, 이 잡지들 속에서 정확하고 편파적이지 않은 정보를 엄청나게 많이 얻을 수 있다. 이러한 이중성이 어떻게 관용될 수 있는가? 그것은 바로 편 가르기에 의해 설명된다. 대중에게는 체제의 위대함, 소련의 우수성을 주장해야 하고, 비록 개인적 경험이 그 반대라 하더라도 대중은 그것을 들어야 한다. 이는 로벵Robin이 주장하듯이 개인을 해체하기 위해서이든가, 개인의 단편적이고 개인적인 경험은 중요성이 없고 잘 만들어진 포괄적인 현실과 관련이 없다고 개인을 설득하기 위해서 이든가 이다. 각자의 나쁜 경험은 별 가치 없는 사고 같은 것에 불과하다. 따라서 이러한 선전은 적극적일 수밖에 없다.

반대로 전문 잡지들에서 기술자들을 향한, 격렬하게 비판적인 선전은 당이 정신을 똑바로 차리고 있다는 것, 당이 세세히 잘 알고 있으며, 중앙에서 제대로 통제하고 있다는 것, 공산주의는 완벽을 추구한다는 것을 보이기 위한 목적이다. 따라서 이 선전은 전문 분야별로 쪼개진, 기술자 대중을 겨냥한다. 이 선전은 체제가 훌륭하다고 주장하고, 관련 서비스, 곧 의사들의 의료 서비스 외에 모든 서비스가 아주 잘 돌아가고 있다고 주장한다. 이러한 이중성이 어떻게 가능한가? 바로 편이 갈라져 있는 사회이기 때문에 가능한 것인데, 이 편 가르기 역시 선전의 성과이기도 하다. 의사는 도시 계획에 관한 잡지를 보지 않을 것을 알고 있고, 대중은 전문 잡지를 전혀 읽지 않을 것을 알고 있으며, 우크라이나 사람들은 그루지야 신문을 읽지 않는다는 것을 알고 있기 때문에, 각각 필요한 곳에 맞춰서, 여기서는 이 소리를, 저기서는 저 소리를, 비록 모순적이라 하더라도 주장할 수 있다.

명백히, 이러한 방식은 편 가르기를 더욱 심화시킨다. 왜냐하면, 각자는 다른 사람과 같은 언어를 사용하기를 그만두기 때문이다. 더는 의사소통의 수단이 없고, 제공된 사실들은 서로 다르며, 판단의 근거들도 다양하고, 지향의 방향들도 서로 대립한다. 같은 선전 안에서조차 서로 만나는 지점이 더는 없다. 왜냐하면, 이 선전은 처음에 연구된 경우에서처럼 자 분수령을 자발적으로가 아니라 과학적으로 발전시키기 때문이고, 비현실성과 언어적 허구의 집단적 망토 아래서, 집단 사이의 심리적 분할을 설정하기 때문이다.

정당에 대한 영향

하나의 정당이 약간은 무턱대고 움직이는 것을 그만두고, 체계적 선전을 하려고 하고, 또 선거에서 표나 얻으려고 하는 것이 아니라, 여론을 항구적으로 동원하기 시작한다면, 무슨 일이 일어날까? 진실을 말하자면, 민주 국가에서는, 어떤 당도 실제로 이러한 시도를 하지 않았다. 그러나 우리는 과거의 정당들 위에 접목하거나, 그를 대체하는 새로운 당들이 출현하고, 이 새로운 당들은 과거의 당들이 갖지 않았던 그러한 관심을 두기 시작했음을 확인할 수 있다. 현재 우리는 미국의 정당들에서 이러한 변화를 보고 있다. 이 미국의 당들은 10여 년 전부터 체계적 선전을 하는데, 그러나 그것이 당 자체 안에서 어떤 변화를 가져왔는지 말하기에는 아직 너무 이르다.

그래서 우리는 차라리 선전을 하지 않은 당들과 구분되는, 선전을 하는 당들을 연구할 것이다. 그러면서 그들의 구조가 부분적으로는 선전해야 할 필요로부터 생겨났다고 간주할 것이다.

선전을 하는 당은 우선 자신을 표현할 강력한 수단을 가지고 있어야 한다. 이 당은 실제로 하나의 공동체로서 나타나야 하고, 그 공동체 안에서 각자는 확실한 자기 역할이 있어야 한다. 그리고 하위 구성원들은 확실하게 조직되어야 하고, 엄격히 복종해야 한다. 여론에 지속적으로 영향을 주려면, 소집단들과 세포들의 도움을 받아야 한다. 미약하게 구성된 위원회 체계는 기껏해야 간헐적이고, 단편적인 행위밖에 하지 못한다.

게다가 선전은 당의 조직들 사이의 수직적 연결을 강요한다. 이 수직적 시스템은 선전의 동질성뿐만 아니라, 신속성을 허용해준다. 그런데 행동과 반응의 신속성은 선전에 본질적이다. 다른 한편, 사회적 환경과 지역에 따른 선전의 편 가르기 효과의 관점에서, 당의 내부에서 수평적 관계는 치명적이 될 것이다. 하급 당원들은 왜 여기서는 이런 선전을 하고, 저기에서는 다른 선전을 하는지 이해할 수 없을 것이다. 반대로, 선전에 의한 다른 당들의 편 가르기와 유일한 수직적 관계 체계는 선전에 의한 편 가르기에 일치해야 한다.

그러나 선전의 필요성에 의해 가장 부각되는 듯이 보이는 것은 지도 간부 체계이다. 우선 선전은 간부와 유권자 혹은 간부와 동조자 사이에 깊은 분열을 일으킨다. 이것은 바로 주체와 객체의 분리이다. 선전은 선동자를 주체로 삼는다. 선동자는 결정을 내리고, 어떤 결과를 얻어야 하는 체계를 사용한다. 그러나 선동자는 유권자나 혹은 동조자일 수도 있는 이들로 이루어진 대중을 객체로 간주한다. 그들은 조작되고, 선동당하며, 테스트 받고, 심리적으로 혹은 정치적으로 변모된다. 그들에게는 어떠한 인격적인 중요성도 없다. 좋은 선전은 반드시 객관적이고, 익명이어야 한다는 것을 선전자가 알기에 더욱 그러하다. 따라서 대중을 어떤 목적을 달성하기 위한 도구로만 간주할 따름이다. 대중은 그렇게 취급되고, 그것이 바로 당에서 진짜 선전을 하는 사람들이 외부 사람들에 대해, 나아가서는 그리고 때로는 특히 동조자들에 대해 깊은 경멸을 하는 이유이다.

선전은 조작자들과 동조자들 사이에 분리를 강화하는 것처럼, 당의 내부에서는 권력의 인격화를 지향한다. 우리는 이미 국가적 차원에서 이것은 선전의 거의 숙명적 요소라고 말했는데, 특수한 집단들의 차원에서도 똑같은 현상이 일어나고, 일반적으로는 더 심하다. 개인을 찬미하는 대중적 경향은 좋은 선전이라 해서 다르지 않다. 그 경향은 계속 추구되고 이용된다. 그것을 거부하는 것은 선전의 간편하고 적극적인 요소를 거부하는 것이다. 선전은 지도자의 이미지를 창조하고, 그 이미지에 편재성과 전능성을 부여하면서, 대중이 어렴풋이 느끼기만 했던 것을 명확한 증거로 지원하면서, 이러한 경향을 더욱 강하게 만든다. 권력의 인격화를 거부하는 모든 정당은 결정적 카드를 상실하는 것이다. 우리는 이것을 1952년 미국 선거에서 아이젠하워와 함께 보았다.

대부분은 이러한 인격화된 권력은 선전 조직 자체와 밀접하게 연결되어 있다. 어떤 당들에 관해, 뒤베르제Duverger는 '제2의 권력', 즉 때로 당의 방침을 지배하는 어두운 권력에 대해 말한다. 이 제2의 권력은 주로 대형 언론기관에 영향력 있는 사람들로 구성된다. 이 사실은 더 일반화되어야 한다. 즉 현대의 당들에서는, 제2의 권력은 선전자들 집단으로 이뤄진다. 이것은 국가 그 자체에 대해서도 마찬가지다 선전 도구는 심각한 갈등 없이 지배적인 자리를 차지하는 경향이 있다. 왜냐하면 이러한 도구가 한편으로 당 전체의 연결점이고 다른 한편으로 당 전체의 근거이기 때문이다.

이것이 현대 선전이 정당의 구조에 가지고 온 주요 변화들이다.

국가적 차원에서 당의 상황과 관련된 결과들에 있어 주요 요인은 높은 선전비용이다. 선전 비용은 그 규모와 도구들 때문에 더욱더 비싸진다. 당들이 전통적이고, 약소한 선전을 하면서포스터, 신문, 비용이 많이 드는 라디오, TV 선전을 위해서는 국가의 도움을 받을 수는 있다. 이것은 프랑스의 경우이다. 그래서 균형이 잡힌 상황이긴 하지만, 이 상황은 언제라도 깨질 수 있다. 조직 전체가 면모를 바꾸기 위해서는 어떤 정당이 대형 선전을 개시하는 것으로 충분하기 때문에, 실제로 이러한 상황은 불안정하다.

그러한 경우의 첫 번째 가정. 한 당만이 대형 선전을 하고, 다른 당들은 돈과 인력과 조직이 부족하여 반드시 필요한 대형 조직을 결집할 수도 가동할 수도 없다. 그러면 그 한 당만 급속히 성장한다. 1932년 히틀러 당, 1945년 프랑스와 이탈리아에서 공산당이 그런 경우이다. 이것은 분명히 민주주의를 위협한다. 하나의 당만 절대적으로 강해져서, 그 당이 정권을 장악할 위험이 커진다. 그리고 이 당은 계속해서 가장 강하게 된다. 왜냐하면, 그 당은 계속 더 부자가 되고, 선전을 위한 자본을 더 많이 확보하게 되기 때문이다. 따라서 이 당은, 비록 독재적 야심은 없다 하더라도, 결정적으로 민주주의 게임 규칙을 저해한다. 다른 당들은 약 75%의 주저하는 유권자들에 대한 대형 선전을 할 수 없기 때문이다. 물론, 이러한 도식은 외적 이유로 바뀔 수 있다. 프랑스와 이탈리아에서 공산당의 약진이 1948년 이후부터 정지되는데, 이 정지는 그들의 선전의 후퇴와 동시에 일어나고, 또 그것은 앞의 도식의 잘못이 아닌 다른 이유 때문이다.

두 번째 가정. 반대 당들이 대형 선전에 대한 반격 수단을 발견한다. 그러나 이것은 힘을 연합해야 이뤄질 수 있는데, 이것은 극히 어렵다. 왜냐하면, 당들 사이의 적대감은 공동 대처를 위한 선전 필요보다 훨씬 강하기 때문이다. 1949년과 1958년 프랑스에서처럼 또는 정부에 호소해서 이뤄질 수 있다. 그러면 정부는 지도자의 선전을 중지하는 어떤 정당에게 수단과 자금을 자유로이 쓰게 한다. 이것은 렉시스트Rexist 반대 선전을 위한 벨기에의 경우였다.

세 번째 가정. 비슷한 힘을 가진 다른 당 또는 당들의 연합이, 완전히 궁지에 몰리기 전에 대형 선전을 시작한다. 이것은 미국의 경우이다. 만약 우파 연합이 안정적으로 된다면, 그것은 프랑스의 상황도 될 수 있을 것이다. 이러한 상황에서는, 재정적 이유로 해서 민주주의는 두 당으로 축소될 것이다. 왜냐하면, 수많은 군소 정당들이 대형 선전을 할 수 있다고 생각할 수는 없기 때문이다. 따라서 이것은 양당 구조로 이르게 될 것인데, 이는 이념적 이유나 혹은 전통적 이유에서 아니라, 선전 기술의 이유에서 이다. 그러나 그 결과는 전혀 같지 않다. 이것은 실제로 미래에 새로운 당이 출현하는 것을 가로막기 때문이다. 이차적인 정당들이 점차 사라질 뿐만 아니라, 자기의 목소리를 낼 수 있는 정치 집단들을 만들기가 불가능해지기 때문이다. 현재의 정치적 힘들이 대치하는 상황 속에 새로운 경향을 도입하기는 더욱더 어려워진다. 다른 한편, 이 집단은 처음부터 많은 돈과, 수많은 인원, 힘이 필요할 것이다. 이러한 조건에서 새로운 당이 아테네 여신처럼 완전히 성숙해서 갑자기 탄생할 수 없다. 실제로는, 하나의 정치 조직은 오랜 시간에 걸쳐 모금하고, 선전기구를 사들이며, 지지자들을 모집하고 나서, 수단을 소유한 자들의 압력에 저항할 수 있는 당으로 나타날 수 있다. 그러나 더욱더 실현 가능성이 없어지는 것은 당뿐만 아니라, 새로운 정치적 생각이나 교리의 표현 역시 마찬가지다. 이제는 아이디어들이란 정보 수단을 통해서만 존재한다. 이런 수단들이 기성의 정당들에 의해 독점되어 있을 때는, 진정으로 혁명적인, 또는 단지 진정으로 새로운 그 어떠한 교리도 표현되거나, 결국 존재할 기회가 없다. 그런데 혁신이란 민주주의의 주요 특징으로서, 사람들이 그것을 찾지 않는다면 민주주의는 사라지게 되어 있다.

그런데 우리는 선전은, 최선일 경우, 거의 불가피하게 양당 체제로 이끈다고 말할 수 있다. 그렇게 비싼 선전을 감당해 낼 수 있는 여러 개의 당이 있기가 어렵고, 또 선전이 여론을 도식화하는 경향이 있기 때문이다. 선전이 있는 곳에서는, 점점 더 미묘한 차이를 발견하기가 어려워지고, 세부적인 섬세한 이론도 보기 어려워진다. 그와는 반대로 여론은 더욱더 간결해지고, 흑 아니면 백, 예스 아니면 노가 된다. 여론의 이런 상황은 정확히 다당제를 무너뜨리고 양당제로 이르게 하는 것이다.

선전의 효과는 또 뒤베르제가 다수당과 소수당의 관점에서 보았던 것에서도 확실히 나타난다. 의회에서 절대다수를 소유하거나, 소유해야 하는 다수당은 보통은 선전에 의해 창조된다. 일단 다수당이 되면, 선전의 주요 필승 카드는 다른 당들의 손에서 흘러 나가버린다. 그러면 이 조그만 당들이 할 수 있는 것이라곤 민중 선동적인 선전, 다시 말해 실제로 거짓 선전, 순수하게 인위적인 선전이다. 우리는 선전과 현실 사이의 밀접한 관계를 이미 보았다.

그러하였으면 우리는 완전히 모순적인 두 선전을 마주하게 된다. 한편으로는, 수단과 기술에서 강력하지만 그 대상과 표현에서는 제한된 선전이 있다. 이 선전은 주어진 사회 집단 속에 철저히 통합된, 순응적인 선전이다. 다른 한편에서는, 그 수단과 기술에서 연약한 선전으로, 그 대상과 표현에서는 아주 과도하다. 이것은 기존 질서에 반대한, 국가에 반대한, 집단의 표준들에 반대한 선전이다.

그러나 잊지 말아야 할 것은, 자신의 선전을 이러한 다수당적 성격에 맞추고, 나아가서 선전 목적에서 이 다수당적 성격을 이용하기도 하는 다수당 효과 이 다수당은, 바로 이 선전으로 만들어졌다는 사실이다. 결국엔 어떤 주어진 환경에서, 그리고 장기적 관점에서 그런 다수를 준 것은 바로 선전이다.

마지막으로 우리는 재정적 문제와 그것이 함축한 의미를 되새겨 보겠다. 하나의 당이 현대 선전에 필요한, 더욱더 비싼 장비들을 소유하기는 정당 보조금만으로는 불충분하다. 그래서 당들은 자본가들의 도움을 바라거나 – 그러면 재정적 과두정치에 종속된다 –, 정부자기 정부나 외국에 의

존한다. 두 번째 경우는 국가가 도구를 소유하고 있다는 가정에 접근한다. 국가가 장비를 원하는 당에 빌려주는데, 이것은 아주 민주적이며, 군소정당들도 생존할 수 있게 해준다. 그러나 이것은, 우리가 앞서 말했듯이, 불안정한 상황으로 이끌고, 국가는 이 도구를 가지고 행한 것에 대해 검열을 하지 않을 수 없게 된다. 그리고 국가 자체가 선전해야 할 상황이 되면, 이 검열은 더욱 엄해질 것이다.

이것은 국가가 이데올로기 영역에서 중립을 그만두고, 어떤 주의나 이데올로기를 담당하는 그런 가정을 검토하게 한다. 그러면 국가의 선전은 모든 당에 강제된다. 분명히 이것은 아직은 선전에 관한 문제이긴 하다. 왜냐하면, 우리가 최근 몇십 년 동안에 모든 "국가 종교들"에 대해서 보았듯이, 그들의 힘은 우선은, 자기들에게 절대로 필요한 여론을 만드는 데 사용되어야 하기 때문이다. 따라서 나치나 인민 민주주의 국가의 초기에는, 국가와 다른 당의 선전들 사이에 어떤 경쟁이 있었다. 그러나 그 경쟁에서 국가의 선전이 필연적으로 승리를 차지하였다. 국가는 점차 반대당이 매스컴 사용을 못 하게 하고, 여론을 조작하여 결국엔 이 반대당을 모두 제거하게 된다. 그러나 국가 자체도 오직 당의 매개를 통해서만 여론에 작용할 수 있다. 이것도 선전의 다른 효과이다. 혹자는 모든 당을 제거하고, 혼자만 살아남는 국가를 상상할 수 있을 것이다. 이것은 고전적인 독재 국가의 패턴이었다. 그러나 이것은 더는 가능하지 않다.

일단 정치적 문제에 대해 여론이 일어나면, 그것을 고려해야 한다. 국가의 선전 메커니즘은 행정적 단위로서만 기능 할 수 있다. 그것은 국가적인 당을 통해서 실재성과 효력을 갖는다. 현대 국가가 통치자와 여론 사이에 접촉을 설정하는 한 당의 매개 없이 자신을 내세운다는 것은 상상할 수 없다. 당의 근본적 역할은 정부 선전이다. 어떤 의미에서, 우리는 여기서 순수한 상태의 정당의 이미지를 발견한다. 왜냐하면, 결국 모든 정당은 선전 기계이기 때문이다. 그러나 이것은 토론과 미묘한 차이가 아직 있을 수 있는 다른 시스템들 속에서는 훨씬 더 숨겨져 있다. 여기서 정당은 이데올로기적 기능도, 본질적으로 정치적인 기능도 더는 없고, 이해관계들을 더는 표현하지 않는다. 그것은 여론을 조이고 훈련하는 기관이고, 국가의 선전 필요 때문에만 살아남는다. 그 필요가 줄어드는 순간, 당의 역할과 영광도 줄어든다. 1938년 독일의 나치가 그랬고,3) 1936년 숙청 후의 소련에서 그랬다. 그러나 선전이 다시 필수적으로 되면, 당도 그 특권을 되찾는다.

선전은 정당의 운명을 크게 좌우한다. 선전은 당들에 어떤 형태와 규칙을 강제하며, 어떤 특수한 길로 들어가게 하고, 결국엔 생사를 좌우하며, 선전과 당이 완전히 합쳐지게까지 한다.

하지만 이처럼 선전의 결과들을 밝힘으로써 우리는 선전이 정당의 변화에 유일한 원인이라고 말하려 했던 것은 아니다. 정당은 분명 다른 요소들과도 결합하지만, 그 요소들 대부분은 신전에 종속되거나 그렇지 않으면 선전과 결합한다.

노동 세계에 대한 영향

우리는 이제 현대 세계의 가장 중요한 문제 중 하나인 노동의 세계, 다시 말해 노동자의 상황과 마주하고 있다. 이 상황은 기술들의 발달에 의해 생겨났고, 초기에는 자본주의에 의해 이용되었으며, 이제 사회주의에 의해 이용된다. 사회주의는 노동자의 상황이 자본주의의 결과이고, 자본에 의한 노동자 착취의 결과라고 주장했다. 이것은 노동자의 불행의 한

---

3) 총통의 손에 모든 권력을 집중한 이후에.

부분을 설명할 수 있고, 틀림없이 계급투쟁과 그 상황의 어떤 요소들을 설명한다. 그러나 이것은 주요한 점이 아니다. 노동자의 상황은 넓은 의미에서 기술의 발달과 함께, 기계와 인간 사이의 관계에서 비롯된다. 노동자의 상황을 만들어낸 것은, 생산 수단의 사유화보다는 도시화, 대중화, 합리화, '작품'이란 개념의 사라짐, 시간의 기계화 등이다. 생산 수단의 사유화는 마르크스의 정의에 따르면 프롤레타리아화를 초래한다. 그러나 프롤레타리아화는 이 문제의 여러 요소 중 하나에 불과하다.

재산의 법적인 양도가 사회주의에 의해 실현될 때, 노동자 계급은, 추상적으로 말해서, 더는 프롤레타리아 계급이 아니다. 그러나 이 계급은 여전히 똑같은 구체적 문제들에 붙들려 있다.

의심의 여지 없이, 빈곤의 문제는 해결될 수 있다. 그러나 빈곤이 자본주의보다 사회주의에서 더 쉽게 해결될 수 있다고 말해줄 수 있는 것은 아무것도 없다. 미국 노동자는―농업 노동자는 예외로―빈곤을 거의 모른다. 그렇지만, 거기서도 노동자의 상황이란 문제가 해결되었다고 말할 수는 없다.

사회주의 국가들의 노동자 상황을 보면, 노동자는 항상 기계에 종속되어 있고, 그는 대중 속에 포함되어 있기 때문에 사적인 생활을 모르며, 기계적 작업, 인위적으로 재단된 일과, 권태, 노동에 대한 무관심, 거짓 문화, 환경적 무지, 자연과의 단절, 인위적 생활 등으로 고통을 받고 있다. 이 모든 것은 노동자 상황의 전문가에 의해 어디서나 자주 분석되는 것들이다. 게다가 우리는 이윤의 문제는 해결되지 않았으며, 노동자는 항상 완전한 급여를 받지 못한다는 것을 확인할 수 있다. 유일한 차이라면 이윤이 특정인 대신 국가가 징수한다는 것뿐이다.

게다가, 사회주의 국가들에서, 안전, 가족에 관한 생활 지원, 휴가, 그리고 모든 종류의 경제적 지원 등의 관점에서 사회 보장 입법은 자본주의 국가들만큼이나 진보되었지만, 노동조합, 파업권, 노동의 규율에서는 후퇴했음을 확인할 수 있다. 또 노동자는 근본적인 방식으로 자기 생활 터전인 공장의 생활에 전혀 참가할 수 없다. 이 사회주의 국가들에서 공장 위원회는 부차적인 문제에 대해서만 의견을 제출할 수 있고, 본질적인 문제에 대해서는 5개년 계획의 결정을 따라야 한다. 생산 수단이 노동자 집단의 소유라고 말하는 것은 순수한 허구에 불과하다. 노동자들은 어떤 것의 소유자도 아니고, 기계들에 대해 자본주의에서와 똑같은 상황 속에 들어 있다. 소유자가 국가이든 혹은 반드시 어떤 조직체로 대변되는 집단 전체이든, 그것은 공장에서 일하는 노동자와 아무런 관계가 없다. 이러한 집단 소유의 개념은 경제적 차원에서, 과거 정치적 차원에서 국민 주권 사상과 상응하는 것이다. 그리고 우리는 그러한 허구, 그러한 추상화가 얼마나 민주주의와 국민의 정치적 권력에 해를 끼쳤는지 알고 있다. 나는 여기서 이 점에 대해 오래 말할 수는 없다. 그렇지만, 나는 노동자의 상황은 사회주의 후에 실제로 변한 것은 하나도 없음을 단언할 수 있다. 그럼에도, 우리는 노동자들의 태도는 분명히 달라졌음을 인정해야 한다.

몇몇 아주 드문 예외들을 제외하고는, 노동 계급은 공산주의 국가들에서 체제에 충성을 바쳤다. 노동 계급은 더는 적대적 계급이 아니라, 진정 체제와 조화를 이뤘다. 그리고 노동자의 구체적 상황들이 더는 결정적으로 저항적 태도를 부르는 것 같지 않았다. 노동자들은 열심히 일하고, 자기들의 작업에 온몸을 바치며, 파업이나 태업을 할 욕구를 더는 가지고 있지 않다. 이것은 반공산주의자들의 부정에도 불구하고 사실이다.

노동자 상황에 뭔가가 바뀐 것은 의심의 여지가 없다. 왜냐하면, 노동자들이 통합된 것은 강제에 의해서가 아니기 때문이다. 변한 것은 우선 사회적 분위기이다. 노동자는 더는 사회로부터 배제된 자가 아니다.

그런데 자본주의 사회에서는 배제되었다는 감정이 노동자에게서는 아주 강하다. 노동자는 사회 하층민이고, 이방인이다. 사회는 어떤 기준들을 따르고, 어떤 본질적 구조들로 되어 있다. 노동자는 거기에 참여하지 못한다. 사유 재산의 문제는 이러한 배제의 한 상징에 불과하다. 프롤레타리아 계급은 바로 배제된 감정을 갖는다. 그런데 사회주의 사회에서는, 노동자는 반대로 건설되고 있는 세상의 중심에 있다. 그는 영광된 자리에 있다. 사회는 노동자 계급을 존중한다. 사람들은 그 말을 반복하고, 그것을 정치적, 문화적, 또는 경제적 방법으로 나타낸다. 이런 분위기가 노동자들의 반응을 바꿨다. 그는 이제 자기의 중요성을 확신한다. 그는 또 사회가 자기에게 적대적이지 않고, 자기를 위한다고 확신하며, 이 사회는 자기의 작품임을 확신한다. 그리고 그는 자기 노동의 중요성으로 말미암아 차지할 자격이 있는 자리를 사람들이 그에게 인정하거나 혹은 인정할 것임을 확신한다. 따라서 그는 자기 상황의 물질적 현실을 무시하거나 잊어버릴 수 있게 하는 긍정적 확신으로 가득 차 있다. 그의 상황은 더는 똑같은 시각에서 보이지 않는다. 왜냐하면, 사회주의 세계의 노동자는 희망으로 가득 차 있기 때문이다.

그는 도래할 세상은 정의의 세상, 또는 더 정확하게는 그 속에서 노동자가 결정적으로 첫 번째 자리를 차지할 세상에 대한 희망을 품고 있다. 그는 또 모든 작업, 모든 노동이 목표가 있다는 신념과 희망을 품고 있다. 그 목표란 바로 사회주의 사회 건설이다. 자본주의 사회에서는, 노동은 급여만 생산하고, 자본가에게만 봉사한다. 여기서 노동자는 좌절감을 느낀다. 그러나 사회주의 사회에서는 충만감을 느낀다.

따라서 노동자의 상황을 바꾼 것은 실제 변화들은 아니고, 오로지 다

른 시각, 생활의 개념, 신념, 희망이다. 바로 거기에 요컨대 사회주의의 진정한 혁신이 있다.4)

그런데 우리는 실제로 이러한 변화의 효율성을 확인한다. 즉 노동자들이 더 많이, 그리고 더 잘 일하는 것은 사실이다. 그리고 작업에 더 열성적이고, 신념에 따라 더 엄격한 규율도 받아들인다.

따라서 우리는 M.G. 프리드만Friedmann과 함께, 작업 조건과 생산성에서 심리적 요인의 중요성을 언급할 수 있다. 프리드만은 심리적 욕구들은 사회주의적 관점에서만 충족될 수 있다고 믿는다. 결국, 거기에서만, 노동자는 자신의 콤플렉스와 원망에서 풀려나, 그로 하여금 노동에 진심으로 전념할 수 있게 해주는 심리적 자유를 얻는다.

그러나 그 어떤 것도 이것이 유일한 해결이라고 증명해주지 않는다. 이미 미국의 홍보Public Relations도, 심리적 수단들이 일반적 분위기를 상당히 바꿀 뿐만 아니라 각 노동자의 내적 확신을 변화시켜서, 노동자가 기업의 환경에 더 밀접하게 통합할 수 있게 해준다는 것을 보여준다. 그러나 이것은 아직 완전히 발달하지 못해서, P.R.에 의해 노동자 계급을 깊이 변화시키기에는 아직 더 기다려야 한다.

이상의 긴 우회는 우리에게 노동자 문제는 한편으로 실제 상황으로부터 비롯되고, 다른 한편으로 어떤 심리적 상태로부터 비롯됨을 알게 한다. 우리가 진정 솔직하고자 하다면, 실제 상황에 대해서 사회적, 정치적, 경제적 이론은 어떤 해결도 못 한다는 것을 인정해야 한다. 물론 누군가 노동자를 행복하게 만들고, 그에게 안정을 줄 수는 있다. 잘 알려진, 부분

---

4) 1960년 9월 모스크바의 공산당 대회에서, 레오니드 일리체프(Leonid Illytchev)는 이데올로기 교육은 그 목표를 생산성 향상, 노동자의 개인적 희생의 증가로 삼아야 한다고 지적한다. 그리고 우리는 이미 소련에서 선전은 그 본질적 임무가 5개년 계획의 달성, 노동의 리듬 증가, 따라서 노동자의 노력을 더 강도 높게 하는 것이라고 말했다.

적 미봉책들이 이 상황의 결과들은 바꿀 수 있다. 그렇지만, 엄밀히 말해 그 상황 자체를 바꿀 수는 없다. 노동자 계급에 속임수를 쓰고 싶지 않다면, 구체적 문제에 대한 해결은 없음을 인정해야 한다.

반대로, 심리적 관점에서는 하나의 해결책이 있다. 사회주의 심리학에서 비롯된 변화는 다른 수단, 다른 통합, 다른 신념, 다른 희망에 의해 달성될 수 있다.5) 불행하게도 사회주의가 심리적 해결밖에 가져오지 못한다는 것을 알아차린 다음부터, 사람들은 그것이 단순한 선전적 문제임을 확인하게 되었다. 부르주아 계급에 속은 노동자 계급은 다른 방식으로 공산주의에 속는다. 공산주의는 정치 차원에서 부르주아 정부들에게 선전의 사용법을 가르쳐 줬는데, 이제는 사회적 차원과 노동의 차원에서 똑같은 용법을 가르치는 중이다. 그것은 노동의 문제를 철저히 무시해버리고, 해결할 수 없는 문제에 대해서는 장막을 쳐버리는 것이다. 그것은 모든 선전에서처럼, 인간에게 그가 자연적으로는 견딜 수 없는 것을 심리적 속임수로 견딜 수 있게 해주는 것이고, 인간에게 자신의 노동을 계속할, 또는 잘 할 이유를 인위적으로 주는 것이다. 따라서 이것은 선전의 일이다. 그리고 선전이 잘 만들어지면, 선전이 노동자 계급을 통합시킬 수 있고, 그에게 자기의 상황을 기꺼이 받아들이게 해준다는 것은 의심의 여지가 없다. 이런저런 방식으로, 노동자 문제가 정치적 사실이 되고, 현대 세계 메커니즘 속에서 그렇게 취급되는 한, 선전은 노동자 문제를 '해결하도록' 촉구된다.

현재 선전의 활동수단에 대해 모르는 사람들이나 그러한 해결의 가능성에 대해 의심할 수 있다. 물론 노동자 계급을 통합하는 그런 선전이 성

---

5) 밴스 패커드(Vance Packard)의 냉소적 공식을 인용하자면, "노동자들을 일하게 하고, 그것을 좋아하게 만들어라."

공하려면 몇 개의 조건들이 합쳐져야 한다. 우선 노동자들의 물질적 운명이 개선되어야 한다. 우리는 언제나 선전과 실제적 개혁들 사이의 관계에 대해 지적하였다. 그러나 그것으로는 아주 불충분하다. 반대로, 노동자의 상황 개선은 역사에서 보듯이, 혁명적 선동의 가장 좋은 발판이 될 수 있다. 어떤 기술적 교육과 정보의 발달이 필요하다. 노동자가 기술자가 될수록, 그는 더욱 순응주의자가 된다. 동시에 더 많은 정보를 접하게 되어, 그는 우리가 앞에서 분석한 메커니즘에 따라, 더 선전에 민감해질 것이다.

마지막으로 어떤 심리적 행동 통일이 있어야 한다. 노동자가 사회 속에 통합되는데 적대적인 선전을 하는 조직들정당, 노동조합 속에 갇혀 있다면, 앞에서 지적한 편 가르기가 발생한다. 그런 의미에서 가장 중요한 사실 중의 하나는, 사회주의 국가들 속에서는 노동조합들이 사회에 영합하는 조직이 되어서, 같은 선전을 한다는 것이다. 마찬가지로 미국에서도, 노동조합들이, 그 회원들을 보호하기는 하지만, 또 미국 사회의 조직들이기 때문에, 결코 **미국의 생활 방식**을 문제로 삼지 않는다. 결국, 노동조합들이 하는 선전은 노동자들의 통합을 위해 중요하다. 그런데 이 선전은, 그 자체로서 노동조합들을 변경시킨다.

정당과 마찬가지로, 노동조합도 선전해야 할 필요를 느꼈다. 한편으로, 당과 관련하여 이미 연구된 효과 대부분이 노동조합에 대해서도 확인될 수 있다. 거기에 대해 더 말할 필요는 없을 것이다. 그러나 다른 효과가 있다. 그것은 노동조합이 원래 투쟁과 방어의 조직으로서, 다소간은 사회에 이질적인 단체라는 사실로부터 온다. 이 사회가 자본주의건 아니건, 노동조합은 수행해야 할 특수한 투쟁이 있다. 이것은 노동조합의 구조 속에 있는 것이고, 존재 이유이기도 하다.

그런데 조합이 선전하려고 한 순간부터, 대중 매체를 이용해야 한다는 명백한 필요에 직면하게 된다.

분명히 조합의 선전은 독창적인 성격이 있다. 그것은 훨씬 더 "인간적"이고, 더 적은 비용으로 만들어지며, 조합원들의 열성과, 그들 개개인의 대인 접촉 능력 등을 이용한다. 그렇지만, 조합의 선전도 현대 선전의 대형 수단들, 특히 신문과 포스터 사용을 피할 수 없다. 왜냐하면 조합원들을 모임에 오게 해야 할 뿐만 아니라, 주장을 퍼뜨려야 하고 진정한 노동자 정신으로 무장해야 하기 때문이다. 그런데 이것은 활동가들이 갖추지 못한 어떤 지적인 능란함을 가정한다. 그러나 조합이 신문과 포스터를 이용하는 순간부터는, 금전적 문제에 부딪힌다. 그리고 선전이 많은 개인을 겨냥할수록, 선전은 더욱더 대형 수단들을 이용해야 하고, 그만큼 비싸진다. 조합이 커지면 재정적 어려움이 줄어들 것으로 생각해서는 안 된다. 선전의 비용은 수입보다 더 가파르게 증가한다. 미국은 예외로 하고 이것은 조합에서 직접 선전 도구를 소유하거나, 약간은 의심스럽고, 조건이 붙는 재정적 지원을 찾게 만든다.6)

그러나 조합이 성공한 선전을 하게 되면, 그것은 여론을 자극한다. 조합은 노동자의 운동에 대해 여론의 지지를 얻고, 사회적으로 부당한 문제들에 대해 여론에 경각심을 심어주고, 사람들을 찬성이나 반대로 동원한다. 누가 그걸 원하건 말건, 이것은 선전의 목적 자체이다. 이렇게 움직여

---

6) 우리는 미국의 조합들의 예를 들 수 있는데, 이 조합들은 세계에서 가장 강력하고, 또 그들에게 힘을 준 바로 그 선전에 의해 점진적으로 변화했다. 수십만 부의 카피를 찍어내는 대형 신문사의 노동조합들도 꽤 된다. 200개 이상의 조합 선전 방송이 매일 미국에서 방영된다. 시카고의 한 라디오 방송국은 노동조합 소유이다. 그런데 여기서 상당량의 비용은 조합 회비로 충당된다. 이것은 고용주와 조합 간의 합의에 따라 그렇게 된다. 고용주는 조합에 가입한 노동자들만 채용할 것을 받아들이고(그것은 의무이다), 조합 회비를 급여에서 원천 공제한다. 이것은, 이 엄청난 선전 비용이 미국의 경제 체제를 위태롭게 만들 수 없음을 의미한다.

진 여론은 선전의 효과를 두 가지 방식으로 나타날 것이다. 우선 조합 가입자는 계속 증가할 것이다. 선전은 명백히 조합 회원 수를 증가시킨다. 그러면 우리는 잘 알려진 대중적 효과를 만나게 된다. 즉 조합이 커질수록, 조합은 덜 혁명적이 되고, 덜 적극적이며, 덜 투쟁적이다. 대중은 그의 주장들에 더 큰 무게를 줄 것이다. 그러나 이 요구들은 덜 결정적이고 근본적이다. 대중적 조합은 평화적이고 관료적이 된다. 그 운동들은 점점 덜 자발적이 되고, 지도부와 가입자들 사이에 분리가 일어난다. 이것은 선전에 의한 여론의 경각의 첫 번째 결과이다.

두 번째 결과는 정부도 조만간 이 발전에 의해 영향을 받는다는 사실로부터 온다. 정부는 결국 이 조합적 행위를 합법화하게 될 것이다. 이것 역시 선전에서 온다. 그런데 정부가 조합을 합법화할 때에는, 그들 사이에 갈등 관계가 아닌 다른 관계가 만들어진다. 합법화는 조합이 이 합법적 위상에 적응하도록 하고, 사회적 투쟁을 합법적 차원에서 하도록 한다. 따라서 이제 중요한 것은 정부로부터 새로운 합법적 양보를 얻어내는 것이다. 그러나 이것은 전혀 조합의 원래 목적과는 맞지 않는다.

결과적으로, 선전은 조합에 무산자가 아니라 유산자가 되라고, 사회의 구성 요소로 처신하라고, 사회적 게임을 받아들이라고 하는 것이다. 이것은 진정으로 사회에 통합되는 것이고, 이런 사실로서 조합은 더는 반대 요소가 아니다. 이제부터 조합이 미국과 같은 자본주의 사회에 속하든, 소련과 같은 사회주의 사회에 속하든, 결과는 같다. 조합은 사회에 적응함으로써, 또 그 속에서 조합이 청중과 지지자를 얻으려고 애쓰는 사회의 중요한 전제들을 받아들임으로써만 여론의 지지를 얻을 수 있다. 선전으로 말미암아, 우리는 이미 분석한 순응 효과를 다시 발견한다.

교회에 대한 영향

우리가 빨리 지나갈 수 있는 주요한 영향들이 있는데, 그것은 현대 세계에서 일반화된 선전에 의해 생겨난 영향들이다. 교회의 구성원들도 다른 사람들처럼 선전망에 사로잡혀 있고, 거의 모든 사람처럼 반응한다는 것은 분명하다. 그래서 그들의 기독교와 행동 사이에 거의 완전한 분리가 일어난다. 기독교는 여전히 정신적이고 순수하게 내적인 문제로 남아 있다. 행동은 다양한 부속물에 의해, 특히 선전에 의해 부추겨진다. 물론, 언제나 '이상'과 '행동' 사이에는 어떤 분리가 있었다. 그러나 현재 이 분리는 포괄적이고 일반화된 체계적인 양상을 띠었다. 이러한 확장과 특히 이러한 체계화는 정치 영역이나 혹은 경제 영역에서 선전의 결과이며, 만일 광고가 거기에 결부된다면 사적인 영역에서 선전의 결과이다.

그리스도인들은 선전에 매몰되어 있기 때문에, 그들이 행할 수도 있는 것, 곧 한편으로 효율적이면서 다른 한편으로 그들의 기독교를 표현하는 것이 무엇인지 절대 모른다. 그래서 그들은 다양한 이유로 흔히는 조심성으로, 선전이 그들에게 제시하는 경향들 중 이런 경향이나 혹은 저런 경향에 동조할 따름이다. 그들 역시 선전의 파노라마를 생생한 정치 현실로 여기고, 이 허구적인 파노라마 속에서 기독교를 어디에 끼워 넣어야 할지 모른다. 그래서 그들은 다른 사람들처럼 현혹되고, 이러한 현혹은 그들의 믿음에서 모든 중압감을 걷어버린다.

마찬가지로 선전은 그 심리적 효과 때문에 기독교의 전도를 점점 더 어렵게 만든다. 선전에서 비롯한 심리 구조는 기독교에 거의 적합하지 않다. 사회적 측면에서도 이것은 사실이다. 왜냐하면 선전은 교회로 하여금 선전을 해야 하느냐 말아야 하느냐는 막다른 선택에 놓이게 하기 때문이다.

선전을 하지 말아야 하는 경우, 우리가 힘들게 천천히 어떤 사람을 교회로 이끌어 오는 동안, 대중매체는 군중을 동요시킨다. 그래서 시대 밖으로 밀려나 역사 흐름의 변방에 있다는 느낌이 들고, 거기서 아무 것도 변화시킬 수 없다는 인상을 받는다.

그렇지 않고 선전을 해야 하는 경우, 이 막다른 선택은 현재 교회들이 당면한 가장 잔인한 것 중 하나가 된다. 왜냐하면 선전에 의해 조종된 인간들이 점차 영적 현실에 무감각해지고, 기독교적 삶의 자율성에 접근하기가 점점 더 어려워 보이기 때문이다.

우리는 놀라운 종교적 변화에 직면한다. 종교적인 것은 신화를 매개로 차츰차츰 선전에 의해 흡수되고, 그 범주 중의 하나가 된다.

그러나 우리는 반드시 교회가 굴복하여 선전하기로 한다면 무슨 일이 벌어질 것인가를 자문해보아야 한다.

우선 하나의 지적을 하자. 우리는 이미 선전 현상이 지닌 포괄적 성격을 강조했다. 그리스도인들은 흔히 물질적인 수단과 선전 기술을 분리할 수 있다고, 다시 말해 체계를 해체할 수 있다고 주장한다. 예를 들어, 신문이나 혹은 라디오를 사용해야 하지만, 이 수단들이 전제로 하는 심리적 혹은 기술적 효율 원리를 적용하지 않는다. 또는, 그것들을 사용하되 조건반사나 신화의 도움을 청하지 않거나 혹은 가끔 신중하고 조심스럽게 그것들을 사용하는 것이다… 이러한 소심함에 대해 할 수 있는 유일한 대답은 "그렇게 하면 전혀 효율성이 없을 것이다" 이다. 교회가 다른 것들처럼 효율적이기 위해 선전을 사용하기를 원한다며, 교회는 모든 힘을 지닌 체계 전체를 사용할 수밖에 없다. 교회는 자기 입맛에 맞는 것만 고를 수 없다. 왜냐하면 이러한 구분은 교회가 선전을 받아들인 목적인 효율성을 무너뜨릴 따름이기 때문이다. 선전은 통째로 받아들이거나 혹은 통째로 거부해야 할 총체적인 체계이다.

교회가 선전을 받아들인다면, 이 결정은 두 가지 중요한 결과를 초래한다. 우선 그렇게 전파된 기독교는 기독교가 아니다. 우리는 이데올로기에 대한 선전의 영향을 실제로 살펴보았다. 실제로, 교회가 선전을 통해 움직이는 순간 일어나는 것은, 기독교 정신이 다른 모든 이데올로기의 수준으로, 또는 세속적 종교들의 수준으로 떨어지는 것이다.

이것은 역사 내내 드러난 일이다. 교회가 그 시대에 통용된 선전들을 통해 움직이려고 한 때마다, 기독교의 진실과 진정성의 하락이 일어났다. 4세기, 9세기, 17세기에 그러했다 (물론 더는 기독교인들이 없었다는 말은 아니다).

이 순간에 기독교는 온갖 방식으로 제도화되고, 온갖 행동들 속에서 타협하면서, 전복적 힘과 영적 모험이 되기를 중지한다. 그것은 가장 간편하게 모두에게 사회학적 이데올로기 정도밖에 되지 못하고, 어떤 속임수가 되는 경향을 보인다. 이와 같이 기독교를 환경에 적응시키면서 성격을 변질시키는, 수많은 달콤한 타협과 적응들이 판을 친다.

이렇게 이데올로기 정도로 추락하게 되면, 기독교는 선전자에 의해 그러한 것으로 다뤄질 것이다. 그리고 현대 세계 속에서, 이 특수한 이데올로기에 대해서도, 우리가 이미 다른 일반적 이데올로기들에 대해서 말했던 것이 일어날 수 있다. 그래서 실제 일어난 일은, 교회가 대중을 동원할 수 있게 되었고, 자신의 이데올로기 아래에 수많은 사람을 품을 수 있게 된 것이다. 그러나 이러한 이데올로기는 더는 기독교가 아니다. 그것은 그저 그런 교리이고, 다만 몇 가지 기독교적 원리과 어휘를 간직하는 것이다. 그것도 항상이 아니고, 가끔

다른 결과는 교회 그 자체에 대해 발생한다. 교회가 선전을 사용하면,

교회는 다른 조직들처럼 성공한다. 교회는 대중들에게 다가가고, 집단적 여론에 영향을 주며, 사회적 운동을 선도하며, 많은 사람에게 기독교로 보이는 것을 받아들이게까지도 한다. 이것은 오늘날에도 가능하다. 나아가서 기독교화되지 않은 세계에서도 가능하다. 그러나 그렇게 하면서, 교회는 거짓 교회가 된다. 교회는 전형적으로 세상의 것인 어떤 힘과 영향을 얻게 되고, 그것을 통해 세상 속에 통합된다.

기독교적 관점에서 교회의 삶은 사회학적 결정에 종속된 조직과 하나님으로부터 오고 하나님을 향한 상반된 영감 사이에 긴장이다. 그런데도 교회가 선전을 사용하여 이 수단으로 성공하는 순간부터, 어김없이 교회는 순수하게 사회학적인 결합체가 된다. 교회는 거짓 기독교만을 전달하기 때문에 영적인 부분을 없앤다. 교회는 교회의 삶의 본질적인 부분에서 사회학적 결정에 종속한다. 교회는 세상에서 권세가 되려고 효율성의 법칙을 따르고, 사실상 성공한다. 즉, 교회는 세상의 권세가 되는데, 그것이 그 순간부터 교회가 권세와 진리 사이에서 선택했던 것이다.

교회가 선전 수단들을 쓸 때는, 교회는 항상 두 방식으로 정당화하려고 한다. 우선 예수 그리스도를 위해 아주 효율적인 이 수단들이 활용된다고 말한다. 그러나 잠깐만 생각해보면, 우리는 그것이 아무 의미가 없음을 알게 된다. 그리스도를 위해 사용된 것은 그 특성과 효율성을 그리스도로부터 받을 수 있다. 그 자체 속에 자신을 위한 모든 효율성을 가지고 있고, 그 자체 속에 자신의 전제들과 목적들을 포함하는 수단들은 그리스도를 위해 사용될 수 없다. 그것들은 자체의 법칙에 따른다. 그리고 그것이 아주 단순한 추론을 통해 믿을 수 있는 것임에도 불구하고, 그것이 무엇이든 그것을 변화시킬 수 있는 내용이나 혹은 신학은 없다. 실제로, 이러한 정당화와 더불어 우리는 어떤 설명이나 혹은 윤리와 마주하는 것이 아니라, 아무 내용도 없는 경건한 관례적 문구와 마주한다.

혹자는 교회가 이 수단에 신뢰를 부여하지 않기만 하면, 그러한 전파 수단이나 혹은 힘의 수단을 스스로 금할 이유가 없다고 말하면서, 이러한 궁지에서 벗어나려고 한다. 왜냐하면 성서적인 관점에서 단죄 받는 것은 하나님 외에 다른 것을 신뢰하는 것이라고 하기 때문이다. 그러나 그렇다면, 다음과 같이 자문해보는 것으로 충분하다. 진짜 이러한 수단을 믿지 않는다면, 그것에 신뢰를 부여하지 않는다면, 그럼 왜 그것을 사용하는가? 누가 그것을 사용한다는 것은, 그것의 가치와 효율성에 대해 신뢰를 하고 있기 때문이다. 그에 대한 모든 부정은 위선이다. 물론 이러한 비판을 하면서, 우리는 진짜 선전을 말하는 것이지, 제한적으로 신문을 약간 사용하거나, 일주일에 30분 정도 미사나 예배를 전달하기 위해 라디오를 사용하는 것을 나무라는 것은 아니다.

이러한 간략한 분석의 끝에서, 선전이 세상을 비기독교화하는 가장 강력한 요인 중 하나라고 할 수 있다. 즉 선전이 바꾼 심리적 변화 때문에, 선전이 대중의 의식을 침수시켜버린 이데올로기적인 홍수로 말미암아, 기독교를 이데올로기의 수준으로 떨어뜨림으로 인해, 교회에 끝없이 내미는 유혹으로 인해서이다. 이 모든 것은 기독교와는 낯선 정신세계를 만들어내는 것이다. 그리고 선전이라는 수단에 의한 이러한 비기독교화는 모든 반기독교적 이론보다 훨씬 더 효율적이고 광범위하다.

4. 선전과 민주주의

민주주의를 위한 선전의 필요

오늘날 논쟁의 여지가 없는 하나의 사실이 있는데, 그것은 바로 민주주의가 선전할 필요이다선전을 해야 한다는 것이다.1) 게다가 우리는 정부의 선전보다도 사적인 선전이 민주주의와 더 밀접하게 연결되어 있음을 인정해야 한다. 역사적으로, 민주주의 체제가 자리를 잡는 순간에는, 다양한 형태로 곳곳에서 선전이 자리를 잡는다. 민주주의가 여론에 호소하고, 여러 당 사이의 경쟁을 가정하는 한, 그것은 피할 수 없다. 이 정당들은 권력을 잡기 위해 유권자들의 지지를 얻으려 애쓰고, 그래서 선전을 발달시킨다.

민주주의의 발달을 통한 대중의 도래는 선전의 사용을 부추겼다. 또한 사적 이익에 맞선 국가의 수호이건, 혹은 반민주적 정당에 맞선 국가의 수호이건 간에, 선전에 의해 동원된 국민에 대한 호소는 민주국가를 수호

---

1) 상당히 훌륭한 학자들이 선전이 없다면, 민주주의 국가는 내부에서처럼 (당들에 대해), 외부에서도 무장해제 될 것이라는데 동의한다. 외부에서라면 민주체제들과 독재 국가들이 서로에 대해 경쟁을 하는 그 유명한 "도전" 속에서이다. 특히 선전이 없어서 민주주의가 실패한 수많은 경우를 잊지 말아야 한다. 따라서 메그레(Mégret)는 1950년부터 프랑스 군대가 겪는 위기는 대부분이 정부의 심리적 행위가 없었기 때문임을 지적한다. 그리고 또 경제 계획의 절반의 실패도 바로 그 때문이라고 한다. 마지막으로, 만약 누가 민주국가에 선전할 권리를 부정한다 해도, 이 선전은 국가를 위한 홍보(Public Relations)의 형태로 다시 나타날 것이다. 이것은 위장되어 있기 때문에 더 위험스럽다.

하는 수단 중 하나일 것이다. 현대의 대형 선전은 민주 국가들에서 시작되었음은 상당히 주목할 만한 사실이다. 1914년 전쟁 중에 처음으로 대중매체들이 동원되고, 정치에 광고 방식들을 적용하며, 또 가장 효율적인 심리적 방식들을 찾기 시작한다. 그런데 그 당시에 독일의 선전은 보잘것 없었고, 프랑스, 영국, 미국의 민주 체제들이 대형 선전들을 발달시켰다. 마찬가지로, 초기에는 반박의 여지 없이 민주적이었던 레닌의 운동이 모든 선전의 수단들을 발전시키고 완벽하게 만든다. 따라서 일반적 믿음과는 반대로, 맨 처음 선전에 접근했던 것은 독재 체제들이 아니다. 비록 그것들이 나중에는 아주 잘 써먹기는 했지만 말이다. 이러한 확인은 민주주의와 선전 사이의 관계에 대해 생각해보게 한다.

왜냐하면 민주주의의 원리들과 특히 인간에 대한 개념 선전 방식들 사이에는 모순이 있음은 분명하기 때문이다. 이성에 따라 생각하며 살 수 있고, 자신의 정념을 억제할 수 있으며, 과학적인 도식에 따라 자신의 삶을 구상할 수 있고, 선과 악 사이에서 자유롭게 선택할 수 있는 합리적인 인간에 대한 개념, 이 모든 것은 선전을 특징짓는 은밀한 영향, 신화의 작동, 비합리적인 것에 대한 호소와 대립하는 듯이 보인다.

그렇지만, 민주적 틀 안에서 이러한 발달은 우리가 그것을 원칙들의 차원이 아니라 실제 상황의 차원에서 보면 명백하게 설명이 된다. 우리가 지금까지, 민주주의 내부에서, 선전이 정상적이고 나아가서 불가결하기까지 하고, 하나나 몇 개의 선전들이 있을 수 있다고 결론 내렸다 하더라도, 그 어떤 것도 선전이 대외적 관계에서도 불가결하다고 인정해주지는 않는 것 같다. 거기서는 상황이 전혀 다르다. 거기서, 실제로, 민주 국가는 모든 여론의 대변인으로 자처하길 원하고, 민주 국가는 일관성 있는 전체로서 제시되길 원한다. 그런데 이것은 약간의 곤란함을 품고 있다. 왜냐하면, 이러한 욕구는 민주 국가의 순수하고 정확한 이미지와는 일치하지 않기 때문이다. 더군다나 이것은 항구적이고 만성적인 전쟁 상태를 가정한다. 따라서 항구적 전쟁 상태가 민주 체제와 동시에 설정되었음을 증명하기가 아주 간단하다면, 이 체제가 평화에 대한 강한 열망이 있고, 조직적으로 전쟁 준비를 하지는 않음을 증명하기는 더 쉽다. 내가 말하고자 하는 바는 민주국가들의 경제적이고 사회적인 실제 상황은 전반적인 갈등을 유발하지만, 그 자체로서 체제는 전쟁과 유기적으로 연결되어 있지 않다는 것이다. 체제는, **원하건 원하지 않건**, 전쟁으로 향해 있다. 따라서 이 체제는 본질적으로 심리적인, 냉전적 상황에는 잘 적응이 되지 않는다.

더욱이, 민주주의가 선전의 길로 들어서게 몹시 옭아매는 다른 사실이 있다. 그것은 민주주의 이데올로기의 어떤 특징들의 지속성이다.

진실의 힘은 꺾을 수 없다는 신념이 진보의 개념과 결합하여서, 이 이데올로기의 일부가 되었다. 민주국가들은 다음 같은 개념을 통해 형성되었다. 진실은 잠시는 가려질 수 있지만 결국 승리하고야 만다는 것이고, 진실은 그 자체 속에 어떤 폭발력을, 어떤 발효의 힘을 가지고 있어서 필연적으로 거짓을 파괴하고, 진리가 화려하게 나타나고야 만다는 것이다. 그런데 이 진실이 암묵적으로 민주주의 교리였다. 게다가 이것이 이데올로기적 성격을 띤 그 자체로서 진리였음을 강조해야 하는데, 진리는 결국 역사에 강요되었기 때문에 결국에는 역사를 만들고 말았다. 이러한 태도는 마르크스주의의 결과인 "역사는 진리이다"라는 오늘날 일반적인 태도의 싹을 내포하고 있었지만, 이 태도와는 정확히 반대였다.그리고 여전히 그 반대이다 역사에 의한 입증은 오늘날 대단한 입증으로 인정된다. 역사가 옳다고 인정한 사람은 진실 속에 있는 자였다. 그러나 우리가 역사에 대해 말할 때, '옳다' 는 것은 무엇을 의미하는가? 그것은 승리하고, 살아남으며, 따라서 가장 강해지는 것이다. 가장 강하다는 것, 다시 말해 오늘날 가장 효율적인 것은 진실의 보유자이다. 진실은 그 자체 속에 내용이 있지 않다, 그것은 역사가 그것을 만들어감에 따라서만 존재할 따름이다. 진실은 그 실체를 역사로부터 받는다. 우리는 이 두 태도 사이의 관계를 쉽게 볼 수 있고, 한 태도에서 다른 태도로 쉽게 넘어갈 수 있음을 볼 수 있다. 진실이 그 혼자서도 승리할 수 있게 하는 이 불굴의 힘을 가진 것이 정확하다면, 단순하지만 아주 위험스러운 태도 변화를 통해서, 승리하는 것이 진리라는 것도 정확해진다. 그러나 그리고 이것은 아주 경악할만하다 이 두 태도의 결과는 극단적으로 다르다.

민주주의는 진실이기에 필연적으로 승리하리라 생각하는 것은 단순히 인간을 민주주의자가 되게 하고, 인간과 역사에 대한 이 단호한 판단에 비추어 보아, 민주 체제의 우수성이 독재 체제들 앞에서 나타날 것이라고 믿게 한다. 따라서 선택은 확실하다. 그런데 민주주의자들은, 특히 앵글로 색슨의 민주주의자들은, 인간이 다른 것을 선택하고 역사가 불확실한 것을 보고, 얼마나 놀래고 또 놀랬는가. 그럴 때 그들은 최선으로 이렇게 말할 따름이다. "그건 사람들이 민주적 현실을 잘 몰라서, 잘못 선택했던 것이다." 우리는 여기서도 진실의 힘에 대한 똑같은 신념을 만나게 된다. 그러나 사실이 그 자체로서 충분하다는 것이, 더는 정확하지 않다. 우리는 물론 일반 법칙을 만들려고 하지는 않는다. 그러나 진실이 자동으로 승리한다는 것을 더는 일반 법칙으로 삼을 수 없음은 확실하다. 그것은 어떤 역사적 시기나, 어떤 진실들에 대해서는 사실이다. 그러나 그것을 여기서는 결코 일반화할 수 없다. 완전히 드러난 진리도 너무 억눌리면 사라지고, 어떤 시기에는 거짓이 가장 강하다는 것을 역사는 보여준다.

진리가 승리하더라도, 진리는 스스로의 힘으로 승리하는가? 결국, 소포클레스Sophocles가 없었더라도, 역사가 보기에는 안티고네Antigone가 옹호한 영원한 진리들은 크레온Creon 앞에서 굴복했을 것이다.2)

그런데 오늘날에는, 민주주의에 대한 확신이나 혹은 정보를 제공하려는 의도는, 선전이 전혀 다른 메커니즘을 가지고 있으며 정보와는 전혀 다른 현실을 적용한다는 사실과 상충한다. 또한 사실들이 선전에 의해 설정될 때만이, 사실들은 이 시대의 사람들이 보기에 실제적이 된다. 선전이 선전에 종속된 사람들에게서 진리의 온갖 기호와 지표를 만들어낸다는 의미에서, 선전은 실제로 진리를 만들어낸다.

현대인에게 있어 진정으로 진리를 만들어내는 것은 선전이다. 이 말은 진리가 선전 없이는 무력하다는 의미이다. 그리고 민주국가들에 던져진 도전에서, 민주국가들이 그 자체로서 진리에 대한 신뢰를 버리고 선전 방법들을 자기 것으로 삼은 것은 아주 중요하다. 그렇게 하지 않는다면, 현재의 문명 추세를 고려해 볼 때 민주 국가는 이러한 방향으로 전개되는 전쟁에서 패할 것이다..

민주적 선전

선전 수단 사용의 필요성을 확신하고서, 이 문제를 연구했던 학자들은

---

2) [역주] 「안티고네」는 고대 그리스의 비극작가 소포클레스가 쓴 희곡이다. 오이디푸스와 그의 어머니이자 아내인 이오카스테 사이의 딸인 안티고네는, 스스로 눈을 찔러 앞을 못 보는 오이디푸스가 거지행색으로 떠돌 때 길 안내를 한다. 오이디푸스가 죽자 테베로 돌아온 안티고네는 왕위를 놓고 싸우는 두 오빠 폴리네이케스와 에테오클레스를 화해시키려 하지만, 폴리네이케스가 에테오클레스를 공격하여 결국 둘 다 죽는다. 그녀의 외삼촌 크레온이 왕위를 차지하는데, 크레온은 에테오클레스만 성대히 장례를 치러주고 폴리네이케스의 시체는 짐승의 밥이 되게 한다. 폴리네이케스를 묻어주려 하다가 크레온에게 붙잡혀 감옥에 갇힌 그녀는 처형당하기 전 목을 매 죽는다. 안티고네는 개인의 양심, 크레온은 국가를 상징하며, 이 둘 간의 갈등이 이 작품의 주제이다.

다음의 문제를 만나게 되었다. 선전을 철저히 이용한 나라들은 독재국가들이었다. 국내적으로는 만장일치를 이루고, 여론을 조작하며, 정부의 결정에 순응하게 하기 위해서였고, 대외적으로는, 냉전을 수행하기 위해, 적국의 여론을 분열하기 위해, 심리적으로 적국을 와해시키기 위해, 적국을 자발적인 희생물로 만들기 위해서였다. 그러나 이 수단들이 주로 독재국가나 전체주의 국가들에 의해 사용되었던 것이 사실이고, 그 구조가 이 수단의 사용에 적합한 민주국가가 그것들을 사용하지 않은 것이 사실이라 하더라도, 이 수단들이 지금도 민주국가에 의해 사용될 수 있을까? 내가 말하고자 하는 바는 독재 국가에 의해 이루어진 선전은 어떤 특징들을 제시한다는 것이다. 이 특징들은 그러한 독재 제도와 분리할 수 없는 것 같다. 민주적 선전은 다른 특징들을 제시해야 할까? 민주적 선전을 만드는 것이 가능할까?

단순한 내용의 차이가 성격의 차이를 의미할 것이라는 생각은 일찌감치 버리기로 하자. "선전이 민주적 사상들을 전파하기 위해 사용되기 때문에, 그 선전은 좋을 것이다. 선전이 나쁘다면, 그건 오직 그 독재적인 내용 때문이다." 이런 자세는 소름끼칠 정도로 이상주의적이다. 이것은 현대 세계의 주요 상황, 즉 수단의 목적에 대한 우월성을 망각한 것이다. 그러나 우리는, 민주주의는 그 자체로 선전의 좋은 '대상'이 아니라고 말할 수 있다. 그리고 그것은 좋은 고민거리이다. 실제로, 선전을 통해 민주주의를 퍼뜨리려고 한 모든 시도는 실패한다. 실제로 민주주의를 좋은 선전 대상으로 만들려면, 민주주의 개념에 깊은 변화가 필요할 것이다. 현재로서는 민주주의는 전혀 그렇지 못하다.

우리는 지나는 길에 다음과 같은 생각을 언급할 것이다. "이런 수단선전을 사용하는 것이 민주주의인 이상, 선전은 민주적이다." 이렇게 간단하고 공격적인 방식으로 표현되지는 않았지만, 이 생각은 대부분의 미국 학자들에게서 발견할 수 있다. 어떤 것도 민주주의를 건드릴 수 없다, 그러나 민주주의는 그것이 손대는 모든 것에 자신의 성격을 옮겨준다. 이러한 편견은 미국적인 민주적 공상을 이해하고, 인민 민주주의에 의한 이 원리의 장악 시도를 이해하는데 중요하다.

이러한 입장은 구체적 문제들로부터 너무나 동떨어지고, 피상적이어서, 그에 대해 논의할 가치도 없다.

게다가 이것들은 주로 에세이스트나 기자들에게서 온 것이고, 선전의 구조와 효과를 심각하게 연구했던 사람들에게서 온 것도 아니다. 이 후자들마저도, 그 대부분은 민주적 성격을 표현하면서도 민주적 게임의 규칙을 변경하지 않는 그런 선전 시스템을 만드는 것이 가능하다고 확신하고 있다. 바로 이것은 민주 체제의 선전에 대해 할 수 있는 이중적 요구이다.

첫 번째 성격은 선전 수단의 독점 방지와 다양한 선전의 자유로 얻어진다고 주장되었다. 독재 국가에서 볼 수 있는 국가에 의한 독점과 선전의 단일성을 보면, 민주 국가들의 신문이나 라디오의 다양성은 사실이다. 그러나 이 사실은 너무 강하게 강조되어서는 안 된다. 비록 국가의 독점 또는 법적인 독점은 없다 하여도, 그럼에도 사실상의 사적인 독점은 있다. 비록 많은 신문사가 있다고 하여도, "신문 체인들"에 의한 집중이 되어 있고, 뉴스·광고·배포 대행사들에 의한 독점도 잘 알려졌다. 영화나 라디오의 영역에서도 마찬가지다. 명백히 모든 사람이 자기의 선전 매체를 소유할 수는 없다. 미국에서는 라디오나 영화사들이 아주 대형이다. 다른 것들은 이차적이고, 대형사들과 경쟁할 수 없다. 그래서 집중화는 계속된다. 세계 어디서나 추세는 강력한 몇몇 대형 회사들이 모든 선전 매체를 장악하는 것이다. 그것들이 아직도 사적인가? 아무튼, 우리가 이미 보았듯이, 민주 국가는 비록 정보의 형태를 띠더라도, 자체의 선전을 할 수밖에 없다.

정보가 민주주의의 불가분한 요소임을 생각하면, 국가가 전달하는 정보는 믿을 수 있어야 한다. 신뢰도가 없다면, 그 정보는 목적을 달성 못 한다. 그러나 어떤 강력한 사적 선전 조직이 그 사실들을 부정하고, 정보를 거짓이라고 파괴해버린다면, 무슨 일이 일어날 것인가? 누가 그것의 진정성을 보장해줄 것인가? 그 토론을 판단하기 위해, 시민은 누구에게 호소할 것인가? 바로 그래서 현실에서는 대화가 일어난다. 그러면 문제는 국가가 이런 사적인 경쟁자, 국가와 같거나 그보다 더 우수한 수단들을 가지고 있고 다른 선전을 해대는 이 경쟁자를 참아줄 수 있을까이다. 국가로서는 그 조직을 제거하거나, 흡수해버리는 것도 전적으로 합법적일 수 있다.

어떤 사람은 이렇게 말할 수 있다. "표현의 자유는 민주주의이다. 선전을 방해하는 것은 민주주의를 침해하는 것이다." 맞다! 그러나 개인이나 소수의 생각이 아니라, 자본적 이익이나 어떤 대중의 이익을 표현하는, 한두 개의 강한 회사에 의해 소유된 표현의 자유는, 한 세기 전에 표현의 자유라고 불리던 것과 정확히 일치하지 않는다는 것을 고려해야 한다. 또한, 소수 사람에게 말하는 표현의 자유는 전국의 모든 방송국을 사용할 수 있는 연사의 표현의 자유와는 다르다는 것을 고려해야 한다. 특히 선전 기술이 문외한은 같은 강도로 얻을 수 없는 충격력을 이 도구들에 부여할수록 더욱더 그러하다.

리브로Rivero는 이 주제에 관해 19세기와 20세기 사이에는 엄청난 차이가 있음을 보여준다.[3] "19세기에는, 생각을 표현하여 여론을 형성한다

---

[3] 리브로(Rivero), "여론 형성 기술", in 여론 1957.

는 문제가 본질적으로는 국가와 개인 사이의 관계 문제, 자유의 정복 문제였다." 그러나 오늘날은, 대중매체로 말미암아서, 개인은 그 전투에서 제거되었다…. 투쟁은 국가와 강력한 집단들 사이에 일어난다…. 다른 한편으로, 논쟁의 쟁점이 더는 생각 표현의 자유가 아니다. 국가 아니면 집단들에 의해, 여론 형성의 기술적 수단이 지배되고 통제된다…. 개인은 더는 거기에 접근할 수 없다…. 개인은 생각의 자유로운 표현을 위해 이러한 경쟁에 참여하는 투사가 아니다. 그는 이 경쟁의 쟁점이다. 그에게 문제는 어떤 소리가 들을 수 있게 허용될지, 어떤 말들이 그를 점령할 힘을 가지게 될지를 아는 것뿐이다…."

바로 이러한 완전한 분석에 비춰서, 우리는 민주주의에서 표현의 자유가 아직도 무엇을 의미하는지 자문해야 한다.

그러나 비록 국가가 모든 선전 수단들을 소유한다 하더라도, 그리고 이것은 정치적, 경제적인 이유로 해서, 그리고 텔레비전처럼, 이 수단들의 계속 더 비싼 비용으로 해서, 계속해서 더욱더 그렇게 될 것이다 민주주의를 특징짓는 것은 다양한 방향의 선전 표현을 허용하는 것이다. 이것은 사실이다. 그러나 모든 의견이 표현되도록 내버려 두는 것은 불가능하다. 부도덕하고 빗나간 의견들은 합법적으로 검열의 대상이 된다. 순수하게 개인적인, 그리고 더 나아가서, 어떤 정치적 경향들은 당연히 배제된다. "자유의 적들에게는 자유가 없다"가 구호가 된다. 민주국가들은 거기에 집착했다. 그래서 제한과 정도의 문제가 생겨난다. 누가 어떤 선전의 도구들을 배제할 것인가? 파시스트들에게 진실의 적들은 공산주의자들이다. 공산주의자들에게는, 자유의 적들은 부르주아들, 파시스트들, 세계주의자들이다. 그러면 민주주의에서는 물론 민주주의의 모든 적들이다.

더 심각한 문제가 있다. 전시에는, 모든 사람이 정보를 제한하고, 통제하며, 국가의 이해에 맞지 않는 모든 선전은 금지해야 한다고 동의한다. 그러면 단일적인 선전이 성장한다. 그래서 이제 다음 같은 문제, 즉 냉전에 대한 언급 문제가 제기된다. 그러나 민주국가들은 다음과 같은 생각을 여전히 품고 있는 듯이 보이지 않는다. 즉, 냉전은 예외적인 상태, 곧 무력을 수반한 전쟁과 비슷한 상태가 더는 아니라, 냉전은 항구적이고 만성적인 상태가 된다는 생각이다.

거기에는 여러 가지 이유가 있다. 나는 그 중 하나, 즉 선전 그 자체를 들어보겠다.

국경 너머 외부로 향하는 선전은 전쟁의 무기이다. 그리고 이렇게 무기가 되는 것은 이 무기를 사용하는 사람들의 의지나, 어떤 이론 때문이 아니라, 매체 그 자체의 결과이다. 선전은 현재 강력한 심리적 변화의 힘을 가지고 있다. 인간의 깊은 곳에 충격을 주기 때문에, 선전은 한 정부에 의해 사용되어 외국으로 향하게 되면 필연적으로 전쟁의 힘이 된다. 선전의 간단한 사용은 없다. 선전으로 만들어진 갈등은 무기에 의한 갈등 못지않게 심각하다. 따라서 이 순간 전쟁 때와 같은 태도를 보이는 것은 불가피하다. 다시 말해 선전은 통합된다..

민주국가들은 거기서 **빠져나갈** 수 없는 듯이 보이는 엄밀한 흐름 속에 사로잡혀 있다.

이러한 민주적 선전의 다른 커다란 모습은, 그 선전이 어떤 가치들에 종속되어 있다는 것이다. 그것은 완전히 고삐 풀려 있지는 않다, 그러나 묶여 있다.[4] 그것은 정념의 도구가 아니라, 이성의 도구이다.[5]

---

[4] 선전은 민주국가에서는 법으로, 권력들의 분할 등에 의해 제한되어 있다.
[5] 예를 들어 크리스(Kris)와 라이티스(Leites)의 "20세기 선전의 경향"을 보기 바람, 그들은 독재적 선전의 슈퍼 에고, 비합리적인 것에 대한 호소와, 민주 국가에서 에고에 호소하는 선전을 대립시킨다.

그래서 민주적 선전은 본질적으로 사실 그대로여야 한다. 그것은 진실만을 말해야 하고, 사실들 위에 기초해야 한다. 이것은 미국 선전에서 확인될 수 있다. 거기서는 정보와 선전이 사실 그대로인 것은 확실하다. 그러나 내가 보기에 이것은 민주주의만의 특징은 아니다. 미국인들이 자기들의 태도를 설명하는 공식은 다음과 같다. "진실은 그 값을 한다", 다시 말해 진실에 기초한 선전은 다른 선전보다 더 효율적이다. 게다가 거짓말에 대한 히틀러의 유명한 문장은 선전의 전형적 특징은 아니다. 여기에는 확실히 어떤 진보가 있다. 즉 거짓말, 허위, 조작은 점점 덜 사용된다. 우리는 이미 그것을 말했다. 즉 정확한 사실들에 따르는 것이 더욱더 일반적인 법칙이 된다.

반면, 미묘한 차이와 어떤 유연성의 사용은 민주주의에 특유한 태도를 밝혀준다. 그 근저에는 인간에 대한 존중이 있다. 이것은 아마 무의식적인데, 점점 더 약해지고 있다, 그렇지만 여전히 긍정적이다. 민주주의자들 중에 가장 마키아벨리주의적인 사람도 피선전자의 의식을 존중해주고, 그것을 간편하게, 경멸적으로 이용하지는 않는다.

인간 존중의 전통이 아직 지워지지는 않았다. 그래서 이것은 여러 가지 결과들을 부른다. 우선 그것은 선전을 제한한다. 민주 국가는 어떤 상황에 몰려야, 어쩔 수 없이 선전을 사용한다. 그리고 그 상황이 변하자마자, 선전을 중지한다. 따라서 전통적으로는, 전쟁이 끝나면 중지한다. 사적이고 내적인 선전은 계속 유지되는 반면에, 국가의 외적 선전은 소실된다. 게다가 이런 선전은 부분적이고, 인간의 삶 전체에 관여하려 하지 않으며, 행동 전체를 이끌려 하지 않고, 개인을 결정적으로 자기 것으로 삼으려 하지 않는다. 이런 선전의 세 번째 특징은 동전의 양면을 본다는 것이다. 민주적 태도는 흔히 대학의 태도와 아주 가깝다. 여기에는 일도양단적인 진실이 없다. 사람들은 적에게서도 어느 정도 좋은 점을, 어느 정도의 정의와 이성을 인정할 줄 안다. 어떤 미묘한 차이가 있다. 전시를 제외하고는, 한편에는 선, 다른 편엔 악으로 엄격하게 나누지 않는다.

마지막으로, 민주적 선전자나 혹은 민주 국가는 이러한 방식을 사용하면서 아주 일반적으로 양심에 가책을 느낀다. 낡은 민주적 의식이 아직도 방해를 하고, 아직도 이것의 사용을 무겁게 누른다. 사람들은 거기에는 뭔가 비합법적인 것이 있다는 감정을 갖는다. 그래서 민주적 선전자가 전적으로 선전에 투신하려면, 그 자신의 선전을 믿어야 한다, 다시 말해 선전을 하면서 자신의 신념을 지녀야 한다.

라스웰Laswell은 선전의 기술과 관계되는, 민주적 선전과 독재적 선전의 차이를 제시한다. 그는 '대비적 선동'과 '적극적 선동'을 구분한다. 대비적 선동은 권력이 관여하지 않는 효과를 대중 속에 일으키려고 실험자나 혹은 권위자에 의해 촉발된 자극으로 이뤄진다. 이것은 라스웰에 따르면 독재체제의 전형적인 유형이다. 반대로 적극적 선동은, 다정스럽게 내민 손으로 상징되는데, 이 선동은 권력이 실제로 경험한 것으로 이루어진 자극이고, 권력이 대중으로 하여금 함께 나누게 할 따름인 자극이다. 이것은 상호 교감적 행위이다. 이러한 대비는 총체적으로, 그리고 너무 세세하게 따지지 않는 조건에서, 정확하다.

이 모든 것은 선전과 마주한 민주국가들의 현재 실제 상황을 나타내고, 선전을 전제적이고 독재적인 수단들과 구분하는 것이다. 그런데 나는 이런 민주적 선전에 대해 아주 혹독한 판단을 내리지 않을 수 없다. 즉 내가 기술한 이 모든 특징은 비효율적인 선전을 특징짓는다. 사람들이 내적 자아에 대한 존중심을 지니고 있는 한, 깊은 생각을 거치지 않은 행동 유발이라는 모든 선전의 이상적인 목적을 위한 꽤 깊숙한 침투는 거부된다.

사람들이 미묘한 차이를 지니고 있는 한, 모든 주장은 단호하고 배타적이어야 한다는 이 분야에서 가장 대단한 법칙은 옆으로 밀려난다. 사람들이 부분적으로 남아 있는 한, 신비적인 것은 사용되지 않는데, 신비적인 것은 잘 만들어진 선전에서는 필수불가결하다. 민주적인 선전자가 양심의 가책을 느끼는 한 좋은 작업을 할 수 없고, 그가 자기 자신의 선전을 믿는 한 역시 좋은 작업을 할 수 없다. 그리고 라스웰의 구분에 관해서는, 선전의 기술은 상황에 따라서, 이런 형태 아니면 다른 형태를 요구한다. 그리고 어떤 경우든, 선전은 정부와 대중을 분리하게 된다. 이것은 이것은 기술에 관한 나의 저서에서 다루었던 똑같은 분리로서, 이 분리는 일종의 기술자 귀족 계급을 형성하고, 국가의 구조를 변경하게 된다.

라스웰의 분석에 따르면, 대비적 선동에 기초한 선전은 하나의 독재체제를 표현한다. 나는 차라리 귀족체제라고 하겠다. 그러나 바로 거기에 유명한 '대중 민주주의'가 상응한다. 결국엔, 모든 선전은 권력에 의한 대중의 조종 수단으로 끝나게 되어 있다. 아무리 국가와 피통치자들 사이에 신뢰와 교감을 유지하려고 하여도 마찬가지다

진정한 선전자는 외과의사처럼 차갑고, 냉정하며, 엄격해야 한다. 주체가 있고 객체가 있다. 자기가 말하는 것을 믿고 자기 자신의 선전 속에 말려드는 선전자는 사랑하는 사람을 수술하거나, 자기 가족을 심판하는 법관처럼 약점을 갖게 된다. 오늘날 이 도구를 사용하려면 과학적 정신을 가져야 한다. 이것은 최후 몇 년 동안 히틀러식 선전에서 확인할 수 있는 약점이었다. 명백히, 1943년 이후부터는, 괴벨스 자신이 그 선전의 내용을 믿는다는 것이 눈에 보였다.

따라서, 어떤 민주적인 근본 양상들의 유지는 선전을 마비시킨다. 따라서 "민주적" 선전은 없다. 그럴 경우는 비효율적인, 마비된, 보잘것없는

선전만 있다. 그리고 이것은 선전의 다양성에 대해서도 우리가 할 수 있는 똑같은 판단이다. 여러 개의 선전이 허용되면, 그것들은 직접적 목적에 대해 효력이 없다. 민주 국가 시민에 대한 이런 선전들의 비효율성에 대해서는 더 길게 분석을 해야 할 것이다. 그러나 여기서는 전체주의적 국가의 선전 앞에서, 민주 국가의 선전은 압도당한다는 것만을 강조하자, 다시 말해 우리의 선전은 그 역할을 제대로 하지 못한다. 그러나 우리가 당면한 도전 앞에서, 우리의 선전은 효율적이어야 한다. 따라서 민주주의의 특징이지만, 마비적인 이 특징들을 포기해야 한다. 효율성과 인간 존중은 함께 결합할 수 없다.

마지막으로 간략히 언급하고 넘어갈 요소가 있다. 드리앙쿠르 Driencourt, 6)는 선전은 본질적으로 독재적이라고 증명하였다. 그것이 독재국가에 속해서가 아니라, 모든 것을 흡수하는 경향을 보이고 있기 때문이다. 이것은 그가 발견한 가장 훌륭한 점이다. 이것은, 일단 사람이 이 길로 들어서면, 적당히 머물 수 없음을 의미한다. 선전을 효율적으로 만드는 모든 도구, 모든 방법을 사용해야 한다. 민주국가들이 자신들의 신중함과 미묘한 차이를 포기하고, 효율적인 선전 행동에 단호히 가담하기를 기대해야 한다. 그리고 최근 10여 년 전부터 그것을 확인할 수 있다 그러나 이 효율적 선전은 그후 부터는 그 특이한 민주적 특성들이 있지 않을 것이다.

이제는 선전이 민주주의에 미치는 효과들을 검토해야 한다. 그것을 위해, 외적 선전과 내적 선전을 구분해야 한다. 선전이 중립적인 도구에 불과하고, 인간이 자신은 영향받지 않으면서 사용할 수 있다는 그런 착각을 해서는 안 된다. 선전은 라듐과 비교될 수 있고, 방사선 전문가에게 닥치는 일은 잘 알려져 있다.

---

6) 드리앙쿠르, 『선전, 새로운 공적 힘』, 5장.

국제적 선전의 영향

국제 정치 분야에서, 그리고 외부로 향한 선전에서, 더는 사적인 선전이나, 선전적 다양성은 거의 없다. 외국 정부에게 복종하는 따라서 자국 정부와는 다른 선전을 하는 정당들도 자기들의 선전은 내부로 집중한다. 그런데 이 유일한 선전은 어떤 성격을 띠고, 민주주의에는 어떤 영향을 주는가?7) 이 선전은 특히 정보의 영역에서 존재할 수 있는가?

외국을 겨냥한 단순한 정보는 근본적으로 소용이 없다는 증거는 오늘날 풍부하다.8) 문제가 국가에 대한 적대성을이런 적대성은 우방국들 사이에도 존재한다 극복하는 것이라면, 또한 문제가 다른 정부에 소속됨을 극복하고 간혹은 심리적인 다른 역사적 세계에 소속됨을 극복하는 것이라면, 결국 문제가 현존하거나 혹은 지나간 대립된 선전에 소속됨을 극복하는 것이라면, 그것이 무엇이든 정보를 기대해보았자 아무 소용없는 일이다. 순수한 사실, 곧 진실은 이러한 장벽들에 맞서 아무 것도 할 수 없다. 그런 사실은 믿어지지가 않는다. 몇몇 예외외국 군대에 의한 점령, 정부에 대한 격렬한 저항, 프랑스 공산당 혹은 알제리 전쟁 중 프랑스에서 민족해방전선의 선전과 같은 외국 군대를 대변하는 선전조직체에 의해 나라 안에서 진행된 캠페인를 제외하고는, 국민은 외국 군대가 말하는 것보다는 자신의 정부가 말하는 것을 더 쉽게 믿는다. 아무리 사실들이 입증된다 해도 국민의 신념에 손상을 주지 않는다. 실제로, 어떤 선전이 외국에서 대중의 의식 속으로 파고들고자 한다면, 신화를 통해서만 그렇게 할 수 있다. 그 선전은 실제로 경험도 제시할 수 없고, 가부를 따지는 단순한 논쟁도 제시할 수 없으며, 미리 존재하는 감정들에

---

7) 헤르츠(Hertz)는 외적 선전이 어떻게 내적 선전에 영향을 주는가를 잘 보여주었다.
8) 여기서는 특히 공산주의 국가들에 대한 선전을 말한다.

호소하지 않는다. 그 선전은 깊은 생각을 거치지 않고서 존재 전체를 가담시키는 감정적 성격을 띤 '추진 이미지' image motrice, 다시 말해 신화를 만들어낼 수밖에 없다.

그러나 그렇게 하면서, 민주주의는 잘 헤아려 보아야 할 길로 들어선다. 우선 민주주의는 인간을 비합리적인 상태에 집어넣고 '막연한 힘'에 내맡기려고, 합리적이고 의식적인 상태로부터 인간을 끌어내는 게임을 하기로 수락한다 그런데 우리는 이미 이러한 게임 속에서는, 그것을 믿는 사람은 더는 자신의 지배자가 아니고, 이렇게 풀린 힘은 거의 통제되지 않는다는 것을 알고 있다. 달리 말하면, 민주 국가들의 신화적 선전은 결코 피선전자들에 민주주의를 받아들이게 준비시키는 것이 아니라, 그들의 전체주의적 경향을 강화한다. 그러면서 기껏해야 이러한 경향에 다른 표시를 부여할 따름이다. 우리는 그에 대해 다시 언급할 것이다. 그러나 특히, 우리는 민주국가가 사용해야 할 신화가 무엇인가를 자문해보아야 한다. 경험적으로, 우리는 민주국가들이 평화, 자유, 법 등의 신화들을 사용했음을 보았다.

이 모든 것은 이제는 싫증이 나고, 또 모든 사람이 이 단어들을 사용하기에 더욱더 받아들여지지 않는다. 그런데 선전적 신화는 특수해야 한다. 그런 점에서 '붉은 피' 나 '조국의 땅' 과 같은 신화는 상당히 주목할 만했다. 민주주의를 위해 다른 무슨 특별한 것이 남아 있을까? 신화적 내용을 구성하지 못할 것 같은 주제들복지, 선거권이나, 민주주의 그 자체이다.

일반적 생각과는 반대로, 민주적 신화는 전혀 소진되지 않았고, 아직도 좋은 선전 요인을 제공할 수 있다. 공산 독재 체제들도 민주주의를 선전의 발판으로 삼는다는 사실이 그런 점에서 그 가치를 증명해준다. 다른 한편, 민주주의가 하나의 신화로서 제시되고, 구성되며, 조직되는 한, 그것은 좋은 선전의 대상이 될 수 있다. 선전은 신념에 호소한다. 즉, 선전은 잃어버린 낙원을 향한 도약을 재현하고, 근본적인 두려움을 이용한다. 오직 이런 양상 아래서만 민주적 선전은 비민주적 외국 속으로 파고들 기회가 있다. 그러나 그러면 그 결과들을 고려해야 한다.

첫 번째는, 민주주의를 신화로 변경하는 작업은 민주적 이상을 변형시킨다. 왜냐하면, 민주주의란 원래 신화가 되려고 만들어졌던 것이 아니기 때문이다. 그 문제는 아주 일찍 1791년부터 제기되었다. 우리는 자코뱅주의가 민주주의를 어떻게 만들어버렸는지 안다. 그런데 자코뱅주의가 국가를 구했다는 말을 정확히 이해해야 한다. 자코뱅주의는 공화국을 구했다고 주장했다. 그러나 민주주의의 특징인 모든 것을 제거하면서 자코뱅 체제를 구했던 것이 명백하다. 우리는 여기서 1793~1795년 사이 민주주의의 폐지에 대한 신화의 영향을 길게 분석할 수는 없다. 민주주의는 여론의 표현이기 때문에, 민주주의는 신앙이나 신념의 대상이 될 수 없다. 여론에 기반을 둔 체제와 신념에 기반을 둔 체제 사이에는 근본적인 대립이 있다.

민주주의를 가지고 신화를 만드는 것은, 민주주의의 반대를 제시하는 것이다. 과거의 신화들을 이용하고, 새로운 신화들을 창조하는 것은 원시적 정신 상태로 퇴행하는 것이라는 사실에 유의해야 한다. 물질적이거나 제도적 진보가 그러한 퇴행에 대한 방어가 된다고 믿는 것은 절대적으로 헛된 일이다. 우리는 이미 원시적 정신 상태를 위해 사용되었던 물질적 진보의 예를 가지고 있다. 신비주의적 감정의 환기는 민주적 감정의 거부이다. 많은 문제가 그러한 다양한 신화들 때문에 미국에서 생겨난다. 예를 들어 KKK단Ku Klux Klan, 미재향군인회American Legion, 파더 디바인Father Divine 같은 것들이다. 이러한 형태들은 비민주적인 것들이다. 그러나 그것들은 지역적이고, 부분적이며, 사적인 것들이다. 신화가 공공연해지고 일반화되며 공식적이 되면, 또한 반신비주의적인 것 자체가 신비주의의 대상이 되면, 문제는 아주 심각해진다.

물론 우리는 민주적 선전은 외적인 사용을 위해 만들어졌다고 말했다. 이미 전체주의적 선전에 물든 국민에게는, 오직 신화만이 침투할 수 있다. 그럼에도, 이 신화는 그들의 행동을 바꾸지 못하고, 그들의 정신 상태를 바꾸지 못한다. 신화는 단지 이미 존재하는 틀 속으로 들어가서, 거기서 새로운 믿음들을 만들 뿐이다. 그러나 일들을 이런 식으로 보는 것은 두 가지의 결과를 내포한다.

우선, 우리는 이런 외적 민주적 선전이 하나의 무기이고, 심리전에 관계되며, 우리가 적의 생각에 맞춰 적응하고 있음을 인정하는 것이다. 그리고 또 우리의 선전에 종속된 국민이 민주적이 되기를 우리는 바라지 않고, 우리가 그 민족을 정복하기를 바란다는 점을 인정하는 것이다. 실제로, 우리가 신화를 이용하여 그 민족에 영향을 미치는 것은, 그 민족이 반민주적인 정신 상태, 행동, 생활 개념 속에 있음을 확인하는 것이다. 그것은 우리가 그 민족이 민주적인 국민이 되도록 준비시키는 것이 아니다. 왜냐하면, 한편으로, 우리는 독재 정부들의 행동 방식을 강화하거나 계속하기 때문이고, 다른 한편 우리는 그 국민에게 다른 방식으로 다른 것에 동조하고자 하는 욕구를 줄 수 없기 때문이다. 실제로는 그 민족이 단지 다른 정부 형태에 불과한 것에 마찬가지로 동조하게 된다. 그런데 이것은 그 국민이 어떤 것에 동조하는 일을 바꾸는데 충분한가? 바로 이것이 독일과 일본에서 민주적 선전의 문제이다.

두 번째로, 이것은 우리가 민주주의를 하나의 추상으로 생각한다는 것을 내포한다. 왜냐하면, 우리가, 선전적 틀 안에서 다른 생각들을 주입하는 것으로 선전의 성격을 바꾸는데 충분하다고 생각한다면, 그것은 우리가 민주주의를 어떤 개념이나 혹은 이론으로 바꾸어 버리기 때문이다. 선전은 그 내용이 무엇이건, 어떤 특수한 심리와 정해진 행위를 만들어내고자 한다. 선전의 대상들이 무엇이건, 심리와 행위는 근본적으로 똑같다. 피상적으로는 착각을 일으키게 하는 차이들이 있을 수 있다. 예를 들어 '국가를 대상으로 했던 파시스트 선전과, 종족을 대상으로 했던 나치의 선전은 그들 대상의 차이 때문에 달랐다' 라고 말하는 것은, 학술적으로 지나치게 세세히 구분하는 함정에 빠지는 것이다. 그러나 비민주적 행위를 심는 수단들에 의해 퍼진 '민주적 생각' 은 그의 존재 속에서 전체주의적 인간을 강화할 따름이다.

다른 한편, 이것은 이러한 민주적인 겉모습이나 "민주주의·대상"이라는 신화가 극도로 허약하다는 것을 고려하지 않은 것이다. 사실, "선전 대상은 선전 형태에 늘 동화되는 경향이 있다"는 것은 선전의 근본 법칙 중 하나이다. 현대 세계의 여러 다른 영역들과 마찬가지로, 이 영역에서도 자신의 법칙을 강제하는 것은 바로 수단이다. 달리 말해, 대상은 선전 자체가 전체주의적이기 때문에 전체주의적이 되는 경향이 있다. 민주주의를 신화로 바꾸는 필요에 대해 말했을 때, 내가 의미하고자 하는 바는 정확히 이것이었다.

따라서, 이러한 선전은 전쟁의 수단으로는 효율적일 수 있다. 그러나 그것을 사용하면서 우리는 민주주의의 가능성도 파괴한다는 것을 알아야 한다.

우리는 이러한 선전이 외부용이었고, 신화는 외부를 향해 있었다고 말했다. 그러나 사람이 이러한 제한을 가할 수 있을지 확실치 않다. 한 정부가 민주주의적 이미지를 이런 방식으로 세울 때에, 그 정부는 내부와 외부를 서로 철저하게 구분할 수 없다. 국경이라는 것은 개념 위에서는 작용하지 않는다, 특히 민주주의적 시스템에 관한 경우일 때는 더욱 그렇다. 이제부터 이런 선전을 만든 국가의 국민도 이 이미지가 우수하다고 설득될 것이 틀림없다. 그 국민은 그 이미지를 알게 될 뿐만 아니라, 그걸 따른다. 이것은 경우에 따라서는 선전적 거짓에 한계가 된다. 즉 민주 정부는 정치의 근본적으로 부정확한 거짓 양상을 외국에 제시할 수 없다. 이것이 모든 독재 시스템에는 가능하지만 말이다.

그러나 이러한 국내와 국외의 대립이 두 방식으로 완화된다고 보아야 한다. 한편으로는, 민주국가의 국민도 다소간 그런 해외용 선전에 영향을 받고, 국가적 자부심 때문에 자국 정부의 이상주의적 선전을 받아들인다. 다른 한편 독재국가의 정부들도, 내가 말했듯이, 선전에서는 진실이 제값을 한다는 것을 고려하게 된다. 그로부터 1944년 괴벨스에 의해 채택된 최종적인 선전 형태가 나온다.

그래서 외부용으로 제작된 신화도 내부에 알려지게 되고, 내부에서 반향을 일으킨다. 그리고 누가 국민에게 이 수단으로 영향을 주려고 하지는 않았다 해도, 국민은 간접적으로 반응한다. 따라서 해외용으로 자국 정부에 의해 제작된 신화가 민주 국가의 국민에게 미치는 영향에 대해 연구해야 할 것이다. 이 반향들은 본질적으로 어떤 일체감 형성으로 이끌어줄 것이다.

이것은 정부가 아주 금방 마주치게 되는, 일차적인 아주 간단한 결과이다. 하나의 신화신념을 일으키는 이미지는 어떤 완화, 적당주의, 또는 모순을 용납하지 않는다. 사람은 믿거나 믿지 않는다. 민주주의적 신화는 이러한 일관된, 단호한 형태를 제시해야 한다. 그것은 다른 신화들과 똑같은 성격이다. 그 신화가 외부에서 어떤 신뢰의 힘을 가질 수 있으려면, 내부에서도 반박되어서는 안 된다. 나라 안에서, 외국인을 향한 다른 목소리가 솟아나서 이 신화를 파괴해서는 안 된다.

예를 들어 알제리를 향한 어떤 선전이, 국내에서 즉각 반박되었을 때, 그 선전이 가능하리라고 믿을 사람이 있겠는가? 어떻게 외국인이나 알제리인들이 드골 장군이 프랑스의 이름으로 한 약속을 심각하게 받아들일 수 있을까? 한 신문이 즉각 프랑스는 그런 동의를 한 적이 없다고 선언하는 데 말이다. 이러한 단순한 분열은 어떤 결과의 산출 가능성을 파괴한다. 민족해방전선은 프랑스가 드골을 지지하지 않는다고 아는데, 그렇다면 왜 조약을 체결하겠는가?9)

따라서 이 때문에 정부가 구현한 민주주의에 국민이 만장일치로 동조하지 않는 것을 보여주는 이 반대들은 제거될 것이다. 그러한 반대는 선전의 효율성을 가장 완벽하게 파괴할 수 있다. 더군다나 그런 선전이 다수의 지지를 받는 정부가 만들었는데 말이다. 소수당은, 그가 비록 민주적이라 해도, 이 선전이 정부에서 왔기 때문에, 거기에 반대하는 경향을 보일 것이다. 우리는 이것을 1945년 이후에 프랑스에서 보았다. 그래서, 비록 그 소수당이 민주주의 개념에는 동의하더라도, 이 민주적 신화에는 적대성을 보일 것이다. 여기서도 정부는 만약 자기가 하는 선전의 효율성을 지키고 싶다면, 소수당의 표현 가능성을 제한하지 않을 수 없게 된다. 다시 말해 민주주의의 본질적 성격 중의 하나를 공격할 것이다. 우리는 이미 전시에는 정확히 이런 식으로 공격하는 데에, 다시 말해 검열에 익숙해져 있다. 그리고 우리는 여기서 훨씬 위에서 언급된 사실을 보고 있다. 즉 선전은 그 자체로서 전쟁 상태이다. 선전은, 인위적으로 실현된 국가의 만장일치를 강요한다. 선전은 반대 경향과 소수당을, 전적이고 공식

---

9) 이러한 비일관성, 따라서 신화의 비효율성이 3년 이상 협상이 실패한 주요 이유였다.

적으로는 아니더라도, 최소한 부분적이고 간접적으로라도, 제거하기를 요구한다.

우리가 이런 생각을 계속 따라가 본다면, 다른 사실이 떠오른다. 신화가 어떤 실제적 무게가 있으려면, 그것은 이미 민중의 믿음 속에 뿌리내리고 있어야 한다. 달리 말하면, 아무리 현대적인 강력한 물질적 수단들 위에 실린다 하더라도, 어떤 신화를 다짜고짜 외국으로 퍼 나를 수는 없다. 이 이미지는 그것이 이미 그전에 믿어지지 않으면 아무 힘이 없다. 신화는 믿음들이 전염성이 있기에 전염성이 있다. 따라서 민주주의 국민이 그 신화를 믿는 것이 꼭 필요하다. 반대로 정부 자신이 거기에 집착하는 것은 유용하지 못하다. 그러나 정부는 자신의 선전이 외부와 내부를 향해 똑같아야 한다는 것을 알아야 하고, 국내의 국민이 거기에 추종해야 외부 선전이 강해진다는 것을 알아야 한다. 이것은 미국이 1942년에서 1945년 사이에 확실히 깨달았다 그리고 신화가 나라 전체의 믿음을 나타낼수록, 더 효율적일 것이다. 따라서 그것은 만장일치를 가정한다.

우리는 어떻게 모든 선전이 개인숭배를 발전시키는지를 보았다. 그런데 이것은 특히 민주국가에서 더 확인된다. 명백히 거기서는 개인을 찬양한다. 민주주의자는 익명을 거부하고, "대중"을 거부하며, 기계화를 거부한다. 그는 인간적 체제를 원하고, 거기서 인간들이 인격체이기를 원한다. 그는 국가의 지도자들이 인격체이기를 원한다. 그래서 선전은 그에게 그러한 그대로의 인간들을 제공해야 한다. 선전은 인물을 창조해야 한다. 물론 우상숭배 수준에 해당하지는 않지만, 선전이 잘 만들어진 순간부터 반드시 우상숭배가 이루어지게 마련이다. 그리고 이러한 우상화는 훈장이 주렁주렁 달린 제복을 입은 사람이나, 파란 노동복을 입은 사람, 또는 모자를 쓴 평상복 인물, 누구에 대해서나 할 수 있다. 거기에는 아무런 차이가 없다. 이것은 대중의 감수성에 선전을 단순히 적용시키는 일이다. 민주적 대중은 제복은 거부하지만, 잘 제시되었다면 모자는 우상화할 것이다. 정치 지도자나 인물의 창조 없이는 선전이 있을 수 없다. 그리고 민주국가는 다른 체제만큼이나 신속하게 인물 숭배에 매진한다. 클레망소Clemenceau, 달라디에Daladier, 드골de Gaulle, 처칠Churchill, 루스벨트Roosevelt, 맥아더Mac Arthur는 명백한 예들이다. 그리고 흐루시초프는, 그 이상인데, 처음에 인물 숭배를 비난하고 나서, 똑같은 역할에 들어간다. 다르기는 하지만, 똑같은 용이성과, 똑같은 필요에 복종한다. 국가의 일체감이 필요하다. 이 일체감은 한 인물 속에서 구현된다. 그 인물 속에서 모든 사람은 자기를 재발견하고, 그 속에서 모든 사람은 희망하고 자신을 투영하며, 그를 위해서라면 모든 것이 가능하고 허용된다.

이 일체감의 필요는 민주국가에서 선전의 문제를 연구했던 학자들에 의해 인정된다. 그들은 이러한 일체감은 민주주의의 낡은 형태로부터 "대중적이고 진보적인 민주주의"라는 새로운 형태로의 이동을 가정한다고 주장한다. 다시 말해 추종적인 민주주의로서, 모든 사람이 똑같은 신념을 갖는 체제이다. 이 신념은 원심적인 신념이어서는 안 된다. 다시 말해 다양한 방식들로 표현되고, 특히 극단적인 다양성들 속에서 구성되어서는 안 된다. 그 반대로 구심적 신념으로서, 거기서는 모든 것이 일방적인 방향에 따라 재단되고, 민주주의는 단일 목소리로 표현될 것이다. 그리고 표현 형태들을 넘어서, 고정된 의식과 제식에까지 이르게 될 것이다 (바로 이것은 우리가 말했던 신화의 사회적 형태이다). 이것은 다른 한편에서는, 시민이 온몸을 바쳐 참여하는 참여적 민주주의일 것이다. 그의 전 인생, 그의 동작들은 주어진 사회 시스템에 통합될 것이다. 그리고 이 작가 중의 한 사람은 그 예로서⋯뉘른베르그Nuremberg 의회를 든다! 정말

이상한 민주주의의 예이다.10)

　아무튼, 이러한 통일적이고 단일적인 사회 형태만이 국외에서 효율적일 수 있는 선전을 만들어낼 수 있다는 것은 사실이다. 그러나 우리는 이 사회가 아직도 민주 사회인가를 자문해야 한다. 소수당과 야당을 더는 품고 있지 않은 이런 민주주의는 무엇일까? 분명히 민주주의가 단지 여러 당의 게임이라면, 야당이 있을 수 있다. 그러나 국가의 제안에 따라 국민이 참여할 수도 있는 성대한 의식이 있는 대중 민주주의를 누군가 우리에게 제시한다면, 그것은 우선 국가와 정부 사이의 혼동을 가정한다. 이어서 그것은 참여하지 않는 사람은 더는 단순한 반대자가 아니라, 이 참여 속에서 표현되는 국가적 공동체로부터 배제된다는 것을 가정한다. 이것은 실제로 놀라운 민주주의적 구조의 변형이다. 왜냐하면, 거기서는 국가에 대한 반대인 소수당을 더는 존경할 수 없으며, 이 소수당을 더는 선전의 수단이 없어서, 또는 최소한 국가가 가지는 것과 경쟁할 수 있는 것이 아무것도 없어서 실제로 자신의 목소리를 들리게 할 수 없다.

　선전으로 만들어진 신화의 효과가 실제로 언제나 똑같고, 언제나 반민주적이기 때문에 더욱더 소수파는 들려질 수 없다. 그러한 사회-정치적 형태에 참여하고, 게다가 신화에 해당하는 진실의 전체 의미가 주어진 사람은 반드시 광신적인 신봉자가 된다. 수없이 반복되어서, 그의 무의식 속에 여러 다양한 형태로 파고들어가 있는, 선전에 의해 전달된 이 진실은 참여하는 모든 사람에게 절대적 진실이 되고, 거기에 대해 토론한다는 것은 거짓과 뒤틀린 심정을 가지지 않고는 할 수 없는 일이다. 민주적 시민도 흔히 말하는 '정신병'에서 자유롭지 않다. 그런데 이 선전은, 최소한 효율적이기를 바란다면, 이런 정신병들을 가정한다. 또는 퍼뜨린다

---

10) 라크루아(Lacroix), in 『에스프리』, 1946년 3월.

국민이 신화를 믿지 않으면, 이 신화는 독재국가의 선전에 대항해 싸우는데 아무 소용이 없다. 그러나 국민이 그걸 믿으면, 국민은 이런 신화들의 먹이가 된다. 이 신화들은, 민주적이 되었다고 하지만, 그래도 다른 신화들과 똑같은 특징들을 포함하고 있다. 특히 그 특징 중 하나는 믿는 자들이 보기에는 아무 것도 의심할 수 없다는 것이다. 그런데 이것은 즉각 오류로 규정되는 반대되는 모든 진실을 없애는 경향이 있다. 선전의 대상이 되면, 민주주의는 독재와 똑같은 전체주의적, 권위적, 배타적이 된다.

어떤 신화를 추종하는 국민의 열광과 찬양은 필연적으로 강경과 분파주의를 부른다. 예를 들면 민주주의 신화는 콩방시옹Convention: 1792~1795년에 걸쳐 열린 프랑스 혁명 의회 아래서 모습을 드러냈다. 거기서도 우리는 대형 의식들과 만장일치를 위한 노력과 함께, 대중 민주주의의 형태들을 보았다. 그렇다면, 그것이 아직도 민주주의였는가? 엄격한 순응주의에 속하지 않은 모든 것을 미국적이지 않다unamerican고 비난하는 미국의 도덕적 관행 속에서도, 똑같은 어떤 혼탁함이 있지 않은가? 그런데 '미국적이지 않다'라는 이 용어가 우리에게는 아주 모호한데, 미국에서는 그것이 신화에 대한 믿음에서 나왔기 때문에 아주 확실하다. 이러한 믿음을 부추기려 하는 것과 선전이 회피할 수 없는 이러한 열광의 길로 국민을 던져 넣는 것은, 실제로 이 국민에게 감정을 부여하는 것이고, 민주주의에서 삶과 양립할 수 없는 반사작용을 불러일으키는 것이다.

왜냐하면 결국 이것은 문제이기 때문이다. 즉 민주주의는 단순히 정치적 조직 형태만은 아니고, 단순히 이데올로기만은 아니라, 우선 삶을 이해하는 어떤 방식이고 행동이다. 민주주의가 단지 정치적 조직 형태라면, 문제는 없다. 선전은 거기에 맞출 수 있다. 이것이 제도적인 논거이다. 즉 국가적인, 단일적인, 중앙집중적인 선전 시스템이 없어서, 선전은 민주적이다. 마찬가지로 우리가 단지 이데올로기와 관계하고 있다면, 거기서도 어려움은 없을 것이다. 즉 선전은 어떤 이데올로기라도 전달할 수 있다. 앞에서 언급한 유보들과 함께 따라서, 예를 들면, 공화국적 교리도 전달할 수 있다. 그런데 민주주의가 관용, 존경, 절제, 선택, 다양성 등으로 이뤄진 존재 방식이라면, 행동과 감정에 대해 작용하고, 그것들을 깊은 곳에서 변경하는 선전은 인간을 더는 민주주의를 감당할 수 없는 자로 만들어버린다. 왜냐하면 이 사람에게는 민주주의적 행위가 더는 없기 때문이다.

선전은 신화를 전파해서 민주주의적 행동을 창조할 수 없다. 그런데 신화 전파는 외부적으로 선전할 수 있는 유일한 방법이고, 그럼에도 국민의 내부적인 행동을 변화시킨다. 우리는 국내 선전의 효과들을 검토하면서도 똑같은 문제를 보게 될 것이다.

국내 선전의 영향

우리는 앞에서 선전은 민주주의의 내적인 삶을 위해서도 필요한 것이 되었음을 증명하려고 하였다. 실제로 국가는 공식적인 진실을 표명하지 않을 수 없다. 이것은 아주 심각한 변화이다. 국가가 어떤 행위나 품위를 위해 그것을 하려고 하지 않는다 해도, 국가가 그의 정보 기능을 수행하고자 할 때는 그렇게 하게 된다.

우리는 정보의 발달이 어떻게 필연적으로 선전의 필요로 이끄는지 이미 보았다. 이것은 다른 어느 곳보다 민주적 시스템에서 더 진실이다.

정보가 설명 체계에 따라 정돈된다는 조건에서, 또 정보가 지성에 뿐만 아니라 '마음'과 활력에 말을 거는 결합체 속에 위치한다는 조건에서 대중은 정보를 받아들인다. 이것은 정확히, 대중이 선전을 원한다는 것을 의미한다. 그러나 모든 것에 대한 설명을 한다고 주장하는, 따라서 진리에 대한 설명을 한다고 주장하는 어떤 정당이 선전을 하게 내버려두기를 국가가 원하지 않는다면, 국가 자신이 선전을 해야 한다. 따라서, 민주 국가는, 그럴 의도가 전혀 없다 하더라도, 그리고 국가가 정보를 제공해야 한다는 필요 때문에, 선전을 하는 국가가 된다. 이것은 법적이고 이데올로기적인 큰 변화이다. 실제로 이때부터, 국가는 공식적인, 일반적이고 명백한 진실을 공표할 의무가 있다. 따라서 국가는 더는 객관적일 수도 자유로울 수도 없다. 국가는 지나치게 정보가 주입된 국민에게 '지적 자료체' corpus intelligentiae를 제시할 수밖에 없다. 이 체계에 자신의 권위를 부여하는 국가가 틀릴 리가 없기 때문에, 국가는 경쟁을 용인할 수 없다. 그렇지 않고서 국가가 자신의 시민에게 조롱거리가 된다면, 국가는 자신의 선전과 더불어 자신의 정보가 사라지게 한다. 국가의 정보는 선전이 믿어지는 한에서만 믿어질 따름이다.

이러한 진리는 일반적이어야 한다. 왜냐하면 정보의 대상인 사실들은 점점 더 복잡해지고 삶의 더 큰 분야들을 통합하기 때문이고, 이 사실들을 정돈하는 체계는 삶의 모든 활동을 포함해야 하기 때문이다. 이 시스템은 정보에 의해 시민의 의식 속에서 일어난 다양한 문제들에 대한 포괄적인 대답이 되어야 한다. 따라서 그것은 필수적으로 일반적이고 복수가치적이어야 한다. 그것은 하나의 철학이나, 형이상학이 아니다, 왜냐하면 이런 것들은 소수의 지성에 호소하기 때문이다. 이 체계를 규정짓기 위해, 우리는 오래된 원초적 개념인, 기원 신화로 거슬러 올라가야 한다. 실제로, 한 민주 국가에서 정보 체계에 상응하고, 또 시민의 혼란을 제거하고자 하는 선전은 시민에게 하나의 기원 신화를 제공해야 한다.

이것은 만약 시민이 다음과 같이만 할 수 있다면 필요 없을 것이다. 즉 하루 3-4시간만 일하고, 하루에 4시간 정도 개인적 사색과 문화 활동을 할 수 있다면, 전체 시민이 대학 교육을 마친 정도의 교양을 갖췄다면, 시민의 도덕 교육이 그들의 감정과 이기주의를 조절할 수 있다면 말이다. 그런데 이런 4개의 조건이 충족되지 못하고, 정보의 양은 아주 신속하게 증가하기에, 우리는 지금 당장 대답을 찾지 않을 수 없고, 보통 사람들이 요구하는 대로 공개할 수밖에 없다.

그러나 기원 신화의 생성을 통해 민주주의는 종교적이 되도록 강요당한다. 이 민주주의는 더는 종교와 무관하지 않고 자기의 종교를 창조해야 한다. 게다가 종교의 창조는 효율적 선전의 필수불가결한 요소 중의 하나이다. 이 종교의 내용은 전혀 중요하지 않다. 중요한 것은 대중의 종교적 감정의 만족이다. 이 종교적 감정은 대중을 국가적 집단 속에 통합시키는 데 사용된다. 그런데 우리는 속아서는 안 된다. 즉 누가 우리에게 "대중 민주주의"와 "민주적 참여"에 대해 말할 때는, 그것들은 "종교"를 의미하는 숨겨진 용어들이다. 참여와 만장일치는 언제나 종교적 사회들의 특징들이었고, 오로지 그랬었다. 따라서 우리는 다른 길을 통해서 비관용과 소수자들의 제거 문제로 다시 돌아왔다.[11]

---

[11] 민주주의에 대한 선전의 다른 효과를 언급해보자. 즉 민주주의와는 공통점이 없는 귀족 계급이 형성된다. 선전자는 기술자이다. 그리고 그런 자격으로 민주주의 제도들 위에 조직되는, 그리고 그 규범들의 밖에서 움직이는 기술 귀족 계급을 형성한다. 게다가, 선전의 사용은 선전자에게서 냉소적인 심리를 만들어낸다. 가치들에 대한 불신, 회원의 법에 대한 불복종, 여론의 가치에 대한 회의, 피선전자와 선출된 자들에 대한 경멸의 심리가 만들어진다. 왜냐하면, 그는 어떻게 여론이 만들어지는지 알기 때문이다. 여기에 대해서는 메외스트(Meheust)의 훌륭한 소설, 『운명의 인간』(1962)을 보기 바란다. 선전자는 민중적이고 민주적인 판단에 복종하기를 수락할 수 없다. 마지막으로, 이 선전자는 국가의 모든 비밀을 소지한다. 그리고 동시에 여론을 형성하기 위해 움직인다. 그는 진정으로 근본적인 지도적 위치를 차지한다. 이 세 가지 요소들이 결합하여 선전자를 귀족으로 만든다. 그리고 그는 달리 될 수가 없다. 선전을 창조하는 모든 민주주의는 그를 통해, 자체 안에 자기의 모순을 품게 된다. 그리고 자기를 파괴할 귀족계급을 창조한다.

다른 한편, 다른 한편으로, 더욱더 민주주의는 단순한 외적 정치 구조로 여겨지기 보다는 사회와 행동과 인간에 대한 포괄적인 개념으로 여겨진다. 이러한 개념, 이러한 **생활 방식**이 정치적 민주주의와 연결된다. 민주주의가 살아남으려면 어떤 시민적 자질이 있어야 한다. 그러면 우리는, 민주주의는 이러한 자산을, 자신의 존재 이유가 되고, 존재 가능성인 이 자산을 보호하길 원한다는 것을 이해한다. 정부는 이 생활 방식을 유지해야 한다. 그것이 없으면 더는 가능한 민주주의가 없을 테니까 말이다. 따라서, 예를 들어, 한국 전쟁에서 풀려난 미군 포로들이 격리되고, 정신적이고 심리적 치료를 받았다는 것은 전혀 모순적이거나 이해 못 할 짓이 아니게 된다. 즉 이 시민이 다시 미국적 생활 방식에 따라 살 수 있게 만들려면, 그들을 공산주의 중독에서 깨어나게 하고, 중국이 저질러 놓은 세뇌를 미국에 의한 세뇌로 닦아내야 했다. 민주주의가 자신을 신봉하는 사람들의 심리적이고 정신적인 상태를, 치안상의 **위험인물**Security Risk의 개념에 따라 통제하길 원한다는 것은 전혀 이해 못 할 것이 아니다. 공무원들은 우범적이거나 부도덕한 행동을 하거나, 술에 탐닉하거나, 경악할 습관을 가져서는 안 된다. 이런 일들은 민주 시민이 지켜야 할 덕목과는 너무 거리가 멀어, 통제할 필요가 있고, 민주적 생활을 위해 선전을 통해 대중을 교육해야 할 필요가 있음도 이해할 수 있다. 대중 매체들이 창조한 시민적 덕들이 민주주의 존속의 보장이 될 것이다. 그렇다면, 민주주의는 어떻게 될 것인가?

나는 다른 사실을 아주 간략하게 언급하겠다. 나는 기술의 사회 속에서 기술적 도구들은 자기 고유의 무게를 가지고 있고, 그 자체로서 정치 구조를 바꾼다고 증명하려 하였다. 나는 여기서는 하나의 문제만 제기하겠다. 선전을 위한 TV의 사용은 민주주의에 어떤 효과가 있을까?

우리는 첫 번째 효과를 볼 수 있다. 즉 TV는 직접 민주주의로 우리를 더 가깝게 데리고 간다. 의원들, 장관들은 그 얼굴과 표현 속에서 잘 알려지게 되고, 유권자들과 더 가까워진다. TV는 선거 기간을 넘어서서 정치적 접촉을 할 수 있게 해주고, 날마다 직접적 방식으로 유권자들에게 정보를 제공한다. 나아가서 TV는 의원들에 대한 통제 수단도 될 수 있다. 즉 TV 시청자로서 유권자는 의원들이 그 재임 동안 어떤 활동을 하는지 확인할 수 있을 것이다. 미국에서 나온 어떤 논문들은 TV로 중계된 국회 모습들은 엄숙하고, 심각하며, 효율적이었음을 보여주었다. 의원들은 관찰되고 있음을 알기 때문에, 자기 책무를 더 성실하게 하려고 노력하였다. 그런데 우리는 이런 점에 대해 너무 큰 희망을 품어서는 안 된다.12) 왜냐하면 의회가 이런 통제를 수락할 확률은 그다지 높지 않고, TV는 국가에 종속된 도구이기 때문이다. 실제로는 정치인들은 자기들의 선전을 위해 TV를 어떻게 이용할지 잘 알고 있으며, 그것이 전부이다. 그리고 실제로, TV는 아이젠하워가 스티븐슨을 이길 수 있게 해주었고, 보수당이 노동당에 승리할 수 있게 해주었다.13) 문제는 우선 돈이고, 두 번째는 기술적 능란함이다. 그러나 민주적 선전의 도구로 TV의 사용은 민주주의의 "스타일" 자체를 훨씬 깊이 변경할 위험이 있다.

민주주의는 TV 선전을 위해 무엇을 이용할 수 있는가? 민주주의는 그것을 위해서는 잘 적응되어 있지 않다. 지금까지는, 기술적 도구들은 민

---

12) 게다가 알비그(Albig)는 TV에 의한 인격화는 개인적이고 분석적인 성찰을 망가뜨리고 억제하며, 개인적 이미지들을 표준화하며, 거짓 실체를 전달한다고 지적한다. 중계된 의회의 토론 장면, 각료회의 장면은 진짜 회의 장면이 아니고, 그렇게 될 수도 없다. "대중은 행동하는 책임 있는 정부를 보는 것이 아니라, 어떤 역할을 하는 인간의 모습을 한 스타들의 정치적 유령을 보고 있다." 이 말은 정곡을 찌르는 것 같다.
13) 이것은 캄벨(Cambell)에 의해서는 반박되었다 ("텔레비전과 선거", in Katz). 그렇지만, 캄벨은 TV가 선거에서 미치는 결정적 영향에 대해 중요한 지적을 한다.

주적 활동과 조화를 이루고 있다 : 민주주의는 말하고, 그 모든 활동은 말로 표현된다. 이것은 비꼬는 것이 아니다, 나는 강력한 수사학적 의미의 연설이 인간의 최고의 표현 중의 하나라고 믿는다 선전의 도구들은, 본질적으로 라디오, 신문 등인데, 말로 이뤄진다.

거꾸로 영화로 만들어진 민주적 선전은 약하다. 민주주의는 시각적 통치 형태가 아니다. 개선문 아래서 성화 의식은 아주 성공적인 장관이지만, 그것이 멋있기는 해도 선전적 충격은 별로 없다. 현실적으로, 민주주의가 영화를 선전에 이용하려면, 군사 행진밖에 없다. 그러나 그것은 자주 할 수가 없다. 선전은 실제로, 반복과 다양성을 가정한다. 지금까지 영화를 선전에 사용하면서 민주주의의 무능력은 그다지 심각한 것은 아니었다. 영화는 이차적인 무기에 불과하기 때문이다. 그러나 TV는 근본적인 무기가 될 소지가 충분히 있다. 왜냐하면, TV는 개인이 아무런 노력을 하지 않아도, 그를 전적으로 동원할 가능성을 가지고 있기 때문이다. TV는 라디오처럼, 그의 집, 직장으로 들어가고, 개인이 미리 참여하거나, 자리를 옮길 필요가 없다. 그러면서도 TV는 개인을 완전히 사로잡고, 그에게 다른 것을 할 가능성을 남겨두지 않으며, 다른 것을 생각하지 못하게 한다. 반면에 라디오는 개인에게 다른 것을 할 여지를 많이 남겨 놓았다 게다가, TV는 소리의 충격보다 훨씬 큰 이미지의 충격의 힘을 가지고 있다. 다만, 이 훌륭한 무기를 사용하려면, 뭔가 보여줄 것이 있어야 한다. 연설하는 의원은 볼거리는 아니다. 그런데 민주 국가들은 독재자에게 비교될만한 보여줄 것이 아무것도 없다. 민주국가들이 이 분야에서 뒤처지고 싶지 않다면 – 이것은 아주 심각한 일이 될 것이다 –, 유포할 선전적 광경들을 발견해야 한다. 그런데 대중 집회, 민중 행진, 젊은 히틀러주의자들, 청년 공산당원들 집회보다 더 좋은 것이 없고, 대중들이 열성적으로 동원되어 작업하는 장면, 대형 선박 건설이나 새로운 대학촌 건설 유고슬라비아에서처럼 같은 것보다 더 좋은 것이 없다. TV의 강요는 민주주의를 그러한 거의 민주적이지 않은 보여주기 쪽으로 인도하게 될 것이다.

우리는 이제 가장 중요한 문제에 도달하였다. 우리는 앞서 집중적이고 강력한 선전을 당한 개인이 겪는 심리적 변화에 대해 말했다. 우리는 또 두 개의 대립하는 선전의 존재가 전혀 해결책이 되지 못하고, "민주주의적" 상황으로 이끌지 못함을 보았다. 개인은 자신과 상관없는, 두 명의 투사 앞에서 독립적인 것이 아니다. 그는 선택해야 한다. 그는 자신이 비교하는 두 포스터 앞에서 단순한 구경꾼이 아니라, 심판으로서, 더 정직해 보이고, 더 설득력 있어 보이는 것을 정해야 할 것이다. 그러나 일을 그런 식으로 보는 것은 유치한 이상주의이다. 개인은 곳곳에서 사로잡히고, 조종당하며, 공격받는다. 즉 두 선전 시스템의 투사들이 서로 싸우는 것이 아니라, 개인을 사로잡으려고 하는 것이다. 그렇게 함으로써, 개인은 깊은 심리적 영향과 뒤틀림을 겪게 된다. 그렇게 변형된 개인은 간단한 해결들, 구호, 확신, 지속성, 참여, 좋은 사람과 나쁜 사람으로 확실한 세상의 분리, 효율성, 생각의 통일성을 요구한다. 그는 모호성을 견디지 못하고, 적이 가치나 선을 대변하는 것을 견디지 못한다. 모순적인 이중적 선전 앞에서, 이러한 것에 수동성으로 도피, 또는 둘 중 하나에 완전하고 비합리적인 참여가 더해진다. 우리는 이미 이 모든 것을 검토하였다.

전체주의적 정당들의 출발점인 이러한 경향이 미국에서도 태동하기 시작하는 것을 보면 참으로 놀랍다. 수동성 또는 완전한 투신이라는 두 다른 반응은 완전히 반민주주의적이다. 그것들은 민주적 유형의 선전 결과이다. 여기서 근본적인 문제가 제기된다. 실제로 선전은 민주적 생각들뿐만 아니라, 민주주의의 기초인 민주적 행위마저 침해한다. 그것이 없으면 민주주의가 존재할 수 없는 그 본질을 침해한다.

선전을 여론 자유의 이름으로 배척하거나,여론은 결코 순진한 것이 아니다 개인 의견의 자유의 이름으로 배척하는 것개인적 자유는 모든 것과 아무것도 아닌 것으로 형성된다은 결코 문제가 될 수 없다. 그러나 문제는 훨씬 더 깊은 현실, 민주 사회에서 개인의 특징이기도 한, 선택의 가능성과 다름의 이름으로 배척하는 것이다.

선전이 유포하는 교리가 무엇이건, 심리적 결과들은 똑같다. 우리가 지적했듯이, 어떤 교리들은 선전에 더 적합한 주제이고, 따라서 더 효율적이고 강력한 선전을 허용해준다. 다른 교리들민주적이고 공화국적인 교리들은 반대로 차라리 정신을 마비시키고, 덜 적합하다. 그러나 유일한 결과는 선전 속에서 교리의 점진적인 소멸이다.

역으로, 선전에 그 독소적 성격을 준 것은 한 나라 안에 유포된 교리의 단일성 때문이 아니라, 선전적 도구 그 자체이다. 그것은 단일적 시스템을 유포하나, 다양한 의견들을 유포하나에 따라 다르게 작용하기는 하지만, 그래도 마찬가지로 깊이 그리고 파괴적인 방식으로 작용한다.

그렇다면, 나는 무엇을 말하고 있는가? 선전은 민주적 교리를 전파할 수 있는가? 물론이다. 다수결의 원칙에 의해 정권을 잡은 정부에 의해 사용될 수 있는가? 당연하다. 그러나 이것이 우리가 아직도 민주주의와 관계하고 있다는 어떠한 보증도 되지 않는다. 선전의 도움을 받아서, 사람은 얼마든지 민주적 생각들을 하나의 신조로서, 그리고 한 신화의 틀 안에서 유포할 수 있다. 선전의 도움을 받아서, 사람은 시민을 투표소에 데리고 가서, 대표자를 선출하는 척하게 할 수 있다. 그러나 만약 민주주의가 투표하고 선택을 하는 어떤 개인적 행동과 상응한다면, 선전은 민주주의의 그 출발점을 파괴하고, 그 근본을 파괴해버린다. 선전은 전체주의적 사회에 적응된, 대중 속에 통합되어야 편안한, 비판과 선택, 차별화를 거부하는 인간을 만든다. 왜냐면 그는 확실한 것에 집착하고, 단일적 전체 속에 통합된 사람이고, 그렇게 되기를 바라기 때문이다.

선전의 도움으로 사람은 거의 모든 것에 도달할 수 있지만, 자유로운 인간의 행위, 또는 약간 낮은 단계이지만 민주적 인간의 행위는 결단코 창조할 수 없다. 선전에 종속된 사람이, 민주 체제 안에서 산다고 하더라도, 그에게는 민주주의 자체를 이루는 것, 곧 민주적 생활방식, 타인에 대한 이해, 소수에 대한 존중, 자기 의견의 재검토, 독단적인 태도의 부재가 없다. 민주적 생각들을 전파하기 위해 사용된 수단이 시민을 심리적으로 전체주의적인 인간으로 만든다. 나치와 다른 유일한 차이는 "민주적 신념을 지닌 전체주의적 인간"이라는 점이다. 그러나 이 신념은 그의 행동에 결코 아무것도 바꾸지 않는다. 그 개인에게 민주주의가 하나의 신화나 민주적 삶의 절대적 필요성이 되고 조건반사를 일으키는 자극이 된 개인은 이 모순을 전혀 느끼지 못한다. 민주주의라는 단어는 단순한 선동이 되어서, 민주적 행위와는 아무 관계가 없게 되었다. 그리고 시민은 나치 친위대원 처럼 행동하면서도, "민주주의의 신성한 공식들"을 무한히 반복할 수 있다.

선전에 의해 유포되고 유지되는 모든 민주주의는 이러한 성공적 결과에 이르는데, 그것은 개인과 진실에서 그 자체의 부정이다.

그러나 일들이 실제로 그렇게 되는 것이 가능한가?

우리는 훨씬 앞에서, 일반적으로, 선전의 효율성을 부정하는 사람은 개인의 침해할 수 없는 가치를 미리 상정하는 것을 무의식적으로 따르는 사람이라고 했다. 이러한 효율성을 인정하는 사람은 물질주의적 전제를 따르는 사람이다. 우리로서는, 인간이 공격할 수 없고, 현재 사회 속에서 그에 대해 위험이 거의 없으며, 선전은 아무것도 할 수 없다고 주장할 수만 있다면 얼마나 좋을지 모르겠다. 불행하게도, 이 최근 몇십 년 동안의 경험은 전혀 고무적이지 못하다. 다른 한편, 선전은 위험하지 않다고 믿고, 그런 생각을 퍼뜨리는 것도 해로운 태도다. 그런 사람은 이 공격에서 피해를 보지 않는다고 믿고, 자신의 불가침성이나 그 공격의 비효율성을 과신하기 때문에, 그의 방어 의지는 그만큼 더 줄어들게 된다. 선전이 어린애 장난이고, 독재자의 헛된 주장들에 불과하다면 그런 선전들을 무산시키는 데 힘을 쏟고 시간을 낭비할 이유가 뭐가 있겠는가? 호랑이가 종이로 만들어졌고, 그 수단들이 너무 빤해서 바보라도 거기에 넘어가지 않을 것 같으면, 왜 날카로운 판단력을 기르고, 개성을 신장할 필요가 있는가? 선전이라는 것이 이미 존재하는 것만을 이용하면서, 또 선전이 없다면 내가 택했을 수도 있는 길로 인도하면서, 내 행동을 전혀 변화시킬 수 없다면, 냉철한 판단력을 행사할 필요가 뭐가 있겠는가? 만약 피선전자가 이런 태도를 보이고 있다면, 그는 우월한 위치에 있다고 주장하면서 선전의 판에 박은 길 속에 빠져들 가장 좋은 조건 속에, 자기도 모르게 선전에 복종할 가장 좋은 위치에 들어 있는 것이다.

따라서 유일하게 심각한 태도선전에 의한 인간 파괴의 위험이 심각하기 때문에 심각하고, 이것 외 다른 어떤 태도도 책임 있고 심각하지 않기 때문에 심각하다는, 그들을 겨냥하는 선전의 효율성에 대해 경각심을 주고, 인간들 자신들이 약하다는 것을 의식하게 함으로써 그들이 자신을 스스로 방어하도록 자극하는 것이다. 그들을 아주 못된 착각으로 위로하려고 해서는 안 되고, 인간의 천성이나 선전의 기술이 절대 허락하지 않는 안전에 대한 착각을 심어주어서는 안 된다. 인간을 위한 자유와 진실의 측면은 아직 상실되지 않았고, 그렇지만 실제로 곧 그렇게 될 수 있다는 것을, 그리고 이런 게임에서는 선전이 오늘날 가장 무서운 힘이라는 것을 알아야 한다. 선전은 오로지 진실과 자유의 파괴라는 오직 한길로만 간다. 선전을 조종하는 사람들이 아무리 호의와 선의를 가지고 있다 해도 어쩔 수 없다.

참고문헌

보가더스Bogardus, 『여론 조작』, 1951.
도므나슈Domenach, 『정치적 선전』, 1950.
두브Doob, 『선전과 여론』, 1948.
드리앙쿠르Driencourt, 『선전』, 1950.
크레치Krech와 크러치필드Crutchfield, 『사회적 선전의 이론과 문제』, 1952.
라스웰-블러멘스톡Lasswell-Blumenstock, 『세계의 혁명적 선전』, 1939.
    『선전, 소통과 여론』, 1946.
    『이데올로기들의 역할』, AISP 보고서, 1952.
    『심리병리학과 정치』, 1951.
맥 두갈Mac Dougall, 『여론의 이해』, 1952.
모코르Maucorps, 『사회적 운동들의 심리학』, 1950.
    『군사 심리학』, 1948.
메그레Mégret, 『심리전』, 1956.
미오토Miotto, 『선전의 심리학』, 1953.
모느로Monnerot, 『공산주의 사회학』, 1949.
    『문제의 전쟁』, 1952.
오글Ogle, 『여론과 정치적 역동성』, 1950.
스토첼Stotzel, 『여론의 이론』, 1943.
차코틴Tchakhotin, 『정치 선전에 의한 대중의 강간』, 1952.
융Young, 『사회 심리학』, 1947.
프라고나르Fragonard, 『공산 중국에서 선전』, 1960.
맥 파카Mac Farquar, 『100송이 꽃』, 1960.
메다르Médard, 『사회 사업과 정착촌』, 1960.
호니Horney, 『우리 시대의 신경증적 개성』, 1953.
이리온Irion, 『여론과 선전』, 1951.
르윈Lewin, 『역동적 심리학』, 1959.

레왈드Reiwald, 『군중의 정신』, 1949.
쏘비Sauvy, 『권력과 여론』, 1950.
화이트Whyte, 『인간과 조직』, 1959.
모랭Morin, 『스타들』, 1959.
슬라덴Sladen, 『심리와 전쟁』, 1943.
바르트Barthes, 『신화학』, 1959.
그르니에Grenier, 『정통주의 정신에 대한 에세이』, 1938.
로벵Robin, 『거짓말』, 1953.
버네이스Bernays, 『동의의 기술』, 1945.
자크Jaque, 『공장 문화 변화』, 1951.
루이에-아므레Rouyer-Hameray, 『생산성과 인간 관계』, 1959.
국제 언론 기관Institut international de Presse, 『언론에 대한 권력의 압력』, 1955.
스미드Smith (브루스Bruce), 『선전 분석과 민주주의 과학』, 여론부, 1941.

⟨부록 1⟩

선전의 효율성

선전의 효과 문제에 접근할 때에는, 우리는 효율성과 비의지적인 효과들을 잘 구분해야 한다. 한편으로는, 선전자는 어떤 목표에 도달하고자 한다. 그는 어떤 여론의 내용을 변경하거나, 어떤 다수의 관점을 변하게 하려고 하고, 아니면 적의 사기를 꺾으려고 한다. 그리고 바로 이러한 것을 고려하면서 우리는 효율성에 대해 말할 수 있을 것이다. 선전자는 자신의 목적을 달성하거나, 달성하지 못한다. 보통 "선전의 효과"라는 용어로 연구하는 것은 바로 이것인데, 그러나 이것은 잘못이다. 왜냐하면, 실은 훨씬 더 깊은, 더 일반적인, 그렇지만 비의지적인 효과들이 있기 때문이다. 이것은 우리가 4장과 5장에서 분석하려고 했던 것이다.

우리는 이 부록에서는 직접적인 효율성의 검토로 만족할 것이다.

1. 효율성 측정의 어려움

효율성의 문제를 제기하자마자, 우리는 효과들의 문제와 (이 장에서 우리는 이 단어를 보통 사회학자들이 쓰는 의미로 사용한다 : 선전자가 의

지적으로 노리는 효과), 이 효과의 측정 문제에 접근한다. 선전자는 어떤 의견을 바꿀 수 있는가 없는가? 그리고 어떤 사람들은 이것을 측정하고자 한다. 왜냐하면, 오늘날의 과학적 편견 속에서는, 계량화할 수 있는 것만 확실하기 때문이다.

대상의 어려움

그런데 우리가 하게 되는 첫 번째 확인은, 선전은 그 자체가 아주 다양한 대상들로 제시되고, 흔히는 그것들 사이에 구분하기가 어렵다는 것이다. 선전자는 군인들의 사기를 올리고, 용기를 강화하며, 그들을 찬양하고, 그들의 생명의 희생을 얻어내고자 할 수 있다. 내부용 선전인데, 여기서 효과 측정의 어려움은 처음 출발선을 아는 것과 측정하는 것의 불가능성에 있다. 즉 열정의 정도, 희생의 의지가 선전 전과 선전 후에 어떤 차이가 있는가? 이러한 것을 측정할 방법을 발견하기가 어려운 것은 차치하더라도, 특히 다음의 사실을 강조해야 한다. 즉 애초부터 개인은 깨끗한 상태가 아니었다. 어떤 정당에 모여 있는 군중은 이미 어떤 선전에 노출된 것이다. 우리는 처음 출발선인 절대영점Zero Point 발견할 수가 없는데, 우리 중의 누구도 선전에서 벗어나 있지 않기 때문이고, 더군다나 당원이라면 말할 것이 없기 때문이다. 따라서 하나의 선전 캠페인 후에 우리가 확인할 수 있는 변화는 거의 의미가 없다.

선전자는 또 적을 무력화하고, 또 적의 사기를 꺾기 위한 선전을 할 수는 있다. 그러나 선전의 효율성을 측정하려면, 두 선전의 효율성의 차이를 측정할 수 있어야 할 것이다. 왜냐하면, 적도 어떤 적극적인 선전에 종속되어 있기 때문이다. 그런데 우리는 결코 이중적 선전의 효과들을 동시에 측정할 수는 없다. 구체적으로, 어떤 나라도, 어떤 조직도 그런 분석을 할 수는 없다. 거기에 대한 회고적인 앙케트를 할 수밖에 없는데, 우리는 그것이 전혀 의미가 없다는 것을 연구하게 될 것이다.

선전자는 외적인, 형태적이고 순간적인 추종을 얻어내는 것을 목표로 할 수 있다. 예를 들어 선거 캠페인에서, 어떤 후보에 대해 주저하는 유권자들의 표를 얻어내는 것과 같은 것이다.

일반적으로 바로 여기서 전통적 논리를 만나게 된다. 즉 2개나 3개의 대립한 선전들이 있기 때문에, 그것들은 서로 상쇄되고, 유권자는 선택이 자유로울 것이다. 앙케트에는, 곳곳에 찬성이나 반대에 대한 논리들이 있다. 따라서 이것이 아무런 의견 변화를 부르지 않는다. 이것은 부분적으로만 정확하다. 그리고 어떤 선거 캠페인의 성공과 실패로부터, 우리는 결정적 방식으로 선전의 효율성과 비효율성에 대한 결론을 내릴 수 없다. 몇몇 표의 이동은 전혀 의미가 없다. 사실, 선거 캠페인과 관해서는 진짜 선전이라고 말할 수가 없다. 선거 캠페인은 현대 선전 중에서 가장 단순하고, 초보적이며 불완전한 형태이다. 그 목표가 불충분하고, 그 방법이 불완전하며, 그 기간이 짧고, 예비선전이 부재하며 선전자는 결코 대중매체를 전부 수중에 넣을 수 없다. 따라서 그 결과 측정이 상대적으로 쉬운 유일한 경우지만 표의 이동 또 가장 의미가 없는 경우이다.

선전자는 또 여러 다른 목표, 예를 들어 어떤 집단들, 즉 노동조합이나 단체들의 해체를 겨냥할 수 있다. 그는 자신의 영향 아래 있는 집단의 행동 파업, 보이콧, 대량 학살을 얻고자 할 수 있다. 그는 또 직접적 행동은 아니더라도 분위기를 바꾸거나, 어떤 동조나 적대적인 분위기를 일으켜 여론에 영향을 미치고자 할 수도 있다. 마지막으로 상업적 선전자라면 단순히 상품을 사게 할 수 있다.

우리가 이렇게 다양한 선전들의 예를 든 이유는, 이것들에서 얻은 결과들을 분석해서 선전의 효율성을 측정할 수 있다고 주장할 수가 없음을 지적하려는 것이다. 내가 어떤 집단에 대해 행해진 선전을 고려하고, 그 선전이 이 집단을 목표한 행동으로 이끌지 못했음을 확인했다고 하자.예를 들어 파업 그러면 나는 그 선전이 실패했다고 결론 내릴 수 있을 것이다. 그러나 바로 이 똑같은 선전이, 한편으로는 반대편의 어떤 소집단들을 파괴했고, 다른 한편 나의 편 사람들의 원망과 공격성을 만들어냈다면, 나는 이 관점에서는 선전이 성공했고, 그것이 차후 행동의 기초가 될 수 있다고 확인해야 한다. 내가 별로 얻은 표가 없고, 어떤 캠페인에 의해 목표한 수치가 달성되지 못했음을 확인했다고 하면, 나는 실패로 결론 낼 수 있을 것이다. 그러나 바로 이 똑같은 캠페인이 동시에 당원들을 확충하였고, 당을 단단하게 만들었으며, 당이 새로운 행동을 할 수 있게 해주었으며, 아주 중요한 작은 집단들의 단결력을 가져다주었으면 그 역시 대단히 중요한 결과들이다. 따라서 어떤 선전자가 추구하는 결과들이 다양하다면, 이 목표들의 하나를 가지고서 효율성을 결론 내릴 수가 없다.

　나아가서, 선전자가 오로지 이것만 목표하였다고 증명하면서, 여러 결과 중에서 하나를 정확히 할 수 있다고 하더라도예를 들어 투표율, 이 결과를 다른 선전 영역으로 확대할 수는 없다. 이것은 성급한 일반화일 뿐만 아니라, 기본적인 성격 차이를 무시하는 것이기도 하다. 예를 들어, 광고에서 효율적인 방식은 정치에서는 그렇지 않다는 것이 잘 알려졌다. 어떤 사람에게 자동차를 사게 하는 것과, 어떤 정치를 추종하게 하는 것은 같은 문제가 아니다. 어떤 방향으로 투표하게 하는 것과, 전투에서 영웅적으로 싸우게 하는 것도 다른 문제이다. 적에 대한 선전은 내부를 향한 선전과도 전혀 다르다. 선전의 기술들도 다르고, 효율성 측정 방법들도 다를 것이다.[1] 그러나 문제의 복잡성을 떠나, 사실 그 자체 확인이 극도로 어렵다는 것을 고려해야 한다. 가장 간단한 차원, 가장 직접적으로 계량화할 수 있는 차원에서도, 우리는 결정적 방식으로 얼마나 많은 사람이 어떤 선전에 의해 영향을 받았는지 결정할 수 없다. 예를 들면 1944년 미국은 얼마나 많은 독일군이 삐라를 보았는가를 알고자 하였다. 그런데 그것은 완전히 불확실했다. 라스웰은 시카고에서 얼마나 많은 시민이 공산주의 선전에 노출되었는가를 측정하려고 했다.[2] 매우 복잡한 방법을 사용하였지만, 그 결과는 전혀 믿을 수 없었다. 로지Rosi에 의해 프랑스에서 공산당 선전에 대한 숫자도 마찬가지다. 그런데 선전에 노출된 사람의 숫자가 얼마인지 모르면, 가장 단순한 차원, 즉 삐라, 집회, 또는 공산당 신문인 뤼마니테의 판매 부수만을 고려한다 선전의 양적인 영향을 결정할 수가 없다. 왜냐하면, 전체 국민 중에 노출된 사람의 퍼센트도, 노출된 사람 중에 설득된 사람의 퍼센트도 정할 수 없기 때문이다. 결국, 우리는 산정을 위한 아무런 확실한 기초가 없다.

이런 가장 기본적인 영역에서 나오면, 더욱 어려운 문제들에 부딪힌다. 문제는 4가지 점에서 복잡해진다. 첫째 선전은 인간에 깊게 영향을 주려고 하고, 단순히 확실하게 제한된 행동에만 미치려고 하지 않는다. 그렇다면, 그 효과가 잠재적인데, 그 상황을 어떻게 측정할 수 있겠는가!

두 번째 어려움은 선전자가 선전하는 순간과, 어떤 효과들이 나타나는 순간 사이의 거리에서 온다. 두브Doob는 거기에는 일종의 "비결정의 영역"이 있다고 지적한다. 선전자의 임무는 물론 가능한 한 이 비결정의 영

---

1) 미국 작가들이 그렇게 하듯이, 흑색선전, 비공식적 경로들, 소문들의 효율성 측정도 불가능하고, 선전을 측정하려면 또 명백한 효율성 측정 기준도 가정해야 함을 덧붙이자. 마지막으로 수단들과 결과들 사이에 어떤 직접적 상관관계를 설정해야 하는데, 이것은 아직 거의 불가능하다.
2) 라스웰, 세계 혁명 선전, 11장.

역을 줄이는 것이겠지만, 그것을 없앨 수는 없다. 그리고 선전의 효과를 연구하는 사람은 그것을 고려해야 한다. 그는 다음과 같은 질문에 대답해야 한다. "어느 순간부터 선전이 실패했다고 할 수 있는가?" 다시 말해, 비결정의 기간을 지나면, 여론은 제안된 암시와는 다른 방향으로 형성되기 시작한다. 거기에 대답하기는 쉽지 않다.

세 번째 복잡성은 수익성의 문제이다. 선전은 점점 더 비용이 많이 든다. 따라서 그렇게 오른 비용이 유용한가를 아는 문제이다. 얻어진 효과가 치른 비용을 상쇄하는가? 어느 수준에서 선전이 최적의 결과를 주는가? 이것이 수익성의 세 가지 질문이다. 그런데 우리가 그것에 대답하기에는 거리가 멀다.3)

마지막 어려움은 효과를 예상해야 할 필요로부터 온다. 효과는 미리 예측이 되어야 한다. 그래야, 최대의 효과를 얻으려고 조정되고, 수정할 수 있기 때문이다. 그런데 우리는 과거의 효과들만 확인할 수 있기 때문에, 거기에 대해서는 할 일이 아무것도 없다. 이것은 선전이 대중을 여러 방향으로 이끌려 할 때에는 더욱 심각하다. 우리가 과거의 효과들에 기반을 두어 어떤 선전이 실패했다고 확인할 때에, 그것은 선전이 이미 실패했음을 의미한다. 대중이 더는 대답을 하지 않으면, 대중은 이미 벌써 빠져 나가버렸다. 그러면 선전은 더는 그들을 다시 잡을 수 없다. 이러한 일이 1849-1952년의 프랑스의 공산당 선전에서 일어났다. 대중들은 더는 복종하지 않고, 당의 자아비판은 너무 늦었다. 알제리에서 심리적 선전 활동도 마찬가지다. 그 실패는 상황이 끝난 1960년에야 명확히 드러났.

효과 확인의 어려움은 선전이 작용하는 사회 속의 상호작용들에 의해

---

3) 수익성의 문제는 소련에서도 제기되지만, 다른 양상 아래서이다. 즉 선전의 비용은 선전 수단들이 당이 국가를 효율적 지도하는 데 이바지한 바에 따라 측정된다. 따라서 돈의 문제는 그렇게 중요하지 않고, 다만 이 방법의 효율성을 더 정확히 측정하는 것만 허용한다.

더 증가한다. 두브는 그것들을 열거하는 묘한 재미를 누린다. 그는 그 상호작용들을 이렇게 정의한다. 모든 선전자는 자신이 영향 미치고자 하는 여론에 의해 영향받는다. 관심은 선전을 자극한다, 그러나 선전은 관심을 자극한다. 선전은 습관적 대답을 자극하고, 습관적 대답은 선전에 의해 환기되는 단순한 사실에 의해 강화되거나 억제된다. 개인은 자신의 개성이 그에게 보도록 허락한 선전만 인식한다, 그러나 그의 개성은 그 선전에 의해 변경된다.

따라서 선전자는 여론에 의해, 그리고 앞선 선전적 행위에 의해 영향받는다. 선전은, 선전자, 여론, 그리고 개인이 선전에 대해 갖는 인식에 영향을 받는다. 그러나 인식은 그 차례로서 선전, 여론, 그리고 인식을 하는 사람의 개성에 의해 영향을 받는다. 선전의 효과를 순수한 상태로 고립할 수 없게 만드는 이런 상호작용들은 수없이 많을 것이다.

게다가, 같은 방향에서, 선전의 효과들을, 우리가 1장에서 강조한 다른 인자들과 구분하기가 어려움도 고려해야 한다. 그러니까 우리는 개인에게 작용하는 모든 인자를 다 지명할 수 없다. 그렇게 할 수 있다 해도 그렇게 하는 것은 전적으로 오류가 될 것이다. 왜냐하면, 선전은 그 자체로 고립된 현상이 아니고, 정확한 경계선을 가지고 있지 않기 때문이다. 선전은 그가 속한 사회 전체에 통합되어 있다. 선전은 사회의 포괄적 구조와 관계되고, 그로부터 순수한 선전을 분리하려고 하는 것은, 그 선전의 성격을 훼손하는 것이 될 것이다.

우리는 이제 마지막 어려움을 들 것이다. 즉 선전이 발전하는 사회 속에서, 선전하는 바로 그 장소에서 선전의 효과를 연구하기가 실천적으로 불가능하다. 사회학자, 심리학자는 집중된 선전의 살아 있는 현재 환경 속에서 작업할 수 없다. 왜냐하면, 이 환경은, 하나의 분석이 진실로 가능하기에는, 너무 예민하고, 활동적이기 때문이다. 전투가 한창 벌어지는 전장에서 여론조사나, 조용하고 섬세한 심리 분석을 할 수 없는 것과 마찬가지로, 선전이라고 하는 이 심리적 전쟁 속에서도 그것을 할 수 없다. 파시스트나 나치 사회 속에서 선전의 효율성 연구를 할 수 있을 정도로 한가하지가 않았다. 그것은 이미 의심을 받았을 것이고, 누구도 그 결과를 발표할 수 없었을 것이다. 그것은 당국의 반감을 샀을 것이고, 개인들에게서도 그랬을 것이다. 왜냐하면, 그들이 선전에 빠지지 않았다면 그들은 체제에 반대하는 자들일 것인데, 그렇지만 사회학적 앙케트를 위해 그것을 말할 위험을 무릅쓰지는 않을 것이다. 또는 주저하는 자들이라면, 자신들은 체제의 찬성자라고 선언할 것이다. 진짜 선전이 있는 모든 나라, 즉 중국, 소련, 알제리 등에서 실제로 그렇다, 따라서 연구자는 진짜 선전을 하지 않는 곳에서, 인구 밀도도 낮고 선전도 간헐적으로만 행해지는 지역 속에서만 분석할 수밖에 없다. 또는 후차적 효과 측정을 하려고 해야 할 것인데, 이것은 필연적으로 부정확하다.[4] 마지막으로 실험해볼 수 있는데, 이것은 우리가 다음에 자세히 다룰 것이다.

방법들의 부적합성

포괄적인 선전에 대해 테스트를 해본다는 것은 아무 소용이 없다. 현실은 결코 복사되어 나타나지 않는다. 어떤 집회에 참석한 사람을 잡아 놓고, 현재 그가 무엇을 느끼고 있느냐고 물어볼 수 없다. 어떤 영화의 효과를 정확히 측정할 수 없다. 왜냐하면, 그것을 어떤 신문 기사나 라디오 방송에서 분리할 수 없기 때문이다. 마지막으로 선전이 작용하는 한 나라에서 어떤 "독창적" 여론을 대변하는 핵심 집단을 분리하여, 그 집단이 주

---

[4] 예를 들어 독일의 히틀러주의자들을 질문할 수 없어서, 포로들을 질문할 것이다.

변 집단에 미치는 효과를 측정할 수 없다. 왜냐면 두 집단 모두 그 앞의 선전에 의해 영향받았고, 그 둘의 차이는 아무 의미도 없기 때문이다. 선전을 그 전체성 속에서, 그러한 그대로 고려하고자 한다면, 실험은 불가능하다.5)

그런데 대상 그 자체가 포착하기 어렵듯이, 효과를 분석하기 위해 지금까지 사용된 방법들도 일반적으로 부적합하다. 첫 번째 방식은 흔히 미국 연구자들에 의해 사용되었다. 이것은 어떤 선전이 여론을, 어떤 집단의 편견을 바꿀 수 있는가를 알아보기 위한 문제였다. 예를 들어 학생들을 둘이나 세 집단으로 분류한다. 이 집단 중의 하나는 증인과 같은 것으로서, 아무 선전도 받지 않는다. 어떤 정확한 문제들, 예를 들어 인종 차별에 대해 의견의 수준이 측정된다. 이어서 영향을 미쳐야 할 집단들에 대해, 팸플릿, 소책자, 영화, 강연 등을 통해 심리적 조작 작업을 한다. 그리고 선전 기간이 지나고 나서, 증거 집단과의 비교를 통해 선전에 의한 여론 변화를 측정한다. 그리고 이 측정은 최소한 두 번 한다. 한 번은 조작을 한 후 즉시, 그리고 다른 한 번은 그 변화가 지속적인가를 보고자 어느 정도 시간이 흐른 다음에 한다. 이러한 실험은 많은 미국 저자들에 의해 기술되었다. 일반적으로, 그들은 이러한 선전이 별로 효과가 없었다고, 사고방식과 고정관념은 거의 바뀌지 않았고, 집단의 의견은 상당히 안정적이었다고 결론 내렸다. 그리고 약간의 효과도 금방 지워졌다고 하였다.

---

5) 알비그는 실험들은 비정상적 상황들을 만들고, 통제된 자극 시스템은 현실과 아무런 관계가 없으며, 확인된 사실들은 단편적이라고 주장한다. 그는 수많은 경험을 분석하고, 그 방법들이 얼마나 부적합한지를 증명한다.
이 비판 중에서, 바댕(Badin)의 집단의 역동성에 관한 연구를 들자면(in 대중 행동 잡지), 그것은 "심리적 지속성"의 문제를 정확히 지적한다. 즉 실험 집단들을 사용한다는 것은 과거도, 정황도 없는 "탈역사적" 집단들을 가정한다. 그렇다면, 거기서 끌어낸 결론을 과거를 가지고 있으며, 사회의 전반적 제도들과 맺어져 있는 실제 집단들에 적용할 수 있을까?

그런데 우리는 이러한 결과들은 사용된 방식이 전적으로 부적합했기에 아무 의미도 없다고 주장한다. 이 방법의 잘못된 점은 수없이 많다. 우선 실험이 제기한 질문은 실험자가 선택한 것이다. 그것은 즉각적이고, 지금 불타오르고 있으며, 폭발적인 시사 문제가 아니다. 우리는 선전이란 시사적인 깊은 경향에 대해서만 작용할 수 있다고 강조하였다. 두 번째로 그런 선전 캠페인은 언제나 보통의 수단들몇몇 팸플릿, 한두 편의 영화로 이뤄지고, 진정한 오케스트라가 전혀 없고, 기간도 불충분하게 아주 짧다. 인종 차별 같은 편견 제거를, 아무리 잘 만들어진 선전이라 해도 결코 단 며칠이나 몇 주 만에 이룰 수는 없다. 더군다나 이 실험은 진공 상태에서, 다시 말해 선전을 당하는 개인이 자신의 자연적 환경에서 격리된 채로 행해진다. 따라서 이것은 선전의 자연적 조건이 결코 아니다. 거기에는 이러한 선전 작업을 위한 어떠한 사회적 정황도 없다. 오히려 이러한 단절을 만드는 것은 전적으로 인공적이다. 마찬가지로, 거기에는 어떠한 군중적 효과도, 어떠한 심리적 긴장도, 대중 속에 잡혀서 서로 흥분을 시켜주는 개인들의 상호작용도 없다. 실험은 작은 수의, 냉정하게 유지된 개인들에게 행해진다. 우리는 거기서 선전의 반대 그 자체를 본다. 거기에는 어떤 운동에의 참여도 없고, 어떤 전반적인 노선에 참여도 없으며, 어떤 당에 참여도 없다. 여타 조직과 아무런 관계도 없다. 행위의 제안도 없고, 그를 달성하기 위한 수단들의 지적도 없다. 그런데 이런 것들은 선전의 필수적인 요소들이다. 결국, 이런 실험실적 경험들은 아무 의미가 없다. 왜냐하면, 그것들은 실제로 선전을 하는 환경을 만들지 못하며, 선전을 위해 사용된 실제적인 방법들도 재생하지 못하기 때문이다. 기껏해야 아주 단편적인 심리적 영향의 시도에 대해 말할 수 있는데, 그로부터 실제적인 선전의 효율성을 도출했다고 주장하는 것은 전적으로 불가능하다. 그러한 믿음은 현상에 대한 아주 불완전한 분석 위에 기초한다.

다른 한편 여론 분석의 시도들이 있었다. 여기서는 실제적 상황들로부터 시도한다. 모든 수단이 동원되었는데, 그렇지만 얇고 단편적으로 수행되었다. 그래서 미국 연구자들은 집단, 지역, 계급별로 투표를 분석하였다. 그들은 특별히 의미 깊은 기사 이후에 신문사가 받은 우편을 체계적으로 분석하였다. 그들은 영화 선전, 특히 전쟁 영화와 관련하여 영화관에서 여론조사를 하였다. 영화 분석에서는, 여러 다양한 지역들에서 거기에 대해 동의하는가 하지 않는가를 과학적으로 수집하였다. 그들은 또 특수한 장비를 이용하여 영화관의 소음 측정까지 하였다. 그러나 이것은 관객들이 곧 무슨 일이 일어나고 있는지 알아차리고, 자기들의 반응을 바꿔 버렸기에 실패했다. 원칙적으로 분석자는 완전히 감춰지고 중립적이어야 한다. 최종적으로, 선전 전과 선전 후에, 어떤 단어들과 그 단어들에 부착된 의미의 사용에 대해 분석을 했다. 물론 이 분석은 아주 다양한 환경과 장소에서 행해져야 했다. 실제로 핵심 단어들의 사용은 선전의 무의식적 침투와 관련하여 매우 의미 깊다.

이 모든 경우에서, 대중은 지금 하는 연구에 대해 몰라야 한다. 그러나 '관찰자'의 방법과 함께는, 실험의 주체들이 자기들이 관찰되고 있음을 안다. 관찰하는 사람은 주어진 집단 속에서 함께 사는데, 그 집단은 고립되어 있고, 가능한 한 관찰자가 누구인지 모르며, 관찰자는 점차 집단 속에 동화되어 간다. 관찰자는 내부로부터 그 집단을 알게 되며, 거기에 통합된다. 그의 첫 임무는 인류학자가 원시 종족을 관찰하듯이, 일상생활을 관찰하는 것인데, 이렇게 정확한 행동에 대한 사실들이 다양한 형태의 선전들의 연속적 효과들을 세분할 수 있게 해준다. 이것은 사회구조 내에서 개인의 태도 유형과 그것의 변화에 대한 완전한 패턴을 알게 해 줄 것이다. 이것은 아마 가장 좋은 방법일 것이다. 거기서 도출한 결과들은 과도하지 않은 일반화를 허용해줄 것이다. 그러나 이것은 최대의 어려움을 안고 있다. 즉 선전에 참여하지 않는 진짜 사회과학자들, 훈련된 관찰자들의 팀이 있어야 하고, 그들은 다른 일은 하지 않기 때문에 오랫동안 많은 보수를 받아야 한다. 실제로, 오로지 국가만 이런 방법을 쓸 수 있다.

마지막으로, 훨씬 더 간편하고 신속한 방법으로, 로퍼Roper와 갤럽 Gallup 표본조사이다. 이 방법은 자주 사용되고, 상당히 신뢰할만하고 신속한 결과를 준다. 그러나 이것은 대중의 교육을 가정한다. 실제로, 대중은 이 표본조사의 의미를 이해해야 할 뿐만 아니라, 거기에 응해줘야 하고, 또 거기에 대해 겁을 먹지 말아야 한다. 그 때문에, 선전의 결과에 대한 표본조사에는, 이러한 조건이 그 사용을 크게 제한하게 된다. 즉 독재체제에서는 가능하지 않다. 왜냐하면, 선전과 경찰 사이의 관계는 이런 체제에서는 잘 알려졌고, 대중은 질문들에 대해 솔직하게 반응할 수 없기 때문이다. 마찬가지로 표본조사는 대중을 위협하는, 테러적 선전에 대해서는 작용할 수가 없다. 표본조사는 또 억압된 계층들, 즉 프롤레타리아 계급, 흑인들, 소수 종족이나 소수 종교인에 대해서는 사용될 수 없다. 그럼에도, 표본조사는 부리코Bourricaud가 선전의 탄력성이라고 부른 것을 측정할 수 있는데, 이것이 기껏 그 효율성이다.

결국, 광대한 선전 분야들은 표본조사 방법을 쓸 수 없다. 게다가 표본조사는 "순간적" 선전, 다시 말해 집중된 선전 기간선거, 위기의 시기 등에 대해 훨씬 유효한 결과를 준다. 신화적 선전이나 사회적 선전, 또는 조용한 시기들에서는 훨씬 덜하다. 실제로, 표본조사는 세밀한 질문을 해야 하고, 제한된 선택들에 관한 것이어야 하며, 지역적이고 공통적인 경험에 따라야 한다.

조용한 시기들에서, 넓은 목적의 선전에 대해서는 표본조사는 아무 힘을 못 쓴다. 표본조사는 기껏해야 어떤 경향을 파악하고, 어떤 단어가 대중의 마음에 더 호소력이 있는지 아닌지 정도를 파악할 수 있지만, 대중이 가졌는지 의식도 못 하는 신화에 대해서는 어떻게 할 수 없다. 이러면 정신분석학적 표본조사를 해야 하는데, 그러나 이것은 개인에게만 할 수 있다.

다른 관점에서 보아도, 선전의 영향을 분석하기 위한 여론 분석 방법은 그 결과에서 아주 불확실하다. 이것은 내가 보기에는 아주 문제가 많은 두 가정 위에 세워져 있다. 첫째는, 선전이 대중의 여론을 변화시키는 것을, 어떤 여론의 흐름을 바꾸는 것을, 개인의 의견 조정을 주요 효과로 한다는 것이다. 그런데 이것은 전혀 정확하지 않다. 이런저런 문제에 대한 여론의 변화만으로 뚜렷이 짚어 낼 수 없는 선전의 깊은 효과가 있을 수 있다. 다른 또 하나의 가정은, 여론의 표본조사는 여론의 구성을 고려하는 것이고, 그것만이 유일하게 중요한 것이다. 그러나 우리는 마찬가지로 중요한 다른 요소를 연구해야 한다. 즉 집중도라는 요소이다. 그리고 모든 계산된 지표들, 다양한 질문들, 교차 질문들을 한다고 해도, 여론 분석에 의해서는 이 집중도를 알아낼 수 없다. 어느 사회에서 숫자로는 같은 집단도 집중도와 통합도에서 전혀 다르다. 예를 들어 1948년 프랑스에서 25%의 공산당원이 있고, 25%의 반공산당원이 있다고 했을 때, 그것은 아무 의미가 없다. 왜냐하면, 한편에서는, 당원들로서, 강력하게 조직되어 있고, 어떤 행동 속에 몸을 바칠 준비가 되어 있고, 다른 한편에서는, 비조직적이고, 개인적이고 수동적인 의견 수준을 벗어나지 못하고 있다. 그런데 선전은 더욱더 질적인 수준에서, 집중도의 영역 속에서 작용하고 있음을 알아야 한다.

한 표도 끌어오지 못했지만, 어떤 혁명적 집단에 열기를 불어 넣어주거나, 반대로 다른 집단의 신념이나 열성을 감소시킨 선전은 여론 분석에서는 나타나지 않지만 성공한 선전일 것이다. 반대로, 단 한 번의, 효율성도 없는 선전으로 여론의 변화를 말해 줄 수 있는 분석이 있을 수 있다. 그러나 그것만 믿고 정말 여론이 변한 줄 믿고 있다가, 갑자기 여론이 급변했음을 보고 깜짝 놀랄 수도 있다.

마지막으로 나는 마지막 질문을 제기해야겠다. 여론 표본조사는 여론에 관한 것이다. 그런데 신중하고자 한다면, 이 표본조사는 분석하고자 하는 여론 전체를 겨냥해야 한다. 그래서 표본조사는 대표적인 표본들을 가지고 한다. 그런데 어떤 공격적인 선전은 반드시 모든 여론을 겨냥하는 것이 아니다. 그것은 단지 어떤 하위 집단, 분파, 경향을 겨냥할 수도 있다. 왜냐하면, 그런 선전은 엄밀한 목표가 있기 때문에, 아무나 관계되지 않는다. 그런 선전이 효율적인가를 알아보려면, 겨냥된 집단이나, 변경하고자 하는 경향만 분석해야 할 것이다. 그런데 일반적으로, 어떤 분야가 선전자에 의해 겨냥되는지 모를 것이고, 그것이 알려질 때에는, 너무 늦었을 것이다. 그런 이유로 여론 표본조사적 방법은 선전의 효율성을 분석하기에는 진정으로 적합하지 않다.

또한, 선전에 노출된 개인들에 대한 분석이 자주 행해졌다. 이것은 전후에 영국과 미국 심리학자들과 사회학자들이 했던 작업이었다. 예를 들어 항복을 종용했던 미국의 선전이 효율적이었는가를 알아보려고, 1945년에 항복한 독일 병사들에 대해 연구를 하거나, 나치의 선전에 의해 영향을 받았는가를 알아보려고 1946년에 독일 시민에 대해 연구를 한다. 또는 미국과 캐나다에 수용된 엘리트 군 포로들에 대한 연구, 소련의 선전 영향을 알아보려고 소련에서 탈출한 사람들에 대해 연구를 한다. 물론 미군 병사들이 1942~1943년에 "전쟁의 목적"에 대한 의식이 있었는지를 알아보기 위한 연구들도 여기에 분류해야 한다. 대부분의 이 앙케트들은 부정적 결론을 내리고, 선전이 결정적 효과가 없었다고 지적한다. 그러나 실제로는, 이 연구들 모두가 어떤 방법론적 오류에 빠져 있었던 것 같다.

우선, 미국과 영국에 의해 질문받은 독일인들을 보면, 포로, 패잔병, 기소된 사람들로서, 엄청난 시련을 겪었고, 정복자이며 재판을 할 사람들의 수중에 있는데 어떻게 그들이 하는 말을 믿을 수 있겠는가? 그들에게 답변의 익명성이나, 면책을 보장해준다고 해서 이 사람들이 진실을 말할 것이라고 믿는다면 정말 유치한 일이다. 그들이 나치 체제를 경험했고, 또 그 이상으로 그 체제를 받아들였기 때문에, 그리고 그들은 절대적으로 그런 보장을 믿지 않는다. 나치 체제가 적을 골라내고 제거하기 위해 똑같은 전략을 썼기 때문에, 그들은 필연적으로 전투와 거짓, 참여의 세계 속에 있었고, 반면에 질문자들은 자유로운, 제약받지 않은, 솔직한 세계에 있었다 – 그리고 포로들도 그곳에 있기를 원했다. 이러한 오해가 이 앙케트들의 모든 결론을 왜곡시킨다. 이 앙케트들이 포로들이 선전의 영향을 받지 않았다고 증명할수록, 그것은 이 사람들이 아직도 선전의 영향 속에 묻혀 살고 있음을 증명하는 것이라고 확실히 말할 수 있다.

다른 한편, 1945년 이후에 독일에서, 히틀러적 신념에 대한 대답들에 대한 성실성을 어떻게 믿을 수 있겠는가? 이제는 나치즘이 불법이 되었고, 독일의 관공서에서는 나치 출신들을 제거하려고 하는 상황인데 말이다. 1~2년 전부터 포로가 되어 이제 선전의 영향을 받지 않은 사람에 대해, 이런 조건들이 앙케트로부터 끌어낼 수 있는 모든 결론을 왜곡시킬 것임을 어떻게 보지 못하는가?6) 15%만 히틀러적 신념을 나타내고, 10%는 나치에 호의적 감정이 있으며, 50%는 무관심하고, 25%는 적대적이기에, 10년 동안 히틀러식 선전을 당했던 이 개인들이 그 체제에 대한 비판 능력과 비판적 자유를 가지고 있었다고 주장하는 것은, 엄청난 작업을 수행했음에도, 완전히 잘못된 결론을 내리는 것이다.

그리고 이 앙케트들의 가장 심각한 잘못은, 다음과 같다. 즉 선전의 효과가 개인의 의식적인 명확한 의견 속에 기재되고, 피선전자는 선전 구호에 호응하여 특수한 방식으로 대답할 것이라는, 낡은 개념을 아직도 가지고 있다는 것이다. 그런데 이것은 갈수록 사실이 아니다. 사적 의견과 여론 사이에 분할이 있는 것과 마찬가지로, 의견과 행동 사이에도 분할이 있음을 이해하는 것이 절대적으로 본질적이다. 그리고 선전은 이러한 방향 속에서 작용한다. 한 개인이 히틀러나 공산주의적 확실한 신념이 있기 때문에, 그 개인이 훌륭한 히틀러주의자나 공산주의자로 행동하는 것이 아니다. 그 반대이다. 명확하고, 의식적인 신념을 지닌 사람이 그 교리에 비춰또는 자기가 아는 교리에 비춰 자기 행동의 정당성을 따져보는 잠재적 이단자가 된다는 사실이 더욱더 확실해지고 있다. 거꾸로 어떤 사람이 전쟁의 목적을 명확히 표현할 줄 모른다고 해서 그가, 선전에 의해 잘 만들어지기만 하면, 전쟁에서 좋은 군인이 되는 것이 아니다. 그가 자신이 종족주의자가 된 이유를 잘 설명하지 못한다고 해서, 유대인 학살에 참여하지 않는 것이 아니다.7) 또는 그가 계급투쟁 교리를 잘 설명하지 못한다고 해서, 선전 포스터를 잘 못 붙이거나 열성 당원이 되지 않는 것이 아니다. 선

---

6) 미국의 어떤 저자들은 이 시스템의 오류를 의식을 하고 있다. 예를 들어 거핀Gurfin은 독일 포로들은 표본조사 방식에 대해 낯설고, 독일에 오랫동안 복종하는 것에 물들어 있다고 말한다. 그럼에도, 이 저자들은 이 방식을 사용하고, 그로부터 결론을 냈다고 주장한다!

7) 이러한 대립의 좋은 예가 다음에 의해 주어진다. 유대인 피의자 재판은, 수많은 법률 평론가들이 반유태인적 평론들을 썼었다 (알버트 헤스, 『명증들』,1959). 그런데 이 평론가들 누구도 인종차별주의자들이 아니다. 반대로 그들은 반나치주의자들이었다. 그리고 유대인들에 대한 자신들의 우정을 강하게 주장하였다. 그렇지만, 그들의 평론은 반유태주의

전자에게 중요한 것은 실질적으로 좋은 군인, 열성 당원, 유대인 박해 작가이다. 따라서, 함정이 있는 질문들에 부정적으로 대답했기에, 포로의 50%는 나치 무관심자들이었다고 결론 내리는 것은, 문제를 전혀 모르는 것이다. 문제는 실제로 그들이 했던 것이 무엇이냐를 아는 것이다. 그들이 유대인 사냥, 전체 구역 파괴, 인질 처형, 민간인 공습, 의료 구호선 침몰 등에 참여했는가? 그들이 했다면, 그들은 자기들의 소견보다는 훨씬 강력한 동기를 가졌기 때문에 그렇게 한 것이다. 그리고 그 동기는 이런 종류의 설문으로는 드러나지 않을 것이다.

비슷하게, 포로들이 그 무엇보다도 가족들의 운명에 관심이 있었기 때문에, 그들은 개인적이고 사적인 수준에 그냥 남아 있었고, 선전이 그들에게 아무런 영향을 끼치지 않았다고 하는 것은, 전혀 현실을 모르는 말이다. 보통의 군인이 포로가 되면, 감옥에 갇히고, 선전에서 벗어나게 되어, 자기의 개인적 일로 되돌아올 것이다. 그것은 명백하다! 그러나 이것은 그가 행동 속에 잠겨 있을 때에, 선전의 영향을 받지 않았음을 의미하는 것이 절대 아니다! 그 반대로, 내가 설명했듯이, 선전의 중지는 피선전자를 '개인화'로 이끈다.

미군 병사들에 대한 앙케트를 보면, 그것도 똑같은 오류를 보여준다. 20% 이하의 병사들이 선전에서 사용하는 용어로 자기들의 전쟁 목적을 설명하고, 10% 이하만 대서양 헌장의 기본 조항을 알며, 50% 이상이 아주 개인적인 용어로 전쟁 목적을 정의한다고 말하고, 그러므로 선전의 용

적이었다. 그 글들을 쓰면서, 그리고 피의자들의 행동을 그들의 출신을 가지고 변호하려고 하면서, 이 사람들은 (행동에서는) 무의식 속에 잠재해 있던, 그렇지만 그들의 행동을 결정해버리는 고정관념, 이미지, 편견, 반유태인적 선전에 복종하는 것이다. 그런데 의식적으로는, 명확한 의견의 차원에서는, 그들은 절대적으로 반유태주의자가 아니다! 그리고 자기들이 한 것을 알게 되자, 그들은 자기는 결코 그것을 의미하지 않았다고 주장했다.

어와 개인 의견 사이에는 대립이 있다고 결론 내는 것, 그것은 아주 경솔하게 생각하는 것이다. 왜냐하면, 이 선전의 목적은 분명히 더 용감하고 효율적인 병사들을 얻는 것이지, 도덕적 이상에 젖어 있는 병사를 얻는 것이 아니기 때문이다. 결국, 다음의 두 가지로 생각할 수 있다. 먼저, 선전은 인간을 충심으로 전쟁에 투신하게 하려고 가장 기본적인 여건들 위에서 작용하였다, 그러면 선전은 효율적이었다, 그러나 선전은 전쟁 목적에 대해 이데올로기적 용어로 표현될 수는 없었다. 혹은 선전은 전쟁 목적의 형성과 배포로 제한되었다, 그렇다면 우리가 말할 수 있는 모든 것은, 이것은 누구도 설득시키지 못한 유치한 선전이었다, 따라서 개인들이 전쟁의 목적을 달리 설명하는 것은 놀라울 것이 없다. 다른 한편, 이 전쟁 목적들자유, 야만에 대한 투쟁 등의 습득이 깊은 곳에서 미치는 효과를 고려해야 한다. 그런데 이 효과는 아주 활발한 것일 수 있지만, 신문에서와 똑같은 용어들로 반드시 똑같이 표현되지는 않을 것이다. 사용된 용어가 다르다고 해서 선전이 작용하지 않는 것은 아니다.

결국, 이러한 모든 연구 방법은 선전의 효율성을 전혀 측정할 수 없다는 결론을 내리게 된다.

마지막으로 우리는 객관적 효과들의 분석 시도들에 대해 언급해야 한다 : 표의 이동, 광고 캠페인 후에 상품의 판매 증가, 선전 후에 당원의 증가. 그러나 이것은 대단히 제한되어 있다. 정당들은 언제나 자기들의 행위를 평가하려고 한다. 정당들은 모든 기호를 해석하려고 하고, 특히 선거 결과에 어떤 원인이 작용했는가를 알고 싶어하고, 다양한 원인에 선전을 대입하려고 한다. 이런 분석의 좋은 예로서, 차코틴Tchakhotine은 1932년 독일 선거 결과를 연구한다.8) 이 연구에서는, 헤스Hess에서 사회민주

---

8) 차코틴, p. 294.

당의 선거 효과가 아주 뚜렷하게 드러난다. 마찬가지로 1952년 선거들을 설명하기 위한 미국 당들의 연구가 있는데, 특히 가톨릭 표가 민주당에 등을 돌린 이유에 관해서이다. 그 이유는 명백히 다양한 선전의 결과였다 : 미국 생활 방식의 선전, 국가주의적 선전, 군사적, 나아가서 종교적 선전─미국 출신 교황을 보겠다는 희망. 아이젠하워는 공산주의에 대한 투쟁과 종교적 국가주의와 결합시켰다. 종교는 독재를 견제하는 힘이다 이것이 가톨릭 신자들에게 상당한 영향을 미쳤던 것 같다.

마지막으로 정당은, 어떤 마을이나 구역에서 선전하고 나서, 청원, 모임, 등록 등의 숫자를 가지고 결과를 측정한다. 그러나 그런 작업에 큰 의미를 주기는 불가능하다. 차코틴의 분석에 대한 비판은 잘 알려져 있는데, 헤스에서 선거 패배를, 사회민주당의 선전이 아닌 다른 이유로 돌리는 것이 그것이다. 그러한 분석들로부터는 확실한 것은 아무것도 나오지 않는다. 어떤 선전이 어떤 효과를 냈다고 정확히 말할 수는 없다.

선전 결과를 확인하고자 하는 다른 시도들은 광고에 대해 기업들에 의해 시도되었다. 대상은 다르지만, 그 방법은 아주 비슷하다. 그런데 기업들은 광고가 이익이 있는가, 광고가 부차적인 효과를 산출하는가, 언제 광고해야 하는가? 신제품 출시 전인가 후인가? 일 년의 언제, 그리고 어디까지 가야 하고, 광고의 손익 분기점은 어디인가 등을 알고자 직접적 결과들에 대해 관심이 많다. 기껏해야, 이 모든 것은 과거의 효과들을 분석하는 데에서만 얻어질 수 있다.

또한, 우리는 광고에 노출된 사람이 누구인가를 질문해야 한다. 그것을 알기 위한 수없이 많은 방법이 있다 : 특별 외판, 판촉물, 쿠폰제, 설문지와 함께 샘플 제공 등. 그러나 이 모든 것은 무의식에 대한 영향을 포착하지 못한다. 이것은 가장 중요한 부분으로서, 반사 신경 교육, 습관들이기 등은 선전의 진짜 활동이지만, 직접적 방식으로는 확인할 수 없고, 오직 대량적인 참여로만 확인된다. 따라서 중요한 것은 광고의 전반적인 효과이다. 상업적 세계에서는, 이 효과는 돈으로 측정될 것이다. 즉 광고비는 수익과 비교해서 측정되어야 한다. 원칙적으로, 광고비는 판매비의 5~20% 사이이다. 20%가 초과하면, 수익이 이런 비용을 감당할 수 있는가를 의심해볼 수 있다. 그러나 팔리는 양이 현저하게 증가한다면, 그것은 상당히 비싼 광고비라도 정당화될 수 있을 것이다. 1938년에는 지탄(Gitane) 담배의 판매량이 한 해에 두 배로 증가하였다 수익성의 문제는 상업적 일에서는 가장 중심적인 문제이다.

국가의 광고는 항상 비용의 문제를 생각하는 것이 아니다. 그리고 수익성이 항상 최종적인 이유인 것이 아니다.[9]

국가는 항상 선전의 비용을 계산하고 그것을 제한할 수 없다. 실제로 추구된 목표는 흔히 단순한 돈의 문제를 벗어난다. 10%의 표를 더 얻으려고 하고, 경제 계획에 대해 만장일치를 실현하려고 하며, 국민적 열기를 일으키고자 하고, 적의 심리적 저항을 분쇄하며, 외국 여론을 감동시키려고 할 때, 이런 모든 것은 정확히 측정될 수 없고, 그 결과의 중요성은 비용이 아무리 들어도 쏟아 붓게 한다. 아주 흔히, 다른 관점에서, 국가는 선전의 효과를 측정하려고 시도조차 할 수 없다. 예를 들어 전시에, 적국의 주민을 향한 선전은 그 영향을 엄격히 측정할 수 없다. 어떤 경우에는 그런 흔들기 선전이 성공하더라도, 그 효과는 숨겨져야 한다. 그렇지 않으면 피선전자들은 즉각 적의 경찰에 의해 체포될 것이고, 그럴 때 선전의 효과는 정지될 것이다. 게다가 한 국가가 외국의 선전이 효율적이라고 판

---

[9] 독일, 소련, 심지어 미국에서 전시에 쏟아부은 막대한 비용과 결과 사이의 불균형을 확인하기는 어렵지 않다 (1944년 6월~1945년 3월 사이에 독일군에 대해 뿌려진 팸플릿의 30억 달러의 효과는 투여된 노력과는 균형이 맞지 않는다.)

단하면, 즉각 거기에 대처하는 선전을 할 것이다.

선전의 효율성을 측정하려고 사용한 여러 방법의 부적합성에 대한 분석을 결론 내고자, 우리는 다음의 세 가지 관찰을 더할 것이다.

1. 수학적 방식은 대부분 사회학자나 정치학자들에 의해 가장 정확하고 가장 효율적인 것으로 여겨진다. 그런데 이것은 우리가 보기에는 틀린 것 같다. 수학적 방식통계 등은, 그 정황에서 떨어져 나온 아주 제한된 분야와 대상들에만 적용될 수 있다. 사회학적 현상의 대부분은, 그것들을 현실 속에서 고려하려고 하면, 이러한 방식을 빠져나간다. 확실한 결과를 얻으려고 수치화할 수 있는 현실로 축소하려고 하는 의지는 그 방식 적용에 전제적인 세 가지 작업을 가정한다.

– 수치화하고자 하는 사실을 그의 심리적, 종교적, 감정적, 역사적 정황에서 떨어뜨리고, 개인의 총체적인 세계관에서 떨어 뜨려야 한다.

– 현상을 복잡하게 만드는 모든 것, 실제로는 가장 중요한 부차적 요소들을 제거하고, 그 가장 단순한 형태로 축소해야 한다. 수치화하려면 순수하고 간단한 상태의 사실이 필요하다는 것은 명백하다.

– 외적 현상만을 고려해야 한다. 그런데 이 현상은 다른 방식으로 중요한 현실의 표면에 불과할 수 있다. 그러나 수학적 관점에서는, 외면, 행위, 눈에 보이는 태도 등에 머무를 수밖에 없다.

이러한 것은 우리가 아주 빈약하고 상대적으로 아무 의미도 없는 결과들만으로 만족한다면 받아들일 수 있을 것이다. 그런데 반대로, 그 결과들이 수치화되어 있고, 우리가 수학적 정확성에 대한 강적 집착증이 있기 때문에, 사람들은 그것으로 진실에 도달하였다고 하고, 다른 나머지는 쓸데없는 것이라고 주장한다. 그러나 우리가 인간에 대한 완전히 로봇적인 이미지를 갖고 있지 않은 한, 중요한 것은 다른 나머지이다. 킨제이Kinsey

나 다른 보고서들이 함부로 하듯이, 우리가 인간을 완전히 무의미한 것으로 만들지 않았다면, 중요한 것은 다른 나머지이다. 여기서 심각한 것은, 이러한 수학적 방식을 사용하는 사회심리학자들이, 자기들의 방식으로 다루지 못한 것은 존재하지 않는다고 성급하게 주장하는 것이다. 그런데 우리는 위에서 이러한 방법은 여기서 연구된 문제에는 적용할 수 없다고 지적하였다. 그리고 이런 방식으로 다룬, 확인된, 수치화한 사실들은 결코 명백한 것과 상식의 수준을 벗어나지 못한다. 긴 통계적 앙케트 이후에, 여성이 남성보다 감성적 선전에 더 민감하다고 수치화하는 것은, 상식의 수준에 불과하다. 남성이 상당한 심리적 안정성을 가지고 있고, 심리적 조작은 그를 극단적으로 변경하지 못한다고 수치화하는 것 역시 상식적 수준이다. 그에 대한 지표, 도표, 비율은 큰 의미가 없다.

2. 두 번째 관찰은 소위 과학적이라는 방법들이 특히 부분적이라는 사실이다. 내가 연구한 선전에 관한 효율성 분석들은 무의식적인 인자를 품고 있다. 한 가지 예만 들어보자. 나치와 미국 선전의 상대적 효율성에 관한 대부분의 미국 연구들은 나치 선전은 독일인들에게 깊은 영향을 미치지 못했고, 나치 선전은 미국 여론에 영향을 미치지 못했다고 한다. 반면에 미국의 선전은 독일 병사들에게 전략적 효과를 냈고, 1945년에는 그들을 항복하게까지 하였다고 결론 내린다.

그러나 괴벨스 역시 마찬가지로 체계적인 방식으로 깊은 상황 분석을 하였다. 그 결과는 정확히 미국 연구의 앞의 두 결론을 부정하는 것이다. 독일 병사들에 대한 미국 선전의 영향에 대해서는 미국 전문가들 사이에서도 견해가 다르다. 실스(Shils)와 와버그(Warburg)

선전이 거의 힘을 쓰지 못한다고 하는 심리학자들이나 사회학자들 모두가 가치에 따른 어떤 전제들을 품고 있다. 그들은 모두 인간성의 불변,

인간의 항구성, 인간 심리의 비합리적이지만 안정적인 기반을 믿는 휴머니스트들이다. 그래서 그들은 무의식적으로 인간이 전적으로 지배되고, 반사적으로 결정될 수 있음을 거부한다. 또는 그들은 확신에 찬 민주주의 신봉자들로서, 민주 시민은 어떤 의지와 판단의 자율성을 가지고 있다는 전제를 믿고 있다. 그런 자율성이 없으면 선거는 아무 의미가 없을 것이고, 국민 주권에 대해서도 말할 것이 아무것도 없을 것이기 때문이다. 바로 그런 신념이 그들의 판단에 영향을 미친다.

인간에 대한 그러한 관점을 갖는 것은 좋을 수 있다. 그러나 그러한 관점은 형이상학적인 관점이다. 낙관적이고 이상주의자로 남아 있기 때문에, 선전이란 그렇게 두려운 것이 아니고, 인간이 선전 바깥에서 신념에 찬 행위를 할 수 있다고 선언할 수 있다. 그러나 그렇다고 한다면, 과학적 분석, 통계와 사회학적 실험을 통해서 이런 결론에 도달했다는 주장은 하지 말아야 한다.[10]

2. 선전의 비효율성

선전이 효과가 없었다는 데 대해 이미 앞에서 검토되었던 문제들을 다시 보지는 않을 것이다. 예를 들어, 포로들에 대해서 연구한 나치의 선전,

---

[10] 미국의 심리-사회학자들도 선전의 비효율성에 대해 만장일치는 아님을 언급하자. 어떤 사람들은 이 효율성을 증명하는 실험들을 언급하였다. 예를 들어 알비그(Albig,) 크레치(Krech)와 크러치필드(Crutchfield). 이 혹자들은 선전의 효율성에 대한 경각심 부각이 너무 미약하다고 주장한다. 우리는 다른 한편 정당화 선전들의 일반적 성공은 확인할 수 있다. 즉 개인은 언제나 자기를 정당화해주었던 것은 굳건히 믿는다 (예를 들어, 히틀러주의자들에게 있어서). 나는 또 간단한 예를 연구해보기를 제안한다. 즉 레닌에 의해 제기된 선전의 원칙들을 철저히 연구하고, 이 틀을 소련 지도자들의 정치적 행위들에 대해 적용하고 그 결과를 확인해보는 것이다. 그러면 거의 언제나 선전이 끝나고 나서 원했던 결과를 얻었다는 결론이 나왔음을 확인할 수 있을 것이다.

발트해 국가들, 헝가리, 소련 난민들에 대한 공산주의 선전들로서, 그런 연구는 우리가 보기에는 방법론적 실수처럼 보였다. 우리는 선전의 비효율성에 대해 4가지 문제를 볼 것이다.

주로 미국의 많은 심리학자는 인간 심리에 대한 일반적 고찰에 따라 선전의 비효율성을 결론 내린다. 우리는 이러한 계열로 둘을 예로 들 수 있다. 첫 번째는 고정관념의 불변성이다. 여기서는 일반적으로 융(Young), 크레치와 크러치필드 단순한 심리적 조작으로 고정관념을 변경하기는 거의 불가능하다고 결론 내린다. 나는 이러한 고정관념이 자발적인지, 아니면 선전으로 만들어진 것인지 따지지 않고, 상당히 신속하게 동의할 것이다. 나아가서 이러한 고정관념은 구체적 경험과 사실 그 자체에도 흔들리지 않는다는 것을 덧붙여야 하고, 선전이 그것을 바꾸는 데 힘이 없다면, 그것을 거역하는 반대의 정보도 더 힘이 없음을 지적해야 한다. 그런데 어떤 고정관념은 선전의 열매임을 부정할 수는 없다. 그리고 그것도 똑같은 안전성, 똑같은 힘을 획득한다. 예를 들어 공산주의적 이상, 프롤레타리아 해방 신화, 소련을 혁명과 평화의 대변인으로 동일시하기[혁명과 평화의 모순적 성격은 선전에서 그 둘을 결합시키는데 아무런 장애가 되지 않는다!], 이러한 것은 선전의 결과인데, 독소 조약 체결, 발트국가들과 우크라이나 강제 수용, 헝가리 학살1956년과 같은 거대한 사실들에 대해서도 흔들리지 않고 버텨낸다. 실제로는, 이렇게 크고 중요한 사건은 아주 짧은 시간 동안은 여론을 흔들고, 고정관념을 지운다. 그렇지만, 몇 주가 지나면 사실은 과거 속으로 들어가고, 설명들 속에 빠져버리며, 그 명백한 의미는 사라지고, 사실은 잊힌다. 그리고 과거의 고정관념은 다시 힘과 자리를 되찾고, 전혀 변하지 않는다. 예를 들면, 사르트르Sartre의 개인적 변화는 정확히 1956년 10월에서 1957년 1월까지였고, 다시 과거의 망언을 되풀이하였다. 따라서 고정관념의 존재를 가지고 선전의 비효율성을 결론 내릴 수는 없다!

다른 한편, 우리가 자주 지적했던 것, 즉 소신과 행동의 독립성을 고려해야 한다. 예를 들어, 최근의 공립학교 문제에 대한 논쟁에서 1959년 11, 12월 나는 다음의 사실을 확인하였다. 나의 몇몇 친구들은 공립학교에 대한 우호적인 고정관념을 가지고 있었다 – 젊음의 통일성, 교육의 독립, 지적인 특성 등. 그들의 이념적 소신은 아주 명쾌하다. 그렇지만, 그들은 자기 자녀를 사립학교에 보냈다. 이것은 이상한 일이 아니다. 우리는 선전이 원칙적으로 행동에 흥미를 갖고 있으며, 가능하다면 생각을 하지 않고 반사적으로 결정하게 하려 한다고 증명하려 했다. 따라서 선전이 고정관념을 변화시킬 수 없음은 선전이 비효율적이라는 결론을 내리게 할 수 없다. 왜냐하면, 선전은 명백한 의견을 넘어서, 비합리적 행위를 하게 하기 때문이다. 그럼에도, 나는 선전의 상대적인 무능력을 받아들일 것이다. 나의 두 번째 예, 기존의 태도에 대해서도 마찬가지일 것이다.

이번에는 태도가 근본적인 것으로 여겨진다. 태도는 여러 다양한 방식으로 정의된다.

크루거Krueger는 태도란 "경험의 잔재로서, 그를 통해 차후 행위가 조건 지워지고 통제된다. 정착된 정신적 구조로서, 인간이나 상황에 대해 누가 어떤 유형의 행위를 하도록 미리 결정한다".

영Young에게는, "태도는 무의식적 습관의 형태로서, 행동을 향한 충동에서 깊은 경향을 표현한다."[11]

크레치와 크러치필드에게는, "세상의 모습과 관계된 감정적, 인식적, 인지적 동기들의 지속적인 구조"이다.

---

[11] 우리는 어떻게, 그로부터, 개인이 어떤 정보를 선택하고, 어떤 충동을 거부하는지, 또는 어떻게 개인이 자신의 전제적 가정들에 대한 공격을 회피하는지를 보여주었다.

이 정의들은 태도가 행위로 이르게 하는 개인적 인자라는 것을 보여준다. 물론 개성이란 하나의 태도로 구성되는 것이 아니라, 상호 작용하고, 통합된 복잡한 태도들로 구성된다. 그로부터, 개인이 어떤 자극에 반응하는 방식은 태도들의 전체 패턴에 종속된다. 이 자극이 사적이거나 공적이거나, 마찬가지다. 이 자극이 우연한 것이든, 의지적 조작이든 마찬가지다. 결국, 어떤 선전을 당하는 개인은 이 미리 존재하는 태도들에 따라, 이 태도들이 그를 행동하게 하는 대로 반응할 것이다. 따라서 선전은 조금이라도 효력이 있으려면 이 미리 존재하는 경향 위에 세워져야 한다. 뿌리 깊은 태도에 반한 선전은 아무런 효과도 내지 못할 것이다.[12] 예를 들어 맥두갈MacDougall은 침례교의 선전은 의식적인 가톨릭 신자들을 움직이지 못하고, 서방의 선전은 확신에 찬 공산주의자를 움직이지 못한다고 말한다. 그러나 우리는 거기에 결함이 있음을 확인할 수 있다. 즉 가톨릭 신자가 침례교인이 되고, 또는 거꾸로도 된다. 그러면, 그들의 기존 태도가 깊지 못하고 피상적이었다고 반박하고 싶을 것이다. 그러나 이것은 타당한 이유가 되지 못한다. 이것은 예정론적 논리로서, 어떤 죄를 저지른 기독교인에 대해서, 이 죄는 그가 진정한 신앙심을 가지지 못했다는 증거라고 주장하는 것이다.

그럼에도, 두브는 더 멀리 나아간다. "선전적 자극에 의해 깨워진, 기대된 반응은 전적으로 주체의 과거 경험들에 종속된다. 이것은 실제로 이미 배워졌던 대답으로서, 선전은 단지 일깨우기만 했다. 이 대답은 주

---

[12] 이 주장이 근거한 많은 경험은 아주 논란의 소지가 많다. 예를 들어, 카트라이트(Cartwright)는 1941~1945년 미국에서 방어 국채를 사게 하려는 대대적인 선전은 태도를 바꾸지 못했다고 말한다. 실제로 국채를 산 개인들의 동기는, 4년 동안, 다양한 이유에도 불구하고, 똑같았다. 개인들의 동기는 변하지 않았다. 사실, 이것은, 사람은 자기의 행동에 대해 간단한 이유를 원한다고 말하면 쉽게 설명된다. 누군가 어떤 것을 하는데, 명확한 이유가 있으면, 똑같은 일을 하려고 왜 다른 흐릿하고 복잡한 동기들을 채택할 것인가?

체의 개성의 한 부분이었다." "선전자는 여론의 흐름을 따라가야 한다." 그의 주장을 따르면, 선전이 효과가 있었는가를 알아보려면, 선전에 복종한 사람들을 개인적으로 검사해서, 실제로 그의 속에 그런 행동으로 몰고 가게 할 태도가 있었는지 알아보아야 한다. 두브는 당연히 있다고 확신한다.

이러한 설명은 미오토Miotto에 아주 냉정하게 비판된다. 그의 논리는 다음과 같다.

1. 모든 패전 증거들이 있고, 공포감과 평화에의 의지가 있었음에도, 어떻게 괴벨스의 선전이 독일 국민을 최후의 순간까지 휘어잡고 전쟁에 몰입하게 하였는가?
2. 투표와 다른 모든 정치적 문제들에서, "우유부단한 자"들은 어떻게 설명할 것인가? 우유부단한 자들은 기존 경향에 따라 결정하지 않고, 선전의 충동질에 따라 결정한다.
3. 기존 태도들의 중요성은 평화로운 시기에는 유효하다. 그때는 군중이 심리적 긴장에 종속되지 않고, 사회적 집단들이 안정적이다. 그러면 선전은 실제로 습관들에 적응해야 한다. 그러나 와해 상태의 사회 속에서는, 계급적 격변, 높은 긴장과 함께, 선전은 전통적 패턴들에 따라 움직일 필요가 없어진다. 선전은 과격한 방식으로 개입하고, 모든 습관적 고려를 넘어서서 결정하게 한다.
4. 마지막으로, 예를 들면 공산주의자나 나치들에게서 선전의 느닷없는 방향 전환은 어떻게 설명할 것인가? 태도들은 돌아 변할 시간이 없다, 그럼에도 대부분은 사람들이 선전을 따르고 믿는다.

우리는 여기서 스토첼Stoetzel의 연구로부터 나온 비판을 더할 수 있다. 스토첼은 개인은 똑같은 문제에 대해서도 두 다른 의견을 가질 수 있다는 이론을 제시하였다. 즉 하나는 그의 개인 의견으로, 그가 속에 간직하고, 몇몇 주변 사람들에게나 말할 수 있는 의견이다. 다른 하나는 공적인 의견으로, 자기 집단과 함께 공유하는 의견이다. 선전은 이 두 의견의 공존 가능성을 이용한다. 따라서 선전은 "개인의 소신에서 나올 수 있는 행동과는 전혀 다른 행동을 하게 할 수 있다." 총체적으로 미리 존재하는 태도들은 개인의 사적 의견 형성에 작용할 것이다. 그러나 공적 의견의 표현은 반드시 미리 존재하는 요소들 위에 기초하는 것은 아니다. 그것은 오히려 집단의 상황들, 외적 충동들 등에서 내려온다.

마지막으로, 두 개의 지적을 하면서 이 비판을 완성할 것이다.

미리 존재하는 태도는 명백히 선전전 행위 앞에 존재한다. 누가 어떤 연설을 하거나 신문 기사를 쓴다면, 그에 대한 반응은 분명히 미리 설정된 입장들로부터 나올 것이다. 그러나 이것은 선전이 아니다. 그러나 아무리 미리 존재하는 태도라 하더라도 진짜 선전에 저항할 수 있을까? 이 진짜 선전은 아침부터 저녁까지, 6~7살부터 늙을 때까지, 그가 보는 것, 읽는 것, 듣는 것에서, 숨 쉴 틈도 주지 않고, 냉정히 생각해보거나, 판단할 틈도 주지 않고, 그를 감싸고 있을 것인데….

그런 조건 아래서라면 미리 존재하는 태도들은 신속히 수그러들 것이다. 그것들은 선전이라고 하는 이 심리적 폭격에 저항할 수 없다.

그리고 누가 이러한 묘사는 오직 독재국가의 선전에 관한 것이라고 한다면, 다른 나라들에서도, 우리가 사회학적 선전이라는 이름 아래서 분석한 것을 생각해보기 바란다.

따라서 이런 미리 존재하는 태도 이론은 큰 것을 설명하지 못한다. 그래서 여기에 기초하여 선전의 심리적 설명을 할 수 없을 것이다.

거기서 얻을 수 있는 모든 것은, 우리가 이미 말했듯이, 선전이란 항상 존재하는 경향들을 이용해야 한다는 것이다. 그러나 미리 존재하는 태도는 일시적인 잠정적 여건에 불과하고, 그것에 대해서는 선전 캠페인의 초기에만 이차적으로 관심을 둘 문제이다.

사람들은 또 전혀 다른 영역에서, 선전의 무력의 증거를 찾아냈다고 주장한다. 선전은 일반적으로 무관심한 태도를 부른다는 것이다. 민주 국가에서 개인이 두 선전을 당하고 있다면, 그는 '예' 아니면 '아니오'를 반드시 택할 아무런 이유가 없고, 선전들은 서로 상쇄될 것이다. 그에 대해 흔히 인용된 예가 선거 캠페인이다. 독재 국가에서 개인이 너무 대규모의 일방적인 선전에 당하고 있을 때, 그는 사람들이 자기에게 거짓말하고 있음을 알고, 더는 듣지 않으며, 부재 속으로 피신한다. 그는 문을 닫으며, 선전자는 더는 그를 접할 수 없다. 그는 무엇에도 설득되지 않을 것이다. 따라서 사람들은 스탈린의 선전 앞에서 소련 국민의 태도에 대해, 또는 1958년 2월 헝가리에서 행해진 여론조사에 따라 다음과 같이 언급한다. "이 여론조사에 응한 사람 대부분은 카다르Kadar 정부에 대해 호의적이었다"당연하다!, 그러나 또 다음과 같이 언급하였다. "헝가리 사람들은 우선 자신들의 가족이나 지역적 문제에 관심을 뒀고, 정치나 국제 문제에 대해서는 거의 관심을 보이지 않았다." 그로부터 선전은 별 효과가 없다는 평가를 한다. 마지막으로, 같은 방향에서, 라자스펠드Lazarsfeld의 확인이 있다. 즉 미국의 연방 방송통신 위원회는 모든 사설 방송국에 시민 교육에 몇 시간씩을 할당하라는 공문을 보냈다. 그런데 그 결과는 전혀 고무적이지 않다. 청취자나 시청자들은 "채널을 자꾸 돌려버린다". "어려운 점은 말에게 물을 마시게 하는 것이 아니라, 말을 물통으로 데리고 가는 것이다." "반발심이 작용하여, 청취자는 버리라는 편견이나 의견을 오히려 고집한다". 이것은 잘 알려진 부메랑 효과이다. 이 부메랑 효과가 선전의 무력을 증명하기 위해 자주 거론된다.

그런데 이런 다양한 예들이 전혀 그럴듯해 보이지가 않는다. 우리는 독재 국가에서 일방적 선전에 대한 무관심 현상에 대해 연구하였다. 그리고 그것은 선전의 비효율성이 아니라 성공한 경우임을 지적하였다. 서로 반대되는 선거 선전에 대해서는, 이미 연구했던 것을 보충해주는 3가지 점을 지적하는 것으로 만족할 것이다.

- 적대적 선전들에 대해 독립성을 주장하는 사람들은 언제나 그 현상을 멀리서 볼 수 있을 만큼 거리를 지닌 지식인들이다. 그리고 이 사람들은 영향받기를 거부하는, 이미 확고한 자기 의견을 가진 사람들이다.

- 두 번째 지적은 선전의 집중성과 효율성을 측정하기가 어렵다는 것이다. 두 선전이 정말 동등하다고 말할 수 있는가? 그것은 거의 상상하기 어렵다. 게다가 이것은 가장 강력하고, 가장 잘 만들어진 선전이 자동으로, 그리고 단번에 이긴다는 것을 의미하지도 않는다. 선거 선전도, 체계적으로 만들어졌다면, 긴 시간을 두고 효력을 발휘할 수 있다. 프랑스에서는 공산당이 1921~1936년 사이에 주로 선거 캠페인의 결과로 약진하였다. 1929~1933년 사이에 히틀러의 나치당도 마찬가지다. 따라서 두 개의 상충하는 선전이 있다고 해서, 두 선전이 서로 상쇄된다고 말하기는 거의 불가능하다. 그러한 상식적 대비는 극히 피상적이다. 다시, 어떤 경우든, 현재 상황에서는, 선전을 하지 않는 사람은 반드시 진다는 점을 지적하자. 따라서 이것은 최소한 선전은 필수적임을 보여준다.

- 마지막 확인을 들어보자. 미국 대중은 방송에 의한 교육에 관심이 없다. 문제는 그것을 선전이라고 할 수 있는가이다. 우리가 알기에는,

선전이란 우선 들려지고, 개인을 흥분시키며, 그들에게 이익도 보게 해야 한다는 것이다. 따라서 우리는 사용된 기술들이 적절했는가를 확인해보아야 한다! 그런데 이 방송들의 주제는 무엇이었는가 : 병원 업무 묘사와 함께 병원 건설, 독서의 이점에 대한 학술회와 함께 시립 도서관 개관, 사람들 사이의 우정, 반알콜리즘…. 여론조사를 하고 앙케트를 할 필요도 없었다. 방송 주제만 보고서도, 나 같으면 라자펠드에게 75%의 시청자들은 채널을 돌릴 것이라고 말해줄 수 있다. 이것들은 정직할지는 모르지만, 전혀 효율적이지 않은 정보들이다. 이것은, 다른 곳에서 증명되었듯이, 선전에 대한 정보의 큰 약점의 예이다. 선전은 사람들을 교육한다고 하지 않으면서, 그들을 타오르는 시사성 속으로 던져 넣고, 그들을 감동시키는 특이한 것에 호소한다. 그러면 사람들은 그 순간에 채널을 돌리지 않는다. 건강 음료 판매소는 분명히 술집보다 덜 매력적이다.

마르크스주의 역시 선전의 효율성에 대해 비판적 입장을 취한다. 나는 하나의 예만 들겠다. 1957년 2월, 마오쩌둥은 마르크스주의 국가들 내부 모순들에 대한 보고서1957년 6월에 발표되었다에서, 한 국민에게 이상주의를 포기하고, 마르크스주의를 믿으라고 강요할 수가 없다고 고백하였다. 선전이나 심리적이거나 물리적인 압박 수단을 사용하는 것은 문제가 되지 않는다. 마오는 선전은 마르크스주의자가 되라고 강요할 수는 있지만, 그래서는 효율적이지 못하다고 말하며, "대중 토론, 비판, 설득, 적합한 교육과 같은 민주적 방법들을 통해 움직여야 한다"고 말했다. 우리는 마치 여기서 미국의 인간적 홍보 프로그램을 보는 것 같다. 그러나 그 목표는 정확하고 확정되어야 한다. 즉 인민을 마르크스주의자로 만들기이다. 단지 초보적 형태인 심리적 압박 수단을 쓰지 않아야 한다. 그렇다면, 적합한 교육은 무엇이고, 다시 말해 아이들에게 초보적인 마르크스주의를 주입시키고, 과학과 역사에서 세계의 마르크스주의적 개념을 심어 넣는다 대중 토론과 비판은 무엇인가? 이러한 작업들이, 그 도착점이 어디인지 잘 아는 지도자가 운영하지 않으면 누구에 의해 운영될 것인가? 그러면서 지도자는 토론을 통해서 은근히 대담자들을 이 목표로 인도할 것이다. 설득이라는 것이, 선전의 가장 통상적인 형태가 아니고 무엇인가? 마오는 여기서 선전의 현대화 되고, 인간화된 형태를 보여주고 있었다. 민주주의에 대해 말하자면, 우리는 집단의 역동성을 경험함으로써, 선전이 비효율적이라는 단언이 얼마나 거짓인지 알게 된다. 화이트(Whyte), 소로킨(Sorrokin)을 보기바람 달리 말하면, 중요한 것은 이른바 선전이 무엇을 의미하는가를 제대로 아는 것이다. 게다가, 선전이 국민을 마르크스주의를 믿게 하는 데 비효율적이었다 하더라도, 그것은 반대로, 중국에서는, 국민을 정부가 원하는 대로 움직이게 하는 데 아주 효율적이었다. 대약진운동, 인민 공사 등은 선전의 효율성의 좋은 예이다.

선전의 비효율성을 주장하기 위해, 많은 역사적 예들이 제시되었다. 우리는 여기서도 몇 가지를 언급하겠다. 미국 사회학자들은, 미국 선전이 1943-1945년 사이에 독일인들의 저항 의지를 꺾지 못한 점에서 실패했다고 확인하지 않을 수 없었다. 특히 독일 시민은 포격과 보급이 끊겼음에도, 계속 저항하였다. 산업 생산은 놀라울 정도로 파괴되었지만 지속하였다. 전혀 사기가 위축되지 않았다. 그리고 전문가들이 노르망디 상륙 작전 후에는 사기가 저하될 것으로 생각했었는데, 전투 의지는 여전히 지속하였다. 그리고 집중적인 심리전에도 불구하고 그러했다. 따라서 사람들은 심리전이 비효율적이다고 말했다.

그러나 문제를 뒤집어서, 이러한 높은 사기가 무슨 이유 때문이었는지, 일 년 동안 아무 희망도 없는데, 물자가 완전히 고갈 났는데도 무엇이 이 국민을 저항하게 하였는지를 생각해보아야 한다. 잊지 말아야 할 것은, 28년 전 1차 대전 때에는, 그 군대가 1944년 때만큼 위험에 처하지 않았는데도, 똑같은 독일 국민은 항복했었다. 따라서 그렇게 만든 결정적인 이유는 바로 나치 체제가 그 국민에게 가한 교육, 선전 때문이었음은 확실하다. 희생, 전쟁, 군사적 가치를 찬양한 선전, 총통에 대한 신뢰, 단결을 위한 선전, 독일 민족의 우수성과 그 불굴의 신화에 대한 선전이었다. 그리고 이 선전은 이미 15년이나 전부터 시작되었다. 즉 이미 그 효력을 발휘할 시간이 충분했다. 그런데 그 흐름을 1943년부터 시작한 미국의 선전이 거스를 수는 없었다. 그 선전은 시간이 없었다. 특히 독일의 저항은 바로 이러한 선전에서 나온 힘 때문이지, 실스Shils의 분석처럼, 조직과 집단이 남아 있어서 그런 것이 아니다.13) 최소한 종전 4개월

---

13) 거핀(Gurfein)과 자노비즈(Janowiz)의 연구의 결론도 이것이다. 그들은 예를 들어 1944년 6월과 1945년 2월 사이에, 여전히 60%의 독일 군인들은 총통에 대한 완전한 믿음을 간직하고 있었고, 1945년 2월에도, 40%는 독일이 승리한다고 믿고 있음을 보여준다. 이 저자들은 이데올로기 차원에서 독일군을 공격하는 것은 아무 소용없었다고 평가한다. 왜냐하면, 독일군은 그 피선전자의 상황에 의해 보호되어 있었기 때문이다. 그러나 그에 반해, 실스의 놀라운 연구가 있는데, 그는 독일 선전은 아무 효과가 없다고 주장하며, 국가의 간부들 또는 군대 조직인인 소집단들이 존속하고 있었고, 그 안에서는 명예니 조국이니 하는 가치들이 살아 있었다고 주장한다. 개인이 자신의 작은 집단에 대해 만족하는 한, 공격할 수 없고, 그의 저항은 선전에서 온 것이 아니다, 이러한 해석은 우리 의견으로는 결정적 모순들에 부딪힌다. 조직적 소집단에 대해 말하자면, 어떤 집단들은 이유없이 와해 되지만, 어떤 집단들은 전혀 그렇지않은 모습들, 어떻게 그렇게 많은 차이가 있는가? 거기에는 기본적인 문제, 즉 선전의 효과인, 집단의 사기 문제가 있다. 그리고 그 사기는 바로 선전의 효과이다. 나치에 반대했던 사람이 새로이 동료에 의해 인정된다는 것은, 개인적 차원으로 구호들의 내용 이동이 일어난 것이다. 일차적 집단의 단결성을 이뤄주는 것은, 이데올로기적이고 도덕적인 통일성이다. 역으로, 자기 집단에서 고립된 개인이 쉽게 무너진다면, 선전이 대중적 현상이기에, 고립된 개인은 금방, 피선전자가 되지 못하기 때문이다. 그리고 명예니 조국이니 하는 집단적 가치들은, 선전으로 만들어진 것이 아니면 무엇인가? 따라서 실스가 한 설명은 정확하기는 하지만, 금방 정지된다. 선전은 전투 집단보다 더 선행한다.

전에는 통신이 끊겼고, 경찰이나 당은 극히 드문드문 압력을 행사했으며, 행정은 더는 역할을 하지 않았다. 실스가 분석하였던 전투 집단뿐만 아니라, 일반 국민도 저항했다면, 그것은 국민이 조직화하였기 때문이 아니라, 선전의 영향을 깊게 받았기 때문이다. 그리고 바로 그 때문에 또 미국의 선전이 통하지 않았던 것이다.

  두 번째 예는 고전적인 것으로, 헝가리이다. 1956년 헝가리 혁명이 일어났을 때, 공산주의 선전이 실패했다고 말해졌다. 즉 이 선전이 10여 년이나 지속하였지만, 그 국민은 비판적 정신이 있었고, 설복되지 않았었다. 그것이 습관적인 논리이다. 서구 부르주아들은 이 반 공산주의자들, 자유를 위한 용감한 전사들을 열렬히 환영하였다. 그런데 이 혁명 투사들이 알고 보니 공산주의자들이고, 최소한 사회주의자들임을 알았을 때 얼마나 놀랍고 그 실망이 컸겠는가. 그리고 구체제인 호치Horthy 체제의 추종자들이었던 1945년 망명자들은, 이 새로 온 망명자들을 결코 보려고 하지 않았다. 왜냐하면, 그들이 모두 극단적으로 좌익들이었기 때문이다. 따라서 나는 여기서도 다시 선전의 성공에 대해 말해야겠다. 왜냐하면, 대부분 주민이 중도 우파였고, 상당수가 중도 좌파였으며, 소수의 공산주의자8%였던 나라에서, 단 10년 만에 거의 전체 주민이 공산주의자가 되었기 때문이다. 나는 거의 전부라고 했다. 왜냐하면, 반체제 인사들, 그 체제를 피해 달아나 인사들도 공산주의자들이기 때문이었다. 그리고 이제는 경찰의 감시가 없음에도, 그들은 자기들이 공산주의자라고 하고, 또 그렇게 말하면 새로 도착한 나라에서 좋지 않게 본다는 것을 알아도 그렇게 선언하였다. 그들은 체제나 공산주의에 반대해서 저항한 것이 아니라, 너무 가혹한 제약, 러시아의 주둔에 대해 저항한 것이었다. 이것은, 선전을 통해서 아무것이나 얻을 수 있다는 것을 의미하지 않으며, 오직 피상적이거나 전략적이기만 한 선전은 실패하며, 근본적인 선전은 성공한다는 것을 의미한다. 그리고 선전이 국민으로 하여금 식량 배급 제한을 감내하게 할 수 없음을 증명하는 것보다는, 선전이 그들을 공산주의자로 전환할 수 있음을 증명하는 것이 분명히 더 중요하다.[14]

선전의 비효율성에 대한 다른 예로 알제리가 있다. 아랍인들에 대한 선전은 일반적으로 실패한다는 것이 사실이다. 알제리 빨치산이 프랑스 선전에 설득되어 항복하는 경우는 거의 없다. 그들 항복한 몇 개의 예는 선전 때문이 아니다. "중립적인" 아랍 주민들 속에서도, 큰 성공을 기대할 수는 없다. 그리고 정보를 얻을 수 있는 한에서는, 친 프랑스 감정은 거의 얻어질 수 없을 것 같고, 그 반대이다. 따라서 선전은 효과가 없다고 말해진다. 여기서도, 내가 보기에는 차이를 둬야 할 것 같다. 우선 프랑스인들에 대해서는 선전은 상당히 효과적임을 지적하자. 알제리 전쟁에 대해 아주 적대적이었던 젊은 병사들은 몇 달 주둔하면 태도를 바꾼다. 이것은 꼭 심리적 선전 때문에 그런 것은 아니고, 이것이 다른 것들과 결합하여 작용한 것이다. 즉 집단 속에 삽입되고, 어떤 정신 상태 속에 섞이게 된 것과 같은 것이다. 이 모든 것은 이미 말했듯이 선전과는 밀접한 관계가 있다. 다른 한편, 프랑스 시민에 대해서도 선전은 마찬가지로 효과적이다. 이미 그를 위한 치밀한 심리적 준비들이 되어 있기 때문이다. 아랍인들에 대한 선전의 실패는 대부분, 우선 그 선전이 아주 보잘것없고, 방법들도 매우 불충분하기 때문이다. 전혀 경험 없는 젊은 이들이 하는 몇몇 모임, 몇몇 연설, 몇 개의 팸플릿 등으로, 어느 누구의 무엇이라 하더라도 설복시킬 수 있겠는가? 이어서 실패 원인은 사용할

---

[14] 이 텍스트는 1959년에 쓴 것이고, 우리는 그것을 손대지 않고 실었다.

수 있는 이데올로기의 완전한 부재, 흥분되고 열광시키는 주제의 부재로 돌려야 한다. 아랍 국가주의 열정 앞에서 내세울 것이 아무것도 없다. 어떤 수준에서도 어떤 자극도 없다. 그런 조건에서 어떻게 선전을 평가한다고 할 수 있을까? 수용소에서 일어났던 것에 대해서는 언급하기도 쉽지 않다.15) 이러한 실패로부터 끌어낼 수 있는 결론은, 선전이란 아무렇게나 즉흥적으로 만들어지지 않는다는 교훈이다.16)

3. 선전의 효율성

따라서 우리의 견해로는, 선전의 효율성이나 비효율성에 대해 정확한 측정을 하기는 불가능하다. 솔직하게는, 선전은 아주 광범한 사실들, 아주 일반적 생각들과 연계해서만 측정할 수 있다. 우리는 선전의 효율성 쪽으로 결론 내게 해 줄, 아주 평범하고 단순한 요소들을 언급할 것이다.

먼저 아주 일반적인 이유가 고려될 수 있다. 첫 번째는, 오늘날 모든 정치가와 큰 사업가들은 심리적 활동, 선전, 광고, 홍보, 사교 등이 필수 불가결하고, 확실한 결과를 가져다준다고 동의한다. 그들이 환상에 젖어 있고, 어떤 유행을 따르며, 곰곰이 따져보지 않았다고 할 수 있을까? 어떤 사회-심리학자들이, 지금까지 모든 정치가가 선전의 효율성을 믿는 잘못을 증명하려고 했음을 생각해보면, 우리는 누가 진짜 착각을 하고 있는가 자문해보아야 한다. 레닌처럼 완전히 효율성에 빠진 정치가

---

15) 집단 주거 수용소에서 있었던 세뇌 작업에 대해서는, <부록 2>를 보기 바람.
16) 다음이 잘 알려진 실패의 예들이다. 영(Young) 플랜에 반대한 1929년 괴벨스의 선전, 1945년 보스톤 시장 선거, 1948년 미국 대통령 선거, 수에즈 운하를 위한 심리적 준비, 프랑스에서 유럽 방위 공동체. 그러나 이 실패들은 모두, 작용할 영역 해석의 실패이거나, 너무 강한 반대 연대 때문이었다.

들이나, 판매 증진 욕구에 젖어 있는 상인들을 생각해보면, 그렇게 현실적인 사람들이 이 분야에서 착각을 하고 있다고 생각하기는 어려울 것이다.

두 번째 논거는 다음과 같다. 강력히 선전된 환경에서 살았던 모든 사람, 선전에 빠졌던 모든 사람냉철하게 살려고 했음에도 불구하고, 대규모의 선전을 경험했던 모든 사람은 선전이 효율적이라는데 동의한다. 그것을 반박하는 사람들은 아직도 자유로운, 선전이 그다지 강하지 않은 나라에서 사는 사람들이다. 독일인, 러시아인, 알제리 거주민 중에 선전의 힘을 의심하는 사람은 거의 없다. 선전을 멀리서만 본 사람들, 그것을 직접적으로 겪어보지 않은 사람들, 선전 후에 일어나는 여론의 변화를 확인해보지 않은 사람들, 매카시즘의 잔 불과 괴벨스적 선전을 혼동하는 사람들이나 의심을 한다. 나아가서, 그들은 자기들 위에 행사되는 진정한 선전을 볼 줄 모르는 한에서 그런 의심을 한다.그리고 이것은 정말 특징적이다 그래서 많은 미국의 사회-심리학자들은 선전의 효율성은 부정하면서, 동시에 인간 관계Human Relations나 홍보Public Relations의 효과는 인정한다. 그러나 바로 이것이 미국에서의 선전 형식이다. 그것이 바로 진정으로 발달한, 체계적인, 조직적이고 긴 세월의 형식이다.

우리는 이제 많은 해석으로 열려 있는, 몇몇 일반적 사실들을 언급할 것이다. 첫째, 대중매체를 사용하여 의지적으로 여론과 행위를 변경하지 않고서도, 다음의 변화들이 일어난 것을 어떻게 설명할까?

1. 1848년과 1917년 사이에 노동자 계급 사이에서 일어난 계급의식. 마르크스는 프롤레타리아 계급의 객관적 조건은 프롤레타리아가 이 조건에 대한 의식을 하지 않으면, 아무것도 아니라고 강조하였다. 이런 의식화는 계급의 창조자이면서, 혁명적 의지의 창조자이다. 그

러나 이 의식화는 자발적이거나, 개인적 자격으로는 되지 않는다. 그것은 노동자들에게서 몇몇 지식인들의 전파의 열매이고, "교육"의 열매, 실제로 선전의 열매이다. 때로는 더듬거리고, 불확실한, 그러나 길게 보면 효과적인 선전이, 행동과 교육, 대중 집회, 그리고 좁은 의미의 선전을 뒤섞으면서, 노동자 계급을 만들고 단결시켰다.

2. 1900년과 1950년 사이에 프랑스에서 사회주의적 정신 상태의 유포. 어떻게 이러한 좌로의 이동이 일어나게 되었는가? 어떻게 해서 사회당, 그리고 공산당에 대한 표가 늘어나게 되었는가? 어떻게 국가나 경제의 사회주의적 개혁들이 혁명 없이도 나타나게 되었는가? 누가 과연 오늘날 국유화, 사회 보장, 유급 휴가 등에 대해 시비를 걸겠는가? 사회당에 투표하는 사람들도 있고, 그보다 더 많은 수로는, 사회주의적 사상에 물들어서, 50년 전에는 대단한 사회주의적 발상이라고 했을 것을 이제는 사회주의 축에도 못 든다고 생각하는 사람들이 있다. 거기서도 우리는 선전에 의한 느린 침투를 본다.

3. 1917년 혁명, 1933년 혁명은 그 주역들의 말을 따르면, 선전의 결과이다. 한편으로 레닌과 트로츠키, 다른 한편으로 히틀러와 괴벨스는 자기들의 혁명은 대중을 소수자들의 운동에 가담하게 한 선전 덕분이었다고 말하고 또 말한다.

4. 인민 민주국가들과 중국에서 공산주의의 유포와 인민의 공산화는 선전의 열매이다. 인민들을 심리적 대중 운동 속에 끌어들임으로써, 체계적 교육을 통해서, 인민들을 심리적 목적의 행동들 속에 참여시킴으로써, 인민들은 점차 공산주의자로 변하게 되었다. 진실이나, 교리적 설득의 문제는 사실 아무 중요성이 없었다.

5. 카메룬, 알제리, 인도차이나 반도에서 국가주의의 폭발도 선전으로

밖에 설명되지 않는다. 그 국민은 역사적 일관성도 없었고, 1830년 전에 위대한 알제리에 대한 전설은 선전적인 환상이었다 종족적 단일성도 없었으며, 단일한 국가도 없었다. 다른 한편 국가주의라는 것은 19세기에 유럽에만 존재하던 특수한 현상이었다. 국가주의가 봉건주의와 사회주의 사이의 필연적 역사적 단계라고 하는 것은 마르크스주의에서 나온 순수하게 이론적 주장으로서, 역사적 현실과는 전혀 일치하지 않는다 그렇지만, 식민지 국민은 이러한 국가주의적 열정에서 자기들 정복자들의 이미지, 위대성, 효율성을 보았고, 그들이 이번에는 자신들이 정복자가 되려고 이러한 형태, 이러한 정열을 채택하였다. 그것은 전적으로 정상적인 일이다. 그러나 이런 몇몇 지식인의 논리는 국가적 정열이 가슴들을 불태워야, 국가적 흥분이 체계적이고 인위적으로 창조되어야 사실성, 힘, 효율성이 있다. 그런데 그런 일은 바로 선전에 의해 얻어졌다.

나는 다른 예들도 얼마든지 들 수 있다. 이런 모든 사실은 투표 분석이나, 적진에 뿌려진 팸플릿의 효율성 분석보다도 선전의 효율성 분석에 훨씬 더 중요하다. 물론, 이 모든 것을 위해서는, 단순한 주장이 아니라, 증명을 해야 할 것이다. 그들 중 어떤 것들에 대해서는, 그러한 증명이 존재하고, 행해졌다. 다른 것들에 대해서는, 연구가 진행 중이다. 나는 여기서 자세한 세부를 열거할 수는 없다. 그러나 나의 주장은 가볍게 하여진 것이 아니라고 말해두고 싶다. 오해를 피하려면 확실히 할 필요가 있다. 나는 이러한 사실들이 오로지 선전에 의해서만 이뤄졌다고 말하는 것은 아니다. 당연히 1917년 혁명이나, 알제리 국가 창설을 위해 수많은 인자가 결합상징들의 심리적 조작이라고 하는 좁은 의미의 선전은 더더욱 아니다하였다. 미리 존재하는 조건들이 있었고, 사실들의 발전이 있었으며, 여론의 자발적인 발전이 있었고, 어떤 조직과 제도들의 발전과 쇠퇴가 있었고, 경제적 현상들이 있었다.

    그러나 우리가 말하고자 하는 것은, 이러한 사실들 자체가 노동자 운동이나 히틀러적 혁명과 같은 대량의 인간적 운동들을 결정하거나 그것으로 이를 수는 없었다는 사실이다. 결정적인 것은, 이러한 사실들을 작동시킨, 그 사실들을 결합시키고, 그것들에 대한 의식을 하게 만든 선전이라는 인자가 있었다는 것이다. 당연히 선전은 혼자만 존재하지 않는다. 그러나 선전이 없었다면, 이 분야들에서 아무것도 일어나지 않았을 것이다. 선전은 진정으로 엔진을 출발하게 한 것이다. 이어서 움직임이 만들어지면, 그 움직임을 유지하고, 방향 지우며, 성공하게 한 것도 선전이다. 다른 관점에서 보면, 심리적 준비, 조건, 설득 등이 없다면 어떠한 기업도 어디에도 가능하지 않다는 것을 생각해보면, 이러한 일이 얼마나 중요한지 알 수 있을 것이다. 우리 사회의 각 사건은 모두의 추종을 가정한다. 그러나 이러한 심정적이고 행위적 참여는 선전에 의해서만 얻어질 수 있다. 그리고 선전이 그렇게 다양한 분야에서 사용된다는 것은, 우리 사회가 총체적인 사회가 되어 가기 때문이다. 다시 말해 우리 사회 속에서는 어떤 행위도 더는 다른 것과 무관해질 수 없다. 모든 행위, 모든 감정은 정치적 의미가 있게 되고, 어떤 행위도 더는 순수하게 개인적인 것이 아니다. 히틀러의 겨울생활Winter life:가난한 자들을 위한 겨울 구호소에 참여하지 않는다는 것, 아프리카 신생국을 위한 국가적 구호 활동에 참여하지 않는다는 것, 학교 시스템 문제에 대해 무관심을 표명한다는 것은 더는 개인적 결정이 아니고, 공동체로부터 이탈하는 것이다. 그런데 공동체는 오늘날 개인들이 통합되지 않으면 더는 기능을 할 수 없다. 그래서 그것이 어떤 성질의 것이라 하더라도, 모든 개혁은 모두에 의해 수행되어야 하고, 정치적 성격을 띠게 된다. 그로부터, 선전은 필수적이 된다. 그렇지만, 동시에 선전이 효율적이기 때문에 메커니즘이 그렇게 움직이는 것이고, 목적을 달성한다고 인정하지 않을 수 없다.

마지막으로, 광고에 대해 다시 언급해야 할까? 우리는 광고에 대해 일반적인 결과를 도출해낼 수는 없지만, 오늘날 그 효율성을 부정하기는 불가능하다고 말했다. 모든 책에서 발견할 수 있는 잘 알려진 예를 다시 언급할 필요는 없다 – 예를 들면 영화에서 갱들이 문 연기가 피어오르는 시가나, 시장을 정복했다고 생각하고 광고를 중단하자, 금방 매출이 주저앉아버린 담배 회사 같은 예이다. 그러나 최소한 3가지의 지적은 해야 한다. 아무리 신중하고, 과장에 대해 조심을 하는 독자라 하더라도, 반스 파카드Vance Packard가 제시한 사실들에 대해서는 주의를 기울여야 한다. 즉 대중은 광고에 대해 아주 예민하고, 광고에 의해 크게 영향을 받는다는 사실이다. 두 번째는, 다음의 명확한 사실을 기억해야 한다. 즉 매번 신제품이 출시될 때마다, 그 제품이 예전의 어떤 필요에 상응하지 않지만, 즉시 시장에서 큰 저항 없이 자리를 차지한다는 것이다. 그것은 오로지 광고의 결과이다. 새로운 상품이 나타날 때부터 새로운 수요가 창조된다. 그리고 몇 개월의 적응 기간 후에는, 그것의 빈자리가 느껴질 것이다. 왜냐하면, 실질적 수요가 창조되었기 때문이다. 그런데 처음에는, 이 수요는 오직 광고에 의해 창조되었다. 광고가 없었다면, 아무리 상품을 제시했다 하더라도, 누구도 사지 않았을 것이다. 세 번째 사실은, 소련에서 광고의 재출현과 아주 신속한 발달이다. 광고는 자본주의적 현상이고, 비생산적 비용이라고 간주하고, 사회주의 체제에 유용하지 않은 광고를 폐지했지만, 10여 년 전부터 광고가 다시 나타났다. 광고는 생산의 증가와 짝을 이룬다. 미국에서는, 생산이 양적으로 증가하고, 질적으로 개량될 때에는, 광고 역시 크게 신장한다고 확실히 말할 수 있다. 이것은 광고가 진정 유용함을 증명하는 것 아닌가?

사적인 생활에서도 선전의 효율성에 대해 생각해보는 것이 좋겠다. 어떤 문제들은 전혀 선전과는 관계가 없어 보이지만, 개인이 그 선전에 아주 민감하게 반응하는 것들이 있다.

선전이 고립된 개인에게 영향을 미친다고 말할 수 있을까? 우리가 스토첼Stoetzel처럼 개인의 공적인 피상적 의견과, 그의 속에 들어 있는 깊은 태도 사이를 구분한다면, 선전은 나중이 아니라 처음의 것에 영향을 미친다고 말할 수 있을 것이다. 이것은 상대적으로 단순한, 일반적인 생각이다. 따라서 개인이 여론에 참여하는 한, 또는 다른 관점에서는, 그가 대중 속에 흡수되는 한 개인은 선전에 의해 영향을 받을 것이다. 물론 선전은 개인의 심리에 영향을 미친다, 그렇지만 단지 그 피상적 차원, 요컨대 집단적 층리에서일 따름이다. 그러한 의미에서, 선전의 심리적 효과는 여론에 대한 영향과 구분되지 않을 것이다. 선전은 개인 그 자신에게는 아무런 영향을 주지 않을 것이다. 대중적 효과를 노리면서, 선전은 집단적 행동들만 결정한다. 그래서 선전은 사적인 행위들에 대해서는 효과가 없다.

전형적 예가 반 알코올 선전이나, 출산율 상승을 위한 선전에 대해 주어진다. 선전은 유행과 관습에 대해서 결정하지, 사적인 일에 대해서는 작용하지 못한다. 모든 사람이 인정하는, 건강에 대한 고정관념이나, 인구가 많아야 국력이 강하다는 생각은 필연적으로 개인적 절제에 대한 존중이나 많은 가족 수의 존중으로 이끈다. 그것들은 알콜 중독을 줄이거나 무자녀 가정의 수를 줄이지 못했다. 따라서 결론으로, 선전은 만약 성공한다면, 특수한 집단적 행동을 생산하지만, 개성에 영향을 줄 수는 없다.

이러한 분석은 꽤 간단해 보이지만, 사실과는 달라 보인다. 우선 프랑스에서는, 절제와 많은 가족 수에 대한 존중이 일반적이지 않다. 노동자와 부르주아 계급에서는, 많은 자녀를 갖는 것이 미친 짓이라거나, 기분 좋은 얼큰한 취기는 받아들일 수 있다는 판단이 일반적인 건강과 다자녀 가정에 대한 존중과 마찬가지로 강하다. 그리고 잘 마시고, 잘 즐기고, 출산에 대해서는 신경 쓰지 않는 사람이 잘사는 사람이라는 고정관념이, 물만 마시는 것이 좋은 가장이라는 고정관념보다 더 강하다.

그럼에도, 예를 들어 파리의 지하철에서 행해지는 금주 선전은 천천히 개인에게 영향을 미치기 시작한다. 아직 확실한 숫자적인 표시는 없다, 그러나 상당히 의미 깊은 표시가 포도주와 알콜 생산업자들이 의회에 제출한 항의서에서 나타난다. 그러한 분노가 있으려면, 이미 소비에서 상당한 효과가 있었기 때문이다. 출산율에 대해서도 마찬가지다. 선전이 출산율에 상당한 영향을 주었음은 더는 부정할 수 없다. 반대로 실제 흥미로운 것은, 피상적 여론이 다자녀 가정에 대해 호의롭지 않았으면서도, 출산율이 상승했었다는 점이다. 히틀러 치하의 독일, 파시스트 치하의 이탈리아, 1941년 이후의 프랑스에서 출산율 상승은 선전 때문이었음은 오늘날 의심의 여지가 없기 때문이다.

선전이 높은 출산율을 위해 영향을 미칠 수 있는 것처럼, 출산율 억제 방향 쪽으로도 영향을 미칠 수 있다. 이것은 우리가 지금까지 믿어왔던 것과는 상반된다 일본의 놀라운 경험은 의미 깊다. 한 국가는 전쟁에서 패하고 나면 자발적으로 아이를 더 많이 낳는다는 것은 잘 알려졌다. 이미 다출산국이었던 일본도 예외는 아니었다. 그래서 1945년부터, 출산율이 급격히 치솟았다. 그러나 그렇게 인구가 증가한다면 대 파국을 맞는다는 사실을 일찌감치 인식하였고, 그래서 1946년부터는 출산 억제 선전이 시작되었다. 물론 우리가 자주 말했듯이 즉각적인 효과는 없었다. 그러나 4년 동안 적극적으로 행해진 선전은 1950년에는 눈에 띄는 결과를 낳았다. 1947년에는 출산율이 1,000명당 34.4명이었는데, 1950년에는 29명으로 툭 떨어졌다. 1954년에는 20명이었고, 1957년에는 17,2명이었다. 단 10년 만에 50%의 하락이 있었는데, 지금까지 한 번도 보이지 않았던 사실이다. 따라서 일본은 세계에서 가장 저조한 출산율을 달성하였다.[17] 그리고 이런 진행에서 놀라운 것은, 출산율 억제가 도시보다는 농촌에서 더 빨리 확산한다는 것이다.

우리는 이제 마지막 예를 들겠다. 최소한 1950년부터, 프랑스에서는, 문과와 법과 쪽에 너무 많은 학생이 몰리고, 과학과 기술 쪽에는 너무 적게 몰려서 걱정하였다. 그러나 이것은, "학부모들에게, 미달 학과 권장 선전을 하기로" 결정하기 전까지는 아무 변동이 없었다. 1951년 11월 이 순간부터, 그 선전이 특별히 일관성 있고, 지속적이지도 않았는데, 변화가 일어났다. 1952년에 시작된 선전은 1956년부터 결실을 보기 시작했다. 1956년부터 1959년 사이에 25%의 학생들이 법학과로부터 과학부로 이동하였다.

따라서 어떤 분야들에서는, 개인이 사적인 행동에서도 선전의 영향에 아주 민감하다는 것이 확실하다. 나는 그로부터 정치적 행동에서도 똑같다는 결론을 내려야 할 것 같다. 실제로, 물건을 구매할 때에, 개인은 자신의 필요, 상품의 가치 등에 관한 개인적 경험에 의존할 수 있다. 그는 구매하기 전에 물건들을 경험해볼 수 있다. 이 모든 것은 그의 직접적 경험 수준에 있는 것이다.[18] 그런데 이제 그가 이런 분야에서도 영

---

17) "연구 개관", in 일본의 인구 문제, IV, 1959. 1959년부터는 다시 출산율이 상승하고 있다.

향을 받을 수 있다면, 물론 어느 정도 수준까지이다. 예를 들어 물건을 사고 나서 질이 떨어진다면 다시 사지는 않을 것이다. 그것은 사실이다 경험과 단순한 문제가 아닌 경제나 정치의 수준에서도 영향을 받을 수 있다. 마찬가지로 개인적 행동에 관한 문제일 때에아이를 갖거나 갖지 않기, 그들의 교육 방향, 개인은 일반적으로 자기가 원하는 것을 알고, 진정 개인적인 동기들을 따른다. 그런데 그런 곳에서도 영향을 받을 수 있다면, 개인적 문제와는 훨씬 멀리 떨어지고, 훨씬 더 감정적인 문제들, 그리고 덜 직접적인 문제에 대해 영향을 받지 않을 리가 없다.

마지막으로, 개인의 극단적인 예민함을 증명하기 위해, 소문과 패션을 예로 들어보겠다. 그 둘은 서로 아주 밀접한 관계에 있다. 유포된 모든 소문은 어떤 효과가 있다. 처음에는 몇 사람만 알다가 얼마 정도 시간이 흐르면 많은 사람이 소문을 알게 된다는 사실은 참으로 놀라운 일이다. 소문이 근원에서 더 멀리 퍼져갈수록, 그리고 수많은 개인에 의해 유포될수록, 객관적이고 과학적인 정확성은 그 중요성을 상실하고, 신뢰도는 이 소문을 따르는 많은 사람의 숫자에 종속된다. 개인은 소문이 자신의 환경 속에서 다른 수많은 개인에 의해 자발적으로 유포되면, 그에 의해 영향을 받지 않을 수 없다. 물론 그는 자신이 개인적으로 그전에 관심이 없고 관계되지 않았다면, 거기에 가치를 부여하지 않는다. 사실 아무도 관계되지 않는다면 어떤 소문도 퍼지지 않는다. 개인은 단순히 자기 환경이 내리는 판단또는 그가 자기 환경의 판단이라고 생각하는 것 때문에, 관계될 수 있고, 또 관계되어 있다고 느낄 수 있다. 여기서 우리는 패션을 보게 된다. 그러나 누군가 여기서는 결정적 요소가 상업적 메커니

---

18) 이 수준에서도 행위들을 변경시킬 수 있다(예를 들어 잘 만들어진 캠페인 후에 32%의 쇠고기 소비 증가). 그리고 과일 주스나 거위 간에 대해서도 마찬가지로 성공을 거뒀다.

즘이라고 반박할 수 있다. 즉 패션은 생산자에 의해 촉발되고, 광고가 작용한다. 따라서 선전자에 의해 조직되고, 시작된 소문의 수준이다 이것은 대부분 정확한 말이다. 요요나 훌라후프, 또는 데이빗 크로켓과 같은 터무니없는 경우들이라 해도 그렇다. 그렇지만, 항상 그런 것은 아니다. 때로는 하나의 출발점으로부터, 아무 광고도 없이 퍼져 나가는 터무니없는 유행도 있다. 예를 들면 스쿠비두Scoubidou:플라스틱 장식 끈 같은 놀라운 현상이다. 어린이 잡지의 한 기사로부터 시작해서, 그리고 아무런 상업적 이해관계도 없이, 프랑스는 어린이들과 어른들이 만든 스쿠비두에 단 한 달 만에 흠뻑 빠졌다. 물론 우리는 순수 간단한 모방 현상을 보고 있다. 그러나 그 기원이 제한된 수의 어린이용 잡지 기사라는 한에서, 이것은 영향을 받고 보급하는 개인의 대단한 역량에 대한 예가 될 수 있다. 개인이 진짜 선전 앞에 있을 때, 그가 그것을 무시하고, 강하게 버틴다 해도, 그는 여전히 아주 취약하다. 이러한 반응들, 확인들은, 일부러 다른 분야들과, 다른 방법들에 속한 것 중에서 선택한 것들인데, 선전이 결정적이고 폭넓은 효력을 가지고 있다고 결론 내게 한다.

4. 선전의 한계

선전은 비록 효과적이지만, 무한한 힘을 가진 것은 아니다. 선전을 통해서 인간에게서 모든 것을 얻을 수 있다고 결론 내는 것은 절대 잘못이다. 우리는 이미 몇몇 한계들을 지적하였다. 메커니즘이 적용되려면 선결적인 사회학적이고 심리학적인 조건들이 있다. 또 선전은 만족하게 해 줄 욕구를 고려해야 한다. 그리고 선전이 갑자기 심리적 변화를 일으키거나, 여론을 전복시킬 수 없다는 것도 명백하다. 또 이미 설정된 확신을 정면으로 공격하는 것도 추천되지 않는다. 선전은 우선 행동 영역의 범위를 우선으로 의식해야 한다. 선전은 이 범위 밖에서는 분명히 비효율적이다. 그렇다고 해서, 자동차가 논밭에서 잘 나가지 않거나, 모래사장에 박힌다 해서 그 비효율성을 주장하는 것도 어리석은 일이다. 아무튼, 선전의 행동 영역의 한계는 아주 광범위하다.[19]

이러한 한계를 말하자면, 먼저 이미 검토된 4가지를 지적할 수 있다.

1. 미리 존재하는 태도. 선전은 처음에는 이 태도들의 위에서, 이 태도들을 이용해야 작용할 수 있고, 그것들은 아주 느리게만 바꿀 수 있다.

2. 선전이 표현하는 사회의 총체적 흐름과 사회적 전제들. 처음의 한계는 상대적인 한계로서, 변경하거나 밀어낼 수도 있는데 반하여, 이번에는 절대적인 한계이다. 선전은 한 사회의 근본적 흐름을 뒤집을 수는 없다. 미국에서, 선전은 민주주의를 헐뜯고, 군주제를 찬양할 수 없을 것이다. 소련에서는 사회주의에 반대한 선전을 할 수 없는 것과 같다. 그리고 세계 어디에서나, 기술, 진보, 행복 등에 반대할 수 없다.

3. 세 번째 한계는 사실과 합치될 필요이다. 기본적 사실은 언제나 필요하다. 그리고 선전은 언제나 이념의 선전이 될 수 없고, 오직 사실에 상대적인 판단의 선전이어야 한다. 옳거나 그르거나 선전은 너무 광범위하고, 확실한 사실들에 맞서 싸울 수는 없다. 괴벨스는 스탈린그라드 패전 이후에 자신의 선전을 바꾸었다. 왜냐하면, 그러한 대패를

---

[19] 과도한 공포에 잡혀 있는 집단 속에서, 또는 자신을 방어하고 정당화하기 위해 허구 속으로 달아나는 환경 속에서 선전에 대해 말하는 것은 아무 가치가 없다. 마찬가지로, 선전이 대중매체가 없어서 제한된다는 것을 주장하는 것도 헛된 일이다. 마지막으로, 전적으로 호의적이지 않은 사회적 환경 속에서는, 선전은 아무것도 할 수 없다.

승리로 바꿀 수는 없었기 때문이다. 영웅 만들기 선전도, 성공 선전과 마찬가지였다.[20]

4. 마지막으로, 모든 선전의 역량을 제한하는 한계로서, 시간의 한계가 있다. 이것은 두 관점에서 나온다. 효과가 있으려면, 심리적 행위는 지속과 연속성을 가져야 한다. 그러나 상호적으로 시간은 직접적 효과의 약한 지속성 때문에 다른 한계를 강요한다. 독일의 여론 속에서, 나치의 교리는 이제 사라져가고 있다. 그리고 모든 선전은 중지되면 점차 지워진다. 따라서 선전을 통해서 어떤 항구적인 여론의 흐름, 어떤 유형의 인간을 창조하기를 기대할 수는 없다. 그러나 여기서 다시 이 한계는 다시 유동적이다. 즉 하나의 선전이 지속할수록, 그 효과도 더욱 지속한다. 선전이 깊고, 포괄적이며, 기술적일수록, 마찬가지로, 그것은 더욱더 인간을 변형시킨다. 그러나 선전자의 작업은 결코 중지될 수 없다. 40년 동안의 놀라운 선전 이후에, 소련에서는 아직도 인간을 완전히 사로잡으려면 해야 할 일이 많이 남아 있다. 확실히 달성되었고, 더는 선전적 작업이 필요 없어 보이는 점들도, 다시 고려되고, 다른 처리를 받아야 한다.[21] 이제 새로운 두 가지 요소를 들어 보자.

선전의 효율성에는 아직 충분히 고려되지 못한 한계가 존재한다. 그것은 외국인이다. 우리가 분석하였던 대부분의 반전과 효율성의 조건들은 한 집단, 사회, 국가의 내부에 있었다. 선전은 한 집단 내부에서 가장 효율적이고, 가장 위험하며, 가장 눈에 띄지 않는다. 외국인을 겨냥한

---

20) 헤스(Hess)의 도피 이후에, 괴벨스는 말할 것이다. "거기에 대항해서는 세계 최고의 선전자도 대항할 수 없는 상황들이 있다."
21) 1960-1961년 소련의 공산당 중앙 위원회에서 잘못된 선전에 대해 가해진 격렬한 비판을 상기해보자. 많은 선전을 지루하고 교조적으로 간주하였다. 더 높은 생산성을 자극하려면 행위적 방식으로 전환해야 했다. 선전은 추상적이길 그만두고, 사실에 근거해야 한다.

선전은 당연히 대부분이 비효율적이다.22) 거기에는 선전자에 의한 대상의 태도들, 관심들, 전제적 요소들에 대한 심리적 무시가 있고, 피선전자 측에서는 외국인에게서 온 것에 대한 자발적 의심이 있다. 어떤 지속성을 갖기 어려움, 교감하는 관계를 갖기 불가능함, 즉각적 사건들에 대한 필연적 지연, 대중 매체 전체를 사용할 수 없음, "예비선전"을 할 수 없음, 강박적인 선전을 사용할 수 없음 등. 외국에 강제로 점령된 나라라 할지라도, 이 외국은 진정 효율적인 선전을 할 수는 없다. 예를 들어 2차 대전 때 점령국에 대한 독일의 선전 한 나라 안에서 어떤 반응을 자극하는 포스터, 기사 등은 주변국에서와 똑같은 효과를 얻을 수 없었다.23) 단지 아주 초보적인 선전들만 가능하고, 그 선전들은 아주 예상치 못한 조건들에 의해 영향을 받는다. 그래서 그런 선전들은 현대적 선전으로 간주할 수가 없다. 그런데 일반적으로 주목을 받는 것은 그런 선전이고, 그것으로 사람들은 선전의 효율성을 측정한다고 주장한다. 심리전이 국민에게는 가장 뜨거운 부분이다. 비록 선전의 형태로는 가장 설득하기 어려운 형태이기는 하지만. 우리는 이미 그 문제를 연구하였다.

그런데 너무 자주 선전의 효율성은 적이나 외국에 대한 영향으로 평가되었다. 예를 들어 미국인들은 독일군에 대한 영향을 가지고 선전이란 효과가 없다고 결론 냈다. 팸플릿을 보고 항복한 독일 병사는 거의 없었다. 개인적으로 나는 팸플릿을 보고 한 명의 군인이라도 항복한다면 그것이 나를 놀라게 할 것이다. 비슷하게 사회주의 국가에 라디오를 통한 선전은 거의 가치나 효율성이 없다. 비록 그것이 청취 된다고 하더라도. 라디오가 공용이기 때문에 이것도 확실하지 않지만 동베를린이나 헝가리 민주화 운

---

22) 이것이, 독일의 선전이 중립국이나 정복 국가들에서 실패한 것으로 기록된 이유이다.
23) 그로부터 선전을 수출할 수 없다.

동을 그런 선전 때문이라고 하는 것은, 그런 선전에 너무 많은 가치를 부여하는 것이다. 차라리, 일단 이 운동들이 좌절되었기에, 그 저항을 했던 사람들은 이런 선전적 약속들을 기억하고 심각하게 여기게 되는 데, 이 약속들이 지켜지지 않았기 때문에, 그들은 실망하게 되고, 서구를 이중적으로 배척하게 된다고 생각하는 것이 더 신빙성이 있다. 이것이 바로 유명한 부메랑 효과이고, 실제로 일어난 일이다. 기껏해야 그러한 선전은 외국인의 생각과 감정 속에서 어떤 모호함만을 키울 수 있을 따름이다. 그것은 어떤 생각이나 판단을 혼란스럽게 하고, 자국의 선전을 의심하게 하며, 나쁜 의식을 만들어낼 수 있다. 이 모든 것은 무시할 것은 아니다, 그러나 너무 과장되어서도 안 되고, 선전의 전형적 효과로 간주하여서도 안 된다. 스피어는 외국을 향한 선전의 약점을 완벽하게 연구하였다.[24] 그는 이러한 질문까지 제기한다 : 적성국에서, 누가 진짜 적인가? 군사적 엘리트와 정치 엘리트를 겨냥해야 하는가? 누가 이 나라에서 잠재적이거나 현재의 우군인가? 결국, 누가 실제적 권력을 행사하는가? 선전을 통해서 무엇을 변화시킬 수 있고, 변화시켜야 하는가 : 이데올로기적 기초들, 정치 구조들, 또는 사회적 제도들?

그런데 실제로는, 이 질문들의 어떤 것에도 정확하게 대답할 수는 없다. 왜냐하면, 그 대답을 위해서는 외국에서는, 그리고 특히 적성국에서

---

[24] "다시 생각해 본 심리적 전쟁", in 다니엘 러너, 전쟁과 위기 속에서 선전. 뉴욕, 1951. 상당히 훌륭한 학자들이 선전이 없다면, 민주주의 국가는 내부에서처럼 (당들에 대해), 외부에서도 무장해제 될 것이라는데 동의한다. 외부에서라면 민주체제들과 독재 국가들이 서로에 대해 경쟁을 하는 그 유명한 "도전" 속에서이다. 특히 선전이 없어서 민주주의가 실패한 수많은 경우를 잊지 말아야 한다. 따라서 메그레(Mégret)는 1950년부터 프랑스 군대가 겪는 위기는 대부분이 정부의 심리적 행위가 없었기 때문임을 지적한다. 그리고 또 경제 계획의 절반의 실패도 바로 그 때문이라고 한다. 마지막으로, 만약 누가 민주국가에 선전할 권리를 부정한다 해도, 이 선전은 국가를 위한 홍보(Public Relations)의 형태로 다시 나타날 것이다. 이것은 위장되어 있기 때문에 더 위험스럽다.

는 할 수 없는 사회-심리학적 분석을 해야 하기 때문이다. 기껏해야 일반적 개념들과 주관적 평가들의 안내를 받을 수 있을 따름이다. 그리고 독재국가보다 민주국가에서 선전을 통해 움직이기가 더 쉬울 것으로 생각해서는 안 된다. 물론 민주국가에서는, 외국에서 온 선전을 삽입시키기는 쉽다. 그렇지만, 한편으로는 그것은 훨씬 더 쉽게 선전이라고 파악되고, 왜냐하면, 국내 민주 정부의 선전은 덜 명확하고, 덜 알아채기 어렵기 때문이다 그럼으로써 불신을 일으키게 된다. 다른 한편 이 선전은 그 나라 국민의 욕구를 훨씬 덜 충족시킨다. 독재 국가에서는, 국민 대부분은, 통합되기 전에, 금지되었던 것, 다른 노선을 듣고 싶어한다. 그런데 이것이 외국을 향한 선전이 기댈 수 있는 유일한 점이다. 그러나 민주국가에서는, 이러한 다른 것에 대한 욕구가 훨씬 미약하다. 따라서 외국의 독재 국가에 대한 선전이 명백한 이유로 해서 어려운 것처럼, 외국의 민주 국가에 대한 선전도 다른 이유로 마찬가지로 어렵다. 선전에 제기되는 이러한 외국인에 대한 한계는, 이 외국인이 선전하는 나라의 지배에 들어간 영토 안에 있어도 존재한다. 이것은 아랍인들과, 알제리의 카빌리아인들 Kabyles에 대한 경우이다. 여기서는 프랑스의 선전이 외국인을 겨냥한다. 물론, 기간, 수단들의 전체성, 연속성, 배타성에서 적대 체제나 외국에 대해 하는 선전보다는 훨씬 유리한 조건에 있다. 그러나 아랍의 정신 상태에 대해 심리적이고 사회학적으로 알고 있어도, 유럽인들과 아랍인들 사이에 오랜 교류가 있었지만, 이 선전은, 우리가 앞서 말한 기술적 결함들뿐만 아니라, 특히 그것이 외국에서 왔기 때문에 실패하였다. 본능적인 불신의 메커니즘, 직접적 의사소통의 부재, 다른 감수성, 공통적 신화의 부재는 잘 만들어진 선전에도 불구하고 대부분 결실을 보지 못했다.

실제로 우리는 여기서 선전에 가장 큰 장애를 보고 있다. 즉 선전은 자기 국민에게 말하는 국가들의 수중에 있을 때에만 완전하게 효율적일 수 있다. 바로 이것이 공산주의 선전의 힘과 효율성의 비밀이다. 다른 나라들 속에서 직접적 선전을 하려고 하는 자는 사회주의의 모국이 아니다. 이 직접적 선전은 그 나라 안에 있는 당인 공산당에 의해 수행된다. 따라서 공산당은 선전으로 유혹하고자 하는 사람들과 동일 평면에 놓이게 된다. 주제와 양식은 나라에서 나라로 극단적으로 다를 수 있다. 이것은 여러 다른 공산당들 사이에 모순을 의미하는 것이 아니라, 각 국가에 따라 적용되어야 하는 선전 수준에 따른 행동의 자유를 의미할 뿐이다. 그리고 누가 선전 주제의 교조적인 통일을 하려고 하면예를 들어 1949~1950년 사이, 그 효율성만 극히 후퇴하게 될 뿐이다. 따라서 외국에서 왔고, 소련의 일을 해주지만, 공산주의 선전은 각 국가의 경향 위에서 작용하고, 즉각적으로 알려지고 민감한 사실들을 이용한, 국가적 선전이다. 1957~1961년 사이에 프랑스의 조직망들과 조직들을 매개로 한, 프랑스에서 민족해방전선의 선전도 마찬가지다. 그래서 이 선전은 놀랄 만큼 성공하였다.

이러한 한계가 있다고 해서 가장 흔한 상황 속에서 선전의 비효율성을 결론 내려서는 안 된다. 심리학자들의 실수는, 가장 미묘한 가정과 가장 어려운 상황을 골라서 선전의 효율성을 측정하려고 하는 것이다.

마지막으로 고려해야 하는 마지막 한계가 있다. 모든 기술을 다 동원해도 개인의 직접적 대답을 예상할 수 없는 문제가 남는다. 어떤 선동 앞에서, 한 개인은 의견이나 행동에서 여러 대답을 줄 수 있다. 그리고 가능한 대답의 폭은 각 개인에 따라 다르다. 어떤 포스터를 보고, 미학적인 사람은 노동자와 똑같이 반응하지 않을 것이다. 그 대답은 진정으로 한 개인의 모든 사회적 정황, 그의 환경, 가족, 교육, 직업에 종속된다. 이러한 즉각적이고 지역화된 대답의 분야에서는, 미리 존재하는 태도 이론이 아주 정확하다. 예를 들면, 어떤 영화를 보았을 때, 영화의 주제에 의해 가장 큰 영향을 받은 사람은 애초에 가장 호의적이었던 사람이다.미군 정보국, 1944년 또한, 사람들은 자기 집단의 선전에 의해 가장 크게 영향을 받고, 거기에 대해 가장 기대되었던 대답을 줄 태세가 되어 있다.

그로부터, 특정한 사람에게서 어떤 대답이 나올까를 알려면, 그 개인에 대해 사전에 완전한 연구를 해야 할 것이다. 그 대답에 가장 깊이 영향을 주는 인자 중의 하나는 교양이다. 높은 교양은 선전에 호의적이다. 그것은 인간이 사실들을 잘 이해하게 하고, 문제들에 관심을 두게 하며, 판단들을 종합하고, 새로운 태도를 이해할 수 있게 한다. 그러나 이러한 역량은 만들어진 선전이 정말 신중해야만 결정적이다. 거꾸로, 교양은 선전자의 작업을 어렵게 만든다. 왜냐하면, 높은 교양은 주어진 자극에 대해 폭넓고 다양한 대답을 이끌 것이고, 대부분 이 대답들은 모순적일 것이다. 따라서 선전자는 그 결과에 대해 확신할 수가 없다. 교양은 인간이 여러 가지를 생각하게 하고, 그것들에 대해 따져보며, 자기 자신의 믿음에 대해서도 완전히 확신하지 못하게 한다. 그로부터 어떤 대답을 할 수 없게 만들거나, 전혀 기대치 않았던 선택을 하게도 한다. 반대로 전혀 교양 없는 사람은 훨씬 더 어렵게 대답들을 알게 되고, 어렵게 선동되고, 어떤 대답을 제공하도록 자극하기가 쉽지 않다. 그러나 일단 선동이 먹혀들면, 이런 사람은 여러 가지 대답을 만들어내지 않고, 특히 모순적인 대답들을 만들어내지 않는다. 따라서 선전자는 경우에 따라 전혀 다른 작업을 해야 할 것이다. 교양 있는 환경을 겨냥할 때는, 처음에는 약한 선동, 그렇지만 이차적인 논증으로 강화해서 다양한 대답들을 배제한다. 반대로 교양 없는 대중 앞에서는, 이차적인 논증에 매달리지 않고 아주 격렬한 선동을 한다.

그러나 교양은 대답의 선결적인 요소 중의 하나임을 알아야 한다. 따라서 선전자에게 제기되는 문제는 한 개인이 할 수 있는 여러 대답 중에서 선전의 정치적 목표와 직접적 연관이 있는 하나의 대답만 얻어내는 것이다. 이것은 "상관적인 대답"인데, 제안된 목표와 사용된 도구와의 관계 속에서 선전자가 기대한 특수한 대답이다. 이 상관적 대답은 자유로운 여론에 대해 작용할 때에는 결코 자동으로 얻어질 수 없다. 선전자가 그 결과를 확실히 알기에는 너무 많은 변수가 있다. 그러나 여론이 신화들을 중심으로 미리 제작되어, 조건 반사들을 포함하고 있으면 전혀 다르다.예비선전 그러나 이런 경우를 제하면, 기대된 대답은, 자극이 너무 약하거나, 미리 설정된 여론에 정면으로 부딪치거나, 다른 대답의 힘이 강하거나, 기대한 대답의 힘을 추월해버리면, 실패할 것이다. 사회적이고 심리적인 환경에 비춰서, 자극의 힘, 범위를 선택하는 것은 선전자의 몫이고, 거기에 따라 대답의 성패 가능성이 달리게 된다.

다른 한편, 선전자는, 두브가 "선행적 대답"이라고 부른, 예비적인 대답을 가르침으로써 대답을 쉽게 하려고 할 것이다. 이 부차적 대답은 분명히 어떤 대상을 보거나 들으면서 생겨난다. 그리고 추구된 목표와는 직접적인 관계가 없지만, 기대하는 진짜 대답의 출현을 쉽게 한다. 모든 광고는 바로 이러한 하나 또는 여러 개의 부차적 대답 위에 세워진다. 어떤 잘 차려진 진열은 전반적으로 호의적인 반응을 유발하고, 걸음을 멈추고, 검사하게 한다. 일종의 미학적 대답이 있고, 이것은 욕구에 관한 대답을 동반할 수 있다. 이것들이 어떤 상품의 구매라고 하는 주요 대답에 부차적인 대답들이다.

마찬가지로, 아름다운 아가씨를 통한 어떤 상품의 소개는 미학적인, 관능적인, 숭고한, 또는 동질적인 대답을 자극한다. 이것들은 개인에게 기대하는 중심 결정에 부차적인 대답들이다. 따라서 부차적 대답과 상관적 대답 사이에는 직접적 관계는 없다. 상관적 대답은 반드시 부차적 대답을 따르는 것이 아니고, 다만 쉬워진다. 부차적 대답은 인식을 유발할 수 있고, 호의적인 분위기를 창조할 수 있으며, 모든 적대적인 경향을 제거할 수 있고, 마지막으로 자극의 힘을 증가시킬 수 있다. 그렇지만, 그것은 직접적으로 가입하게 하거나, 행위로 들어가게 하지는 않는다. 그것은 반대로 선전자가 기대치 않았던 대답을 하도록 자극할 수도 있다.

따라서 선전자는 다른 행위 수단들을 찾아야 할 것이다. 어떤 의미에서는, "선전은 새로운 대답들의 학습을 강요하는 의사소통 형식이다. 이 대답들은 선전적 자극을 인식한 후에만, 선전의 목적과 상관있는 개인적 대답들이 환기된 후에만 습득될 수 있다."두브 실제로 개인에서 자발적 대답이 일어난 후에라야 선전자가 원하는 대답의 습득이 수행될 수 있다. 습득된 대답들은 태도들이고, 따라서 행동을 예비한다. 이 습득된 대답들을 고려해야 하는데, 이 대답들은 개인의 태도 전체 속에 통합된다. 이 태도들이 선전에 의해 습득되면, 우리는 그것들을 두브에 따라서 "선행적 대답"이라고 부를 수 있다. 그래야, 행위와의 인접성과 거리가 표현될 것이다. 선전은 실제로 의견들을 바꾸고, 얼마 동안은 밖으로 표출되지 않고 잠복해 있는 대답들을 얻어낼 수 있다. 그것은 우리가 이미 말한 수동적 참여이다.

개인은 선전자에게 동의하지만, 선전자가 원하는 대로 움직이지 않을 수 있다. 게다가 어떤 경우에는 선전자는 외적인 표시 없는 이런 추종으로 만족할 수 있다. 따라서 공포적 선전에 의해 유발된 마비는 선전자가 원했던 것과 상응한다. 그러나 가장 흔히는, 예를 들어 선거 선전에서는, 개인을 이런 '선행'적 상황에서 행위로 이끌어야 한다.

따라서 선전자는 선행적 대답에 가능한 한 가장 큰 견인력을 주려고 한다. 어떤 대답을 습득하고, 그 대답을 할 수 있는 개인은 바로 그러한 사실로 말미암아, 이 대답을 넘어서서 가고 싶은 필연성을, 행동을 하고 싶은 필연성을 느낀다. 따라서 이 행동은 선전에 의해 설정된 선행적 대답의 결과로 나타난다. 이 대답은 아주 강력한 힘을 가지고 있어서, 개인의 중심적 충동을 대변하기까지 한다. 그리고 이 대답은 최근의 것이고, 부차적 대답들에 의해 강화되면 더욱 강해질 것이다. 그것은 다른 경향들과 갈등을 일으켜서는 안 되고, 다른 가능한 대답들과 어긋나서는 안 된다.

이 모든 것은 선전자에 의해 추구되는 대답이 무엇인가를 이해하게 한다. 그러나 투표건, 어떤 당의 가입이건, 이 대답은 절대 확실하지 않다. 그 대답이, 습득되었다 하더라도, 다른 부차적인 것들에 의해 둘러싸여 졌다 하더라도, 모든 계산에서 결과한 것이라 하더라도, 그것이 어떤 특정되고 고립된 선전 캠페인의 결과인 한에서는, 그것은 예측할 수 없는 것으로 남아 있다. 그리고 이러한 불확실은 선전자가 어떤 특수한 개인들에게 말할 때—어떤 특정 개인이 특정 선전에 대해 어떻게 반응할까를 예측하려 하기에는, 어떤 확정된 행위를 얻어야 한다면 더욱더 그러하다. 어떤 캠페인 후에라야, 그 대답이 호의적인지 아닌지 알 수 있을 따름이다. 그런데 그러한 상황은 선전자에게는 받아들일 수 없다. 왜냐하면, 그는 기술자라서, 사회학자라면 강조하고 말았을 이러한 불확실을 단순하게 받아들이지 못한기 때문이다. 선전자는 더 확실하고, 더 자동적인 대답을 얻고자 한다.

우선, 그는 '개인이 어떻게 행동할까?'에 대해 예측하기를 포기할 것이다. 그는 집단을 생각하고, 전반적인 결과를 얻는 것으로 충분할 것이다 – 예를 들어 80%의 얻어진 대답. 다른 한편 그는 제한적인 사실에 대한 확실한 대답을 얻는 것보다는, 여러 개별적 대답을 만들어낼 전반적 태도를 얻어내려고 할 것이다.

그를 위해 선전자의 노력은 개인화시키는 인자들의 제거를 겨냥할 것이다. 기대하는 대답은 자연적 요소들환경, 교육 등에 의해 점점 덜 영향을 받고, 선전에 의해 깊이있게 만들어진 "예비-교육"에 의해 더욱더 영향을 받아야 한다. 태도들이 제2의 자연으로 만들어진 '자연적' 태도들보다는, 선전에 의해 습득된 태도들일 때에, 그것들은 집단적이 될 수 있고, 그것들을 습득하게 한 선전자는 거기서부터 어떤 자극의 결과를 훨씬 쉽게 계산할 수 있다.

〈부록 2〉

마오쩌둥의 선전

마오는 레닌의 선전 원칙들을 자신의 상황에 적용하여 아주 엄밀하게 지켰다. 그는 그 이상은 하지 않았지만, 구체적 상황을 정확히 이해하고서 놀라울 정도로 엄격하게 적용하였다. 선전의 관점에서, 그의 상황의 특징은 다음의 세 가지이다 : 대중매체 수단의 전적인 부재신문도 없고, 포스터도 거의 없었다, 타도해야 할 지역적 소집단 속에 이미 통합된 선전을 해야 할 다수의 인간, 수행할 전쟁의 혁명적 성격. 이러한 상황에 따라, 그의 선전의 두 원칙은 교육과 조직이 될 것이다.

교육은 단순히 지적인 의미의 가르침이나, 정보를 의미하지 않는다. 정보는, 레닌식으로 조작되고 방향 지어져서, 가르침과 마찬가지로 교육 속에 편입된다. 교육의 목표는 인간에게 전적으로 새로운 세계관을 심어 주고, 그의 안에서 그가 지금까지 익숙해져 있던 것과는 전혀 다른 형태의 감정, 반응, 반사적 행동, 태도를 자극하는 것이다.[1]

---

[1] 그러나, 마오에 의해 교육에 지속적으로 주어진 우선권에도 불구하고, 초기의 선전은 역시 감정적이었다. 즉 증오심을 깨우고, 국가와 애국적 감정을 고취하며, 군인의 자부심을 부여하고, 억압에 대한 두려움을 일으키는 것이다. 따라서 우리는 여기서는 선전의 전통적인 경향들을 다시 보게 된다.

조직. 각 개인은 그를 곳곳에서 조이고, 모든 수준에서 통제하는 다양한 조직망에 들어가야 한다. 목표는 개인을 조직을 통해서 꼼짝 못하게 하는 것은 아니라, 그를 조직의 적극적 구성원으로 만드는 것이다.

그러나 이 원칙들은 상황에 따라 변화를 겪었다. 전쟁 기간과 통합 기간을 구분해야 한다.

1. 전쟁 중 : 1926~1949년

교육

다소간 통제할 수 있는 점령 지역에서 교육의 의무는, 착취자와 부자를 비난하는 집회와 구호, "인민의 3대 원칙"의 설명을 통해 혁명적 마르크스주의의 주요 명제들을 퍼뜨려야 한다. 정치 교육의 직접적 목적은 선동과 봉기보다는 토지 공유에 기반을 둔 몇 가지 경제 개념을 천천히 그리고 깊이 침투시키는 것이다. 구호 유포를 위해서는, 데생, 이미지, 집회, 행진, 플래카드가 사용되었다. 설명은 자연적으로 형성된 집단예를 들어 농민회 속에서 이뤄진다. 정치 교육은 선전의 주요 조직인 군대에서는 더욱 강하게 추진된다. 당과 군에서는 항구적인 마르크스 이론 교육을 통해 정치 수준을 높인다. 이것은 무장폭동주의, 개인주의, 평등주의 등에 대한 투쟁을 병행한다. 따라서 목표는 직접 봉기보다는 "정치적 동원"으로서, 그 과정에서 선전은 대중을 움직이게 하고, 대중은 선전의 약속과 명령들을 실현할 것이다. 이것은 아마 마오의 독창적인 아이디어일 것이다. 즉 구호를 작성한 사람은 거기에 포함된 약속을 실현할 사람이 아니다. 구호는 사람들을 동원하고, 이 사람들 스스로 선동적 말에 따른 목표 달성 작업을 할 것이다. 통제를 할 수 없는 지역에서는, 이런 유형의 작업은 훨씬 위축되었다. 한편으로는, 포로들을 통해 적의 군대와 접촉하려는 시도가 있었다. 적의 포로들은 집중적인 선전, 정치 교육, 완전한 세계관의 변화를 받고 나서이것은 세뇌 교육을 통해 그렇게 될 것이다, 풀려난다. 이러한 방면은 적에 대한 공산주의자들의 자비를 증명하는 선전 행위가 된다. 게다가 풀려난 포로들은 자기 옛 부대에서 새로운 태도를 보여 줄 것이다.

다른 한편, 혁명적 전투 중에 마오는 어느 지역을 일시적으로 점령하고, 이어서 물러나기를 반복하게 하였다. 그에 따라 수많은 사람이 들어가고 나가고를 반복하였다. 그래서 혁명군이 물러날 때는 이데올로기로 무장된 주민을 남겨 놓을 수 있었다. 따라서 이데올로기적 무장이 전혀 되어 있지 않은 적군이 그 지역을 점령하게 되면, 그 군은 차츰차츰 이데올로기에 의해 오염되었다. 물론 이러한 지역들을 선전하지 않고 오래 내버려 두지는 않았다. 침투와 부분적 점령을 통해 정치 교육을 쇄신하고 심화하였다. 총체적으로는 이 단계에서는 정치 교육은, 불행, 압제, 그리고 그에게서 온 반발 등을 이용해서, 설득력 있는 설명을 제공하고, 증오를 불러일으킬 적을 지적해주며, 해방의 신화를 그려주고, 이 해방을 위한 수단을 지적하는공산주의에 참여와 후원 것으로 이뤄진다. 그리고 이 모든 것은 단단한 하나의 전체 속에서 통일된다.

조직

피선전자는 조직 속에 삽입되어야 한다. 전투 기간에, 마오의 선전 조직은 3개의 요소를 포함하였다. 맨 먼저 "농민회"로서, 한 지역의 농민들을 조직하고, 그들을 정치적 선동 캠페인에 참석하게 하며, 구호들을 배포하고, 토론회에서 그것들을 설명한다. 이 농민회는 아주 많은 회원을 가지고, 얼핏보면 아주 자유로워 보이지만, 공산당의 공식적 지도 아래 놓였다. 마오는 그에 대해 다음과 같이 말한다. "우리가 수 만개의 정치 학교를 세운다 해도, 그렇게 짧은 시간에 가장 멀리 떨어진 마을들에 사는 모든 사람에게, 농민회처럼 그렇게 정치적으로 교육하는 것이 가능할까?" 이것은 엄격히 말해 전투 조직이나 행동 조직이 아니라, 많이 모으고, 심리적으로 껴안으며, 의식화시키는 조직이다.

두 번째 요소는 유명한 비밀 조직이다. 공식적인 행정부이것은 혁명전쟁이 수행되고 있는 지역 속에 있는 타도 대상 정부 행정부이다 곁에, 비밀스러운, 그렇지만 완전한 혁명 행정부가 조직된다. 자체의 재정과, 경찰력을 가진 이 행정부는 아주 뚜렷한 선전 기능을 가진다. 이 행정부는 정치 교육을 통해 얻은 새로운 관점, 일반적인 생각들을 행동으로 전환한다 : 할당량 납부, 생필품 제공 등…. 그것의 요점은 "조직적 작업을 통해 대중을 동원하는 것이다"라고 마오는 말한다. 사회 경제적 변화는 참여자의 확신을 바탕으로 내부로부터, 그리고 은밀하게 진행되어야 한다.예를 들어 협력적 조직은 공식적인 자본주의적 조직과 겹쳐져야 한다 따라서 이 변화는 위로부터나, 외부로부터 강제되는 것이 아니다. "대중 동원 방법들은 관료적이어서는 안된다.", 하고 마오는 말한다. 비밀 조직은 공통의 위대한 작업에 참여한다는 감정을 만들어내기 위해, "매 순간에 선전적 노력"을 경주해야 한다. 그리고 마오는 참여 감정이 만들어지면 행동은 저절로 신바람이 나고, 사람들이 더 깊이 참여하게 된다는 것을 잘 알고 있었다. 마오는 인간을 자발적으로 움직이게 할 선전이 없다면, 비밀 조직은 아무 소용이 없다고 주장하였다.

마지막 세 번째 선전 조직은 군대이다. "중국의 붉은 군대는 혁명의 정치적 과업을 수행하는 군사 조직이다. 이 군은 완수해야 할 중요한 과

업들이 있다 : 대중 속에서 선전, 대중의 조직 등…. 붉은 군대는 전쟁을 위한 전쟁을 하지 않는다 : 이 전쟁은 대중 속에서 선전을 위한 전쟁이다." 따라서 첫 번째 작업은 붉은 군대는 군인들을 교육하는 것이고, 그들에게 왜 그들이 전쟁하는가를 가르치고, 이어서 그들을 선전자와 사상의 전파자로 만드는 것이다. 따라서 군은 인민을 이념적으로 정복하고, 점차 동화시키기 위해 인민과 공생해야 한다. 선전의 방법들은 아주 절묘하고 수효가 많았다. 그 방법들은 공포로부터 이론화까지, 행진에서 행동에 참여까지군에 대한 지원을 통해 다양하게 전개되었다. 그러나 이것은 오직 인민적인 군대만 할 수 있다. 바로 이것과 수없이 반복된 공식이 상응한다. "군은 인민 속에서 물속의 물고기처럼 되어야 한다." 이것은 명백히 군은 인민 속에서 충원되어야 하고, 인민을 표현하며, 거기에 녹아들 수 있고, 같은 관심을 두며, 정복자처럼 행동해서는 안 되고, 인민에게 봉사하고, 군의 전투는 인민에게 긍정적 의미가 있어야 한다는 의미를 포함한다. 이러한 선결적 조건들이 충족되지 않는다면, 군을 선전의 도구로 만든다는 것은 헛구호에 불과하다.이것이 마오의 방식을 알제리에서 적용하려 한 시도가 실패한 이유이다 붉은 군대는 이데올로기적으로 형성되었기 때문에, 그리고 동시에 그의 존재는 대중을 끌어모으기 때문에 선전적 기구이다. 대중은 참여하고 개입할 수밖에 없었다.

2. 1949년 이후

승리하고 난 이후에도, 선전의 원칙들은 변함이 없었다. 그러나 그 적용은 달라진다. 1957년 2월 27일, 마오는 국가 최고 회의에서 이렇게 보고하였다. "한 국민에게 이상주의를 포기하고, 마르크스주의를 믿으라고 강요할 수는 없다. 이데올로기적 문제들을 해결하려면, 민주적인 방법들을 통해 움직여야 한다. 그것은 토론, 비판, 설득, 적절한 교육이다." 그럼에도 아주 주목할만한 백화百花 방법을 잊지 말아야 한다. 1934년 독일의 나치2)처럼, 피상적인 자유화가 있었다. 이때는 모든 종류의 이상주의적이고 종교적인 경향들의 표현, 비판들을 허용하고 권장하기까지 하였다. 이어서 모든 반대파가 할 말을 다 하자, 탄압의 파도가 밀어닥쳤다 : 체포, 구금, 특히 정치적 재교육. 백화 캠페인은 반대파를 드러나게 하여, 그들을 체포하고 제거하는 데 사용되었다. 그 후속적인 교정 캠페인은 마오의 말처럼 "인민의 적들에 대해서 산들바람처럼, 또는 여름철 단비처럼 부드러울 수가 없다". 교육에 중점을 둔 선전도 공포를 사용하지 않을 수 없었다. 완전한 선전적 일치를 달성하려면, 7%의 교정이 불가능한 자들을 제거해야 한다. 마오의 선전 목적은 이중적이다. 한편으로는 최대한 많은 사람을 새로운 정치 체제 속에 통합시키고, 결국 그와 상관하여 개인을 과거의 집단들로부터, 예를 들어 가문이나 마을이라는 전통적인 혈연과 지연 조직에서 떼어놓아야 한다. 이 전통적 집단들은 언제나 그 내부적 행동을 통해 해체되어야 한다. 그를 위해서는 개인은 최대한 순응화되어야 한다.3) R. 길렌Guillain이나 T. 망드Mende에 따르면, 이러한 시도는 성공한 것 같다. 망드는 이렇게 기록한다. "10년간의 정신적 반죽을 통해 완전히 말랑말랑해져서, 당에 의해 일괄적으로 생산된 원형들이 이제는 유학자들에 의해 강제되었던 유형들을 대체하게 되었다". 다른 한편으로는, 개인들에게 경제 발전을 위해 자기 힘의 한계를 넘어서서 노동하도록 설득하는 문제이다. 모든 "대약

---

2) 1934년에, 적들에게도 자신을 드러낼 수 있게 하려고 언론 체제의 자유화가 있었다.
3) 이러한 순응화는 동시에 이데올로기적이고 전적이어야 할 것이다. 마오는 "이데올로기적인 관점을 갖지 않는다는 것은 영혼을 갖지 않는 것이다"라고 말한다.

진 운동"은 오직 선전 위에 세워진다. 선전의 형태는, 흥분시키기, 군중 데모중국은 미국보다 더 생산을 많이 해야 하고, 자본주의자들에 대한 증오를 자극한다, 소련의 5개년 계획에 대한 경쟁, 특히 경제 분야에서의 교육과 설득이다. 그러나 방향이 변하면, 방법도 변한다.

교육

3개의 새로운 특성.

1. 전통적 선전 방식들이 증가한다. 즉 모든 사람에게 글을 가르치고, 팸플릿과 신문을 읽을 수 있게 만드는 문제이다. 동시에 어린이 교육은 완전히 선전 속에 통합된다. 유아기 때부터, 어린이들은 잠재의식 속에 사회주의적 진리를 받아들일 수 있도록 만들어진다. 그리고 이것은 모든 교육 단계에서 일어난다.

2. 토론 시스템의 확장. 1957년 보고서에서 마오는 말한다. "우리는 1942년에 구호를 통일–비판–통일로 하였고, 이 민주적 방식으로 인민 계층들 속의 갈등을 해결하려고 하였다. 그 실현은 통일의 욕구로부터 시작하여, 비판을 통해 갈등을 해결하고, 새로운 기초 위에서 새로운 통일을 이루는 것을 의미한다." 마오는 이 방식의 첫 번째 성공은 1927년으로 거슬러 올라간다고 회고한다. 그러면서 그는 설득의 방법은 노동자들에 대해서만 사용될 수 있다고 규정한다. 다른 사람들에게는 강제적 제약이 필수적이다. "인민에게는 호의, 인민의 적에게는 독재." 따라서 동화될 수 있는 사람들에게는 진짜 선전, 다른 사람들에게는 제거이다. 따라서 "비판, 통일"이라는 토론은 공통의 전제들 위에서, 공통의 이해를 문제 삼지 않고서, 좁은 서클 안에서 작용하는 방법이다. 이 주제에 관해, 티보르 망드Tibor Mende는,

작업 조직과 규정에 관해 안산Anshan 제철소장의 대답을 언급한다. "우리는 오랜 토론 후에 하나의 결정에 도달한다. 반대는? 우리는 오직 설득에만 의존한다. 누군가 결정에 저항하는 것은 전혀 문제가 될 수 없다. 왜냐하면, 초기에 반대자가 있다면, 토론은 만장일치로 좋다고 설득되어야 끝을 맺기 때문이다." 그리고 이 결정이 정말 좋은 것인지 어떻게 알 수 있느냐는 질문에 대한 대답은 이것이다. "백색은 흑색이 아니다. 우리는 진실이 어디에 있는지 안다. 오직 하나의 진실만 있고, 그리고 인내를 가지면 진실은 설명될 수 있다." 이것은 마오가 제시한 방법을 완벽하게 보충해준다. 그러나 민주적 방식이란 이것임을 기억해야 한다 : 즉 인간은 절대적 진실을 알고 있다. 지도적 인간이 이미 해결책이 나와 있는 문제를 제기한다. 그는 반대가 드러나게 한다. 한 테두리 내부에서 결국, 토론은 공통으로 진실을 찾기 위한 목적도 아니고, 모두의 의견에 따라 서서히 형태가 잡히는 새로운 도식을 만들기 위한 것도 아니다. 토론은 점차 반대를 드러내고, 반대 에너지와 확신을 비워내려는 것이다. 토론은 지도자가 절대적 진실로 간주한 제안에 집단의 모든 구성원이 완전하고 의지적으로 가입할 때까지, 그들을 작업하는 것을 목표로 한다.

3. 교육에서 또 다른 새로운 양상은, 틀 이론으로서, 이것 역시 1957년 보고서에 발표되었다. 이것은 인간을 어떤 틀 속에 집어넣고, 주기적으로 그것을 반복하며, 체계적으로 인간을 재주조하는 문제이다. 그의 신념과 경향이 무엇인가는 상관할 필요 없고, 또 그가 아주 골수 공산당원이라도 마찬가지다. 마오 자신이 이렇게 말한다. "사회주의를 건설하고자 하면, 모든 사람은 틀에 다시 들어갈 필요가 있다. 착취자들도 그렇고 노동자들도 그렇다. 누가 노동자 계급을 그

럴 필요가 없다고 말하는가? 당연히 착취자들을 다시 넣는 것과 노동자들을 다시 넣는 것은 종류가 다른 것이다…. 우리 자신들도 매년 틀에 다시 들어가야 한다…. 나는 나 자신의 생각을 다시 주조하였다…. 그리고 나는 그것을 계속해야 한다." 따라서 이상적이고 절대적으로 보이는 완벽한 사회주의 틀이 있고, 사람들을 이 틀 속에 넣고 또 넣어서, 이상적인 형태를 갖추도록 해야 한다. 이것은 마르크스가 말하듯이 더는 사회 구조의 변화에 의해 새로운 인간이 자발적으로 형성되는 것이 아니다. 이것은 또, 레닌에게서처럼, 만들어야 할, 그렇지만 나중에는 어떻게 될지 정확히 알 수 없는 새로운 인간을 자발적으로 형성하는 것이 아니다. 마오에게서 틀의 개념은 지금 알 수 있는, 그리고 그에 따라 인간을 다시 재단해야 하는 이상적 인간형이 있음을 내포한다. 따라서 이러한 마오식의 해석은 행위의 기준들을 제시하고, 이상적 인간에 대한 교리적 정의를 제시하고자 하는 염려로, 특히 선의 6가지 기준으로 확인된다. "행위는 다음의 6가지 기준에 따라 선으로 판단될 수 있다 : 행동이 인민을 분열시키는 것이 아니라 단결하게 하면, 행동이 사회주의 건설에 좋으면, 행동이 인민의 민주적 독재를 공고히 하면, 행동이 민주적 중앙집권화를 공고히 하면, 행동이 당의 지도를 강화하면, 행동이 국제 사회주의 단결에 좋으면." 이상 6개 항의 선의 기준은 사회주의자에게 간단한 판단 기준을 제공하고자 하는 마오의 염려를 나타내고, 인간을 주조할 틀이 무엇인가를 정확히 정의한다. 당원들도 거기를 통과해야 한다. 그러나 이것은 진단을 내릴, 그리고 틀로 통과를 하게 할 팀이나 사람이 있다는 것을 가정한다. 어떻든 간에, 이것은 우선 심리적이고 이데올로기적인 작업이다. 그러나 그 목적은 마르크스적 교리와 동시에 새로운 사회 구조에 개인의 완벽한 순응이다. 그리고 그 적응은 연속적 주물 작업을 통해 느리고, 점진적으로, 체계적으로 이뤄질 것이다.

조직 속에 가두기

우리는 수평적 선전에 대해 말할 때에 이것의 중요한 점에 대해서는 이야기하였다. 다만, 군이 더는 선전자로서 그 특권적 역할을 하지 않음을 기억하자.

3. 세뇌

이 용어는 아주 유명하다. 그러나 그것은 중국의 선전에서는 이차적인 모습에 불과하다. 물론 세뇌는 1957년에 잡지 「엑스프레스 L'Express」에서 기술된 해괴한 일과는 아무 관계가 없다. 세뇌의 목적은 적을 제거하는 것이 아니라 전향시키고 바꿔서, 그를 마르크스 사상을 가진 사람으로 만들어 적 진영으로 돌려보내거나, 아주 모범적인 사상가로 내세우는 것이다. 그 과정은 세 개의 주요 양상을 포함한다.

a. 개인은 우선 모든 것으로부터, 그의 예전 사회적 환경, 뉴스와 정보로부터 단절되어야 한다. 이것은 그 개인이 교도소에 갇히거나 수용소에 감금되어야만 행해질 수 있다. 그는 완전하게 뿌리 뽑히게 된다. 정보의 차단은, 평소에 정보를 받아왔던 사람을 견디기 어려운 공허 상태에 몰아넣는다. 그는 더는 평소의 정치·사회적 기준점들이 없다. 게다가 보충적인 방법들이 사용될 것이다 : 심리적 저항을 약화시키기 위해서, 영향을 잘 받게 하려고 적당히 음식과 수면을

박탈한다. 그러나 인간을 완전히 녹초로 만들지는 않는다 자주 격리시키고 고독하게 만들어, 포로들이 흔히 겪는 운명에 대한 불확실과, 최종 선고의 부재로 말미암아 걱정이 증가하게 한다. 그리고 전등만 있는, 창문도 없는 독방 속에 가두고, 불규칙한 식사, 수면, 취조 등을 통해 시간 감각을 파괴한다. 이러한 심리적 방식의 주요 목적은 인간의 습관적 틀, 즉 공간, 시간, 환경을 파괴하는 것이다. 인간에게서 그의 정상적인 근거점을 박탈해야 한다. 마지막으로, 이 사람을 완전한 열등 상태, 완전한 박탈 상태 속에서 살게 한다. 그것은 그를 파괴하기 위한 것이 아니라, 그를 재구성하려는 것이다.

b. 이런 조건 속에 놓인 사람은 예를 들면 라디오나, 다른 동료로부터 엄청난 구호의 폭격을 받는다. 동료 역시 포로인데, 그들도 재교육을 받고 있기 때문에, 자기 이웃을 비난과 구호로 지치게 한다. 끝없는 구호들, 요약적 설명들, 단순한 자극들의 반복이 있다. 처음에는, 이러한 일이 주체에게 냉소와 불신을 유발하는 것은 명백하지만. 어느 정도 시간이 흐르면, 어떤 마모가 일어난다. 개인이 원하건 원하지 않건, 반복된 구호를 수천 번 듣게 되고, 이 믿기지 않는 구호들에 익숙해진다. 그러나 아직 신념은 아니다. 어떤 광고 문장을 안다고 해서 거기에 복종하는 것은 아니기 때문이다. 그러나 이 포로는 다른 것은 아무것도 듣지 않는다는 것을 알아야 하고, 이 공식들의 끝없는 반복은 개인적 사색, 명상을 못하게 한다. 구호는 그 소음을 통해서 모든 시간을 차지한다. 그럼으로써 무의식적인 침투가 일어나고, 개인이 지적 생활을 못하면서 지적인 약화가 일어난다.

c. 세뇌의 세 번째 요소는 앞의 둘과 밀접하게 연결된다. 이것은 민주적 방식에 의한 집단 토론이다. 그 지도자는 물론 지적으로 매우 숙달

된 사람으로서, 모든 질문과 반박에 대해 대답할 수 있는 사람이다. 그러나 이 토론의 주제는 당연히 자유로운 집단들 속에서의 토론과는 같을 수 없다. 그 첫째 목표는 적에게서 생각과 신념의 모호성을 일으키고, 어떤 사실들과 정보들에 대한 의심을 일으키며, 개인의 도덕적 기초로부터 어떤 죄의식을 일으키는 것이다. 나는 엄청나게 나쁜 짓을 한 어떤 민족, 계급, 집단에 속한다. 이 집단은 인류에게 커다란 잘못을 저질렀다. 그리고 이러한 죄의식은 예를 들면 기독교적 의식과는 아주 쉽게 결합할 것이다. 그런데 죄의식의 창조는 명백히 그에서 벗어나고, 정화되며, 속죄되고 싶은 욕구를 일으킨다. 집단의 신념에 대한 의심과 죄의식이 자리를 잡게 되면, 이제는 다음 단계인 설명으로 들어간다. 이것은 두 차원에서 설명을 제공하는 문제이다. 한편으로는 포로의 개인적 상황에 대한 설명으로, 왜 그가 죄가 있고, 열등한 것이며, 잡혀 있어야 하는가를 설명한다. 그러면서 이 모든 것의 합법성, 일관성, 유효성을 증명하여, 자기를 가두는 자들에 대한 원망의 감정을 제거한다. 자기를 가두는 자들은 거꾸로 선의와 좋은 의도를 가진 사람들이 된다. 다른 한편, 설명은 세상과 정치의 전반적 문제에 관계된다. 역사와 세상은 뒤집기의 아주 명쾌한 변증법적 논리에 따라 설명된다. 새로운 세계관이 이론적이거나, 대단한 강연회를 통해서가 아니라, 개인적 경험과 개인적 설명에 근거하여, 차츰차츰 제시된다. 전통적 세계관은, 그것이 기독교적이건, 부르주아적이건, 또는 자유주의적이건, 차츰차츰 비워지고, 다른 세계관으로 대체된다. 동시에 무의식적으로 암기한 구호들이 이제 그 의미와 가치를 발휘한다. 이때부터 수천 번 반복된 기본적 공식들과 깊이 있는 설명들 사이의 교대가 계속 일어난다. 이제 마지막 단계로 들어간다 : 속죄의 길. 일단 새로운 세계관에 들어가고, 자신의 유죄함에 대해 의식하는 개인은, "자신을 해방하고, 정화하기를 갈망한다." 그래서 그는 자신에게 제시된 추종과 행동을 받아들인다. 그는 그렇게 자신을 자기 자신의 눈과, 다른 사람의 눈에 정당화한다.

이것이 개략적인 세뇌의 기술이다. 느리고, 복잡한 방법들을 사용하며, 아주 능력 있는 요원이 필요하기 때문에, 이 기술은 소수 개인에게, 선택된 모범적인 개인들에게만 사용될 수 있다. 다른 한편에서는, 이 효과들은 일단 풀려난 포로가 자신에게 강제된 세계관과 똑같은 것을 발견할 수 있는 사회에 들어가야 오래갈 수 있다. 그렇지 않다면, 장기적으로, 애써 창조되었던 것이 마모되어 버린다. 아무튼, 이 기술은 마오의 시스템 속에서는 부차적인 것에 불과하다.4)

---

4) 이 세뇌 기술은 1957년부터 알제리 수용소에서 사용되었다. 수용소의 심리적 활동에 대한 공식적 지침이 1958년 1월에 발표되었다. 이것은 간단히 우리가 앞에서 기술하였던 것을 확인해준다. 몇 가지의 세부들은 언급될만한 가치가 있다.
ⓐ 개인들을 "교정불가", "유연", "회유가능"으로 분류
ⓑ 중국인들에 따르면 세뇌는 포로의 수준에 따라 6개월에서 2년이 걸린다. 그러나 알제리에서는 이 기간을 단축하였다(그것이 틀림없이 프랑스의 실패를 설명한다!)
ⓒ 3단계로 분리 : 1. 개인의 분해 2. 집단 의식의 주입과 이론화 3. 자아 비판과 새로운 노선 속으로 몰입
ⓓ 집단의 자율 규제 창조와, 자체적인 제재
ⓔ 주 단위의 "파도" 시스템 : 규율 파도, 오락 파도, 노동 파도, 연구 파도 등으로서, 집단적 경향을 창조한다.
ⓕ 해방의 메커니즘 : "죄인들을 용서해줄 권리가 있는 자는 바로 인민이다." 전체 모임에서 수용소 전체가 토론, 비판, 자아비판을 통해서 새로운 프랑스 알제리의 국민이 되어 풀려날 사람을 정한다.
이 모든 것은 실제로 이용할 만한 이데올로기가 없고, 특히 충분히 훈련된 간부들이 없었기 때문에 완전히 실패하였다.

〈첨부 1〉

소외시키는 정보[5]

모든 사람은 현대 사회 속에서 정보와 커뮤니케이션의 중요성에 대해 동의한다. 그러나 이 중요성의 두 의미를 구분해야 한다. 하나는 단순히 사실적이고, 다른 하나는 가치의 인정이다. 사실적 중요성에 따르면, 우리는 정보가 그 규모, 생활에서 차지하는 위치 때문에 중요한 현상이라고 말할 것이다. 가치적 중요성에 따르면, 우리는 정보가 사회의 원활한 기능을 위해 본질적이라고 말할 것이다. 이미 오래전에, 미국 학자들은 좋은 커뮤니케이션 망이 없고, 가능한 최대의 정보가 없으면 민주주의가 가능하지 않음을 증명하였다. 마찬가지로, 쏘비Sauvy는 이 주제를 받아서, 경제와 정치는 정보의 원활한 소통정치인, 생산자, 소비자의이 있어야 가능하다고 한다. 이 모든 것은 완벽하고, 의심할 바가 없다. 그러나 나는 전혀 다른 관점을 보겠다. 정보의 가능성이나 유용성이 아니라 정보의 현실에 대해 즉 우리 사회 속에서 정보는 소외적 인자이다.

물론 나는 소외의 개념이 어디나, 그리고 아무렇게나 사용되고 있으며, 이제는 너무 닳아버렸다는 것을 안다. 그래도 나는 그 용어가 잘 사

---

[5] 경제와 휴머니즘에 실림, 1970. 192호, p. 43-52.

용한다면 상당한 도움이 될 것으로 생각한다. 나는 여기서 소외의 개념을 두 가지 의미로 생각할 것이다. 어떤 환경, 집단, 커뮤니케이션 망에 이방인은 소외된 사람이다. 바로 이러한 의미에서 소렐Sorel은 부르주아 사회에 대한 이방인으로서 노동자 계급의 소외에 대해 말했다. 소외된 자의 개인적 모델은 카뮈의 이방인이다. 그러나 더 흔히 언급되는, 다른 양상을 잊지 말아야 한다. 즉 타인에게 자신을 빼앗기기, 타인이 주인이 되고 자신은 대상이 되기, 타인이 자신의 내밀한 삶을 소유하기. 이 두 의미는 어원인 "alienus"와 잘 일치한다.

그런데 나는 현대 사회 속에서 정보의 효과를 이 두 양상과의 관계 속에서 검토할 수 있다고 믿는다. 원칙적으로, 이론적으로는 정보의 효과는 소외와는 정확히 반대이다. 즉 인간과 환경 사이에 많은 소통이 있다면, 개인이 타인과 자기 집단에서 나오는 많은 정보를 받을 수 있다면, 그 개인은 다른 사람, 조직과 좋은 관계 속에 있다. 그는 일어나는 것에 대해 잘 적응할 수 있고, 결과적으로 거기에 잘 참여할 수 있다. 그는 행위의 문제들과 조건들을 더 잘 의식하게 된다. 그래서 사람들은 소외를 환경과의 진정한 소통 부재로 정의할 수 있을 것이다. 마찬가지로, 정보는 우리를 선택적 상황 속으로 넣어 준다. 우리는 어떤 문제, 어떤 해결에 대해 결정하라고 정보를 받고, 그것도 무턱대고가 아니라 그 원인을 받게 된다. 우리가 정보에 의해 선택적 상황 속에 놓이면, 그에 따라서 우리는 우리의 자유를 행사할 의무 속에도 놓인다. 정보 때문에, 그리고 정보에 의해서 인간은 자유의 인간으로 살 수 있다. 따라서 아주 명백한, 그렇지만 일반적이고 추상적인 관점에 따라, 정보는 인간을 부유하게 하고, 동시에 그의 자유를 행사할 의무를 부여하며, 그를 다른 사람들과의 긍정적 관계망 속으로 넣어준다. 다시 말해, 이 모든 것 속에는 많은 정보와 함께 소외란 존재하지 않고, 오히려 그 반대이다.

분명히, 소통의 메커니즘들이 자본적 힘들의 손아귀 안에 들어가 있고, 집단적 소외 체제 속에 들어 있다는 사실 속에서, 우리는 소외를 발견할 수 있다. 따라서 '소외된 소통'의 문제가 될 것이다. 그러나 나는 반대로 사회적·정치적 조직의 문제가 아니라, 정보가 해방의 인자가 될 가능성 뒤에, 실제로는 소외시키는 구조가 있다고 생각한다. 정보의 성격이 소외를 유발하고, 그 소외는 인간을 더 낯설게 만들며, 또 동시에 그를 종속적으로 만들고, 자신을 스스로 박탈당하게 한다.

1. 사회에서의 정보

나는 이것은 정보의 항구적인 문제가 아니라, 현대 기술 사회에 상관적인 문제라고 믿는다. 이러한 사회적 변화는 정보를 전통사회 속에서 그랬던 것과는 정반대로, 그리고 철학적 관점에서 정보였던 것과는 반대로 나타나게 한다. 이것은 소통 시스템 속에서, 그리고 그의 의미 속에서 일종의 단절을 가져온다. 즉 정보는 어떤 확실한 기능을 가지고 있는데, 모순적인 역할을 한다. 그리고 이것은 정보제공자 편에서도 그렇고, 정보의 촉진자의 편에서도 비의지적으로 그렇다. 즉 정보는 그 자체 속에서 파열되어 있는데, 그 이유는 정보의 기술화 때문이고, 동시에 제공된 정보를 이용하려면 인간이 가져야 할 자질 부족 때문이다. 일반적으로 정보의 경로, 통신망, 포화, 해석 등에는 많은 관심을 두고, 또 대중매체 발신 수단들을 이용하는 사람에 대해서는 걱정을 많이 하며, 정보를 전달하는 발신자에 대해서는 개선을 많이 하는 데 반해, 그 수신자에 대해서는 크게 신경을 쓰지 않는다. 다시 말해 정보를 받는 사람은 큰 관심을 받지 못한다.

그러나 모든 것이 그에게 달렸다. 한 가지 예, 포화상태를 들어보자. 통신망의 포화상태에 대해서는 많은 신경을 쓰고, 전화가 혼선을 빚고, 라디오가 약해지거나, 정보가 중간에 유실되면 화를 내지만, 진정한 포화에 대해서는 문제를 제기하지 않는 것 같다. 즉 보통 사람 뇌의 포화로서, 바로 뇌에서 최대의 정보가 흐르고, 그곳에서 정보의 유실이 엄청나기 때문이다. 보통 사람이 정보를 정확히 사용하는 데 필요한 것을 생각해보자 : 시간하루에 2-3시간, 즉 직업 외의 작업 시간왜냐하면, 정보를 받는 것도 작업이기 때문이다. 게다가 자기가 받은 정보를 이해하고 정리하는 데 필요한 역사, 지리, 경제, 정치, 사회학적인 방대한 사전 지식. 한 달 또는 몇 년 후에도 중요한 어떤 사건을 이해하는 데 필요할, 그 정보를 잊어버리지 않을 놀라운 기억력. 놀라운 종합적 판단력과 해석 능력. 마지막으로 파국적 정보에 냉정함을 유지할 수 있는 성격적 단호함. 내가 보기에 이렇게 정보를 받는 사람이 갖춰야 할 자질은 무궁무진하다.

그런데 전통 사회에서는 이러한 요구들이 전혀 중요하지 않았다. 왜냐하면, 정보가 오늘날과 똑같은 특성이 없기 때문이다. 오늘날 정보는 순간적이고, 다면적이며, 만화경 속이고, 엄청난 의미들을 품고, 곳곳에 존재한다. 이것들 모두에 대해 자세히 말해야 하겠지만, 여기서는 그럴 여유가 없다. 현대인은 온갖 종류와 수준의 수없이 많은 정보를 받는다. 그는 사건과 동시에 들어오는 정보의 순간성과, 정보의 세계화에 대해 자부심을 느낄 수 있다. 그렇지만, 그는 또 그를 질식하게 하는 이러한 많은 메시지와 정보망 속에서 인간이 어떻게 될 것인가를 자문해보아야 한다. 게다가 이런 성격들에 클로즈Clause가 말한 다음의 성격들이 더해진다. 관계의 현행화, 메시지의 피상성, 순간성, 소통 망의 연속성, 언어의 탈인간화…. 여기서 문제 되는 것은 소통 현실의 객관적 포착의 문제이지, 가치성 위에 근거한 가치 판단의 문제는 아니다. 따라서 우리는 소외 문제를 생각하면서, 정보의 홍수 속에 잠긴 현대인의 구체적 상황을 고려하고자 한다.

2. 정보 세계로의 편입에 의한 소외

그러면 어떻게 정보가 인간을 그의 고유한 세계에 대해 소외되게 만들 수 있는가? 우선, 서구인은 정보 속에 들어 있음을 생각해야 한다. 다시 말해 정보는 더는 우리가 자발적으로 생각하는 것, 즉 무엇과의 소통, 어떤 열림, 또는 어떤 수단이나 도구가 아니다. 오해하지 말아야 한다. 즉 어떤 사람은 대중매체를 이용하거나, 또는 다른 사람은 통신수단을 쓰지 않고서도 무한정 메시지를 받는다. 이 후자에게 정보는 하나의 전반적인 정황, 주변을 흐르는 일종의 흐름으로써, 그 안에 그가 들어 있다. 그가 스스로 거기에 들어 있다고 말할 수도 없다. 왜냐하면, 그것은 의지적인 행위가 아니기 때문이다. 그는 이 세계 속에 있게 되는 것 말고 다르게 할 수가 없다. 모든 것이 그에게 오고, 그를 감싸며, 그는 메시지의 전체 속에 속하게 되고, 구문들과 상징들 속에 놓인다. 그는 그런 것들을 이용하지 않는다, 그러나 정보들에 의해 제공된 주제들로 침범당하고, 동시에 극화되게 된다. 따라서 어디로의 열림이란 없고, 다만 정보적 세계 속에 삽입되어 있다. 이 세계는 정보에 의해 구성됨과 동시에 정보들의 대상이다.

그러나 대중 소통 수단을 이용할 수 있는 사람은 전혀 다른 상황 속에 들어 있다고 생각해서는 안 된다. 왜냐하면, 그 역시 이미 이 똑같은 세계 속에 들어 있기 때문이다. 다시 말해 그는 이 소통의 기구들과 힘을 그가 이 정보적 세계 속에서 사용한다. 그는 이 세계를 구성하고, 강화한다, 그렇지만 그가 이미 거기에 속하기 때문에만 거기에 개입할 수 있다. 실제로 자기 자신의 의지, 욕구, 생각에 복종하는, 그리고 그에 따라 정보들을 발사하는, 독립된, 전능한 신은 없다. 반대로 거기에 완전히 종속된, 시스템 속에 잡혀 있는 인간이 있다. 이것을 정확히 '수동성'이라고 할 수는 없고, 차라리 어떤 '속하기' 라고 말할 수 있다.

그럼에도, 기술성이 증가하고, 피상적으로 행위가 거대해짐에 따라, 어떤 가능성이 생겼음을 주목하자. 19세기에 정보의 자유란, 정보를 얻기 위한 개인의 행동적 자유를 의미하였다. 그리고 개인은 자기에게 좋은 모든 수단을 쓸 수 있고, 정치권력으로부터는 일종의 불간섭을 기대하였다. 그러나 기술적 수단들의 놀라운 증가와 함께, 20세기에는 다른 양식을 마주하게 되었다. 이제 사람들은 정보를 받을 자유, 또는 정보를 받을 권리, 또는 사실에의 권리에 대해 말한다. 개인은 수동적이 되었다. 그에게는 일정량의 정보가 제공되고, 그는 일종의 수당 같은 것을 기대한다. 그리고 오늘날 그것을 제공해줄 자는 국가이거나, 거대한 대기업들이다. 그것은 잘 알려졌다. 그러나 언어적 변화는 인간 조건이 변한 것을 대변해주고 있다.

인간이 갇히게 된 이러한 "실제적-허구적" 세계 속에서는, 인간은 자기에게 전달된 이미지들을 통해서 알게 된다. 인간은 고유한 의미의 정보들을 받는 것이 아니라, 정보적 열쇠들과 구성된 신화들을 받는다. 그에게 도달한 것은 실제로는 실재의 정확한 옮겨쓰기가 아니라, 이 전체 세계 속에 편입하기 위해 다른 사람들이 구성한 이미지들이다. 이 순간에는 모든 것이 일관성이 있게 되고, 만족스러운 세계를 번역하는 것처럼 보인다. 왜냐하면, 이 세계의 각각의 부분은 다른 부분들로 보내지고, 그 자신 역시 다른 것들에 의해 지적되기 때문이다. 이 세계의 놀랍도록 일관적인 성격은, 정보 그 자체들의 비일관성과 그 변화의 신속성에도 불구하고, 정확히 이러한 상징적 유희 덕분이다. 그렇지만, 모든 인간은 결국 이 시스템 안에 들어 있음을 가정한다.

    이 정보들은 더는 전통적 사회 속에서 가질 수 있었던 성격들을 갖지 않는다. 거기서 정보들은 흔히 직접적으로 실용적이고, 쉽게 확인할 수 있으며, 한정된 수효였다. 정보들은 진정으로 주변 세계에, 자연적 환경 또는 사회적 소우주에 대해 매개물이었다. 그리고 정보들이 신화적이거나 시적인 양상을 띤다면, 그것들은 또 저자의 수준에서, 그리고 저자의 용어로 제기한 생의 의미의 물음에 대답하고자 하는 시도에 관한 한, 생명적이고, 본질적인 성격을 간직하고 있었다. 그런데 이것이 완전히 변해버렸다 : 이렇게 무수히 많고, 대량적인 정보들은, 그것을 받아들이는 사람에게 흔히는 치명적이거나 살아 있는, 관심 있는 것이 아니다.그 가장 강한 의미로서 관심을 말한다. 물론 그 정보들은 재미도 있고, 정열적일 수 있고, 그래야 한다 그는 자기와는 아무 관계 없는, 유용성의 측면이나, 이데올로기, 또는 정신적 측면에서 아무것도 알려주지 않고 아무 소용 없는 수많은 것을 보고 듣는다…. 그를 침범하는 것은 부재, 소홀, 이탈적인 것이다.

    따라서 우리는 전통적 사회의 정보가 외적 세계와의 관계였고, 각자의 삶에 유용한 것이고, 사용할 수 있었음을 아주 구체적으로 본다. 반대로, 우리의 정보는 그것을 받아들이는 인간이 사는 실제인 세상과는 멀고, 우발적인 참조들밖에 가지고 있지 않은 하나의 전체 속의 삽입이다. 이 정보들의 대부분은 그에게는 상상적인 이미지이다. 그 모든 것의 어떤 것도 그를 접할 수 없기 때문이다. 그렇지 않다면, 그가 흔히 할 수 없지만, 이데올로기적인 우회나, 지적인 분석은 전혀 없을 것이다.

정보에 의해 이 세상과 맺어지는 것과는 거리가 멀게, 개인은 그로부터 반대로 잘리게 된다. 그리고 그것은 이 대량 정보의 힘이 놀라운 뒤집기를 유발하기 때문에 더욱 그러하다. 즉 정보를 받는 사람이 실제로 사는 구체적이고 실제적인 환경, 가족, 직장, 돈, 이웃 등의 환경이 점차 그의 눈에는 비현실적이고 관심 없는 것이 된다. 선술집은 텔레비전에 자리를 넘긴다. 세상에 대해 열린 눈을 가진 것 같은 인상을 주었던 정보가 그 속에서 인간이 사는 집단, 가족적 잡일, 일상적 접촉들을 무가치하게 만든다. 텔레비전 연속극이나 연예인들 초대 프로들, 또는 우리가 그에 대해 아무것도 기대할 것도 없고 두려워할 것도 없는 어느 나라의 쿠데타 소식이 얼마나 더 고상해 보이고, 더 정열적으로 보이는가. 그렇다고 해서 이런 세계의 정치나 경제 정보들이 가치 없다는 것은 아니다. 그렇지만, 결국에는 그것들은 극히 간접적으로만, 그리고 문화적 차원에서만 관계되고, 생의 실제적이고 원초적인 차원과는 상관없다.

우리는 여기서, 실제적인 경험된 것에 반한 이미지의 증가와 맺어져 있는, 매스컴적 정보의 과잉의 이중적 소외 효과를 보고 있다. 첫 번째는, 의미의 차원에 위치한다. 즉 모든 의미는 이 정보들에 의해 흡수된다. 엄청나게 의미 깊고, 풍부해 보이는 것은 바로 이 정보들이다. 이 정보들은 바로 그것을 통해서, 그리고 그것들이 정보를 받는 개인의 일상적 삶과 아무런 접촉점이 없어서, 이 삶의 진정한 탈의미화이다. 이 삶은 관심이 없는 것이 될 뿐만 아니라, 무서울 정도로 무의미하고, 생명을 가진 내용이 없어진다. 모든 것은 정보로부터 나온 이미지들과 관련된다. 그런데 이 이미지들은 인위적으로 구성된 어떤 세계로 되돌아간다. 그러나 더 나아가서는, 이 이미지들은 그 자체로서도, 그것을 받는 사람에게도 아무 의미가 없다. 이 정보들은 아무런 의미가 없다. 왜냐하면, 그것들은 잘린 어떤 현실의 해석된 조각들이기 때문이다. 그러나 더 심각한 것은, 그 정보들이 너무 많고, 비일관적이며, 덧없는 것들이기 때문에 정보를 받는 사람에게 아무런 의미가 없다. 엄밀하게는, 그리고 그를 위해 외적인 이데올로기를 이용한다는 조건에서, 또는 어떤 선전에 종속된다는 조건에서 그는 그것들에게 어떤 의미를 부여할 수 있을 것이다. 게다가 그 의미는 정보의 내용에 부착된 것이 아니라, 정보가 그에 대한 어떤 사실적 증거나 예증만을 보여주는 어떤 믿음에서 도출될 것이다. 따라서 이러한 커뮤니케이션의 과잉으로 말미암아 인간은 결국 그의 실제 생에 대한 의미를 박탈당하고, 그 속에 그가 위치하게 된 이 정보적 세계에 대해 거짓 의미들로 침범당하게 된다.

그렇지만, 또 다른 결과가 있다. 그것은 행위의 극단적인 어려움이다. 인간이 어떤 문제의 모든 양상에 대해 정보를 받게 되면 될수록, 어떤 방향으로 결정하고 움직이기가 더욱더 어려워진다는 것은 잘 알려졌다. 소수의, 피상적인, 그리고 편파적인, 명확한 정보로부터만 행동은 가능하다. 분명히, 대부분 상황에서, 정보들은 편파적일 것이다, 그리고 개인은 피상적인 플래시들만을 받을 수 있을 것이다. 그러나 그는 바로 그것을 통해서 경험된 현실의 곁을 스쳐 지나는 어떤 행동으로 들어가게 된다. 개인은 정보가 설정한 허구적 세계 속에, 그리고 그에 따라 개입한다.

사실, 포괄적인 정보 시스템 때문에, 인간은 그를 행동할 수 없게 만드는 이미지들의 과잉에 의해 움직일 수 없거나, 실제로는 모든 경우에 하나의 시나리오에 불과하지만, 그가 진짜 세계로 생각하는 이 이미지들의 차원에서, 실제의 밖에서 움직이도록 단죄되어 있다. 나는 그 말을 통해서, 예를 들어 베트남 전쟁에 대한 정보들이 부정확하다는 것을 의미하는 것이 아니다. 그러나 진실하기는 하지만 그것들은 어떤 시각만을, 모든 실제성이 비워진 하나의 시각, 시나리오만을 우리에게 전달하고, 우리로 하여금, 상상 속에서, 다른 사람에게는 실제이지만게다가 그들은 우리의 정보를 가지고 있지 않다 우리에게는 실제가 아닌 세계 속에서 살게 한다. 왜냐하면, 그 세계는 절대적으로 우리의 생 바깥의 가치적 판단들, 이데올로기들, 구조물들 전체와 상응하기 때문이다. 베트남 전쟁은 세계화, 보편적 단결, 제국주의, 다윗에 대한 골리앗의 혐오스러운 공격 등이기 때문에 우리와 관계되고 있을 따름이다 이러한 내포들의 허구적 성격을 확인해주는 것은, 정보들이 그러한 사건들에 대해 침묵을 지키게 되면, 갑자기 우리는 아무 관계가 없어진다는 사실이다. 이 모든 것은 쓰레기통 속으로 던져지고, 거기에 대해 관심을 두지 않을 뿐 아니라, 우리를 그렇게 화나게 하고, 증오와 정열을 불러 일으켰던 것을 기억도 하지 못하게 된다…. 그렇게 상황이 돌변해버리는 것은, 실제로는 이 정보들이 우리를 그러한 모험에 전혀 들어가게 하지 않았기 때문이다. 우리는 그 모든 것을 전혀 경험하거나, 행동하지 않았고, 상상 속에서, 그리고 인위적 정열 속에서만 경험했기 때문이다. 비록 우리가 베트남 전쟁에 관한 수없이 많은 집회나, 행진, 단식투쟁에 참여했다 하더라도 마찬가지다. 이 모든 것은 싱싱한 경험과는 진정한 관계가 없는 스펙터클일 따름이다.

마지막으로, 나는 우리가 정보적 세계 속으로 포함된 마지막 효과를 언급할 것이다. 즉 인간은 그것을 통해서 가치와 모든 항구성의 해체 시스템 속에 놓인다. 그는 지속적으로 이미지들, 인상들의 흐름에 맡겨진다. 이 이미지들은 한편으로는 아무것에도 근거하지 않고, 다른 한편 불연속적이고 즉각적이다. 정보가 좋고, 풍부하며, 효율적일수록, 이러한 양상은 더 커진다. 왜냐하면, 그럴수록 정보는 터무니없는 양으로 인간을 덮치기 때문이다. 인간은 사실주의적 외양 속에서, 사실들에만 의거하는 환경 속에서 살지 않을 수 없다. 그리고 이 사실들이란 실제로는 사실적인 이미지들로서, 사실들과 가치 사이에는 아무런 상관관계가 없다. 왜냐하면, 가치란 정보의 대상이 될 수 없고, 또 이 메시지들은 어떤 가치에 따를 수도 있는 한 시청자의 삶과도 상관없기 때문이다. 그러나 정보를 받는 사람이 이런 종류의 세계에서 사는 한, 그에게 있어서 구성적이었던 가치들이 그 중요성을 상실하고, 나아가서 그 실제적 성격마저 상실한다. 왜냐하면, 그것들은 다른 것보다 훨씬 유혹적인 이 새롭고 명백한 실재 앞에서 아무짝에도 소용이 없기 때문이다. 그리고 정보를 받는 사람이 신호들과 메시지들의 빠른 변화가 가져온 치명적인 파편적 상황 속에서 살고 있다는 것을 생각하면, 이러한 가치들의 파괴는 더욱 피부에 와 닿는다. 정보의 즉각성은 항구성과 지속성의 단절을 가져온다. 인간은 쉽없이 변하는 시사적 이미지 속에서 살지 않을 수 없다.

현대인은 이러한 불연속 속에서 살게 되어 있다. 이것은 그의 내적 독백의 살아 있는 불연속과는 전혀 다른 것이다. 그리고 그 속도는 우리가 이용하는 물질적 대상들의 속도뿐만 아니라, 우리를 새롭고 다른 방향으로 끝없이 데리고 다니는 폭발적인 정보들의 속도이다. 이 방향들은 이 정보들이 의거하는 세계만큼이나 허구적일 뿐만 아니라, 그것들을 지적하는 신호들이 오는 즉시 지적이고 심리적으로 그것들을 따르기 위한 조작 작업을 하기를 강요한다. 이 신호들은 단숨에 모든 지리적이거나 지적인 지평들로부터 쏟아져 나온다. 이러한 조건 속에서는 이성적 작업을 통해서, 또는 이성에 따라서 끝없이 변하고 덧없는 이 거대한 정보적 마그마를 포착하는 것은 불가능하다. 정보를 받는 사람은 점차 정리할 수 없는, 혼란스러운, 기괴한 세상을 받아들이도록 유도되고, 비합리적인 폭발만이 그에게는 이런저런 방식으로 적합하고 효율적으로 보인다. 게다가 그가 잘못한 것이 아니다. 이러한 허구적 세계 속에서는, 이 세계를 말도 되지 않는 현실로 축소하려는 것이 아니라면 이성은 거의 영향력이 없다. 현실로 축소란 받아들일 수 없는 신성모독적인 행동인데, 그 이유는 정보는 우리가 사는 사회 속에서는 하나의 선, 진보, 피할 수 없는 부이기 때문이다.

따라서 우리는 정보가 현실에 대해, 그리고 진짜 함께 사는 사람들에 대해, 나 자신의 삶에 대해 우리를 위치시키는 이러한 소외, 이러한 낯설음의 메커니즘을 알 수 있다. 이 정보는 나를 인간들과의 관계 속에서 추상적인, 도식적인, 수준에 놓는다. 정보는 내가 전혀 모르는, 그리고 내가 절대 만나지도 않을 사람들에 대해 모든 것을 말한다. 그러나 정보는 나의 주변을 둘러싼 사람들에 대해서는 아무 말도 하지 않고, 나의 의식과 사고 영역을 모두 침범하고, 나의 모든 주의력과 염려를 빼앗아서, 내가 실제로 만나는 사람들과 진정한 관계를 맺지 못하게 금한다. 정보는 관계를 다른 차원에 위치시키기 때문에, 그 관계를 부러뜨린다. 그러나 또 이 다른 차원에서, 정보는 어떤 것에도 이르지 않는 허구적 관계를 설정한다. 마찬가지로 정보는, 전체 사회에 대해, 놀라운 다양함과 상관 관계적 외양에도 불구하고, 나를 낯설게 만든다. 여기서 소외는 정보가 상상적 세계 속에 속하고, 나를 환경과 구체적이지 않은 어떤 신화적 관계 속에 넣기 때문에 발생한다. 실제적인 환경이 있다, 그러나 나는 그것을 너무나도 복잡한 시스템을 통해서만 도달한다. 그리고 이 시스템은 나를 심하게 분산시켜서, 내가 알 수 있는 것은 이 환경의 신화적 이미지일 뿐이다. 따라서 나의 경험과 대량 정보들 사이에는 부조화가 있고, 아주 깊은 불편함이 있다. 어떤 재결합을 위해 나에게 제공될 유일한 길은 그러한 시스템 속으로 완전한 통합이다. 그리고 이것은 소외시키는 정보의 두 번째 양상을 검토하게 한다.

3. 사회 체계로의 통합에 의한 소외

소통과 메시지의 과잉 때문에 현대인은 그를 빼앗아가는 사회 시스템 속에 깊이 통합되게 된다. 분명히 우리는 더 통합되고 소외되지 않고서는 동화될 수 없다. 그런데 소외는 통합의 극단적인 결과일 수 있다. 집단 속으로 통합이 너무나 완벽해서, 개인의 그 어떤 것도 더는 이 집단과 거리를 취할 수 없게 되고, 집단을 판별할 수 없으며, 집단과 단절할 수 없게 되면 소외가 있다. 이것은 동화가 내적으로 일어나고, 더는 단순한 추종, 참여, 협력이 아니라, 어떤 믿음, 찬양, 사랑이 되면 이런 소외가 일어난다. 그리고 지적이고 심리적인 영역이 너무 제한되어서, 인간이 이러한 집단에서 나오거나, 최소한 외부로부터 보려고, 또 혹시 집단을 판단하기 위해 외적인 기댈 점을 가질 수 없다면 소외가 일어난다. 그런데 현재는 정보가 정확하게 이런 역할을 한다. 그래서 혹자는 차라리 이것이 어떤 선전이 아닐까 생각할 수도 있을 것이다. 그러나 나는 여기서는 선전의 문제는 옆으로 치워둘 것이다. 왜냐하면, 내가 겨냥하는 것은, 개인을 완전히 집단으로 통합시킬 목적을 가진, 의도적인 심리적 행위가 아니기 때문이다.

개인의 모든 정신 영역은 그가 받는 대량의 소식, 기호, 신호들로 채워진다. 그는 실천적으로 다른 것을 생각하고, 이용할 수 없다. 개인과의 관계의 아주 소박한 수준에서 그가 받는 메시지들은 중요하지 않다. 우리가 그 메시지들의 내용이란 다른 경로들을 통해 받아들인 집단적 정보의 번역에 불과한 것이라고 유추한다면 말이다. 개인은 그가 신문, 라디오, TV를 통해 보고 들은 것에 의해 지적 심리적으로 탈취되어 있을 뿐만 아니라, 더 나아가서 직장 동료, 여행 중에 만난 사람, 집안 식구와의 관계와 대화 속에 이전된 이 똑같은 메시지들을 받는다. 이런 대화들의 대상은 사회적 소통에 의해 제공된다. 그런데 이것은 본질적으로 사회적 대상들(정치, 경제, 오락, 추상적인 사회적 사건들… 소비적 대상들에 관한 것이다. 분명히 정보로부터 이 정보의 주요한 원천 중의 하나인 광고를 제외해서는 안 된다. 나는 분명히 광고가 상품을 팔려고 만들어졌지만, 다른 차원을 가지고 있다고 생각한다. 광고는 한편으로는 우리 사회 속에서 진보, 발달, 발명에 대해 정보를 주고, 다른 한편으로는 생의 어떤 모델을 제안한다. 그러나 단순히 유용하거나 팔리게 하다 우발적인 것만이 아니라, 기술적인 대량 생산 사회에 일치하는 모델에 관한 문제이다. 현재의 모든 연구는 우리는 광고 정보를 제거하거나, 광고가 생의 다른 모델이 되기를 기대할 수 없다는 것을 보여준다. 소비 사회에 반대한 담론은 완벽하게 건전한 것으로 보일 수 있다, 그러나 그것은 단순히 제품뿐만 아니라, 기술적 현상 전체를 문제시한다 가장 좋은 정치적 정보 조직과 광고 사이에는 큰 거리가 없다. 그 둘은 모두가 개인에게 자신의 모든 힘, 역량, 지성을 이론적인 대상에게, 또는 소비의 사회적 대상에게 집중하도록 유도한다. 혹자는 이런 종류의 정보는 언제라도 있었다고 말할 수 있다. 그러나 문제는 그 양과, 대중성이다.

    이런 종류의 정보들이 적은 수이거나 단선적일 때에는, 개인은 사회에 대해 거리를 가질 가능성이 있었다. 그러나 그것들이 전적이고 지속적이 된 때부터, 개인은 절대 그들 시스템 속으로 통합을 벗어날 수 없다. 이러한 정보들이 미약하게 배포되고, "공백들"을 남겨 놓았던 시대들에서마저, 우리는 개인이 최대의 정보를 배포하는 집단 속으로 통합되는 경향을 보였음을 확인한다. 이것은 중세의 교회의 경우이다. 교회는 메시지의 소통과 유포의 중요한 행위자이다. 거기서 개인은 통합되기 위해 오는데, 왜냐하면 그의 주의, 사색, 말은 그렇게 유포된 주제들 위로 집중되기 때문이다. 교회가 주요 소통망이 되기를 멈추면, 그 통합력도 상실한다. 오늘날은, 이 망은 바로 기술정치적 유형의 포괄적 사회이다. 그 사회적 메시지들그의 신화들과 주제들로부터, 통합이 수행된다. 그런데 중세기의 교회 속에서도 당연히 개인의 소외에 대해 말할 수 있었다면, 오늘날은 이렇게 거대한 커뮤니케이션 수단들, 메시지의 질들과 함께는 더 말할 것도 없을 것이다. 이 모든 것이 협력해서, 인간에게 정보 대상들에 대해 어떤 사색을 할 작은 여지나 여유를 주지 않고개인적인 일이라 하더라도, 다른 정보 대상들을 찾아 나설 시간도 주지 않으며, 다른 주제를 향한 관심도 둘 수 없게 만든다.

우리 사회의 인간은 이 전반적 정보를 통해 받은 메시지들에 대해서만 말할 수 있다. 관심의 공동체는 텔레비전에 의해서만 형성된다. 개인은 자신의 신문이 그에게 전달해 준 것만 생각할 수 있다. 그렇지만, 물론 직업에 관한 많은 정보도 생각한다. 그런데 이 직업은, 그것이 무엇이건, 언제나 더욱더 이러한 일반화된 커뮤니케이션들과 연결되어 있다. 그는 자신이 위치한 세계의 소비적 가능성과의 관계 속에서만 목표를 가질 수 있다. 다른 모든 관심은 비현실적이고, 응답자를 접할 수 없다. 정신의 영역은 완전히 점령당해 있다. 그리고 우리는 이러한 정보는 사회적 환경과 대상들에게 배타적으로 상대적이라고 말했다.생산과 생산품들 따라서 정보를 받는 사람은 "사회적–집중화된", 그리고 "재–집중화된" 사람이라고 말할 수 있다. 개인이 들어간 사회–정치적 방향이 정확히 무엇인지는 중요하지 않다. 왜냐하면, 소외는 다 마찬가지이기 때문이다. 난폭한 육체적 소유를 통해서가 아니라, 정보가 개인의 중심에 단 하나의 관점만, 하나의 이미지들의 창고만, 실재를 인식하는 단 하나의 과정만 설치하기 때문이다. 그리고 거기서부터 통합이 이뤄진다고 확신할 수 있다.

그러나 한 발자국 더 나아가야 한다. 우리는, 거대한 정보의 물결 앞에서, 현대의 인간은 그것들을 정돈하거나, 자기 것으로 동화하거나, 자신의 개인적 차원에서 정확히 이용하거나 할 수 없다고 말했다. 실제로는 우리는 앞의 두 작업은 컴퓨터의 중개를 통해서만 심각하게 수행될 수 있음을 안다. 달리 말하면 사회는 정보를 자기의 장비를 통해서만 동화하고 정돈할 수 있다. 그리고 개인은 소화되고 종합화된 정보들의 요약만을 받아들이고 결국에는 자기 것으로 만들 수 있을 것이다. 이러한 소속과 새로운 관계의 밖에서는, 개인은 온갖 해석들과 비일관성들로 넘겨질 것이다. 그러나 동시에 그는 이 정보들을 그가 이 집단 속에 완전한 통합을 수용해야만 이용할 수 있다. 왜냐하면, 이 정보들은 언제나 사회·정치적 행위들에 관한 것들이고, 정치적, 생산적, 소비적 등의 입장 밖에서는 관심없는 것들이기 때문이다.

따라서 정보망은 전체 사회 속에, 그리고 개인이 속한 다양한 집단들 속에 개인의 완벽한 통합에 따라, 그리고 그것을 위해 인식된다. 이 정보에 다른 어떤 소명도 있을 수 없다. 정보는 문화와 기능 둘 다 기술적으로 정의되어서, 문화가 전혀 다른 의미의 문화일 때에만 문화에 봉사할 수 있고, 자유가 사회적 기능으로 순응일 때에만 자유에 봉사할 수 있다.

〈첨부 2〉

정보와 기술 체계[1]

나는 이미 많은 사람들이 한 연구, 즉 정보에 관한 기술의 영향으로 되돌아오지는 않겠다. 커뮤니케이션들, 대중매체들의 완벽성과 다양성은 메시지와 정보 그 자체를 바꿨다. 예를 들어 대량의 메시지에서는 정보와 선전 사이의 경계가 전혀 없게 된다. 정보는 어떤 선전의 조건이 되고, 필연적으로 선전이 된다. 그것을 인정하려면, 정보의 발신자뿐만 아니라, 수신자를 고려해야 한다. 이러한 관점의 변화가 정보의 연구에서는 결정적인 것 같다. 게다가 나는 정보들의 다양성과 선전의 불가피성에 따른 민주주의적 행위의 변화를 연구하였다. 마지막으로, 나는 대량 정보에 따른 소통의 변화에 따라 정보가 겪는 변화를 보여주려고 하였다. 결국, 정보를 수집하고 전달하는 수단 때문에 그 성격이 변하고, 또 순간적이 되고, 무수히 많아지며, 다양화되었다. 반면 전통적 사회 속에서는 정보는 숫자가 많지 않았고, 다양화되지 않았으며, 단일극적이었고, 시간 속에서 정렬되었었다. 정보의 실체 그 자체가 변형되지 않았다고 어떻게 생각하지 않을 수 있겠는가?

---

[1] 프랑스 「컴퓨니케이션」 잡지에 실린 논문, 1976, n. 1, p. 7-16.

1. 커뮤니케이션 연구 : 모델과 한계

내가 여기서 접근하고자 하는 것은 문제의 다른 양상이다. 정보와 커뮤니케이션에 관한 연구들은 근본적으로 3가지 범주로 나뉠 수 있다. 우선 이론적 연구들이 상당히 발전했다. 이것들은 이제는 유명한 커뮤니케이션 도식에 과학적이고 객관적인 위상을 주고자 한다. 그러면서 여기에 가변적 요소인, 소음, 정보의 유실, 반복 등을 도입하고자 한다. 거기서는 전달된, 또는 전달될 수 있는 정보 단위를 찾고자 한다.

한편, 다른 연구들은 예를 들어 언어적 수단과의 관계에서, 언어의 구조와 연결된, 정보의 내용에 관한 것들이다. 여기서도 정보 유실이 전혀 없는 전달의 과학적 연구이다. 예를 들어 과학적 정보들에 관한 과학적 언어 이어서 세 번째의 연구가 있는데, 현재는 별로 많이 하지 않는 것으로 여론에 관한 것이다. 현재 누가 여론에 매달린다면, 그것은 오직 여론조사를 통해 그 내용을 알아내려는 것이거나, 또는 여론 연구로부터 슬그머니, 훨씬 광범위하고, 지적으로 만족스러운 문화 연구로 넘어가려는 것이다. 그런데 이 세 방향 사이에 거의 관계가 없고, 특히 정보 전달 연구에서는, 어떤 정보를 전달하는지, 얼마나 많은 양의 정보를 전달하는지, 그 정보를 받는 자가 누구인지에 대해 전혀 고려하지 않는다. 그런데 나는 커뮤니케이션 도식은 방금 말한 인자들에 의해 깊이 흔들리게 되고, 이것들을 생략하고서 정보를 과학적으로 연구한다는 것은 완전 헛일이라고 주장한다. 달리 말하면, 한편으로는 메시지, 메시지의 내용, 다른 한편으로는, 수신자에 의해 받아들여진 메시지들의 양이 커뮤니케이션의 현실을 완전히 변화시킬 것이다. 물론 이론적 도식은 변하지 않아도, 이 도식은 더는 그 어떤 현실과도 맞지 않게 된다. 왜냐하면, 가변적 인자들이 부차적인 보충이 아니라, 확연한 현실이 되었기 때문이다. 커뮤니케이션의 대상과 주체가 존재하지 않고, 단순한 기계적 발신자와 수신자이기라도 한 것처럼 커뮤니케이션을 연구할 수는 없다. 나는 누군가 소음, 반복, 블랙박스 등이 문제가 되기 때문에, 그러한 문제를 고려하는 것이라고 말할 것임을 안다. 그러나 내가 보기에는 이 모든 것은 이상적인 이론적 모델에 대한 양보로만 나타난다. 그러나 문제는 현실 전체이다. 해석과 관계되는 모든 것이 커뮤니케이션 이론 속에 개입해야 한다.

다른 한편, 우리는 상당히 대량의 정보들이 의미의 유실 없이 정확히 받아들여진다고 말할 수 있다. 그건 확실히 맞다. 그러나 여전히 어떤 정보이고, 어떤 종류이며, 누구에 의해 받아들여지는지를 자문해야 한다. 나는 정보들이 인지도에 따라 분포된 정보 사다리 도표를 제시한다고 생각하지 않는다. 즉 정상에는 발신한대로 받아들여진 정보들이 있고, 밑으로 내려갈수록 정보가 유실되어 바닥에서는 무한한 변수에 따라 변화하여 알아들을 수 없는 혼란한 정보들이 있다고 생각하지 않는다. 그 대신 나는 두 개의 질서, 질적으로 다른 두 유형의 정보가 있다고 생각하는데, 그 수신은 그 정보의 질에 따르면서 동시에 수신자의 자질에 따른다. 우리 사회는 정보 덕분에 유지된다는 것은 잘 알려지고 전적으로 인정되고 있다. 모든 것은 정보의 전달에 의해 기능하고, 이것은 상품의 생산이나, 정치 체제, 행정적 조직보다 더 중요해졌다.

더 중요하다고? 분명하다, 왜냐하면, 예를 들면 앞에서 말한 세 분야는 효율적인 소통 망 덕분에, 발신되고 수신되는 정보들 덕분에 존속할 수 있기 때문이다. 이러한 다양한 메시지들이 없다면 정치란 없고, 코드화한 가치들의 이전이 없다면 생산도 없다. 모든 것은 실제로 정보 위에 기반을 두고, 그런 의미에서 정보가 더 중요하다고 말할 수 있다.

그러나 실수는 메시지면 모두 다 같은 메시지로 생각하는 것이다.

간단한 예를 들어보자. A. 쏘비Sauvy는 민주주의는 정직하고 폭넓은 정보의 기반 위에서만 존재하고, 대중이 정확히 정보를 받아야만 경제 활동이 가능하다고 했다. 다시 최근에 그는 정보가 없다면 어떠한 사회적-정치적 발전도 가능하지 않다고 주장하였다. 그리고 틀림없이 그의 말이 맞다. 그러나 첫 번째 어려움은, 극단적으로 다른 정보들이 있고, 그것들은 받아들여지거나 그렇지 않을 수 있다는 데 있다. 예를 들어 수학적 유형의 정보들을 보자. 그것들은 혼란이나 유실 없이 전달될 수 있다. 그러나 그것들은 그것들을 받아들이고, 전체 속에 통합시킬 수 있는 수준의 사람에게만 그렇게 전달될 수 있다. 이 수준에 이르지 못한 사람에게는, 그 정보의 상실은 전적일 것이다. 아무 잡음 없는 커뮤니케이션이 가능하다 하더라도, 아무런 메시지도 인지되지 못한다. 또는 경제 분야에서 전달할 수 있는 엄격하고 과학적인 정보들도 이와 유사한 유형이다. 그럼에도, 거기에는 차이가 있다. 이 정보들은 한편으로는 추론하고, 그로부터 결과를 끌어낼 충분한 역량이 없는 사람들에 의해 받아들여진다. 그러나 이 사람들은 경제적 관점에서 "생각들"을 가지고 있고, 나아가서 이런저런 행위가 자기들의 생활 방식을 바꿀 것임을 안다.

달리 말하면 우리는 여기서 두 상황을 구분할 수 있다. 하나는 충분히 역량 있는 경제학자의 상황으로서, 이 학자는 정보를 받고, 그것이 무슨 문제인지 알 것이다. 다른 하나는 보통 사람의 상황으로서, 이 사람은 한편에서는 말해진 것을 거의 이해하지 못하고 (나는 여기서 높은 수준의 과학적 메시지를 말한다), 이 극히 작은 이해로는 자기의 해석 세계 속에서 메시지에 아무 의미를 주지 못한다. 여기서는 확실히 수신자들의 폭을 구분할 수 있다. 역량 있는 경제학자도 자신의 "소견"을 가질 수 있고, 이러한 경제적 조치가 자신의 상황을 이렇게 바꿀 것임을 의식하기 때문이다(이것은 가변적 인자이다). 또는 과학적 수준에 이르러서, 전문가들이나 접근할 수 있으며, 정치적 현실로부터는 동떨어져서 일반에게 거의 전달될 수 없는 그런 정치 분야와, 경제보다 훨씬 더 감정적이고, 참여자가 객관적 정보를 받을 수 없는 그런 정치 분야를 구분해야 한다. 달리 말하면 쏘비의 이론적인 주장은 실제적인 불가능성에 의해 막혀버린다. 그리고 우리 사회가 정보들 덕분에 유지될 수 있다고 하는 습관적인 지적은 다음의 딜레마에 의해 보충되어야 한다. 즉 전혀 다른 정보들에 관한 문제이거나, 혹은 모든 것은 편차가 있고, 잘 못 이해된 정보들 위에 기반을 둔다. 실수는 여론 속에서 수신된 정보가 과학적 정보와 같은 종류로 여긴다는 데 있다.

2. 두 종류의 정보 : 실존적 정보와 구조적 정보

실제로는 어떤 점에서도 비슷하지 않은 두 종류의 정보가 있다. 또는 두 수준의 정보들로서, 두 개의 소통망과 서로 다른 두 도식을 내포한다. 과학적이고 기술적인 정보 계열이 있는데, 이것은 통상적인 도식이 적용될 수 있고, 이 도식은 의사소통과 정보에 대해 과학적 분석을 하고자 하는 의지로부터 나온 것이다. 그리고 일상적 생, 의견, 감정, 생각 등에 관한 정보 계열이 있다. 우리는 벌써 여기서 언어가 얼마나 훌륭하면서 모호한 도구인가를 알 수 있다. 왜냐하면, 하나의 기표signifiant, 예를 들어 '개'란 단어를 발음할 때 들리는 소리에 하나의 기의signifié, 그 소리를 들었을 때 머리에 떠오르는 개의 이미지가 상응한다고 하는 것은 거짓이기 때문이다. 그리고 이렇게 거짓이란 사실은, 정보의 극단적인 모호함을 통해, 오해들을 통해, 인간관계의 복수성과 풍부함을 허용해주고, 문화의 진보와 설립 가능성을 준다. 정보의 모호함이 없다면, 어떠한 문화도 가능하지 않다. 달리 말하면, 정보의 실존적인 차원이 존재하는데, 거기서는 커뮤니케이션은 전적으로 우발적이고 가정적이다. 그리고 내가 구조적이라고 부를 차원이 있는데, 거기서는 어떤 구조, 또는 객관적인 구조들의 유희를 도출할 수 있을 것이다. 이 두 수준은 실제로 구분되어 있고, 두 계열은 서로 겹치지 않는다. 그러나 우리는 모두 그 둘에 약간은 참여하고 있음이 명백하다. 전문가에 관해서는, 그는 이 두 계열에 모두 참여한다, 그렇지만 그는 거기에 다른 방식으로 참여한다. 그가 정치적 의견을 가질 때와, 그가 수학할 때는, 똑같지 않다. 그는 전혀 다른 두 의사소통망에 참여한다.

그런데 실존적인 광대한 정보 분야가 있고, 전문가들을 위한 작은 과학적 정보 분야가 있다고 생각해서는 안 된다. 실제로는, 과학적이고 기술적인 정보의 확산도 과학과 기술 그 자체의 영역만큼이나 광대하다. 산업적 정보는 아주 잘 만들어지고, 그것은 정확하게 이동하며, 기대된 결과들을 생산한다. 물론, 이 영역들 속에서는 정보들의 모든 정치적 문제들이 있고, 우리는 여기서 하나의 충돌점을 포착한다 : 과학적 정보들의 정체가 있다면, 그것은 정치적 정보들, 예를 들어 존재론적 정보들의 개입 결과이다. 만약에 이런 종류의 혼란들이 없다면, 과학적 정보의 세계적 조직은 극소의 유실과 함께, 완벽하게 가능할 것이다. 커뮤니케이션-정보 시스템은 알려진 저장과 기억, 코드들 전체 덕분에 만족스럽게 완결될 것이다. 따라서 우리는 잠재적으로 완전해질 수 있는 하나의 모델 앞에 있다. 그러나 실상은 그렇게 보이는 것처럼 만족스럽지 못하다.

그리고 우리는 혼란이 유포된 다른존재론적 정보들로부터 개입한다고 말했다.

이러한 모순은 더 포괄적인 모순, 즉 기술 시스템과 기술 사회 사이의 모순 일부분이다. 기술은, 시스템이 가진 모든 특성과 함께 시스템으로 발전한다. 기술은 이 발전을 하나의 사회 속에서 수행하는데, 이 사회는 이 시스템에 동화되지 못한다. 나는 오래전부터 이러한 사회를 기술 사회라고 규정하였다. 그것은 이 사회가 기술에 의해 변모하였다는 것을 의미하고, 모든 것이 거기서는 기술에 적응해야 하며, 이 사회는 기술에 의해 방향이 설정되었음을 말한다. 그렇지만, 이 사회 자체가 하나의 기술적 전체는 아니다. 다시 말해 이 사회 속에는 정확히 기계로 환원되지 못한 막대한 영역이 존재한다. 즉, 기술 사회는 결코 거대한 기계도, 자동화된 전체도 아니다. 그 사회는 아직도 전통적 사회의 특성 대부분을 간직한다. 인간도 마찬가지다. 아무리 그가 기술에 적응하고 있다지만, 지적이고 육체적으로 아무리 기술화되었다지만, 그는 아직 변하지 않았으며, 전통적 인간의 수많은 특성을 간직하고 있다. 그리고 기술 시스템이 사회 속에서 발달하고, 인간을 포함하려고 할 때에, 부분적으로 공존할 수 없는 세계들의 충돌이 있게 된다. 시스템은 이 사회 속에서, 이 인간 속에서 엄청난 혼란들을 유발한다. 반면, 거꾸로 전통적 특성들의 존재는 기술적 시스템의 기능을 어지럽힌다. 우리는 실제로 두 차원의 정보들과 함께도 똑같은 문제를 발견한다.

3. 정보 수용의 틀

분명히 나는 정보 전달과 커뮤니케이션의 전통적 도식을 문제 삼지 않는다. 내가 구분한 두 경우에서, 정보-커뮤니케이션의 이론은 그대로 남아 있을 수 있고, 이론적 과정은 일반적인 추상적 수준을 바꾸지 않는다. 그렇다면, 그 두 수준을 구분하는 것이 유용한가? 그 문제는 현실에 관한 것이다. 어떤 종류의 정보도 똑같은 방식으로 차이 없이 전달되는가? 내 눈에는 어떤 정보도 그 자체로 존재하지 않는다. 그것은 언제나 정의된다. 분명히, 사람들은 이미 자주 수용자의 적응력을 고려하였다. 그러나 언제나 일종의 이차적인 변수로, 일시적 현상으로만 고려하였다. 그러나 나는 반대로 그것은 핵심적 문제라고 믿는다. 커뮤니케이션 회로 속에서 존재론적 정보와 구조적 정보를 구분해야 한다면, 그것은 단지 내용의 차이에 관한 문제일 따름이다. 예를 들어 하나는 정치적 문제, 다른 하나는 기술적 문제에 관한다 실제로 그 차이는, 각 정보가 문화적 "미리-구성된 것" 속에 개입되어야 하기 때문에, 훨씬 더 깊어진다. 사람들은 오래전부터 하나의 정보는 그것이 다소간 그것을 수용하기에 적합한 미리 존재하는 틀 속에 삽입되는 한에서 가치를 갖는다고 생각하는 데에 동의한다. 하나의 정보는 그것이 어떤 전체 의미에 들어갈 때에만, 그것이 주체에 의해 어떤 전체 의미로 돌려질 때에만 의미가 있을 수 있다. 시니피앙기표-시니피에기의관계는 명백히 단수적이지 않다. 하나의 기표에 상응하는 기의란 없다. 이것은 총체적 관계의 문제이다. 따라서 정보의 전달이 있으려면, 커뮤니케이션의 회로만 있어서는 충분하지 않다. 수신자에게서 "미리-구성된 것"이 있어야 하고, 그것을 통해서 그는 심리적으로 이 정보를 수용하고, 거기에 어떤 가치를 부여하며, 그로부터 어떤 의미를 받고, 그것을 자기 고유의 개념화 속에서 통합한다. 그것이 없다면 아무것도 일어나지 않는다. 여기서도 우리는 이미 알려진 평범한 것들을 다시 말한다. 따라서 우리가 이 두 형의 정보들을 구분할 때에는, 그것은 단지 내용의 문제만은 아니라, 결과적인 의미, 그리고 어떤 정보를 수용하는 사람의 관심의 문제이기도 하다. 수용적 틀은 절대 똑같지 않다. 과학적이고 기술적인 정보들에 대해서는, 쿤Kuhn의 의미에서 패러다임들이 문제이고, 존재론적 정보들에 대해서는, 선先개념들, 사회적 이미지들, 집단적 가정들, 고정관념들이 문제가 된다. 그리고 정보의 삽입도 똑같은 방식으로 이뤄지지 않는다. 한편에서는, 확인의 수준이고, 다른 편에서는 믿음의 수준이다. 형태gestalt가 두 경우에서 가변적 안정성을 가지고 있다고 해보자. 과학적 패러다임들이 경직적임에도 불구하고, 선先 개념들, 존재론적 형태gestalt들보다는 변화 또는 혁명에 훨씬 더 적응을 잘하는 것 같다.

그런데 현재의 실질적 문제는 우선 이 두 정보 시스템의 점증하는 구별로부터 온다. 한편에서는, 우리는 전문화된 잡지, 학술회, 연구소, 자료실, 수많은 학회지가 있다. 그리고 보통은 대중은 거기에 접근하지 않는다. 그러나 우리는 이러한 정보들과 실제로 관련된 사람들은 무수히 많다고 강조하였다. 그들은 르네상스 시대의 휴머니스트들처럼 자체 내에서 회전하는 소수의 전문가 집단을 형성하는 것이 아니라, 자신의 법칙과 정보 모델들을 소유한 복잡한 사회를 형성한다. 다른 한편, 대중매체들에 의해 운반되는, 모든 것을 다루고, 모두에게 말하는 대중 정보들이 있다. 둘의 구분이 점점 커지는가? 사실상, 한편으로는 과학자들과 기술자들의 사회는 더욱더 조직적으로 되고, 그 자율적 언어와 함께 효율적인 귀족 계급을 형성하고나는 자율적 언어라고 해서 신비적인 특수한 언어를 의미하는 것은 아니다, 다른 한편 차별 없이 유포된 거대한 대중적 정보가 과학적 정보 전달이 아닌 발신과 수신의 메커니즘을 생산한다. 각 분야 속에서 정보 시스템은 정보의 유형과, 그리고 발신자, 수신자와 일치한다. 결국, 서로 완전히 낯선, 서로에 대해 굳게 닫힌 두 커뮤니케이션 망을 생각할 수 있을 것이다. 그런데 일어난 일은 꼭 그렇지 않고, 그로부터 어려움이 생겨나기 시작한다.

4. 정보 유형의 간섭

따라서 우리는 모든 관점에서 서로 다른 두 정보망을 보고 있고, 그 구별은 될수록 커진다. 그러나 동시에 우리는 겹치기와 간섭을 확인한다. 거기에 문제가 있다. 과학적이고 기술적인 정보의 회로가 넘쳐나고, 이 정보들이 마찬가지로 대중매체들에 의해 실려진다는 것은 명백하다. 달리 말하면, 이 정보들이 불가피하게 존재론적 성격을 받는다. 즉, 과학적 틀 속에 있어야 할 정보들이 여론의 정황 속으로, 치명적이거나 또는 간단히 유흥적인 질문들 속으로 파고들어 온다. 다른 용어로는, 과학적 커뮤니케이션 수단들을 통해 자기의 전문 영역에서 정보를 받는 과학자나 기술자는 사용하거나 사용할 수 없는, 그렇지만 자기에게는 자기 고유의 근거 틀에 따라 측정될 수 있는 일정량의 정보를 받을 것으로 기대한다. 그는 가능한 한 객관적인 이유로 해서, 어떤 정보는 통합하고, 다른 정보는 거부한다. 그리고 이 정보들은 연구 속의 길이 되고, 적용에서 혁신되며, 새로운 가능성이나 위험에 대한 예고가 된다. 따라서 정확하게 위치한 현실과의 관계 속에서 지속적인 조정이 있다. 그런데 우리가 반대로 존재론적 정보들을 생각해본다면, 시청자나 청취자는 전혀 다른 것을 기대한다. 그는 실제로 어떤 "말"을, 다시 말해 중립적이고 객관적인 정보들이 아니라, 다른 사람과의 일종의 관계를 기대한다. 여기서 요구된 것은 인간들 사이에 말이 통하는 것이다. 정치나 광고, 그리고 물론 오락에서도 마찬가지다. 각자는 하나의 영화를 다른 인간 세계와 소통하는 말로서 받아들인다. 가장 피상적이고, 가장 무의미한 것으로 보일 수 있는 것이 이 영역에서는 언제나 하나의 말로서 기대된다. 그러나 말을 하는 사람은, 언제나 다른 사람에 대한 신뢰적 행동을 말한다 : 영화, TV는 그것이 타인 속에서 어떤 신뢰를 표현하는 한에서, 나를 전복시키거나 거역하게 하고 웃게 한다. 어떤 관계뿐만 아니라, 믿음이 있기 때문에, 말은 일종의 관계를 조종하는 힘이 있다. 대화, 통신 이것이 요구이다. 물론 이것은 명백하거나 뚜렷한 것이 아니라, 모든 커뮤니케이션의 중심에 항상 들어 있다. 그런데 우리가 두 의사소통 망들의 간섭이 있다고 했을 때, 무슨 일이 일어나는가? 내가 보기에는 두 현상이 일어난다.

5. 정보 왜곡 현상

우선 진정으로 정보왜곡 현상이 있다. 예를 들어 어떤 사람이 어떤 정치적 담론을 듣는다. 분명히 그는 모든 것을 다 이해 못 할 수도 있다. 그러나 총체적으로는, 그는 무엇에 관한 것인지 알고, 그 의도를 파악하며, 그 세계 속으로 들어가고, 이 담론은 그의 세계 속으로 들어간다. 기술적이고 과학적인 정보에 관한 때에는, 통속화의 수준에 있을지라도, 아주 잘, 그리고 교육적으로 제시되었다 하더라도, 그 메시지가 그러한 그대로 받아들여지지 않을 뿐만 아니라, 여러 "이유들"에 의해서 흐릿해지거나, 여론에 대해 왜곡되거나, 또는 자신의 것이 아닌 틀 속에 논증으로 삽입하게 되는 한은, 언제든지 혼란과 정보왜곡이 있다. 이것은 모든 영역에서 아주 뚜렷하다. 예를 들어 암의 경우를 보자. 여기서는 과학적 정보를 전달하기는 거의 불가능하다. 그것은 즉각 절망으로, 또는 환상적인 희망으로 변형된다. 이것은 이해 가능성 문제가 아니라, 다른 의거 틀 속으로 침투 문제이다. 정치인은 들려지지만, 과학자와 기술자는 환상, 마술, 신화적 영역 속에 위치한다. 다시 말해 발해진 메시지와 그것을 받으려고 준비된 틀 사이에는 전적인 모순이 있다. 핵에너지나 오염에 대한 정보에 대해서도 정확히 마찬가지다. 감정적이거나 공황적이지 않은 어떤 고찰을 얻는 것이 불가능하다. "5,000만의 소비자"라는 말을 들을 때도 마찬가지다. 이러한 현상은 선전이나 정치화, 또는 미리 존재하는 두려움에서 온 것이 아니다. 그 원인은 굳건하고 맹목적인 믿음이 될 수 있을 것이다. 그래서 질문은 왜 항상 이 과학적 정보들은 공포, 고뇌의 방향 속에서 작용하는가를 자문하는 것이다. 내가 보기에 본질적인 것은 여기서 이중적이다. 즉 인간은 어떤 말을 기대한다, 그런데 그는 이해할 수 없는 객관적 추론을 듣는다. 또는 그는 정보의 모든 요소를 포착하고, 필요한 추론을 할 수가 없다. 따라서 그는 자기 습관적 표정점들이 아무 소용이 없는 방향이 이탈된 세계 속에 놓이게 된다. 공포, 때로는 공황은, 전달된 과학적 정보의 현실보다는 이러한 상황에서 온다. 그 현실이 무엇이건 간에, 그것은 과학적 정보들의 전달말과 똑같은 방식으로 작용하지 않는 소통의 섹터 속에서, 그리고 정신세계 속에서 받아들여진다. 이것은 단순한 용어나 언어의 문제가 아니다. 그로부터 일종의 거부가 나오는데, 이 정보를 거부해도 여전히 존재함을 알고 있기 때문에 공황을 일으키고, 이 메시지를 다른 정신세계와 조화를 이루게 하려는 무의식적 조작이 나온다.

6. 존재하지 않거나 거부된 말

두 번째 결과는, 우리가 방금 말한 것에 이어서, 과학적이거나 기술적인 정보는 보통 사람에게는 하나의 말, 기대된 말이 아닐 수 있다는 것이다. 그것은 의미 없는 언어에 불과하게 된다. 그것은 따라서 존재하지 않는 말, 또는 거부된 말처럼 경험된다. 사람이 커뮤니케이션 부재를 내포하는 완전히 접근할 수 없는 담론을 마주하고 있으면, 부재한 말이다. 사람이 기술자가 자신의 비밀을 전달해주기를 원하지 않는다고 확신하면, 거부된 말이다. 그러나 사람은 이러한 부재가 아무런 뒤끝이 없다고 믿을 수가 없다. 어떤 말을 부재한 말로 경험하는 것, 그것은 단순히 넘어가고, 일종의 "공백", 공허가 있음만 확인하는 것이 아니다. 이 공허는 공격적이고, 일종의 도발이다. 기대된 말에 대해 말은 부재하고, 또는 거부된다. 발생하는 좌절은 단순한 무지나 무지의 확인이 아니고, 무관심이 아니다. 폭력의 창조, 두려움의 창조, 또는 이 기대치 않은 현상 앞에서 분노의 창조가 있다. 즉 말의 유지는 있는데, 그러나 어떤 점에서는 교환된 말이 없는 말이다. 이것은 견딜 수 없다. 그로부터 어떤 환경운동가들의 격렬한 반응이 나오고, 경제 기술자들 앞에서 '하층' 계급의 폭발이 나온다. 이것은 약자들의 분노가 아니라, 본질적으로 말이 그래야 하는 것 앞에서 느끼는 좌절이다.

탄생한 폭력은 근본적으로 이러한 말의 변질과 연결된다. 우리는 대부분의 주변인 또는 마약 중독자들 앞에서, 첫 번째 치료 요소는―그리고 유일한 것― 인간관계의 회복이라는 것을 완벽히 알고 있다. 청소년들과 성인들 사이의 단절은 언어의 단절이다. 그런데 대부분 성인은 기술적이고 과학적인 정보의 수준에 있음을 정확히 확인해야 한다. 예를 들어 각자는 자신의 직업 속에 있고, 특히 이런 양식의 언어를 채택한다. 존재론적인 정보들의 표현 양식 속으로 기술적이고 과학적인 정보 표현 양식의 일종으로 느린, 그리고 이상하게도 불법적인 침략이 있다. 따라서 사람은 존재론적인 정보들을 포함하는, 그렇지만 과학적이고 기술적인 양식으로 표현된 담론을 완벽하게 부조화한 것으로 여긴다. 그리고 우리는, 주브넬Jouvenel이 제기한, 정확한 여건들을 포함하는, 문제로서 작성될 수 있는 상황들과, 여건들의 수가 알려지지 않거나, 수학적으로 표현할 수 없어서 그렇게 될 수 없는 상황들을 구분해야 한다. 그리고 이 후자의 경우에는 우리는 문제가 아니라 딜레마와 마주하게 된다. 첫 번째 경우, 과학적이거나 기술적인 정보들로 구성된 경우에는 수학 문제처럼 어떤 해결이 가능하다. 그러나 주로 존재론적인 정보들로 구성된 두 번째의 경우에는, 해결은 없고, 결정을 내려야 한다. 그러나 어떤 상황을 잘라버리는것은결코 해결은 아니다 그 결정은 당연히 말의 교환 위에 세워진다. 그러나 혼란이 있을 때, 누가 기술적 질문들을 잘라낸다고 주장할 때예를 들어 정치적 결정에 대해서, 또는 누가 인간적이거나 사회적 문제들을 해결한다고 주장할 때그로부터 단순한 수학적 문제처럼 제기된다, 이 두 경우에는 말의 교환 단절이 있고, 부재한 또는 거부된 말이 있으며, 불가피한 폭력의 생산이 있다. 왜냐하면, 언어가 그의 가치를 상실했기 때문이다. 폭력은 언제나 단어들의 가능성에 대한 불신이다. 그리고 언제나처럼, 분노는 명백하게 배신한 것에 대해, 다시 말해 말 그 자체에 대해 시작한다. 말은 그것이 기대한 종류의 것이 아닌 정보들을 품고 있으면서 극단적인 실망을 생산하기 때문에, 일종의 극단적인 악이 된다. 어떤 점에서는 말의 유지가 있지만, 그러나 말이 없는 말이다. 이것은 의식이 어떤 말을 기대할 때, 그리고 의식이 그와 관계되지 않는 어떤 정보를 받을 때 만들어진다. 따라서 가장 심각한 현상은 우리가 첫 경우로 지적한 것이 아니다. 즉 과학적이고 기술적인 정보들의 전달자가 소음과 같은 존재론적 정보를 포함하는 것이다. 이것은 당연히 일차적인 커뮤니케이션의 혼란을 가져온다. 그러나 그것이 아니라, 청취자가 존재론적 정보를 기대하는데, 존재론적 커뮤니케이션 망 위에서, 예상 못 한 기술적 정보를 받는 현상이다. 이러한 오염은 폭력의 근원이다.

그렇다면, 질적으로 다른 의사소통 망들 위에 실려진 두 유형의 정보가 있기 때문에, 두 종류의 인간이 있어야 한다고 결론 내려야 할까? 이러한 인종 차별적 결론은 우리가 생각하는 것보다 훨씬 흔한 유혹이다. 예를 들어, 유전적인, 정확히 측정된 IQ의 불평등에 대한 연구들이 나타나는 것은 주목할만하다. 이 IQ는 실제로는 과학적이고 기술적인 정보들을 받아들이고 사용하는 적응력과 상응한다. 그런데 교육적이고 문화적인 차원에서 IQ의 교정이 불가능하다는 확신을 하는 한, 처음부터 만족스러운 IQ를 갖지 못한 사람들의 지성을 형성시키려고 하는 것은 헛수고라는 결론에 이른다. 따라서 개인들을 IQ에 따라 선별하고, 각자 따로 형성해야 한다. 이것은 내가 앞에서 말한 경향을 강화할 것이다. 즉 기술적이고 과학적인 정보를 가질 수 있는 일종의 귀족 계급 형성. 이것은 분명히 두 종류 정보 사이의 오염에서 결과한, 내가 앞에서 언급한 어려움을 피할 수 있게 해줄 것이다. 그러나 다른 한편 우리는 거짓 해결을 보게 될 것인데, 이 해결이란 것이 전형적으로 이러한 오염에 의한 것이다. 왜냐하면, 실제로는 예전에 결정된 것을 겉만 과학적으로 형식화하여 문제의 해결로 제시하기 때문이다. 두 유형의 정보 사이의 갈등과 오염에 의해 실려진, 반영된, 심화한 우리 사회의 인간적 어려움은 과학적으로 제기하고, IQ의 기술을 적용해서 해결할 수 있는 그런 성질의 것이 아니다. 게다가 이 기술이 흔히 말하는 것처럼 그렇게 확실하지도 않다. 왜냐하면, 그것은 진정한 지능 측정에 관한 것이 아니라, 단지 기술적 정보를 받아들이고 조작하는 적응력을 분간하는 것이기 때문이다.

이러한 지적들은 이 문제가 아주 심각하고, 현재로서는 명확한 해결이 없음을 잘 보여준다. 그리고 이제는 이러한 어려움이 존재하지 않은 척하면서, 커뮤니케이션이나 여론의 분석을 더는 계속할 수 없다는 것이 확실해 보인다. 여론이란 두 종류의 정보로부터 형성된다. 하나는 구조적인 것으로, 전체화하려고 하는데, 여론은 그것을 완벽히 받아들여 모두 이해할 수 없고, 거기에 복종할 수 없으며, 그것에서 조직될 수도 없다. 다른 유형은 전적으로 가변적인데, 지금까지 여론 형성을 보려고 고려하였던 것은 바로 이것이었다. 그런데 두 질서 사이의 오염과, 과학성 밖에서 여론의 배제라는 이중적 현상에 의해 여론의 변화가 일어난다. 게다가 사람들은 과학성이 신비하고 결정적인 현상처럼 존재한다고 알고 있다. 나는 결국 만족스러운 대답들은 못하고, 질문들만 하였다.

엘륄의 저서 연대기순

- *Étude sur l'évolution et la nature juridique du Mancipium.* Bordeaux: Delmas, 1936.
- *Le fondement théologique du droit.* Neuchâtel: Delachaux & Niestlé, 1946.
- *Présence au monde moderne: Problémes de la civilisation post-chrétienne.* Geneva: Roulet, 1948.
    ⋯▸ 『세상 속의 그리스도인』, 박동열 옮김(대장간, 1992, 2010(불어완역))
- *Le Livre de Jonas.* Paris: Cahiers Bibliques de Foi et Vie, 1952.
    ⋯▸ 『요나의 심판과 구원』, 신기호 옮김(대장간, 2010)
- *L'homme et l'argent* (Nova et vetera). Neuchâtel: Delachaux & Niestlé, 1954.
    ⋯▸ 『하나님이냐 돈이냐』, 양명수 옮김(대장간. 1991, 2011)
- *La technique ou l'enjeu du siècle.* Paris: Armand Colin, 1954. Paris: Économica, 1990.
    ⋯▸ (E)*The Technological Society.* Trans. John Wilkinson. New York: Knopf, 1964.
    ⋯▸ (『기술 또는 세기의 쟁점』, 대장간, 출간 예정)
- *Histoire des institutions.* Paris: Presses Universitaires de France, plusieurs éditions (dates données pour les premières éditions);. Tomes 1-2, L'Antiquité (1955); Tome 3, Le Moyen Age (1956); Tome 4, Les XVIe-XVIIIe siècle (1956); Tome 5, Le XIXe siècle (1789-1914) (1956).
    ⋯▸ (『제도의 역사』, 대장간, 출간 예정)
- *Propagandes.* Paris: A. Colin, 1962. Paris: Économica, 1990
    ⋯▸ 『선전』하태환 옮김(대장간, 2012)
- *Fausse présence au monde moderne.* Paris: Les Bergers et Les Mages, 1963.
    ⋯▸ (대장간 출간 예정)
- *Le vouloir et le faire: Recherches éthiques pour les chrétiens*: Introduction (première partie). Geneva: Labor et Fides, 1964.
    ⋯▸『원함과 행함』(솔로몬, 2008)
- *L'illusion politique.* Paris: Robert Laffont, 1965. Rev. ed.: Paris: Librairie Générale Française, 1977.
    ⋯▸ 『정치적 착각』, 하태환 옮김(대장간, 2011)
- *Exégèse des nouveaux lieux communs.* Paris: Calmann-Lévy, 1966. Paris: La

Table Ronde, 1994. [reproduction de la couverture].
  ···▸ (대장간, 출간 예정)
- *Politique de Dieu, politiques de l'homme*. Paris: Éditions Universitaires, 1966.
  ···▸ 『하나님의 정치와 인간의 정치』, 김은경 옮김(대장간, 2012)
- *Histoire de la propagande*. Paris: Presses Universitaires de France, 1967, 1976.
- *Métamorphose du bourgeois*. Paris: Calmann-Lévy, 1967. Paris: La Table Ronde, 1998. [reproduction de la couverture]
  ···▸ (대장간, 출간 예정)
- *Autopsie de la révolution*. Paris: Calmann-Lévy, 1969.
  ···▸ 『혁명의 해부』, 황종대 옮김(대장간, 2012년 출간 예정)
- *Contre les violents*. Paris: Centurion, 1972.
  ···▸ 『폭력에 맞서』, 이창헌 옮김(대장간, 2012)
- *Sans feu ni lieu: Signification biblique de la Grande Ville*. Paris: Gallimard, 1975.
  ···▸ 『머리 둘 곳 없던 예수-대도시의 성서적 의미』, 황종대 옮김(대장간, 2012년 출간 예정).
- *L'impossible prière*. Paris: Centurion, 1971, 1977.
  ···▸ 『불가능한 기도』, 신기호 옮김(대장간, 2012년 출간 예정)
- *Jeunesse délinquante: Une expérience en province*. Avec Yves Charrier. Paris: Mercure de France, 1971.
- *De la révolution aux révoltes*. Paris: Calmann-Lévy, 1972.
- *L'espérance oubliée, Paris*: Gallimard, 1972.
  ···▸ 『잊혀진 소망』, 이상민 옮김(대장간, 2009)
- *Éthique de la liberté,*. 2 vols. Geneva: Labor et Fides, I:1973, II:1974.
  ···▸ (대장간, 출간 예정)
- *Les nouveaux possédés Paris*: Arthème Fayard, 1973.
  ···▸ (E)*The New Demons*. Trans. C. Edward Hopkin. New York: Seabury, 1975. London: Mowbrays, 1975. .
  ···▸ (대장간, 출간 예정)
- *L'Apocalypse: Architecture en mouvement*. [Paris:] Desclée 1975.
  ···▸ (E)*Apocalypse: The Book of Revelation*. Trans. George W. Schreiner. New York: Seabury, 1977.
  ···▸ (대장간, 출간 예정)
- *Trahison de l'Occident*. Paris: Calmann-Lévy, 1975.

- ⋯▸ (E)*The Betrayal of the West*. Trans. Matthew J. O'Connell. New York: Seabury,1978.
- *Le système technicien*. Paris: Calmann-Lévy, 1977.
  - ⋯▸『기술 체계』, 이상민 옮김(대장간, 2012년 출간 예정)
- *L'idéologie marxiste chrétienne*. Paris: Centurion, 1979.
  - ⋯▸『기독교와 마르크스주의』, 곽노경 옮김(대장간, 2011)
- *L'empire du non-sens*: L'art et la société technicienne. Paris: Press Universitaires de France, 1980.
  - ⋯▸『무의미의 제국』, 한택수 최모인 옮김(대장간, 2012년 출간 예정)
- *La foi au prix du doute: "Encore quarante jours.."* . Paris: Hachette, 1980.
  - ⋯▸『의심을 거친 신앙』, 임형권 옮김 (대장간, 2012년 출간 예정)
- *La Parole humiliée*. Paris: Seuil, 1981.
  - ⋯▸『말의 굴욕』(가제), 한국자끄엘륄협회 공역(대장간, 2012년 출간예정)
- *Changer de révolution: L'inéluctable prolétariat*. Paris: Seuil, 1982.
  - ⋯▸『인간을 위한 혁명』) 하태환 옮김(대장간, 2012)
- *Les combats de la liberté*. (Tome 3, L'Ethique de la Liberté) Geneva: Labor et Fides, 1984. Paris: Centurion, 1984.
  - ⋯▸『자유의 투쟁』(솔로몬, 2009)
- *La subversion du christianisme*. Paris: Seuil, 1984, 1994. [réédition en 2001, La Table Ronde]
  - ⋯▸『뒤틀려진 기독교』박동열 이상민 옮김(대장간, 1990 초판, 2012년 불어 완역판 출간)
- *Conférence sur l'Apocalypse de Jean*. Nantes: AREFPPI, 1985.
- *Un chrétien pour Israël*. Monaco: Éditions du Rocher, 1986.
  - ⋯▸『이스라엘을 위한 그리스도인』(대장간, 출간 예정)
- *Ce que je crois*. Paris: Grasset and Fasquelle, 1987.
  - ⋯▸『내가 믿는 것』대장간 출간 예정)
- *La raison d'être: Médutation sur l'Ecclésiaste*. Paris: Seuil, 1987
  - ⋯▸『존재의 이유』(규장, 2005)
- *Anarchie et christianisme*. Lyon: Atelier de Création Libertaire, 1988. Paris: La Table Ronde, 1998
  - ⋯▸『무정부주의와 기독교』, 이창헌 옮김(대장간, 2011)
- *Le bluff technologique*. Paris: Hachette, 1988.
  - ⋯▸ (E)*The Technological Bluff*. Trans. Geoffrey W. Bromiley. Grand Rapids:

Eerdmans, 1990.
  ⋯▸『기술의 허세』(대장간, 출간 예정)
- *Ce Dieu injuste..?: Théologie chrétienne pour le peuple d'Israël*. Paris: Arléa, 1991, 1999.
  ⋯▸『하나님은 불의한가?』, 이상민 옮김(대장간, 2010)
- *Si tu es le Fils de Dieu: Souffrances et tentations de Jésus*. Paris: Centurion, 1991.
  ⋯▸『네가 하나님의 아들이라면』, 김은경 옮김(대장간, 2010)
- *Déviances et déviants dans notre societé intolérante*. Toulouse: Érés, 1992.
- *Silences: Poèmes*. Bordeaux: Opales, 1995.
  ⋯▸(대장간, 출간 예정)
- *Oratorio: Les quatre cavaliers de l'Apocalypse*. Bordeaux: Opales, 1997.
  ⋯▸(E)*Sources and Trajectories: Eight Early Articles by Jacques Ellul that Set the Stage*. Trans. and ed. Marva J. Dawn. Grand Rapids: Eerdmans, 1997.
- *Islam et judéo-christianisme*. Paris: Presses universitaires de France, 2004.
  ⋯▸『이슬람과 기독교』, 이상민 옮김(대장간, 2009)
- *La pensée marxiste*: Cours professé à l' Institut d' études politiques de Bordeaux de 1947 à 1979 Edited by Michel Hourcade, Jean-Pierre Jézéuel and Gérard Paul. Paris: La Table Ronde, 2003.
- *Les successeurs de Marx*: Cours professé à l' Institut d' études politiques de Bordeaux Edited by Michel Hourcade, Jean-Pierre Jézéquel and Gérard Paul. Paris: La Table Ronde, 2007. ⋯▸(대장간, 출간 예정)

기타 연구서

- 『세계적으로 사고하고 지역적으로 행동하라』(*Perspectives on Our Age*: Jacques Ellul Speaks on His Life and Work.), 빌렘 반더버그, 김재현, 신광은 옮김(대장간, 1995, 2010)
- 『자끄 엘륄 -대화의 사상』(*Jacques Ellul, une pensée en dialogue Genève*), 프레데릭 호농(Fréderic Rognon)저, 임형권 옮김(대장간, 2011)
- 『자끄 엘륄입문』신광은 저(대장간, 2010)
- *A temps et à contretemps: Entretiens avec Madeleine Garrigou-Lagrange*. Paris:

Centurion, 1981.
- *In Season, Out of Season: An Introduction to the Thought of Jacques Ellul*: Interviews by Madeleine Garrigou-Lagrange. Trans. Lani K. Niles. San Francisco: Harper and Row, 1982.
- *L'homme à lui-même: Correspondance*. Avec Didier Nordon. Paris: Félin, 1992.
- *Entretiens avec Jacques Ellul*. Patrick Chastenet. Paris: Table Ronde, 1994

대장간 『자끄 엘륄 총서』는 중역(영어번역)으로 인한 오류를 가능한 줄이려고, 프랑스어에서 직접 번역을 하거나, 영역을 하더라도 원서 대조 감수를 원칙으로 하고 있습니다.
이 일은 한국자끄엘륄협회의 협력으로 이루어지고 있으며, 총서를 통해서 엘륄의 사상이 굴절되거나 왜곡되지 않고 그의 삶처럼 철저하고 급진적으로 전해지길 바라는 마음 가득합니다.